二战铁证系列模型制作图书

舰船模型制作指南

1/700 WATER LINE MODELING TECHNIQUES

旧日本海军航空母舰赤城篇

二战铁证系列模型制作图书

舰船模型制作指南

1/700 WATER LINE MODELING TECHNIQUES

旧日本海军航空母舰赤城篇

开篇语 静冈模型教材协同联合4社［田宫模型（现TAMIYA）、青岛文化教材社、长谷川制作所（现HASEGAWA）、FUJIMI模型（于1992年脱离）］协同企划，于“1971年”诞生了“WATER LINE系列”。在这样一个值得纪念的年份里，HASEGAWA发售的“旧日本海军航空母舰赤城”终于在“2014年”里完成了完全更新。在此更新套件之前，该公司已经发售了可谓1:350比例的决定版的超绝套件和三段甲板的赤城，积累了大量的经验。以先前积累下的经验为基础，在通过零件细分化的办法来展现更高的精密感的近来的套件大流中，HASEGAWA发售了这套向潮流发出挑战，以“尽可能缩减零件数量的同时酝酿出绵密与精密感”为课题的套件。其“为了让更多的人心中抱持完成最高套件的欲望”这一厂商提出的为玩家着想的设计，想必应该是能让那些坚持制作近来的舰船模型的人在打开盒子的瞬间，就能感受到零件数量上造成的冲击感的吧。而对于那些第一次动手制作赤城，或者是舰船模型的玩家来说，心中也一定会有“原来舰船模型的制作组装竟然这么简单”的想法。

本书当中，我们将为各位献上超级舰船模型玩家——福士明春彻底制作此杰作套件的全过程，向您毫无遗漏地介绍当下舰船模型中的最高峰技巧。各位可配合各自的能力水平，在自己动手制作赤城时进行参考。

目录

Contents

HASEGAWA意念中的“全新版 赤城”套件概念

在对套件进行开发时，沿用了1：350比例赤城的数据，全面权衡尺寸减小一半的有利之处（零件一体化较为容易）和不利之处（塑胶成型限度的极限），尽心尽力，在两者间采取了最佳的平衡点。在对1：350比例的套件过于复杂化、繁冗化的反省的基础上，在企划阶段中，就下定了决心，要制作出一套玩家们能够享受制作套件的乐趣的制品。接下来，我们将列举出其中的一些改进之处……

①对原先的零件进行一体化整合，对整体的零件数量进行了压缩。
②支撑甲板的支柱的比例，实际上设计得要比1：350比例的更大，全新的设计不但便于确定准确位置，而且同时还不会造成外观方面的损失。
③甲板的固定方面，采用了夹入到船体中的支柱与甲板下层的肋拱相互组合的设计，其构造能够争取到更大的粘接面积。

此外，与设计1：350比例时一样，进行开发时，并未顾及到原先的套件，而是完全重新地展开工作。参考资料方面，搜集了官方图、照片和书籍等各方面的资料。至于官方图方面，想来资料最为齐全的应该还得数HASEGAWA了吧。书籍方面，尽管目前很难入手，但在《（旧）丸Special 航母 赤城·加贺》、《照片集 偷袭珍珠港（KK Best Sellers）》中登载了宝贵的照片，成为了宝贵的参考资料。如果能有机会，今后还打算开发新规舰载机套件和内容更为丰富的细节提升用蚀刻零件，但目前此项事宜还尚未决定。首先，如果能让更多的玩家享受到本套件的乐趣，那么我们便会感到无比庆幸了。

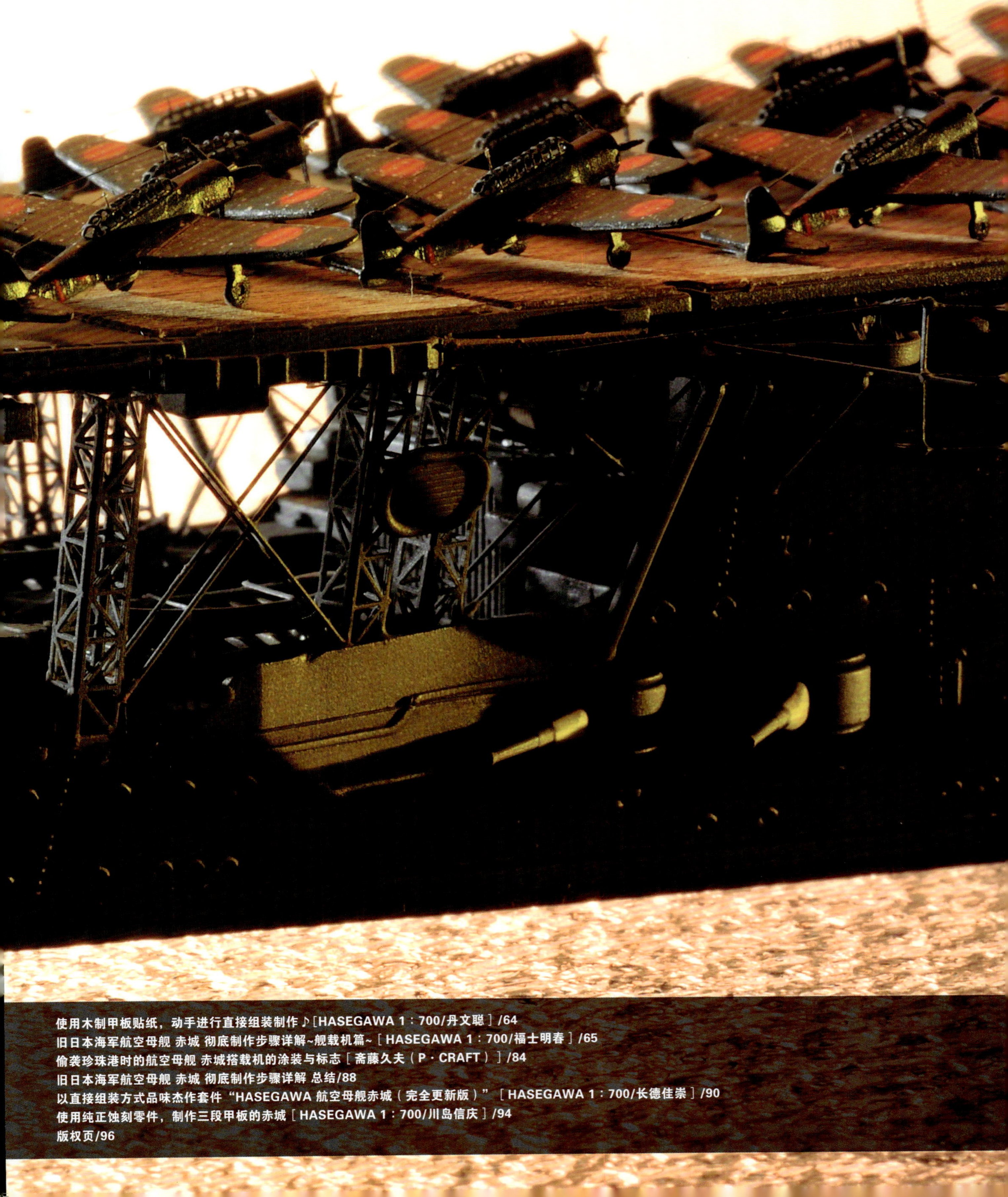

TOOLS

舰船模型中，有许多较为细小和纤细的零件。在此，我们将为您介绍一些能够在制作过程中帮助到您的工具。只要能够凑全本篇中我们为您介绍的工具，那么应该就不会为舰船模型的制作感到困扰了。

动手制作舰船模型时必不可少！舰船模型必要工具！

美工雕刻刀

●TAMIYA●756日元

◀可装配刃尖4mm宽的小型刀刃的笔杆。捏握部分的防滑部位较大，笔杆为八角形，不易滑落是它的最大特征。附带刃尖的尖端角度30度的替换刀刃。

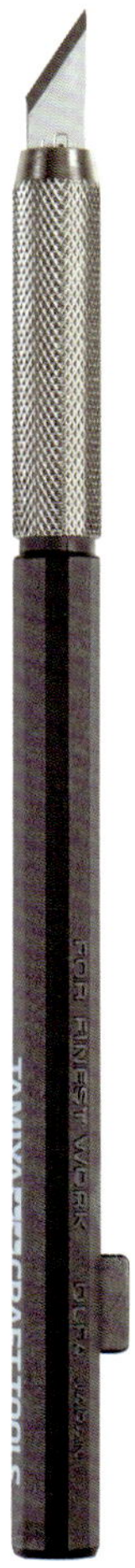

模型用笔刀

●TAMIYA●799日元

◀可装配与OLFA的美工刀同样形状刀刃的笔刀。为了防止从桌上滚落，笔杆上带有防滑纹路是它的最大特征。

薄刃水口钳

●TAMIYA●2592日元

▲比TAMIYA发售的精密水口钳的刃尖更细更薄，剪切零件用的特化水口钳。最适合用来对应舰船模型的纤细零件。

精密尖角镊（直线型）

●TAMIYA●1296日元

◀捏握力直接传导到尖端上的直线型尖角镊。通过精密研磨加工制成的锋利尖端，可牢牢地捏住较为细小的零件。

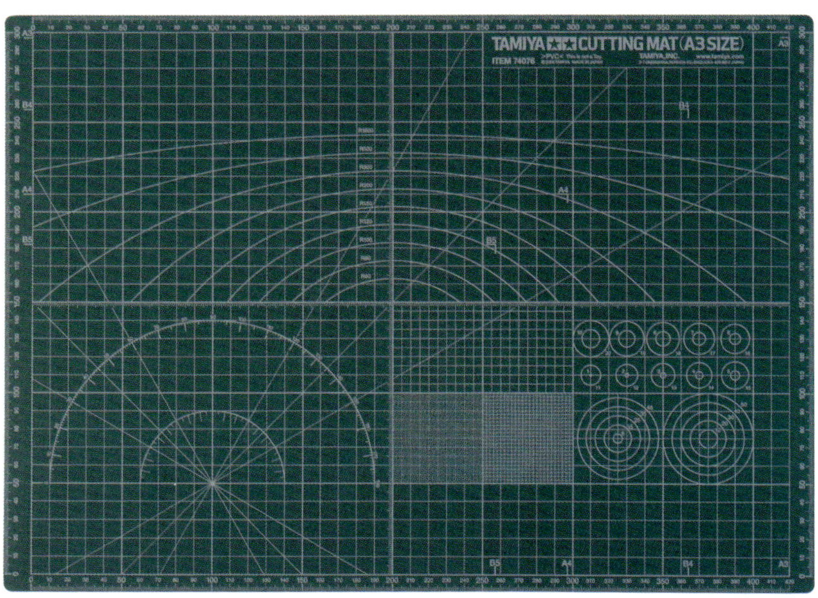

切割垫（A3）

●TAMIYA●1512日元 ※A4为1058日元

◀在使用切割刀等物品时候铺垫用的垫子。这是一种模型制作时必不可少的垫子。它可以起到保护作业桌不受刃尖损伤的作用。

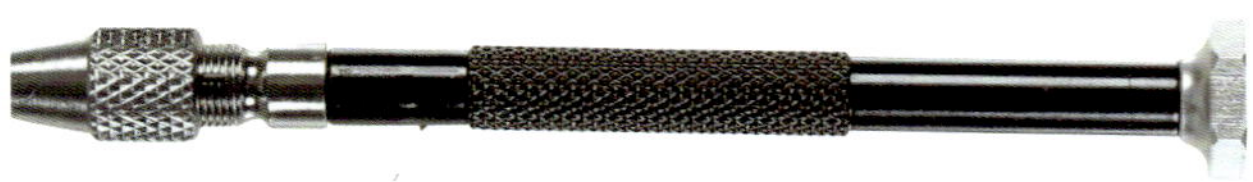

精密手钻S

●TAMIYA●864日元

▲“开孔”时使用的工具。手钻S可安装0.1mm～1mm的钻头。舰船模型的制作中，很多时候都会需要开启较小的孔洞，所以请务必准备上一支。

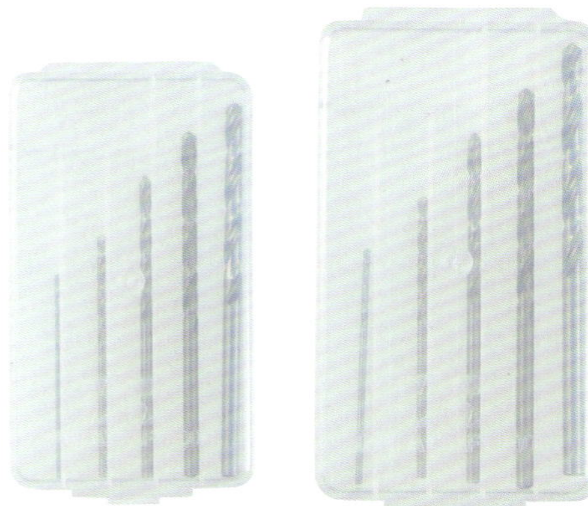

极细钻头套装（0.3、0.4、0.5、0.6、0.8mm）（左）
基础钻头套装（1、1.5、2、2.5、3mm）（右）

●TAMIYA●各1080日元

▲与手钻S、D相对应的钻头套装。安置于专用的盒子中。

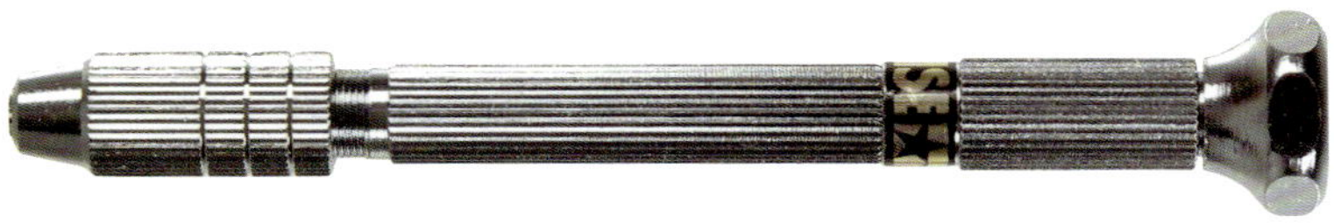

精密手钻D

●TAMIYA●1404日元

▲手钻D是一种对应0.1mm~3.2mm钻头的通用性较高的工具。

打磨砂纸

●TAMIYA●129日元～270日元

▲使用磨刀石粉和碳化硅制成的砂纸，干磨、湿磨两用。对零件进行整形时必不可少。号数有180号~2000号的10种。3枚装。

遮盖胶带

●TAMIYA●270日元～378日元

▲分别涂装和遮盖不需涂装的部位时粘贴的胶带纸。同时推出的还有替换用的胶带芯（129日元~324日元）。

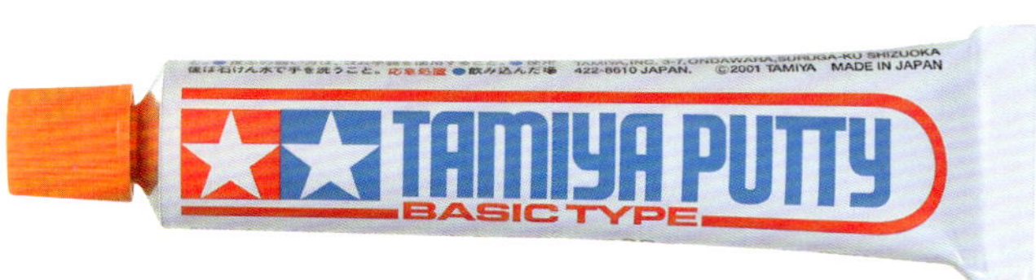

TAMIYA补土（基础型）

●TAMIYA●270日元

▲用于修补零件间的间隙、凹陷处或填埋孔洞等的基础型补土。硬化后的凹陷现象较少。

模型锉刀 HARD-4（细尖型）

●WAVE●324日元

►在牢固的基底的两面装配上砂纸的锉刀。细尖型很适合精细的作业。适用于舰载机和飞行甲板的分模线处理和轮廓锐化处理。

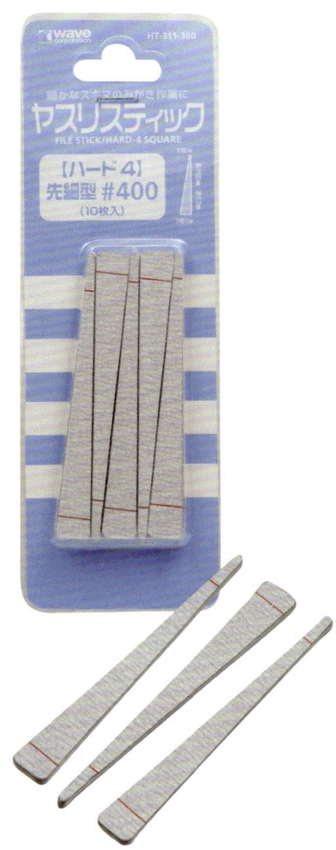

TAMIYA胶水（方形瓶）（40ml）

●TAMIYA●216日元

▲黏合剂的不二之选。瓶盖上带有毛刷。这是一种具有一定的黏度的塑胶用黏合剂，瓶子形状重心较低，不易倾倒。

TAMIYA胶水（流缝式）

●TAMIYA●324日元

▲瓶盖上附带极细细描笔的流缝胶。因为这是一种不含树脂的溶剂型胶水，所以黏度较低。使用时，先将要黏合的零件组合在一起，然后再把它注入到零件之间的缝隙中。

Mr.CEMENT S（流缝式）

●GSI Creos●270日元

▲瓶盖上附带有细尖笔的流缝胶。干燥较快，不会对表面细节和涂装面产生影响是它的最大特征。这是一种制作舰船模型时使用频率很高的黏合剂。

TAMIYA模型用笔刷HF标准套装

●TAMIYA●756日元

▲套装包含平头No.2（6mm）、平头No.0（4mm）、细描笔（极细）3支。毛尖齐整聚拢，笔触柔顺。

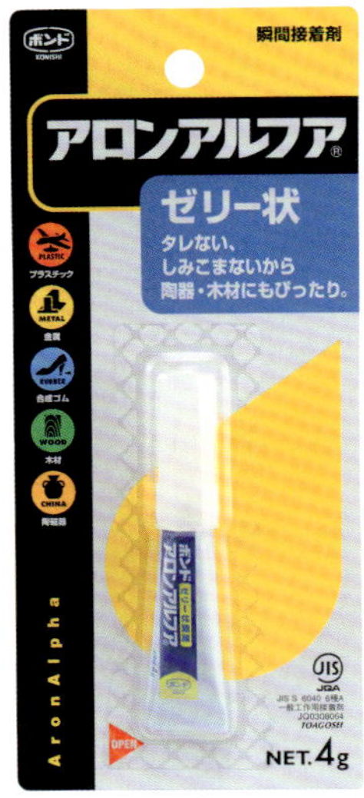

AronAlpha 黏稠状

●东亚合成●4g：518日元、10g：1080日元

◀在粘接蚀刻零件和拉线时必不可少的黏稠状瞬间黏合剂。因具有一定的黏度，所以可以进行位置调整，令人感觉欣喜。

瞬间黏合剂 × 3S High Speed

●WAVE●486日元

►WAVE发售的硬化时间较短，很少出现白化现象的瞬间黏合剂。该黏合剂的黏度较低，很适合用于注入作业。3支装。

瞬间黏合剂用硬化促进剂ALTECO喷涂底漆420ml

●ALTECO●1425日元

▲能加快瞬间黏合剂的硬化过程的底漆。对于蚀刻零件和拉线的安装作业也有提升作业效率的作用，手边能备有一支的话，将会使得制作过程更加方便。

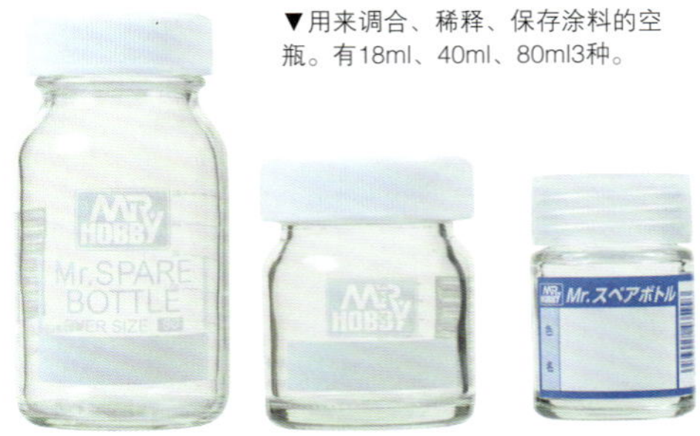

Mr. SPARE BOTTLE

●GSI Creos●86日元～216日元

▼用来调合、稀释、保存涂料的空瓶。有18ml、40ml、80ml3种。

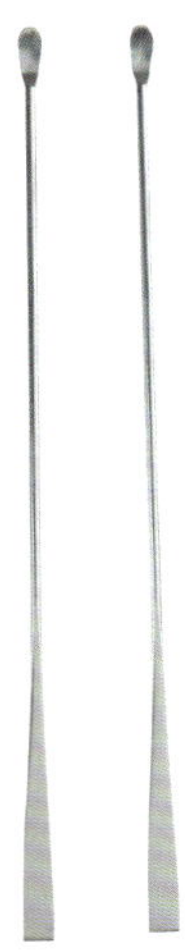

调色棒（2支套装）

●TAMIYA●324日元

▲搅拌涂料和调色时取出少许涂料用的调色棒。调色棒的一头为扁平状，而另一头则为调羹状。

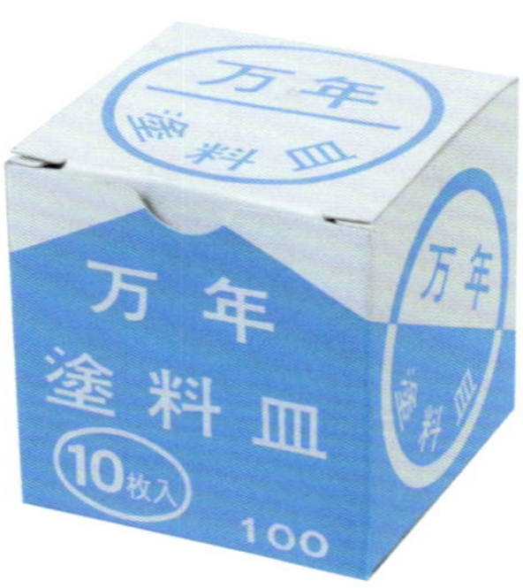

万年涂料皿

●万年社●108日元

▲一盒10只。在将涂料倒出瓶子，稀释调色时候使用的涂料皿。除了用作涂料皿之外，还能活用于归类整理细小零件。

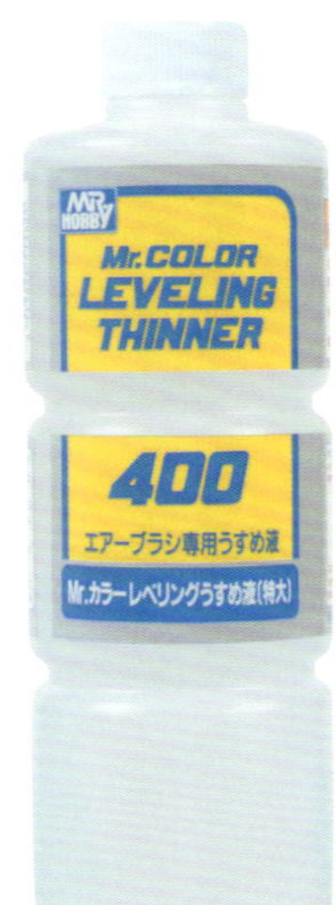

Mr.Color Leveling稀释剂（特大）

●GSI Creos●972日元

►用来稀释涂料的稀释剂。Leveling稀释剂可延缓涂料的干燥时间，减少涂装涂料的凝聚。推荐各位购买特大号瓶装。

Mr.Color

●GSI Creos●173日元起

▲最为流行的模型用涂料。除普通色彩外，还有分门别类，面向各种模型领域的特别色彩。

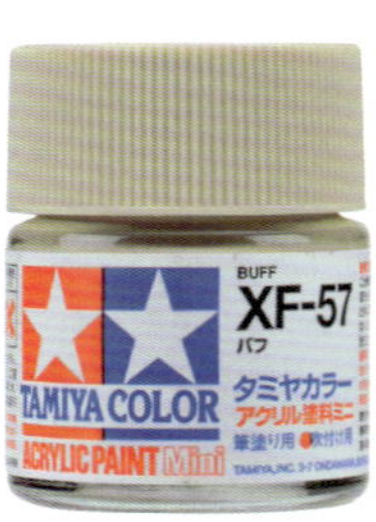

TAMIYA COLOR ACRYLIC涂料

●TAMIYA●162日元起

◀水溶性丙烯酸涂料。笔干燥前可以用水进行清洗，这也是该涂料的一大优点。干燥后涂膜也很强劲。再加上运笔柔顺，几乎不会出现涂料淤积或因湿气造成的黑化等现象。

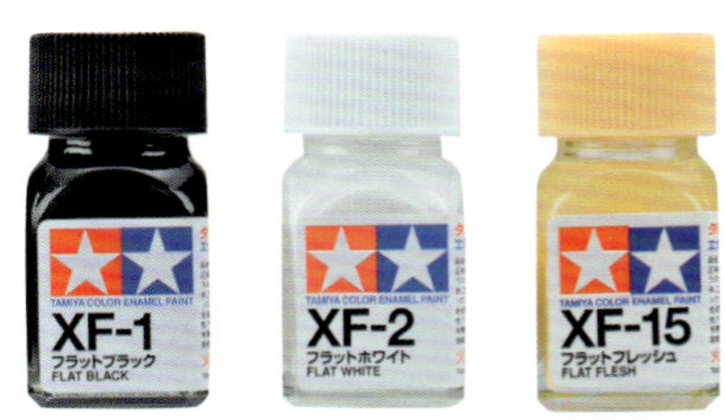

TAMIYA COLOR ENAMEL涂料

●TAMIYA●162日元～216日元

▲笔涂或喷涂用的珐琅涂料。普遍特征为不易形成色斑淤积。使用专用溶剂稀释后，也可用于入墨和洗涂。

TAMIYA COLOR ENAMEL涂料 “溶剂”特大 250ml

●TAMIYA●540日元

◀稀释珐琅涂料专用的溶剂。使用此稀释剂稀释后，可将珐琅涂料用于入墨涂装，或者再稀释到极为清淡的程度，进行洗涂。

TAMIYA SPRAY WORK 喷涂机II（双风扇）

●TAMIYA●26784日元

▶室内使用的支援喷涂涂装的强力设备。SPRAY WORK喷涂机II（双风扇）的重点在于前方面板的特殊构造。在面板外边周围配置有网纹状的吸气口，能够毫无反弹现象地彻底吸收由中心部位逸散开来的涂料气雾。因为中心部位的涂料气雾会经过三次过滤再被吸入到吸气口中，所以不会因为过滤网网格的堵塞造成吸收力的显著下降。

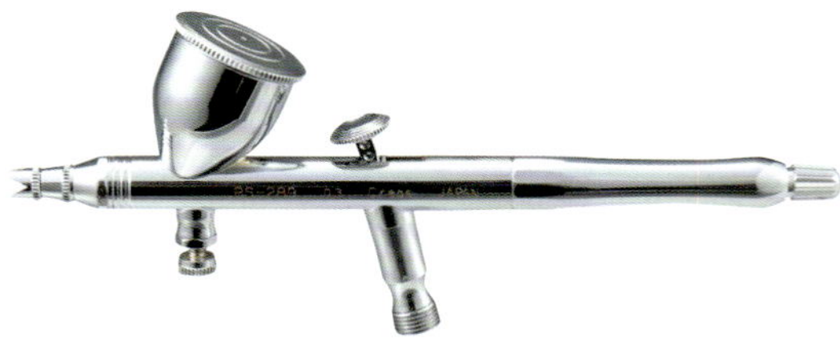

PROCON BOY WA 白金版0.3 Ver.2 双运作方式

●GSI Creos●14364日元

▲GSI Creos的Hand Piece“PROCON BOY”系列的最高级式样型。搭载有Semi-Easy Soft Button、Airjuast系统和Air-Up装置。杯体容量为10ml。

入墨涂料

●TAMIYA●各388日元

◀事先已经调制成适合入墨处理的浓度的稀释涂料。因瓶盖上附带有笔，所以可随时动手展开作业。根据用途的不同，分别有黑色、棕色、暗棕色和灰色等颜色。

Mr.线性空气压缩机 L7

●GSI Creos●41040日元

▶制造喷涂涂装时必须的气沿用的装置。在价格、性能等方面展开有多种制品。照片中的L7为GSI Creos中最为流行的空气压缩机。工作安静，力度较强，持久力也出类拔萃。

福士明春爱用道具大公开！

TOOLS

在此，我们将为众位介绍负责本次赤城的制作逐步图解的福士明春爱用的使用频率较高的各种工具。具备有匠人技术的他，在工具的使用和选择方面，也极具独特性。

▲圆规（左）、金属直尺（中）、游标卡尺（右）。这三件工具主要在剪切零件时进行长度测量时使用。而少了这些工具的话，那么拉线方面的工作也就完全无法展开了。

▲水口钳方面，使用的是Shimomura alec的Redman Basic Nipper（现唯有店铺中还有存货）。而蚀刻钳则使用了TAMIYA的制品。

▲为了对装甲板结合部进行雕刻的钩刀和塑胶板配合自制的工具（详情请见P.33）（左）、为了弯曲蚀刻零件而使用的橡胶板（中）、制作舰载机驾驶座舱舱盖的金属夹具（用车床对TAMIYA调色棒进行加工，改变其尖端形状。详情请见P.67）。

◀头戴式放大镜。其使用频率甚至高到了如果缺了它就无法粘贴蚀刻零件的地步。额头部位的灯头已坏这一点，已经充分对此工具使用频率极高这一点做出了证明。

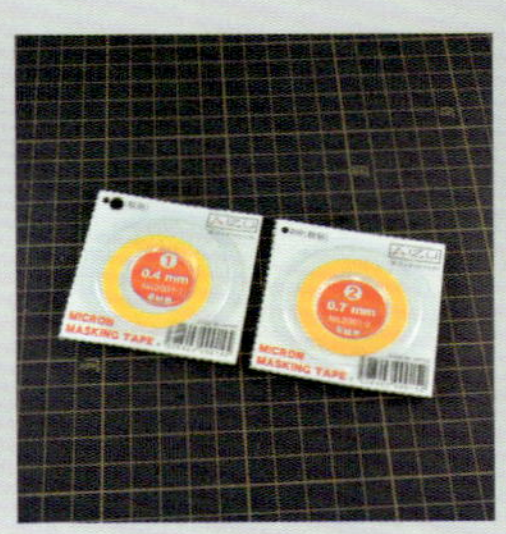

▶Eyes Project的遮盖胶带。非常适合用于描绘舰底部位和飞行甲板的线条。该产品推出了极为适合用于舰船模型制作的0.4mm、0.7mm、1mm、1.5mm、2.5mm等不同宽度的多种规格。

▲同时还会用到GSI Creos发售的电源型的电钻“Mr.Rooter PRO II AC适配器型”。此工具在对蚀刻零件的水口痕迹和毛刺进行整形时，能够发挥出极大的作用。

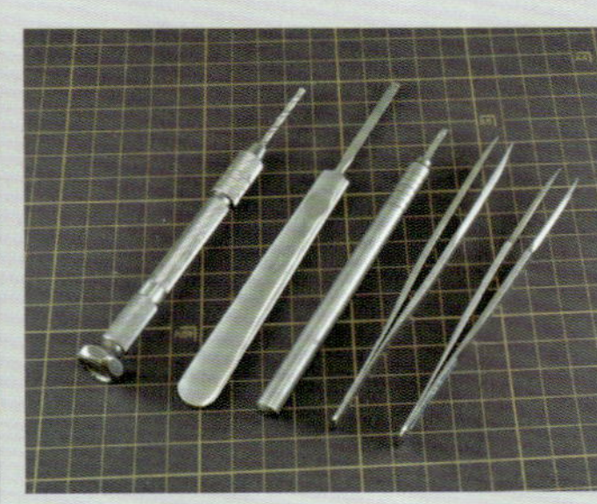

▲手钻、凿子、镊子。凿子方面，除了照片中的式样之外，还有对平口螺丝刀进行自制改造后制成的工具（详情请见P.30）。镊子为Shimomura alec的“精密镊子 BILL 尖头型”和“精密镊子 BILL 平头型”2种。只要有了这2种镊子，那么在安装蚀刻零件和进行形状修正时，也就可以随心所欲地发挥了。

HASEGAWA 1：700 航空母舰 赤城

新旧套件比较

接下来，我们就来仔细观察一下本次全新推出的赤城套件吧。与在1971年发售的套件相比之后，应该不难体会到如今的舰船模型已经发展到了怎样的一种水平和高度吧。那么，我们就以部位为单位，仔细观察一下吧。

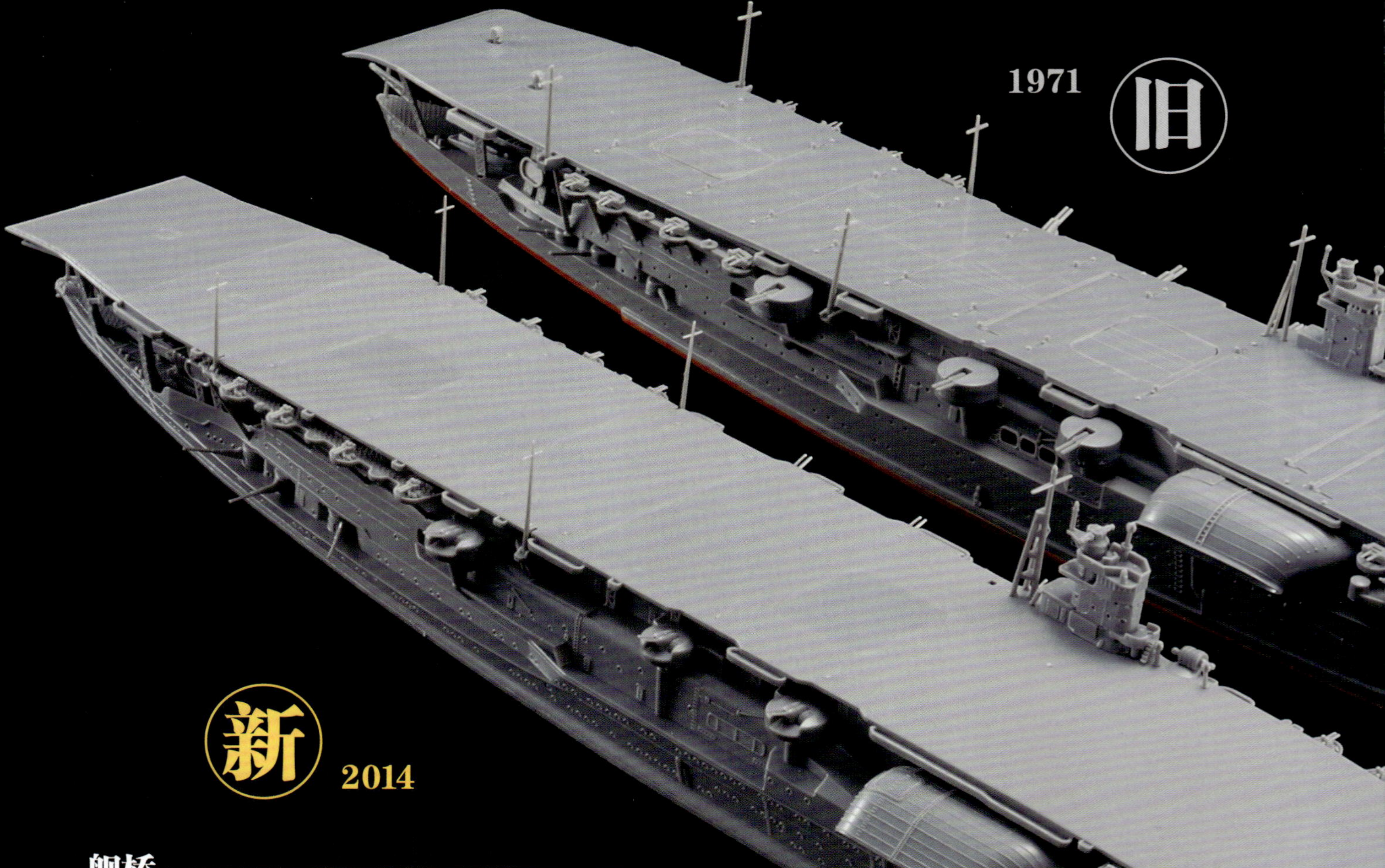

舰桥

▲旧套件中细节较少，舰桥也显得光秃秃的。新套件中，5层构造的舰桥的身姿看起来感觉更加美观，配线和门扉的细节也极为精细。甚至连舰桥侧面的黑板也得到了再现。

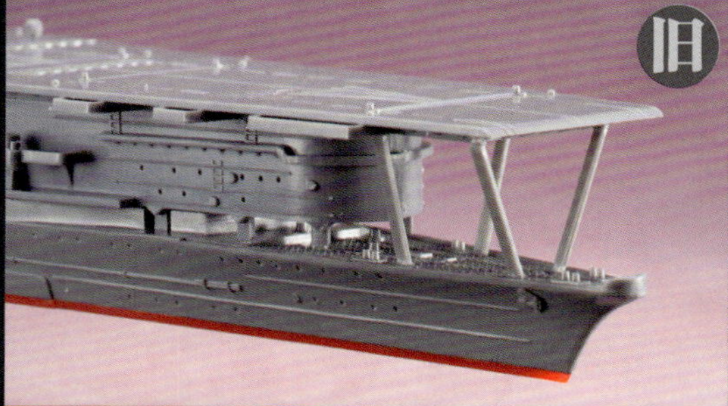

舰首

◀士官室等所在的甲板下的前部格纳库也较为突出，彰显魄力。铁链的细节也较为细腻。甲板支柱的内侧再现了雨水的配管和检查口。

舰尾

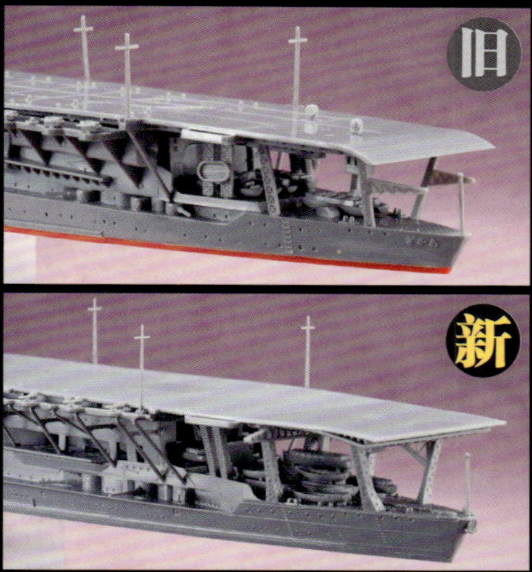

▲赤城的亮点之一，就是它的舰尾了。即便只是保持套件状态，以极少的零件数再现了极其复杂的构造，这便是亮点的所在了。相较于1：350比例，支撑甲板的支柱与其他零件之间的比例显得稍大，位置也更为固定。立卧式桅杆的制作也相当精细。

全长

▲在赤城的旧套件造成问题的船体长度方面，在新套件中自然也得到了修正。此外，尽管在旧套件中，飞行甲板上标志了线条和标记的模纹，但新套件却用贴纸和涂装来再现，为了更为接近实舰的身姿，形成了最低限度的细节。木制甲板的模纹也很细致。

武器

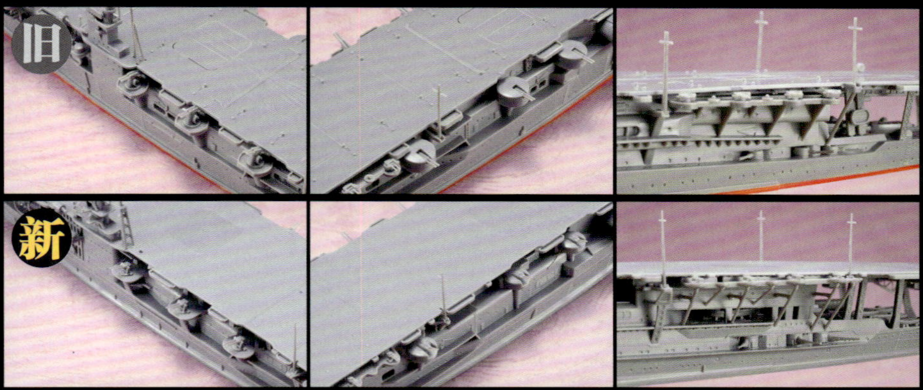

▲近来的舰船模型中，出现了多种细节提升零件，包括了对模型玩家而言极为在意的机枪等的武器。旧套件极为简单。新套件中，机枪等也以完全新规的模式，展开了极为细腻的制作。

烟囱

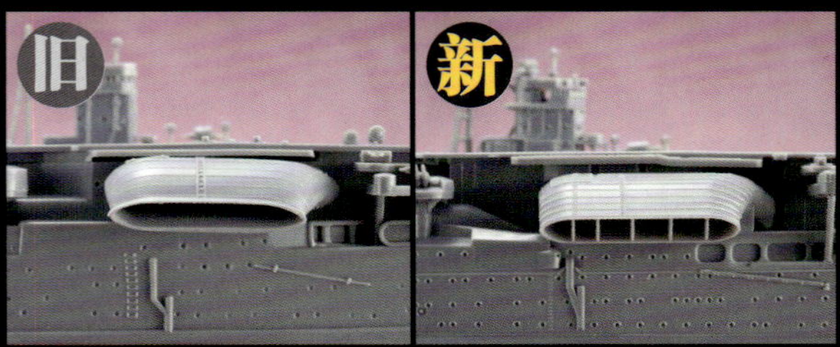

▲相较于旧套件中自舷侧突然伸展出来的烟囱，新套件的烟囱则变换成了自舰内弯曲延伸出来的表现。排烟孔和撑杆的细节方面，即便保持套件的原样，也已经具备了足够的观赏性。

大幅提升了组装简易性的船体和甲板

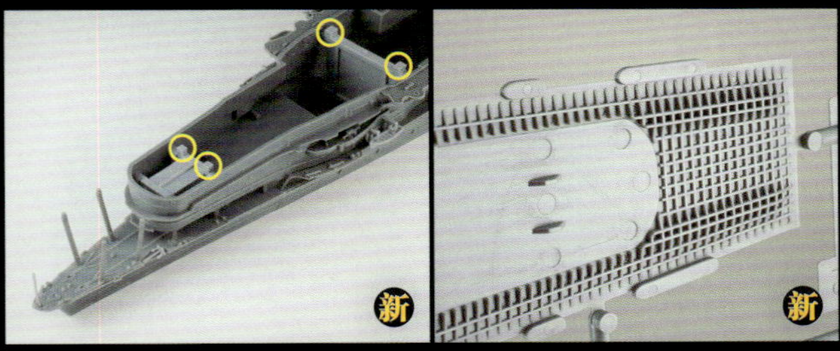

▲能完美组装到船体上的夹入的支撑零件方面，甲板下面设计了能够相互组合的肋拱，争取到了稳固的粘接面积。

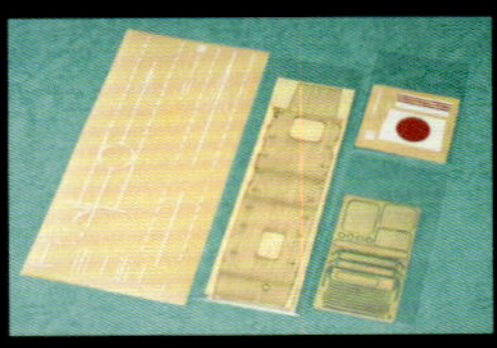

让作品进一步升级的木制甲板贴纸

◀支援飞行甲板最终完成的另行销售的木制甲板贴纸。包装中还附带了着陆制动索、升降机等蚀刻零件和线条的转印膜纸。相关的情况，将于P.64详细介绍。

AIRCRAFT CARRIER AKAGI

旧日本海军航空母舰赤城是?

旧日本海军航空母舰 赤城

1920年12月6日	于吴海军工厂动工
1925年4月22日	下水
1927年3月25日	竣工
1941年12月8日	参与偷袭珍珠港
1942年1月	参与拉包尔攻略战
1942年2月19日	袭击达尔文
1942年3月~4月	参加印度洋空袭
1942年5月27日	为参与中途岛作战，出航柱岛
1942年6月5日	于中途岛洋面遭遇美军舰载机的攻击，重创起火。受己方驱逐舰处置，沉没。
1942年9月25日	除籍

航空母舰赤城究竟是一艘怎样的舰船?

在此，我们先来简单地学习一些有关赤城的知识吧。知识的重心，就在于在赤城上可见的航空母舰的武器和舰船模型的基础用语。有关赤城的舰载机方面，我们将在P.83进行详细介绍，请各位参考。那么，接下来就一起来看一看吧!

插画 / TOKIHAMAJIRO

照片 / 摘自海人社《世界的舰船增刊 日本航空母舰史》

DATA

排水量 / 36500t	航速 / 30.2kt
全长 / 260.67m	续航距离 / 16kt速度8200海里
全宽 / 31.32m	武器 / 50倍径200mm单装炮6台、45倍径120mm连装高射炮6门、25mm连装机枪14架
飞行甲板 / 249.2m×30.5m	战机 / 常用66架、备用25架
吃水 / 8.71m	乘员 / 1630名
动力 / 133000hp	

旧日本海军第一艘保有的大型航母就是赤城。原先建造时是作为天城级2号舰的巡洋舰进行建造的，但其后由于华盛顿海军条约的限制，无法以巡洋舰的形式完工，所以就作为航空母舰竣工了。经历过三段甲板的初期型之后，被改造成了全通甲板的航母。

1935年10月，于佐世保工厂接受了大规模改装。将三段甲板时代的最上段向前方延长，形成了甲板长度249.2m、宽度30.5m的规模。舰载机搭载方面，也变为了常用66架，备用25架，合计91架的搭载能力。

开始时是作为拥有三段甲板的航母进行建造的

上段为着陆用的甲板，中段和下段用于起飞，其设计的构想是为了能让搭载机在自下段甲板起飞的同时，还能让其他搭载机于上段甲板着陆。但是，面对战机的飞跃性的发展与运用，中段和下段的滑行距离都显得过短，变得无法适应，所以需要进行现代化的改修。

▲1927年10月在伊予滩全力试航中的赤城

▲1930年8月15日，于横须贺工厂靠岸的赤城。其旁边为战列舰长门。长门的全长为216m，赤城为261m。因为赤城原先是一艘巡洋舰，所以其颇具魄力的长大身姿总能给人留下深刻的印象。

各部位名称

①舰桥：舰船的中枢部位。英文名Bridge。航空母舰的舰桥分成平甲板型和岛型2种，而赤城的舰桥则为岛型舰桥。此外，将舰桥配置到左舷侧的航母就只有赤城和飞龙两艘。因相较于配置于赤城右舷的烟囱，其舰桥的位置也稍稍靠后，因此引发了气流的紊乱，造成了运用层面上的障碍。吸取了此教训之后，除了当时已行将完工的飞龙之外，其后的日本航母的舰桥全都配置到了右舷侧烟囱前部。

②九一式射击装置：海军最初的真正意义的舰船用高射装置。瞄准装置和计算装置合为一体。

③主炮射击指挥所：遵循负责炮战指挥的炮术长的命令，各人操作机器发射主炮的场所。

④25mm连装机枪：整个太平洋战争中，海军使用的代表性的对空机枪。

⑤127mm连装高射炮：海军首次作为高射炮射击的最初的火炮。右舷侧上安装的为附带防煤灰罩的类型。

⑥50倍径200mm单装炮：未从三段甲板的赤城上撤去，最终残留下的200mm单装炮。

⑦立卧式桅杆：拉伸无线天线的桅杆。巡航时竖起，战斗时放倒。

⑧升降机：主要用于将舰载机自格纳库运送到甲板上去。在前部、中部、后部共有3台升降机。

⑨信号桅杆：升起信号旗，可与周围的舰船相互沟通交流。

⑩防雷具：为排除水雷而设置的装置。

⑪导缆器：缆绳穿过的器具。存在有单纯的U字型和并排设置多个滚筒的类型。

⑫主锚：将舰船固定在水上一定范围时使用的器具。位于舰尾的为副锚。

⑬菊花纹章：安装于海军的军舰舰首。

⑭风向标识：自飞行甲板前端中央喷出蒸汽，以此标识来确认风向。为了让舰载机能够顺利从甲板上起飞，需要合成风速每秒13m，为此，母舰迎风高速行驶，航速达到26节时可获得合成风速。

⑮制动拦阻索：准备着陆的舰载机未能顺利挂上着陆制动索时使用的障碍物。

⑯遮风栅：保护待机中的舰载机不受风的影响的器具。

⑰坠落防止网：正如其名，为防止舰载机由母舰上坠落而设置的器具。

⑱着陆制动索：舰载机于母舰上着陆时，在此锁链上钩挂钩子。

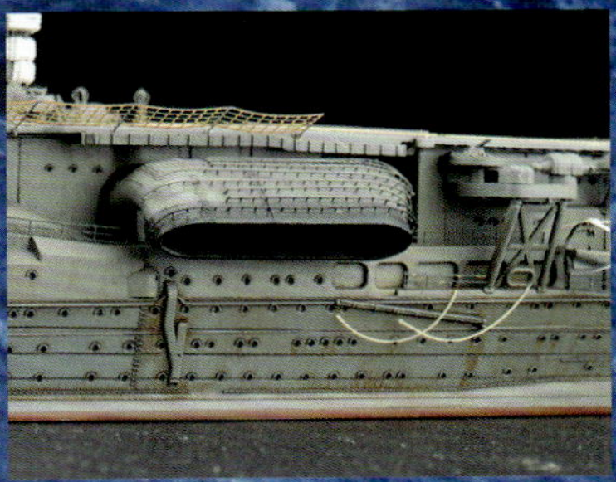

▲设置于右舷中央部的烟囱。为了能让战机着陆时获得更好的视野，在烟囱内喷射海水吸收烟雾。经过这种海水冲浴，烟囱中往往会喷射出如同瀑布一样的水流。

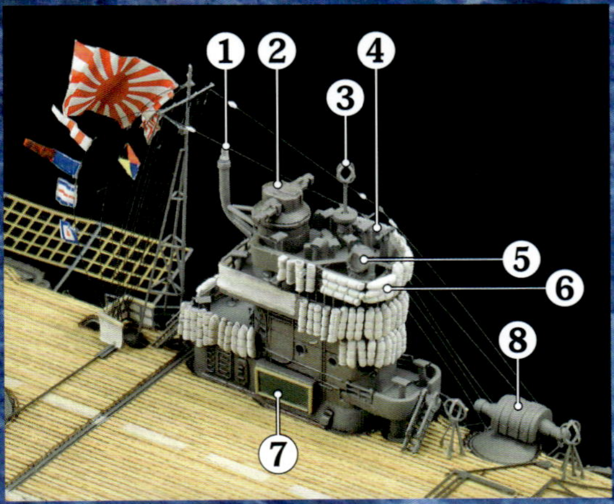

❶2km信号灯 ❷高射装置 ❸方位测定器 ❹12cm双筒望远镜 ❺60cm信号用探照灯 ❻遮盖幔布 ❼黑板 ❽4.5m测距仪

▲出发偷袭珍珠港前，已经做好临战准备的赤城。开战2天前的1941年12月6日时的状态。4.5m测距仪上拉上绳索，舰桥顶部的防空指挥所上可看到1.5m测距仪和7.7mm单装机枪。作为细节提升工作，也可以在制作模型时安装上7.7mm单装机枪。

HASEGAWA也推出了套件！

▲WATER LINE系列中也同样推出了三段甲板的赤城(3888日元)。请各位也务必尝试制作一下。本书的P.92中刊载了制作范例。

因为这是在巡洋舰的舰体上强行追加航母必须的部分改修而成的，所以无法将格纳库深藏到舰体的深处。因此虽然采用了三段甲板的设想，但其后却再也无法适应急速发展的战机了。此外，因为中段上搭载了2门200mm连装炮，所以也无法适用于起飞了……

曾 经 的 第 一 航 空 舰 队 旗 舰

旧日本海军航空母舰 赤城

开创了海战新时代的南云机动部队旗舰

接下来，就请众位一起来观赏一下福士明春动手制作的“HASEGAWA 旧日本航空母舰 赤城（完全更新版）”的制作范例吧。使用各种各样的细节提升零件和自制零件完成后的身姿，甚至让人误以为自己看到的是实舰。

舰载机方面也在全面细节提升的同时，制作出了能够再现偷袭珍珠港的第一次攻击队、第二次攻击队的数量。请各位务必和赤城一道，一同来观赏一下当时的另一个主角——舰载机吧。此处刊登的制作范例，其制作过程将于P.25中进行彻底详细的介绍。

陷于混沌迷雾中的日美交涉。而后，那一刻终于到来了。

为了与美国的强力战舰群相抗衡，旧日本海军整合意见后，形成的主力舰构想便是八八舰队了。这是一项以战列舰和巡洋舰各8艘来构成主力舰队的设想，只要能够完成该计划，那么旧日本的海军便将成为世界上屈指可数的主力舰群了。然而，自1921年起的前后22年时间里，因华盛顿海军条约的规约，主力舰的保有量受到了限制，除“长门”和“陆奥”之外的战列舰和巡洋舰，共14艘全都在未能完工的情况下被迫中止了建造。其中的2艘改装成航空母舰的计划受到了认可，所以最终决定将先前作为巡洋舰动工建造的“天城”和“赤城”改装为航母。但是，受关东大地震的影响，横须贺工厂中的“天城”出现了大幅度的船体歪斜。因此，便将先前准备废弃的战列舰“加贺”改造成了航母。

“赤城”是继世界首艘作为纯正航空母舰完成的“凤翔”之后完成的航母，因为从原先不足10000t的“凤翔”突然转而动工兴建近30000t的大型航母的缘故，所以在建造过程中也曾出现过各种各样的技术问题，在失败中不断地吸取教训。正如P.10中所介绍的那样，经历过三段甲板的式样之后，“赤城”最后形成了一段式的全通甲板的身姿。而到了太平洋战争开战前的一年前，即1940年，“赤城”成为了第一航空舰队的旗舰，迎来了开战。

当时，日美关系的恶化，两国关系陷入到了沼泽泥潭中，举步维艰，而日美之间的交涉也彻底搁浅。1941年10月19日，偷袭珍珠港的计划得到了首肯，最终决定由以6艘正规航母构成的机动部队实施攻击。而在作战中负责指挥的人选，也定为了第一航空舰队司令长官南云忠一中将。

决定本作战是否成功的关键，就在于是否能够在据说水深只有12m的珍珠港内顺利进行鱼雷攻击。联合舰队司令长官山本五十六也明确表示过，说“如果无法展开鱼雷攻击的话，那么偷袭珍珠港的计划就不实施了”。从战机上投下的鱼雷，会在一度下沉之后，一边向着设定的深度上浮一边瞄准敌舰冲去。下沉的深度被简称为“深度”，而这一深度会根据投下的高度和机体的姿势发生变化，要对珍珠港展开攻击的话，那么就必须将深度控制在10m以内才行，而这一点，也是一项极为困难的任务。为了解决这个问题，以人称“雷爆之神”的村田重治少佐为中心，旧日本海军坚持不懈地研究着控制鱼雷攻击深度的方法。此外，旗舰赤城的飞行队长渊田美津雄中佐则召集了熟练飞行员，开展并指挥了集合训练。在鹿儿岛港内，为了让鱼雷攻击成功，飞行员们不断反复展开低空飞行的训练。此外，军方向三菱兵器制作所订制的浅深度鱼雷（九一式航空鱼雷改二）也完成了。为了防止在投下时鱼雷本体出现旋转，该鱼雷搭载了陀螺仪，并在尾部安装了木制的安定板来控制深度。一番呕心沥血的努力之后，旧日本海军确定了搭载使用该鱼雷，航速100节（约185km/h）、高度6m、机首仰角4.5度的发射方法。如此一来，雷击机便可以对珍珠港展开攻击了。克服了这一点高难度的难点之后，1941年11月21日，完成偷袭珍珠港的一切准备工作后的机动部队，秘密集结到了择捉岛的单冠湾。

▲1938年秋拍摄下的现代化改装后的照片。此照片拍摄的两年之后，也就是1940年，该舰成为了旧日本海军第一航空舰队旗舰。

于北方的汹涌大海中前行的机动部队

要在各国舰船往来极为频繁的太平洋上展开一场距离长达3500海里（约6500km）的隐秘行军，这样的事谈何容易？为了解决这一困难，机动部队选取了横跨舰船往来相对较少的北太平洋海域，自北面接近夏威夷的航路。此外，因为机动部队中有许多续航距离较短的舰艇，所以续航距离和燃料补给的问题也成为执行作战任务的一大障碍。因此，各舰都在舰底的压载舱、油罐和石油桶里装满了燃料，在舰船里所有能积储燃料的地方也都积储上了燃料，想尽一切办法，最大限度地设法延长了续航距离。此外，作战开始前，还计划配备多达7艘的给油舰，一路与机动部队同行。如此一来，燃料问题似乎也大致得到了解决。

1941年11月26日上午6点。各舰同时起锚，机动部队终于驶出了单冠湾。这是一场冒着浓浓海雾的出航。首先打头阵的是警戒队。机动部队出航之前，11月21日之前，一支由27艘舰船构成的潜水舰队便已经向着夏威夷方向展开了行动。机动部队以2列每列3艘的航母群为中心，战列舰、巡洋舰、驱逐舰在周围护航，一边自北纬45度稍稍南下一边东进。各舰的电信室中，封印了发报机的开关。收信机保持着开启的状态，电信员都绷紧了弦，留意着每一条微弱的信号。因为无线通信被彻底封印了的缘故，在北方的汹涌大海上，各舰的航海士都凭借着发光信号和星星的位置来确认舰船的位置。每一个人都在最艰苦的条件下工作，向着珍珠港一路突进。

而就在机动部队向着珍珠港前行的同时，在美国首都华盛顿，最后的日美交涉依旧在进行着。如果交涉成功，那么机动部队就会迅速调头，向本国撤退。1941年12月2日，联合舰队司令部发来了交涉的密码电报。“攀登新高山一二〇八”。电文向正在中途岛和北边的阿留申群岛之间的海域东航中的机动部队传达了按照预先作战计划实施作战的意思。

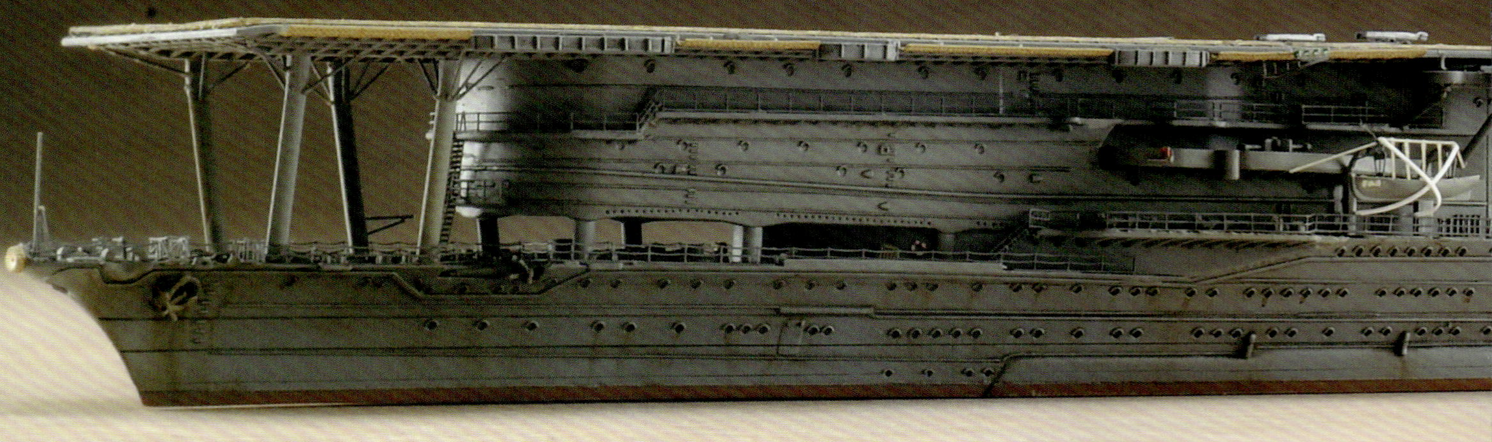

攀登新高山
1208

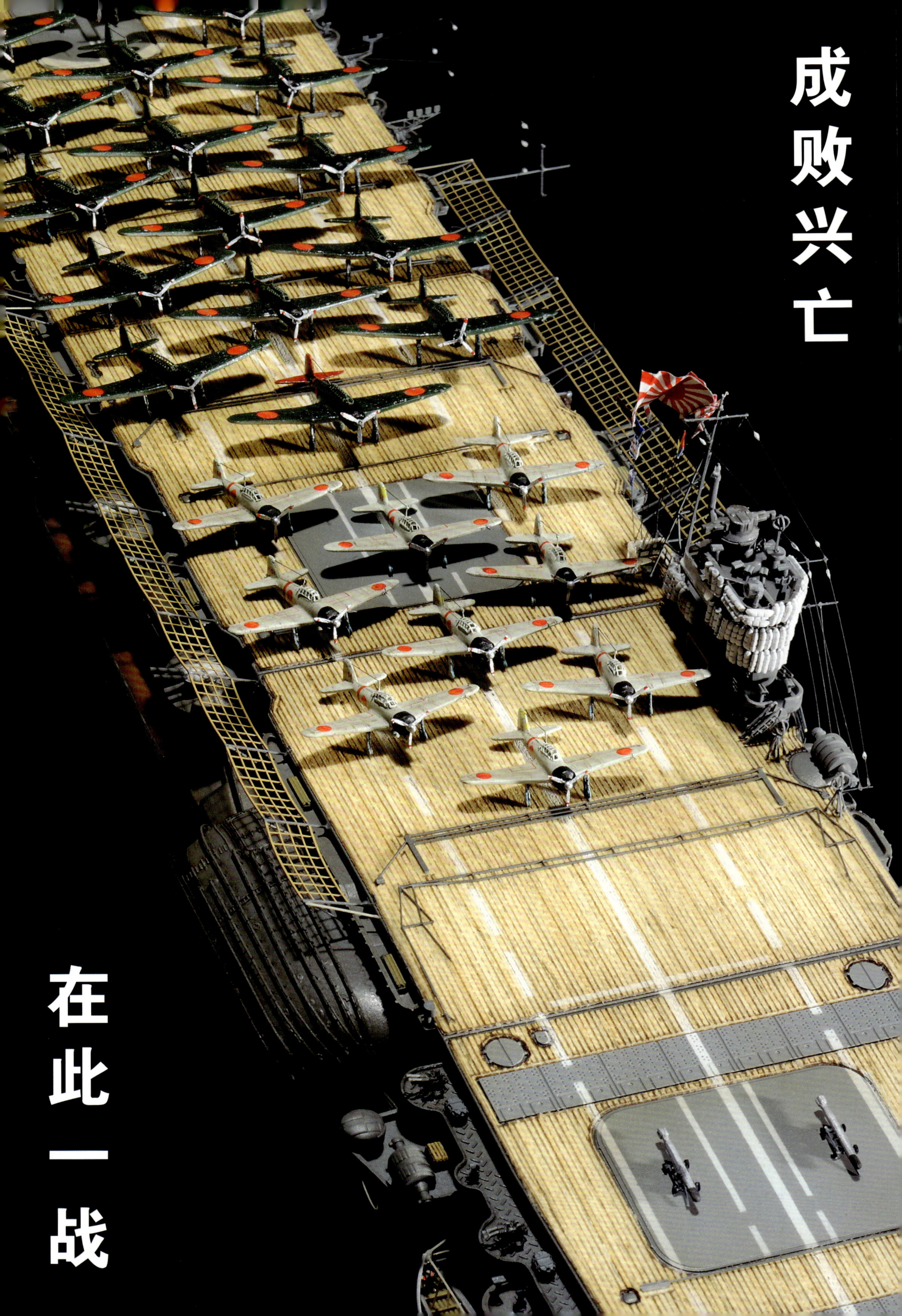
成败兴亡
在此一战

0130 离舰出击

—偷袭珍珠港 第一次攻击队—

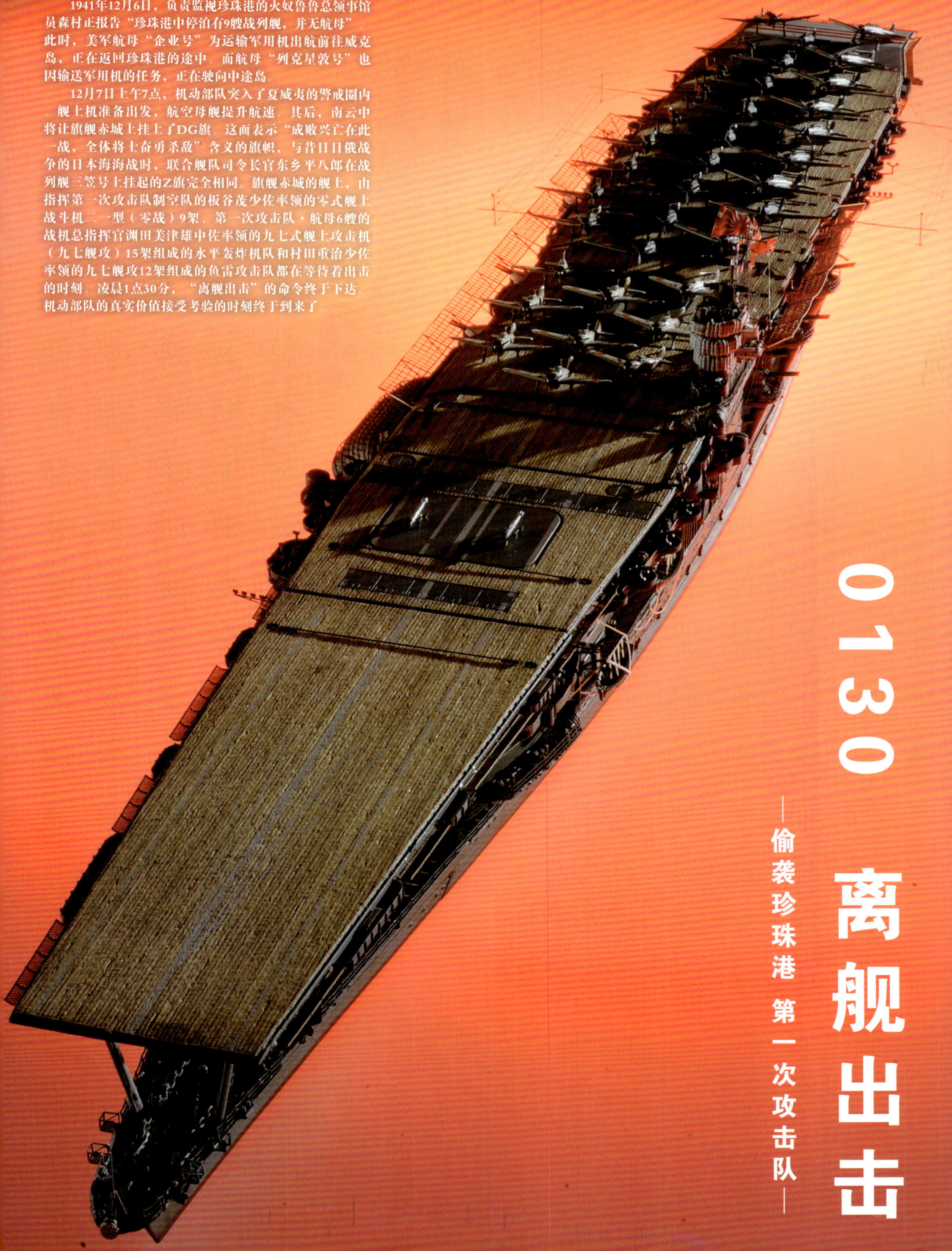

于赤城上翻飞的DG旗。机动部队的真正价值终于接受考验

1941年12月6日，负责监视珍珠港的火奴鲁鲁总领事馆员森村正报告“珍珠港中停泊有9艘战列舰，并无航母”。此时，美军航母“企业号”为运输军用机出航前往威克岛，正在返回珍珠港的途中。而航母“列克星敦号”也因输送军用机的任务，正在驶向中途岛。

12月7日上午7点，机动部队突入了夏威夷的警戒圈内。舰上机准备出发，航空母舰提升航速。其后，南云中将让旗舰赤城上挂上了DG旗。这面表示“成败兴亡在此一战，全体将士奋勇杀敌”含义的旗帜，与昔日日俄战争的日本海海战时，联合舰队司令长官东乡平八郎在战列舰三笠号上挂起的Z旗完全相同。旗舰赤城的舰上，由指挥第一次攻击队制空队的板谷茂少佐率领的零式舰上战斗机二一型（零战）9架、第一次攻击队·航母6艘的战机总指挥官渊田美津雄中佐率领的九七式舰上攻击机（九七舰攻）15架组成的水平轰炸机队和村田重治少佐率领的九七舰攻12架组成的鱼雷攻击队都在等待着出击的时刻。凌晨1点30分，“离舰出击”的命令终于下达。机动部队的真实价值接受考验的时刻终于到来了。

偷袭成功

虎·虎·虎

渊田美津雄中佐指挥的第一次攻击队各机疾驰过甲板，向着上空腾飞而去。渊田中佐亲自指挥的搭载有800kg穿甲炸弹的九七舰攻49架、村田重治少佐指挥的搭载有左右珍珠港偷袭行动成败的九一式鱼雷改二的鱼雷攻击队的九七舰攻40架、高桥赫一少佐指挥的搭载有250kg炸弹的九九式舰上轰炸机（九九舰爆）51架、板谷茂少佐指挥的制空队的零战43架的离舰出击全都在15分完成，各飞行队一边在上空盘旋，一边组成编队，向着珍珠港进发。

1941年12月8日凌晨3点，第一次攻击队发现了瓦胡岛的海岸线。确认到珍珠港的渊田中佐于凌晨3点19分用无线电接连发送多次“TO”的发音。伴随着“全体战机，展开突击”的口令，攻击队向着珍珠港展开了攻击。此时，珍珠港内停泊着以8艘战列舰为首的94艘舰船。并无任何舰船对攻击队发动过反击。确信偷袭成功后，渊田中佐于凌晨3点22分发回了“虎·虎·虎”（我等奇袭成功）的电讯。

俯冲轰炸队自4000m高度向着地面俯冲而下，开始对福特岛、希凯姆、惠列尔的机场展开轰炸。村田少佐率领的鱼雷攻击队将目标锁定到了停泊于福特岛的战列舰上，自低空飞行的高度上发射鱼雷。9枚鱼雷命中美舰，“俄克拉荷马号”翻倒，“西弗吉尼亚号”和“加利福尼亚号”避免了翻倒，自沉到了海底。目标舰“犹他号”也遭到鱼雷攻击，侧翻沉没。

鱼雷攻击结束后，凌晨3点34分，渊田中佐指挥的水平轰炸机以战列舰为目标，自3000m高空向尚未因鱼雷攻击而受损的舰船投下穿甲炸弹。“马里兰号”及“田纳西号”身中数弹，受到中创。战列舰“亚利桑那号”则被炸弹命中了火药库，喷出高高的火柱，与1177名船员一同沉没海底。

板谷少佐率领的制空队不断驱逐离地起飞的美机，接连击破停留于各飞机场的毫无防备的机体。在第一次攻击队的偷袭攻击下，珍珠港被熊熊烈火和滚滚浓烟彻底包围。

全体战机，展开突击！

穿过熊熊烈焰，冲破滚滚浓烟，向着美军舰队展开突击的第二次攻击队

第一次攻击队出击后不久，第二次攻击队也展开了出发准备。1941年12月8日凌晨2点45分，机动部队接近距瓦胡岛200海里（约370km）后，瑞鹤飞行队长岛崎重和少佐指挥的第二次攻击队由各舰出发。岛崎少佐指挥的水平轰炸队为混合搭载250kg炸弹和60kg炸弹的九七舰攻54架，苍龙飞行队长江草隆繁少佐指挥的俯冲轰炸队为搭载250kg炸弹的九九舰爆78架，而进藤三郎大尉指挥的制空队则为零战35架（由“赤城”起飞的战机为千早猛彦大尉担任指挥官的18架九九舰爆和由进藤三郎大尉担任指挥官的9架零战）。

第一次攻击队完成攻击任务，刚刚返航，几乎同时，第二次攻击队也抵达珍珠港了。凌晨4点24分，全军突击的命令下达，第二次攻击队展开了攻击。水平轰炸队对港湾设施、航空基地和已经船底触礁的“内华达号”实施了攻击。尽管目标被火焰所覆盖，难以确认，但俯冲轰炸队依然进行了突击轰炸。它们对先前已进入船坞，因而免受第一次攻击的战列舰“宾夕法尼亚号”展开集中攻击，致使该舰受到中创。制空队参与了对机场的攻击，以机枪扫射的方式击破了停留于地面的战机和地面设施。给予了残存舰艇和飞机场沉重打击的第二次攻击队于凌晨5点30分前后终止攻击，向着母舰开始返航。

南云机动部队展开了两次航空攻击，击沉战列舰4艘，重创1艘，中创3艘。此外，击毁了大约300架左右停留于地面的战机。相对于此，机动部队的总伤亡为舰上机29架。

如此这般，集中运用航母展开的珍珠港偷袭行动也给整个世界带来了巨大的冲击，致使其后的海军战术本身发生了重大的变革。

因由于华盛顿海军条约，导致主力舰保有方面处在不利地位的旧日本海军，抢在世界其他国家之前，预见到了航空攻击的有用性，发现了集中运用航空母舰这一全新战术的使用途径。至此，“偷袭珍珠港”这一战镌刻在了世界战争的历史上，也成为日本军国主义二战期间所犯下罪行的铁证之一。

0424　珍珠港突击

—偷袭珍珠港 第二次攻击队—

旧日本海军航空母舰 赤城 推荐细节提升零件

将你的赤城装点得更美！

在此，我们将为各位介绍的是推荐用来对赤城套件进行细节提升的零件和工具。使用了本篇中刊载的这些工具和零件之后，整个模型的精密感都将进一步提升，同时还能提高套件的完成度。

● FINE MOLD

WA22
九六式25mm连装机枪（全新版）

●FINE MOLD●1404日元●1：700●塑胶套件

▲凭借全新的设计和模具，更新制作的更为精细的NANO DREAD系列第一弹中登场的旧日本海军的代表式的对空机枪，内含24挺机枪。

WA5
通用探照灯套装

●FINE MOLD●1296日元●1：700●塑胶套件

▲用透明零件再现的几乎可以对应旧日本海军舰艇上使用过的所有探照灯的套装。110cm探照灯×8、90cm探照灯×8、60cm探照灯×8、30cm旗甲板灯×4、2kW信号灯×4。

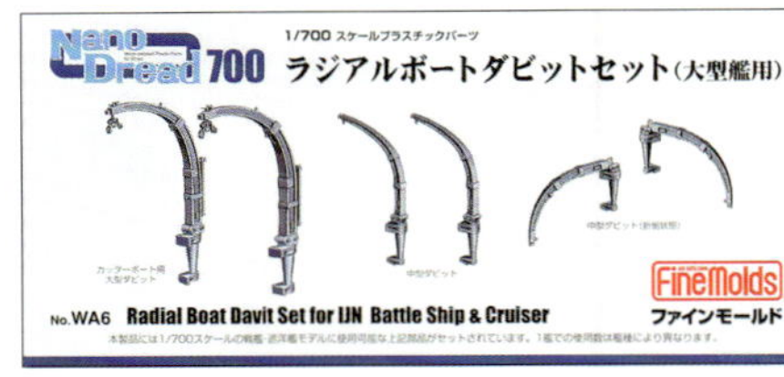

WA6
弯曲型吊艇柱套装

●FINE MOLD●1296日元●1：700●塑胶套件

▲几乎可以对应所有旧日本海军的战列舰、重巡上使用的小艇悬吊臂。武装艇用大型吊艇柱×8、中型吊艇柱×8、中型折倒状态吊艇柱2种8根。

WA9
武装艇套装

●FINE MOLD●1296日元●1：700●塑胶套件

▲内含由战列舰到巡洋舰上搭载的9m武装艇×8、驱逐舰以下级别的舰艇用的7m武装艇×8、可搭载于武装艇上的船桨套装×8。

WA12
船锚・菊花纹章套装

●FINE MOLD●1296日元●1：700●塑胶套件

▲几乎所有旧日本海军的舰艇都可以使用的3种尺寸的主锚、2种副锚，同时还附带了战列舰、航母和巡洋舰用的舰首菊花纹章套装。主锚：战列舰・航母用（4个）、巡洋舰用（4个）、驱逐舰・小舰艇用（8个）；副锚：战列舰・巡洋舰用（4个）、部分巡洋舰・驱逐舰用（4个）；菊花纹章：战列舰・航母用（4个）、巡洋舰用（4个）

WA16
扫雷器（PARAVANE）套装

●FINE MOLD●1728日元●1：700●塑胶套件

▲防雷器放下机×4、防雷器（大）×4、防雷器（中/小）×4、卷扬机×4、沉降器×4。

AE-06
通用附件
金属网格 正方形

●FINE MOLD●1080日元

◀可用于各种工作和各种模型的通用性较高的正方形型网格。开口部为0.3mm×0.3mm。

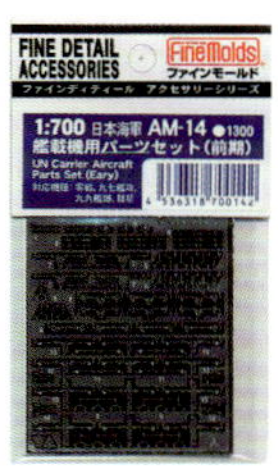

AM-14 1：700
旧日本海军舰载机用套件套装（前期）

●FINE MOLD●1404日元
●1：700

◀以蚀刻零件方式来再现的大战前期的九七舰攻、九九舰爆、零战二一型、二式舰侦各种机型的起落架罩、螺旋桨等。

● FUJIMI模型

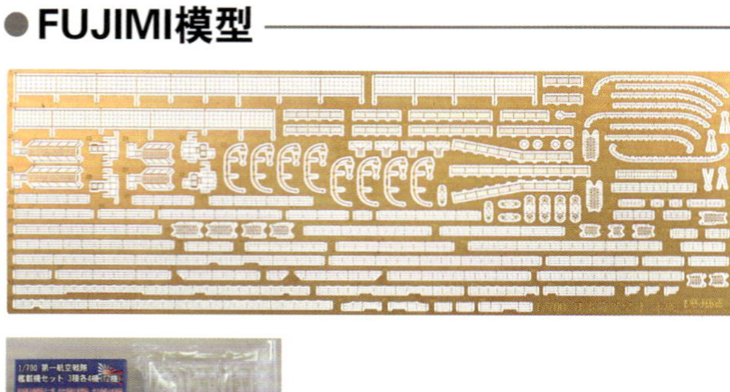

1/700 旧日本海军航母赤城用蚀刻零件

●FUJIMI模型●1944日元●1：700

◀FUJIMI模型的1：700比例赤城用的蚀刻零件。当下最容易入手，同时零件方面也几乎可谓完全套装。从蚀刻零件的价格方面来说，物美价廉的价格也让人感到极具魅力。

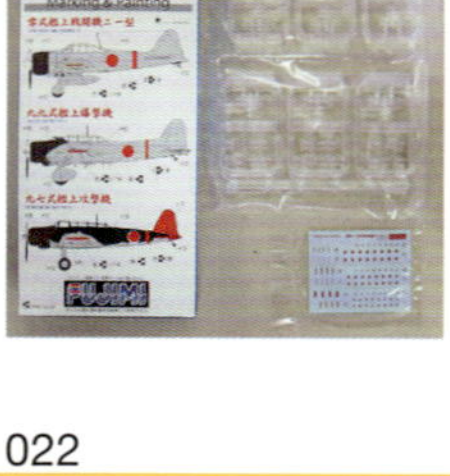

1/700
第一航空战队 舰载机套装

●FUJIMI模型●1620日元●1：700●塑胶套件

◀同封中配备了零战二一型×4、九九舰爆×4、九七舰攻×4。因所有零件都为透明零件成型的缘故，所以可以制成透明状态的驾驶座舱舱盖。螺旋桨和起落架则为另外的零件。

● PIT-ROAD

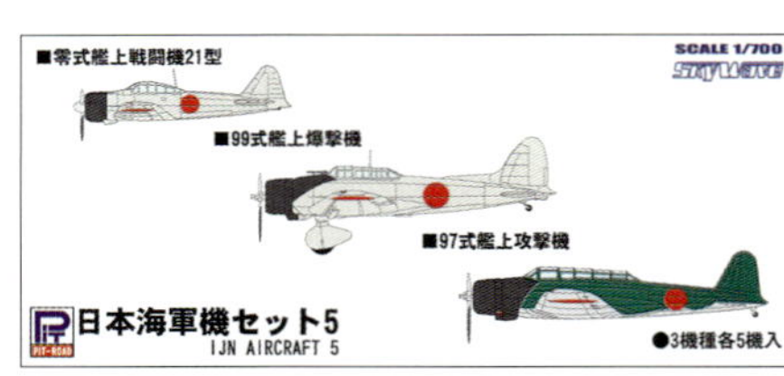

1/700 旧日本海军机套装5

●PIT-ROAD●1512日元●1：700●塑胶套件

▲透明成型的零战二一型、九九舰爆、九七舰攻各机5架套装。起落架和螺旋桨也得到了再现。现在只剩店铺存货。

● HASEGAWA

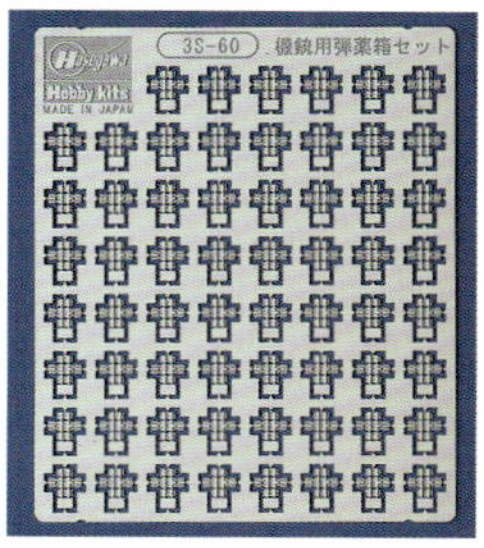

机枪用弹药箱套装

●HASEGAWA●972日元●1：700

▲通过配置到机枪的侧面等位置来给模型添加亮点的弹药箱。

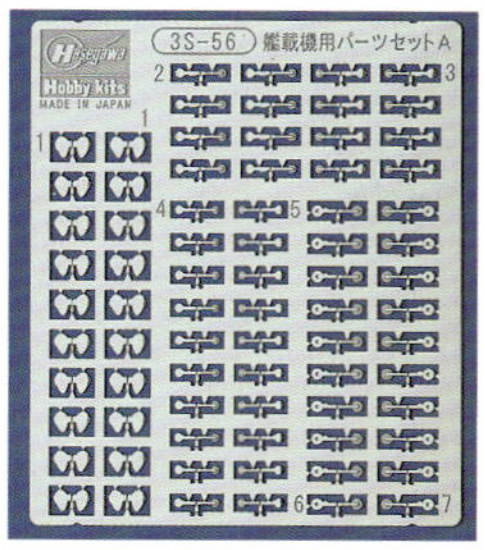

舰载机用零件套装A

●HASEGAWA●972日元●1：700

▲可提升舰载机起落架的蚀刻零件套装。

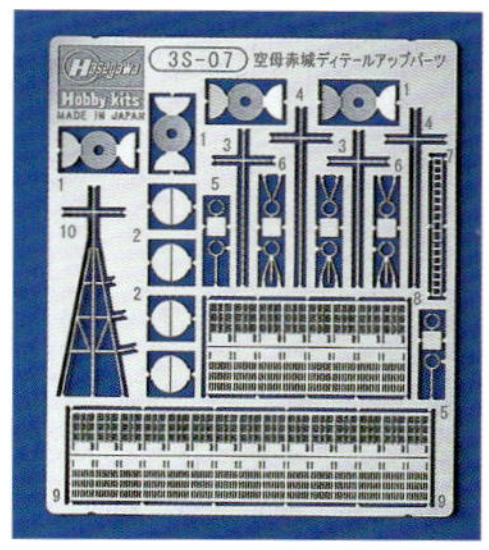

3S-07 航母 赤城 细节提升零件

●HASEGAWA●972日元●1：700

▲作为旧版赤城套件用而开发的蚀刻零件。能够使用其中的桅杆等零件。

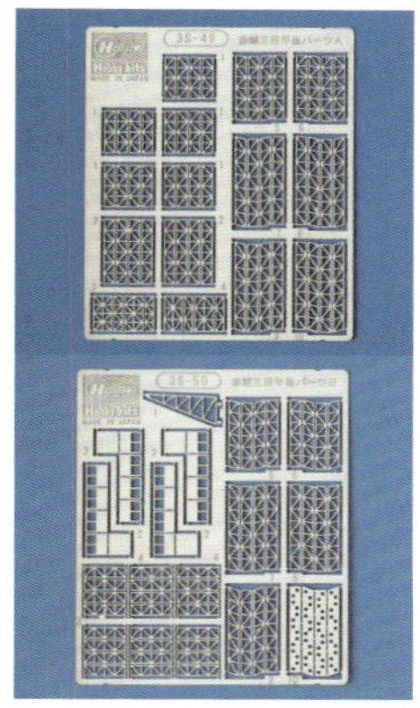

3S-49、3S-50 航空母舰 赤城 三段甲板 细节提升零件 A、B

●HASEGAWA●各972日元●1：700

▲内含三段甲板的套件用的飞行甲板支柱。也可作为全新套件的飞行甲板支柱来使用。

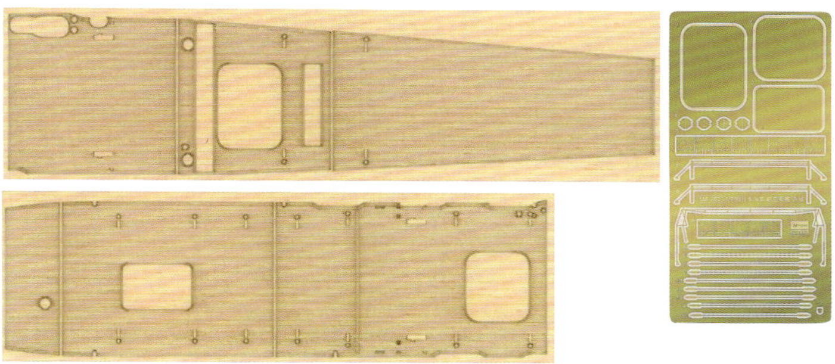

QG52 航空母舰 赤城用 木制甲板

●HASEGAWA●3888日元●1：700

▲与全新版的赤城同时发售的木制甲板贴纸。除贴纸之外，还附带了升降机和着陆制动索等蚀刻零件、线条和日之丸的干贴纸。希望各位能够与套件一同收入囊中。

1/700 WATER LINE 日本舰载机 前期型

●HASEGAWA●540日元●1：700
●塑胶套件

►与封入赤城套件的舰载机同样的零件组成套装，另行发售的商品。除零战×10、九七舰攻×8、九九舰爆×8之外，再加上彗星×6，共计32架。

番外篇！“青岛 苍龙1941”的舰载机好棒

● 青岛文化教材社

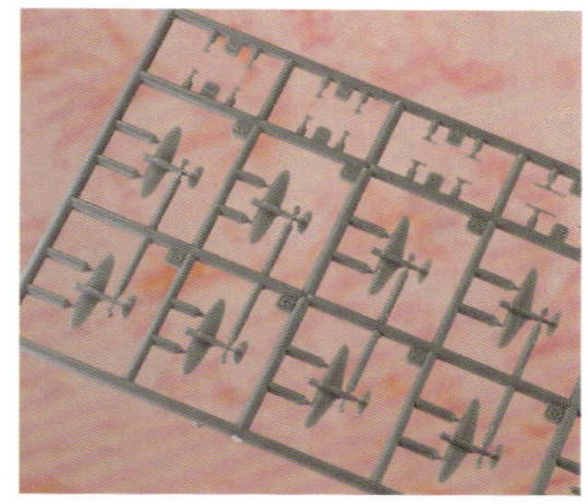

▲2009年，青岛文化教材社厚积薄发，全新推出了展开浑身解数的“苍龙 1941”。航母的完成度自不必说，舰载机方面也为完全新规制作，附带了零战二一型、九九舰爆、九七舰攻各4架。当然了，这些舰载机零件也可以使用到赤城的套件上。

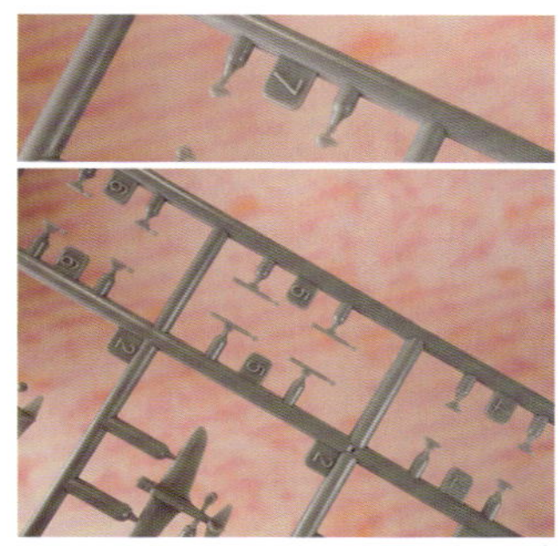

▲甚至连九九舰爆的固定起落架，九七舰攻的800kg穿甲炸弹、九一鱼雷，零战的副油箱都以分离零件的形式进行了再现。

旧日本海军航空母舰 苍龙 1941

●3240日元●发售中●1：700，约32.5cm●塑胶套件

● MODEL KASTEN

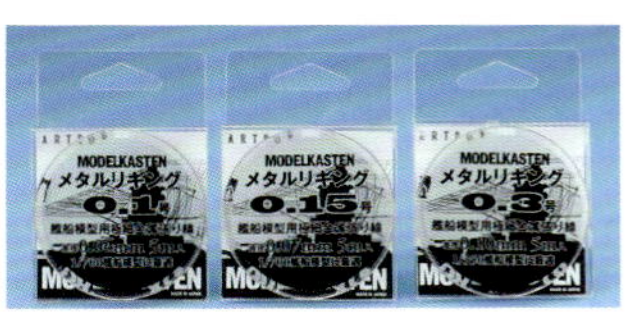

金属线 0.06号、0.1号、0.15号、0.3号

●MODEL KASTEN●各1944日元

◄进行舰船模型的拉线作业时最为推荐的道具。金属线细度为极细，拉伸、强度均出类拔萃。粗细程度方面，共有4种类别可供选择。

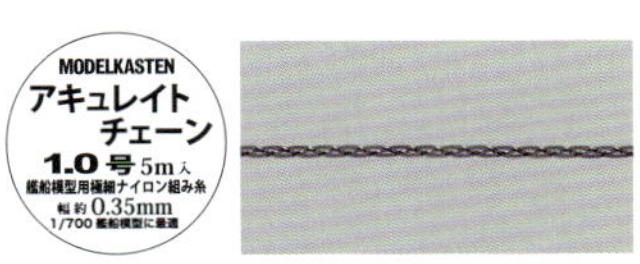

精细锁链（1.0号） 舰船模型用极细尼龙搓绳

●MODEL KASTEN●1404日元

▲最适合于再现1：700比例舰船模型的锚链，通过特殊加工形成铁链形状的高品质尼龙制搓绳。可用瞬间黏合剂粘接，因为从一开始就已经染成了黑色，所以可以原封不动地使用。

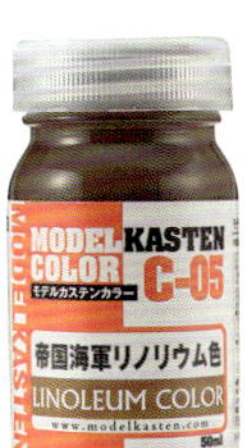

旧日本海军 压漆布色

●MODEL KASTEN
●1188日元

▲涂布于旧日本海军舰船，以压漆布色来再现甲板色彩的涂料。能够毫无混色地展现出压漆布的色彩来，这一点令人感觉无比欣喜。

舰船模型用甲板色套装（1）

●MODEL KASTEN●1728日元

▲舰船模型的木甲板用色彩套装。柚木材质为主题的棕色1和红色系、绿色系棕色3种的4种色彩，可通过反复涂装来展现带有表情的木甲板。

● GSI Creos

Mr.Color Spray SJ1 吴海军工厂标准色
Mr.Color Spray SJ2 佐世保海军工厂标准色
Mr.Color Spray 军舰色（2）

●GSI Creos●648日元

◄罐装喷涂来涂装舰船模型时推荐的3种色彩。

Mr.Oxide Red Surfacer 1000 Spray

●GSI Creos●756日元

▲配合铁锈色、掺入底漆的底漆补土。有了它，便可以一口气对基底展开完全制作了。因为含有底漆成分，所以对金属零件和蚀刻零件等金属制零件也可以原样使用。

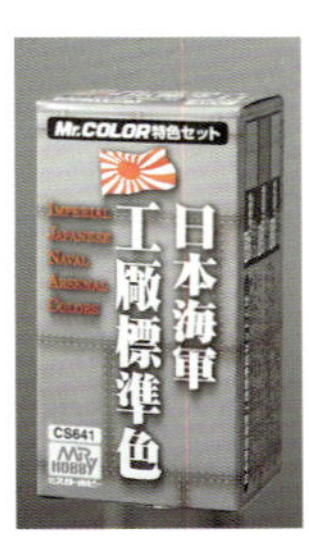

旧日本海军工厂标准色色彩套装

●GSI Creos
●540日元

◄由吴海军工厂标准色、佐世保海军工厂标准色、舞鹤海军工厂标准色组成的套装。在对旧日本海军的舰船进行涂装时，此套装也为必备之一。

此为开发中零件！作业用亚克力底座

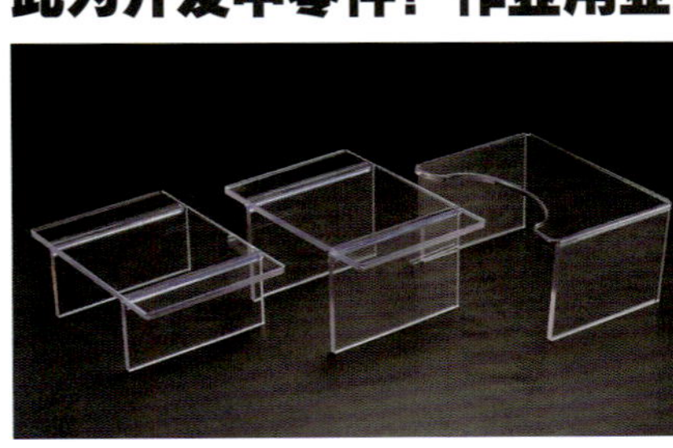

◄舰船模型的细节作业中，能够稳固固定手臂位置，更准确把握零件位置的透明亚克力台。目前正处于企划开发中。企划内容包括适合驱逐舰、轻巡·重巡、战列舰·航母的各舰种尺寸的制品。福士明春也曾在企划开发中提出过开发建议。

切入到逐步图解单元之前

这就是舰船模型“明春Style”

从下一页开始，在切入到逐步图解单元之前，我们将为您撷取福士明春在制作舰船模型时尤为重视的一些技巧。这些技巧绝非什么难以做到的事，相反，一旦学会了这些技巧，不管是在提升细节还是在粘接蚀刻零件，或是制作拉线等这类制作舰船模型时玩家们都希望能够展开挑战的工作，也就都能顺利完成了。因为其中也一起包含了部分AR动画，所以希望各位也能够稍作参考。

在舰船模型的制作和细节提升时，“拉伸板材框架”都会大展身手！

用打火机之类的物品对套件的板材框架进行烘烤，拉伸后制成的“拉伸板材框架”。如此一来，就能动手制作出一些细长的小棍状的零件，而这东西也是一种舰船模型制作方面极为便利的工具。接下来，就请各位一起来看一看这种被称为“明春棍”的拉伸板材框架的制作和使用方法吧。

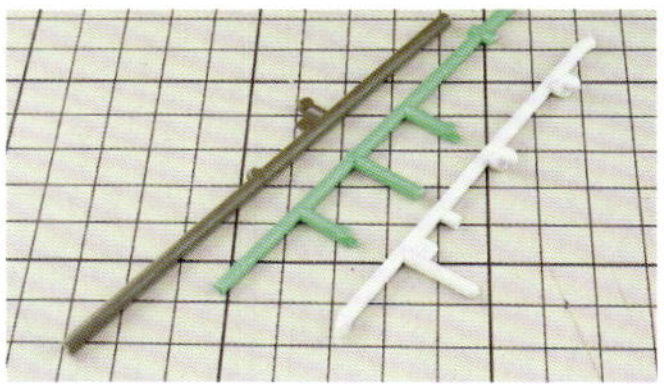

▲拉伸板材框架的优点之一，就是能够灵活运用其成型色。人物模型等的板材框架可谓是一种素材的宝库，所以平日里请留心保留上一些。

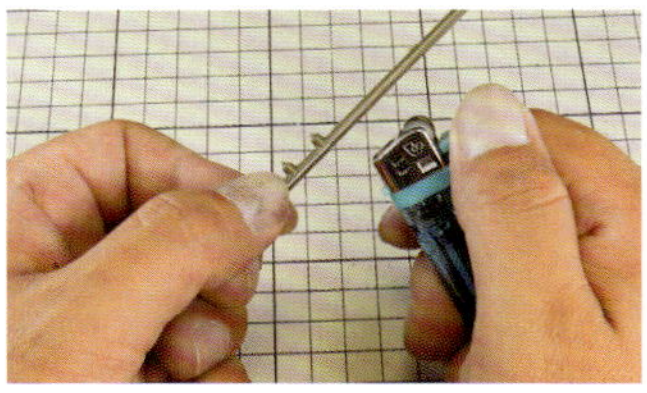

▲用打火机的火焰烘烤板材框架。用火时请千万务必留心。

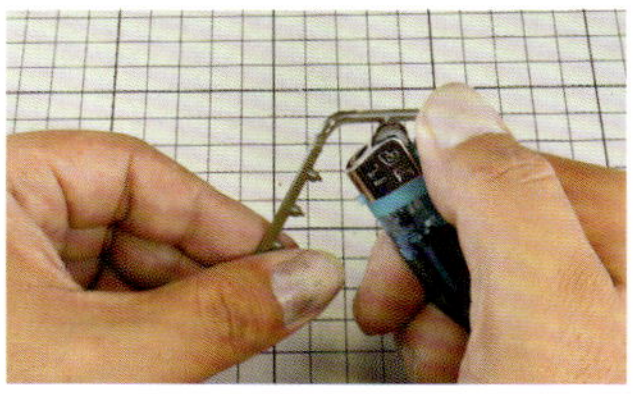

▲受热的部分可以轻易地弯折。达到这种状态以后，就可以动手拉伸板材框架了。

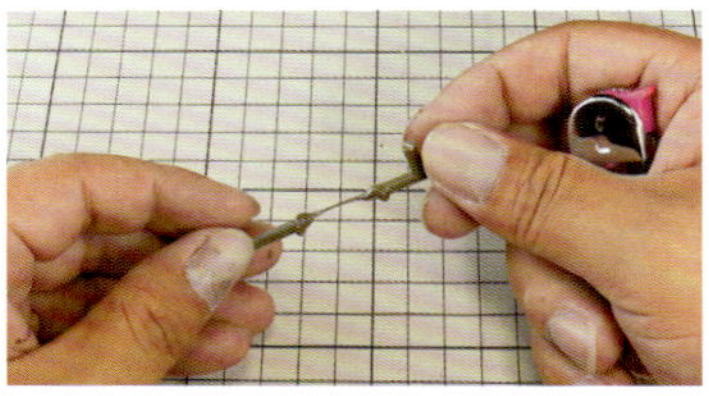

▲捏住板材框架的两端，向两侧拉伸。在拉伸时同时也可以对拉伸板材框架的粗细进行调节，可以多练习几次，制作成自己喜好的粗细程度。

▶如图所示，拉伸后的板材框架会形成极为纤细的形状。各人也可根据自己喜好的长度剪切使用。

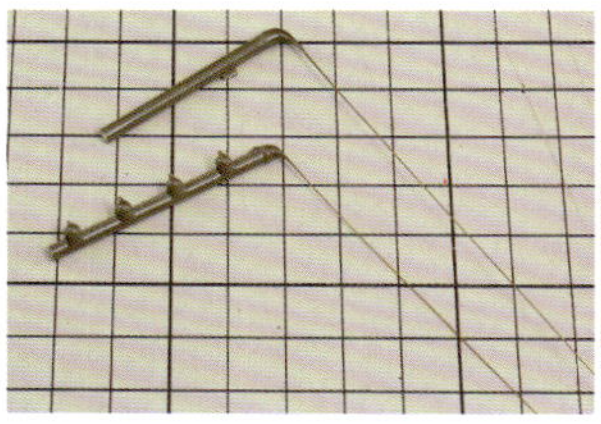

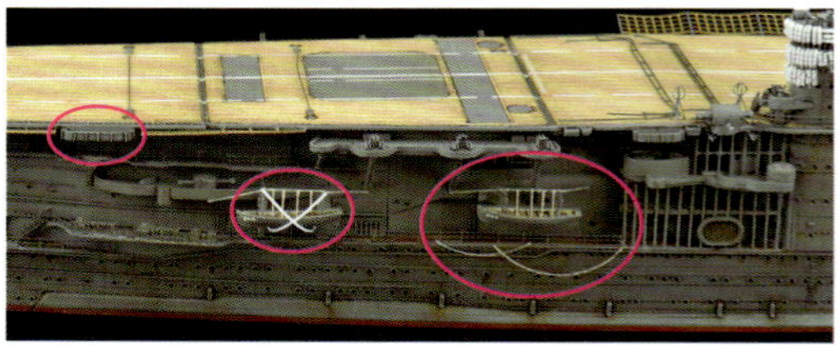

◀安装于船体上的绳索、拴留武装艇的绳索等，图中用红圈圈出的部分，全都是使用拉伸板材框架制成的。而且，因为灵活运用了成型色，所以除了舷墙的细节以外，都不需要进行涂装。

再也不怕蚀刻零件的安装了！拉伸板材框架和2种瞬间黏合剂是关键！

蚀刻零件等金属零件需要使用瞬间黏合剂来粘接。想必一定有很多玩家都有过粘接失败造成零件损坏，或者将船体弄脏的经验吧。在这里，我们将以画面和AR动画的方式为各位介绍其中的诀窍。

▶使用的是黏度较低，可流缝注入的WAVE「High Speed」和黏度较高的黏稠状瞬间黏合剂。

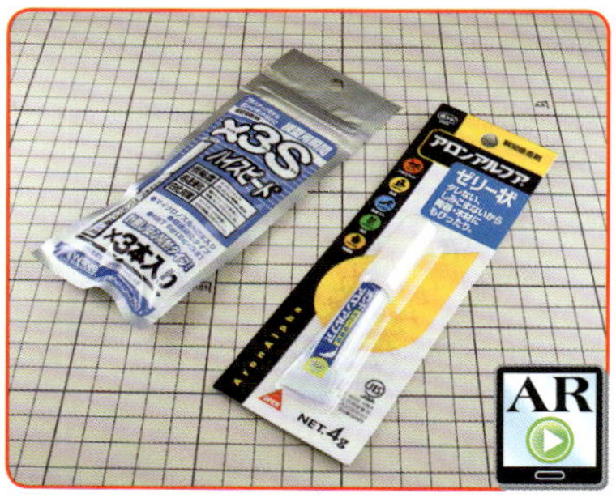

▲动手在喷涂罐的盖子上粘贴上遮盖胶带，然后再准备好拉伸板材框架和2种瞬间黏合剂。

▲在盖子上同时蘸上适量的流缝式瞬间黏合剂和黏稠状瞬间黏合剂。

▲首先在零件上蘸上少量的黏稠状瞬间黏合剂。因为黏稠状瞬间黏合剂比流缝式的黏度要高，所以可以稍稍进行位置上的调整。

▲将零件粘接到指定的位置上。此步骤当中，粘接的稳固程度还很低。

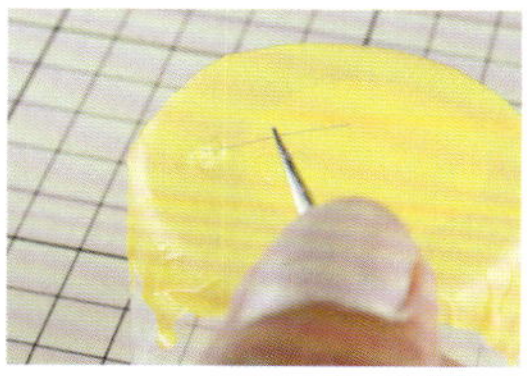

▲接下来就是重点了。在拉伸板材框架的尖端上蘸上黏稠状瞬间黏合剂。

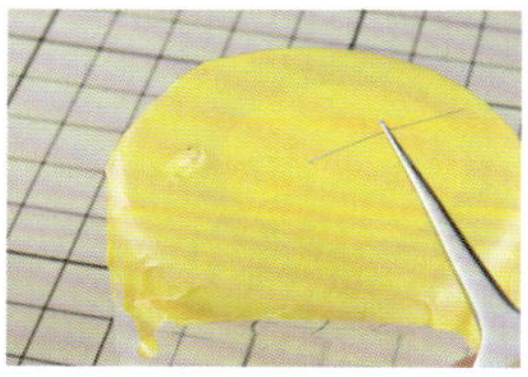

▲然后再在蘸有黏稠状瞬间黏合剂的一端上蘸上流缝式瞬间黏合剂。

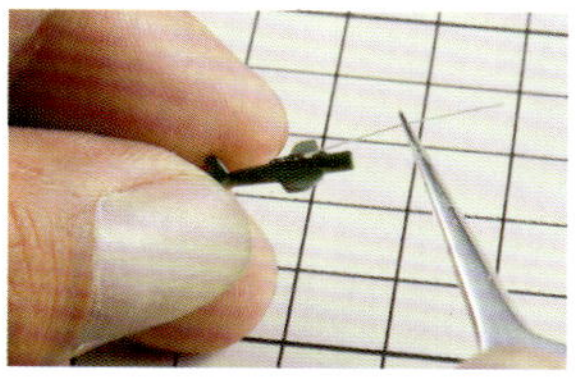

▲将蘸在框架尖端上的瞬间黏合剂注入到零件上。如此一来，黏稠状瞬间黏合剂就会和流缝式瞬间黏合剂一同流动，让粘接变得更为稳固了。

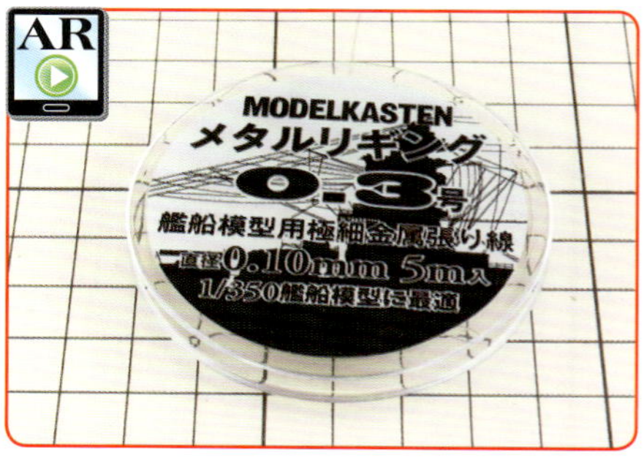

◀拉线的粘接方法也基本相同。详情请参考收录有此处介绍的画面的AR动画和由P.61开始的报道文章。

AR动画的观看方法

▲首先，先下载“COCOAR”应用（免费）。

▲打开“COCOAR”应用，动手扫一扫。

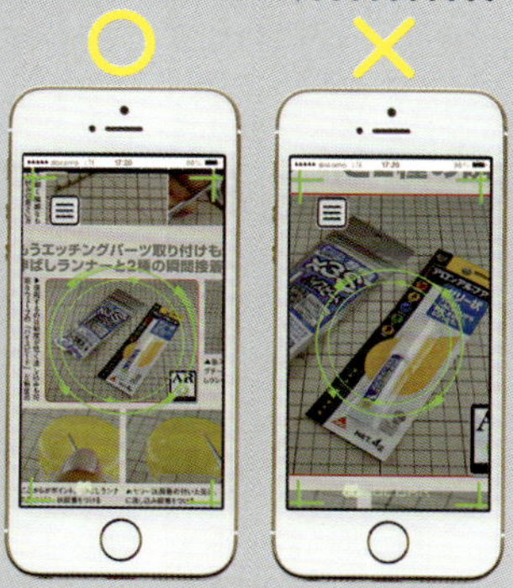

▲只需将绿色圆圈的内侧与标记的位置相互配合到一起，就能清晰地确认观看了。

←只需用智能手机扫描一下带有此图标的照片，就可以观看视频了

iPhone（iPad）的使用方法：在“AppStore”中检索“cocoar”。
Android的使用方法：在Google“Play商店”中检索“cocoar”。
请下载熊猫标记的“COCOAR”应用（免费）。

※iPhone版请使用iPhone4S以后（iOS7.x）及iPad2以后（iOS7.x）的版本。
※Android版请使用搭载的Android OS版本4.0以后的版本。
※有关COCOAR应用的详细情况，请参看（http://hobbyjapan.co.jp/ar）。

COCOAR

彻底制作步骤详解

旧日本海军航空母舰 赤城

HASEGAWA 1:700 scale plastic kit Imperial Japanese Navy Aircraft Carrier AKAGI
modeled by Akiharu FUKUSHI

全面展现福士明春的“匠人技术”！

细节提升制作HASEGAWA 1：700航空母舰赤城（更新版）

自此页起，我们将为各位献上由P.12开始登载的直到完工的赤城的工程。首先，请各位先来看看有关赤城本体的制作。伴随舰船模型中基本的零件整形和组装、木制甲板贴纸的粘贴方式、蚀刻零件的安装和细节提升、拉线等的详细的制作过程中的照片，我们将为各位完美呈上整个过程。有关蚀刻零件方面，我们选用了现如今最容易入手，且套件内容也较为丰富的FUJIMI模型的航空母舰赤城用套装。有关配合HASEGAWA的套件，使用此蚀刻零件的过程，我们也会撷取其中的重点，为各位进行介绍。

Every Technique In This Corner
Will Enrich Your Ship Modeler's Life

HASEGAWA 1：700 "全新版 赤城" 制作开始！

那么，接下来我们就来一起看看整个制作过程吧。本套件并未对零件肆意进行细分化，在尽可能地让零件保持单一零件成型的情况下，对零件进行了细腻精密的细节勾画，可谓是一套高水平地融合了组装的简易性和零件的精密度的杰出作品。这是一套只需做好每一步的基本工作，最后就能展现出成果来的让人倍感幸福的套件，还请众位一边参考本制作单元，一边动手展开制作。

零件的剪切和组装

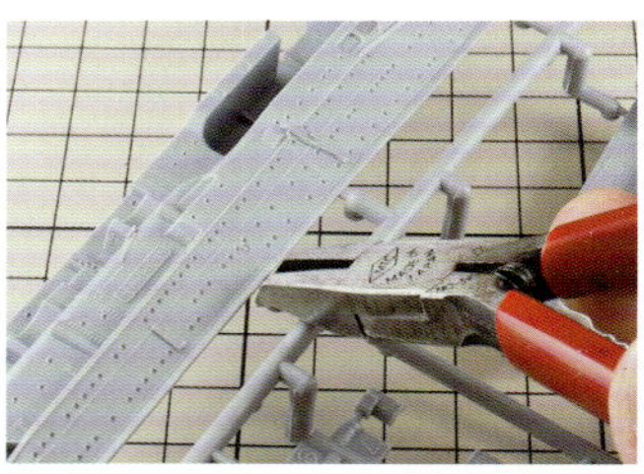

▲零件的剪切。因为全新版赤城零件中，存在有许多较为纤细的细节，所以作业时务必要慎重仔细。

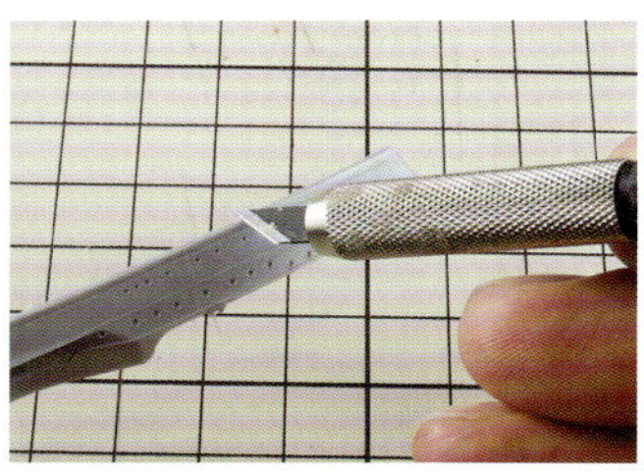

▲稍微留下些许水口，动手进行剪切，再使用美工刀来剪切水口。如此一来，零件就能干净清爽地完全剪切下来了。

▲连接左舷和右舷的船体零件的引导零件方面，因为最后并不会显露在外，所以只需用水口钳直接剪下便可以了。

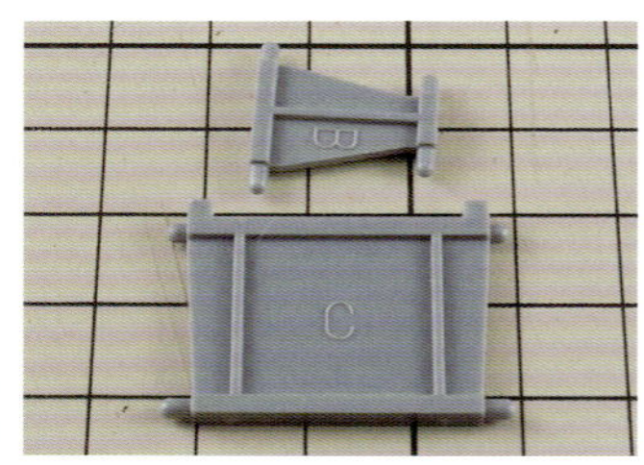

▲观察框架零件，如图所示，可发现零件上刻有带有"B""C"字样的印记。安装时需仔细确认，确保安装正确。

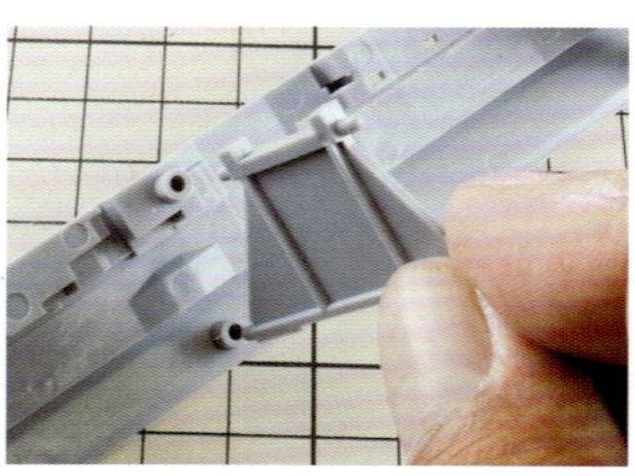

▲对框架零件进行临时组装。此时暂时先不动手粘接，只是临时嵌入。因调整过零件的状态，轻易不容易脱落，所以临时组装也很简便。

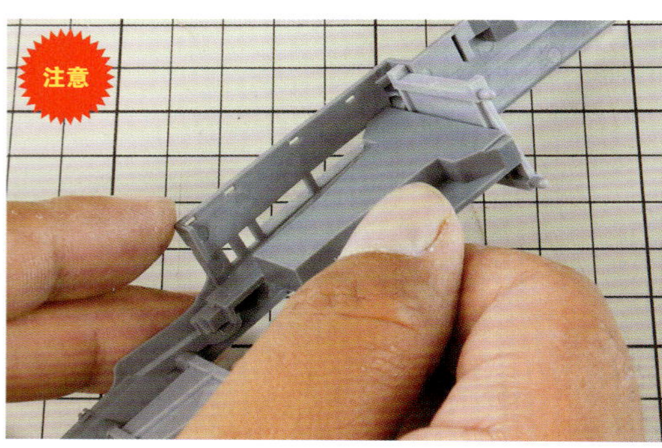

◀较为容易出现安装失误的是B4的后部格纳库零件。因为此处也是夹入到船体的方式，所以事先要先记得将此零件粘接到左舷或者右舷的零件上去。

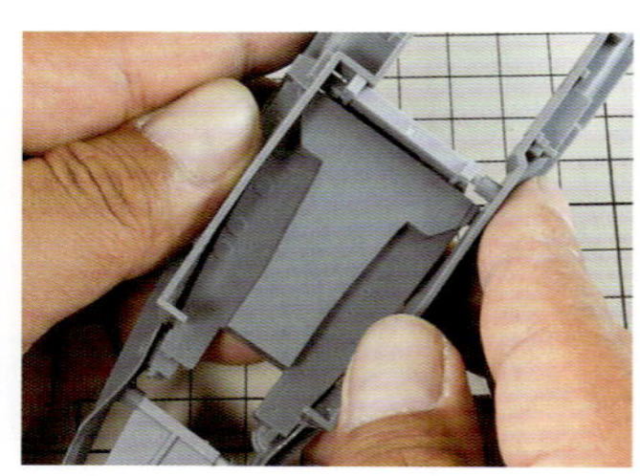

▲安装好所有的框架零件和后部格纳库零件之后，对船体零件进行临时组装，仔细确认是否存在有歪斜或者不吻合的地方。

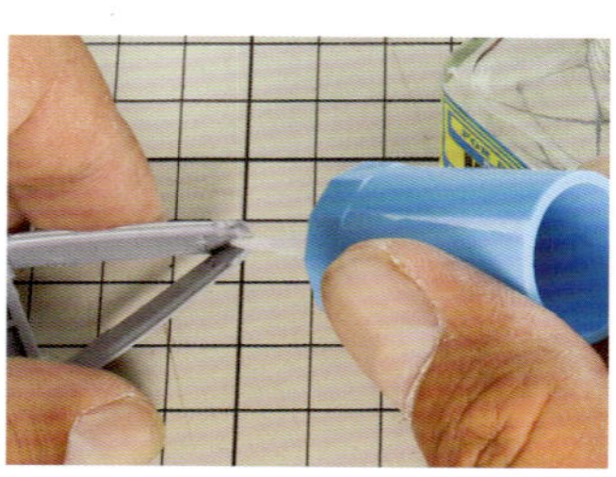

▲粘接舰尾。如果可以不从表面，而从内侧注入黏合剂的话，那么请从内侧注入。这么做的目的，是为了不让黏合剂蘸到细节部位上去。

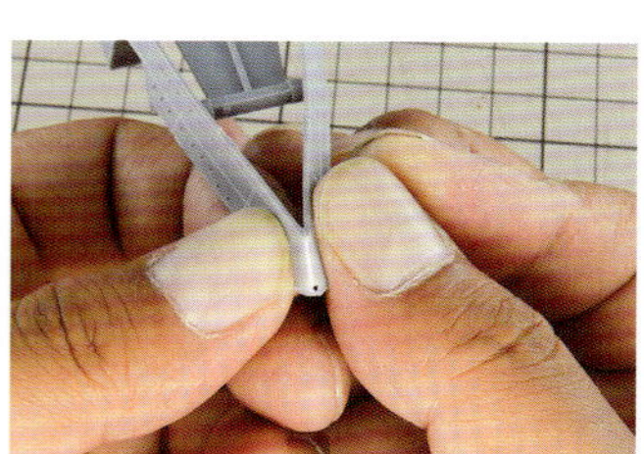

▲用力压紧，黏合左右零件。此时需让少许黏合剂溢出。

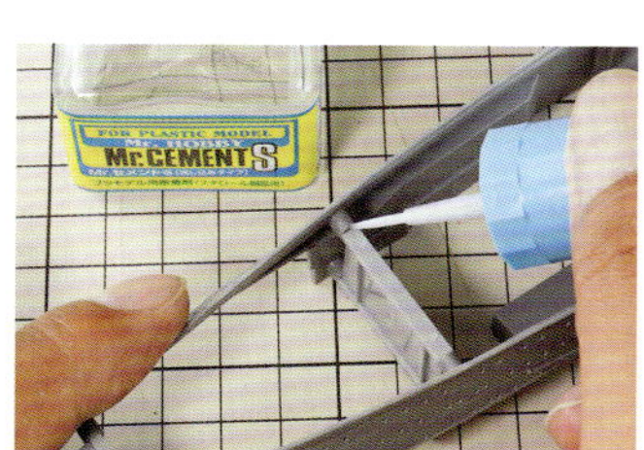

▲接着，为了避免框架出现歪斜现象，注入黏合剂。

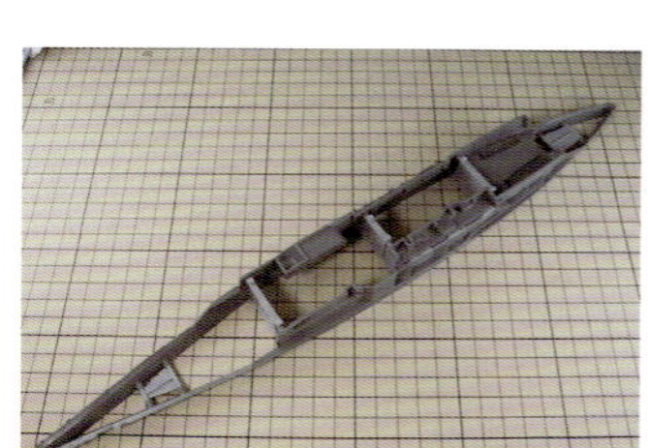

▲用船体夹住引导零件和后部格纳库。然后开始动手制作舰底部。

粘接舰底零件前，先安装好固定用的螺丝

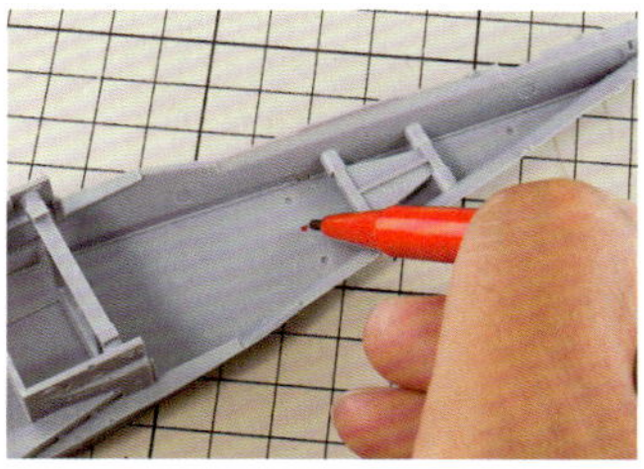

▲完成之后，设定用来将模型固定到基底上用的孔洞。首先临时组装一下舰底，在安装螺丝的地方做好标记。

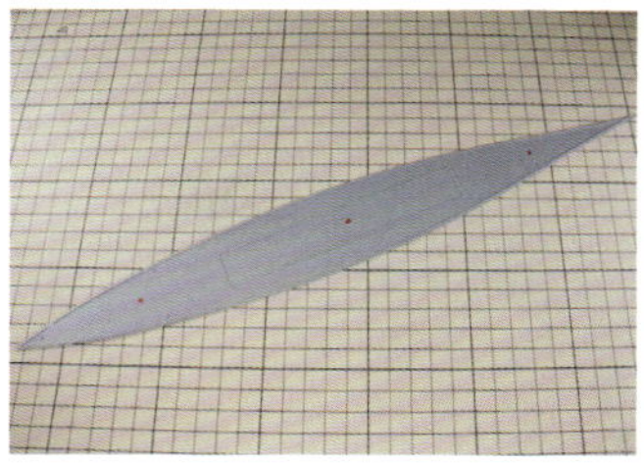

▲安装上三处螺丝的话，那么就能够稳固地固定了。可以用红色记号笔等做好较易辨识的标记。

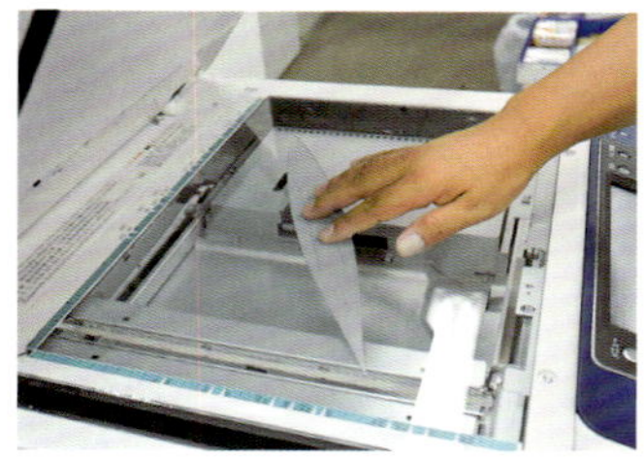

▲接下来，将做过标记的一面按压到复印机上，复印形状。

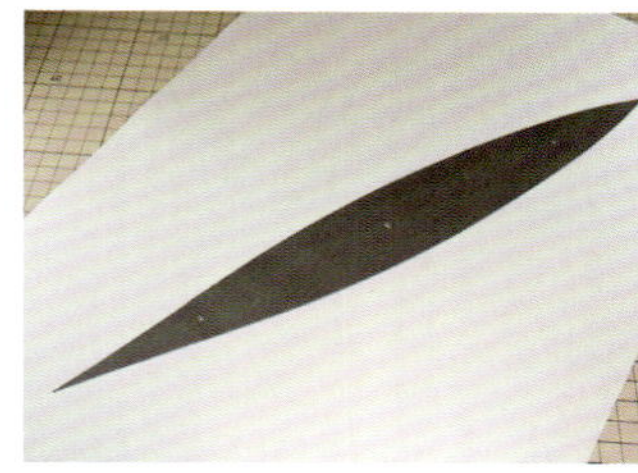

▲复印出图中所示的带有标记的复印纸后，就能以此基础来开启孔洞了。

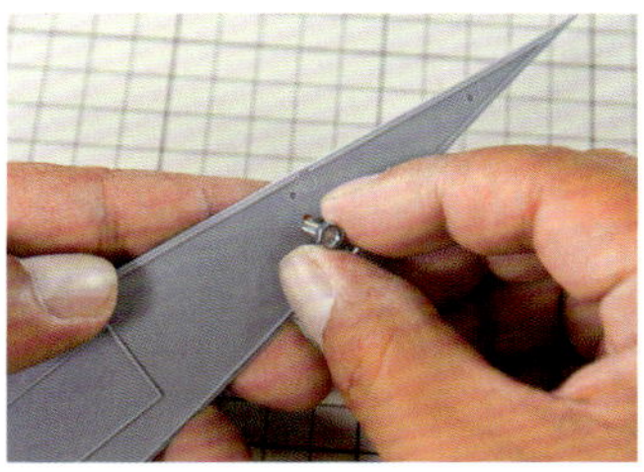

▲在做过标记的部位上安装上配合螺丝粗细的螺帽。螺丝和螺帽的口径都可以随各人喜好来定。

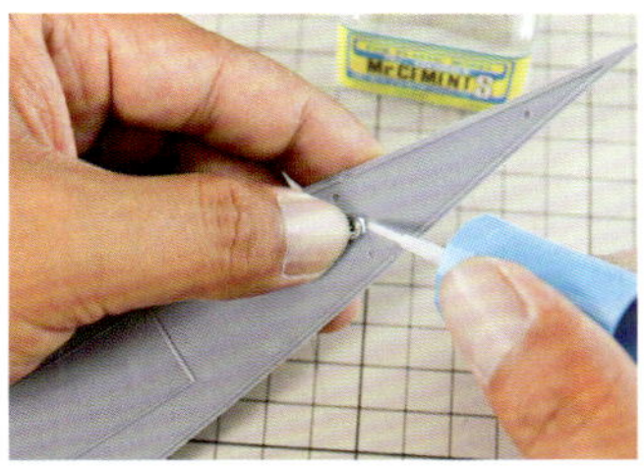

▲如果立刻就使用瞬间黏合剂来粘接的话，之后就再无法进行调整了，可以暂时先用塑胶用黏合剂来临时固定。

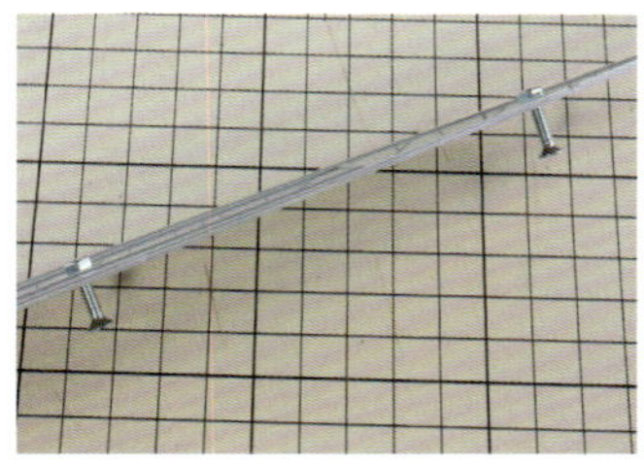

▲临时固定好之后，用与螺丝口径相吻合的钻头在船体上开洞。安装上螺丝，临时组装。

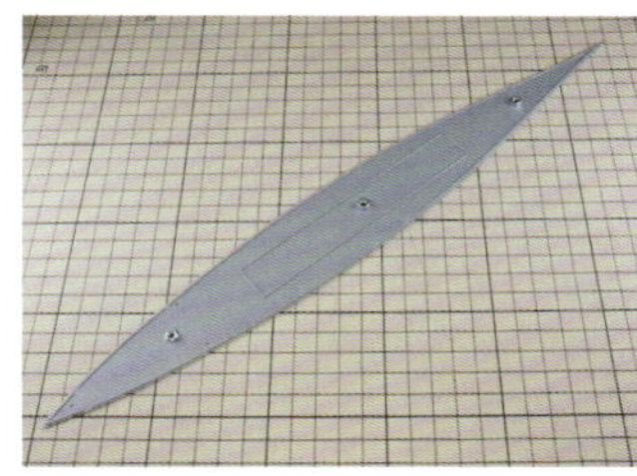

▲如果没有问题，就动手固定下一个螺帽。

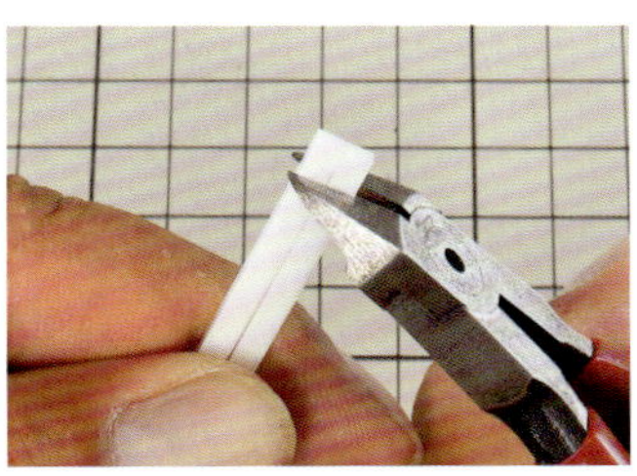

▲为了稳固地粘接上螺帽，需要使用到方形塑胶棒。最好具有一定的粗细程度。

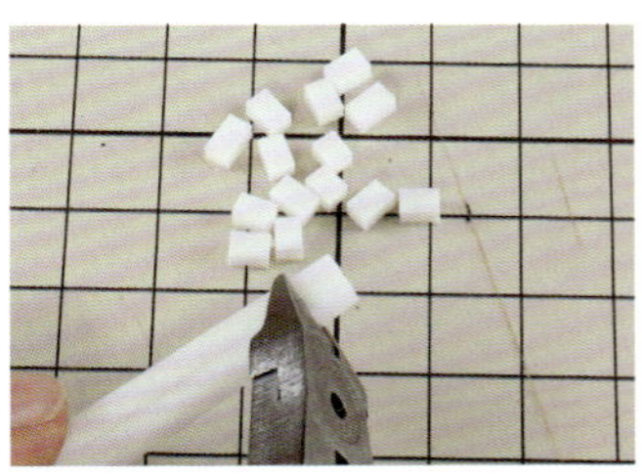

▲如图所示，用镊子将塑胶棒剪切成一小段一小段的状态。

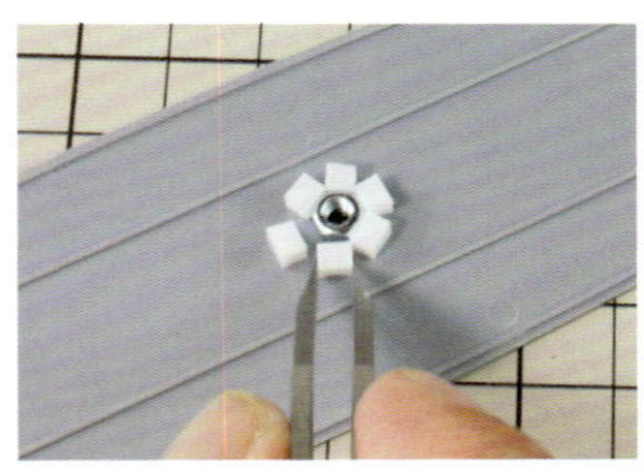

▲将剪切好的塑胶棒配置到围绕螺帽的位置上。

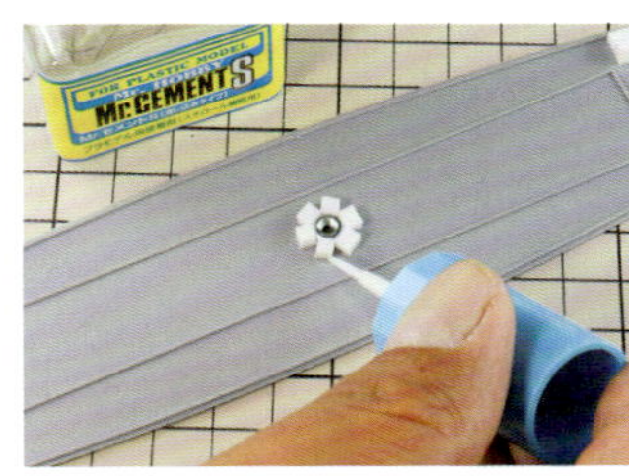

▲配置到再无缝隙之后，注入塑胶用黏合剂，粘接上塑胶棒。

▲光是塑胶用黏合剂的话，塑胶棒有可能会出现偏斜，所以需要使用WAVE的"黑色瞬间黏合剂"（黑瞬黏）来稳固固定。

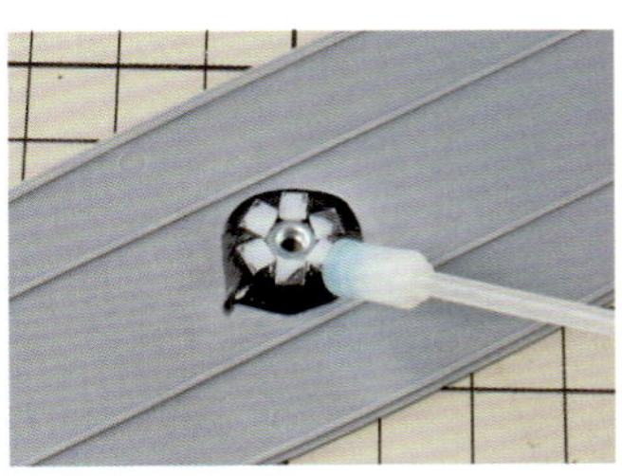

▲因为黑瞬黏的干燥需要一定的时间，所以可以喷涂瞬间黏合剂的硬化喷雾来使其硬化。

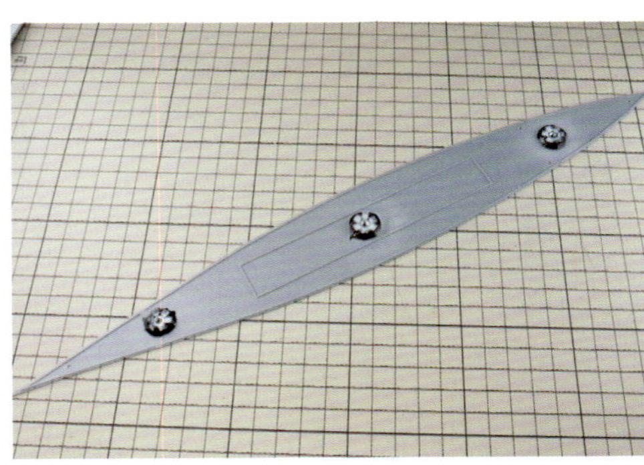

◀完成螺帽的安装和轴孔开口后的状态。等到全都完成之后再动手进行此项作业的话，工作会变得极为繁复，所以还是在粘接舰底之前动手完成吧。

舰底的粘接

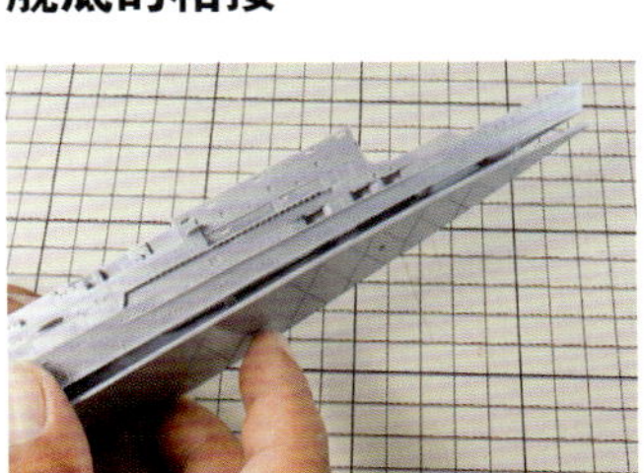

▲在船体上粘接舰底。首先检查好船体与舰底之间是否存在歪斜和不吻合现象。

▲如果零件之间无法契合，可以用锉刀等工具对结合缝部位稍稍进行打磨切削，使得零件之间相互契合。

▲完成了船体和舰底零件的契合之后，注入黏合剂。首先从舰尾或者舰首之类的尖端部位进行粘接。

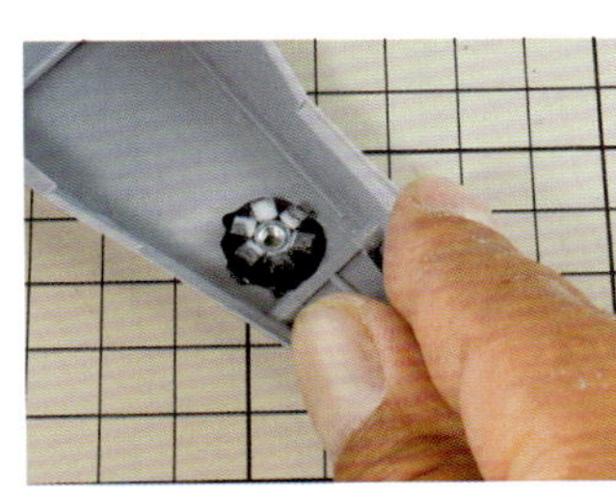

▲注入过黏合剂之后，从上方将船体零件按压到舰底上去，稳固粘接。

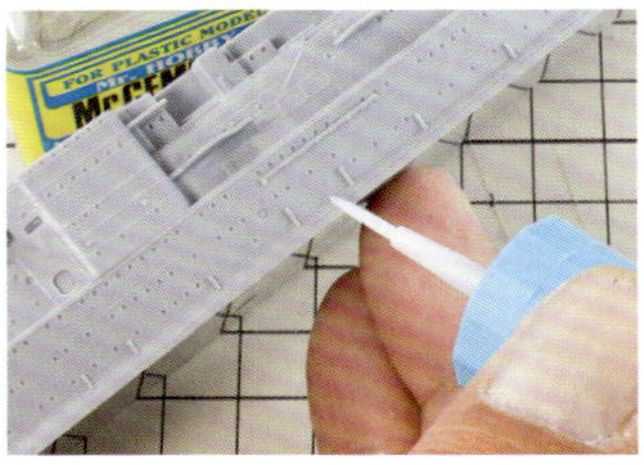

▲在船体的侧面也注入黏合剂。注意不要让黏合剂流到船体的细节部位上去。

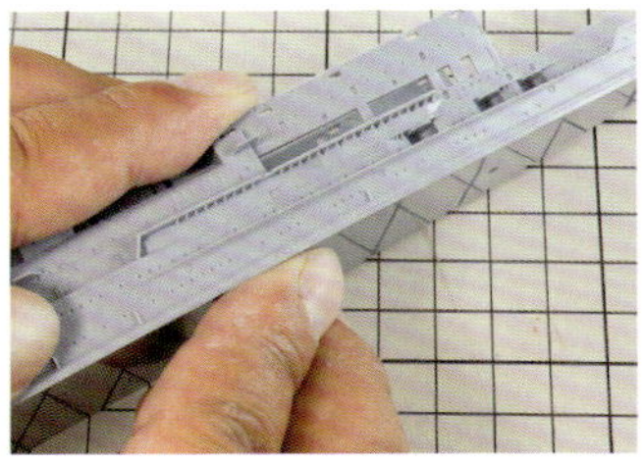

▲注入之后，将船体和舰底压合到一起，让黏合剂稍稍溢出。

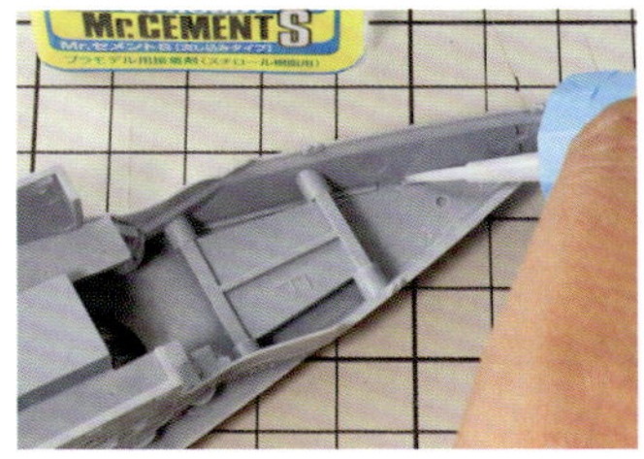

▲像舰尾甲板内部一样，可由内侧注入黏合剂的部位，需由内侧注入黏合剂。

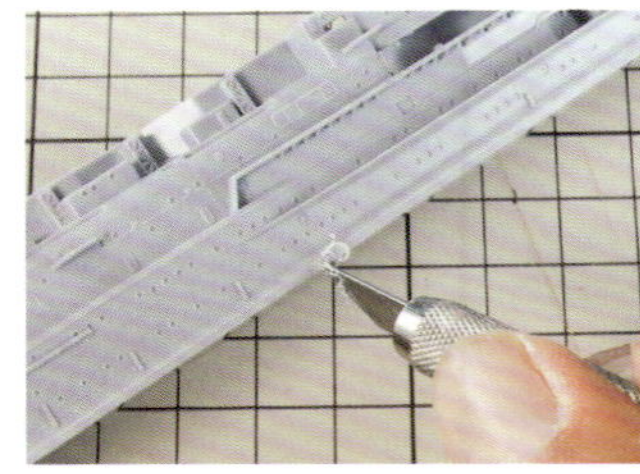

▲Mr.CEMENT S（注入用）的干燥非常快。干燥上一个小时左右之后，便可采用刨削的方式来用美工刀对黏合剂溢出的部位进行削除了。

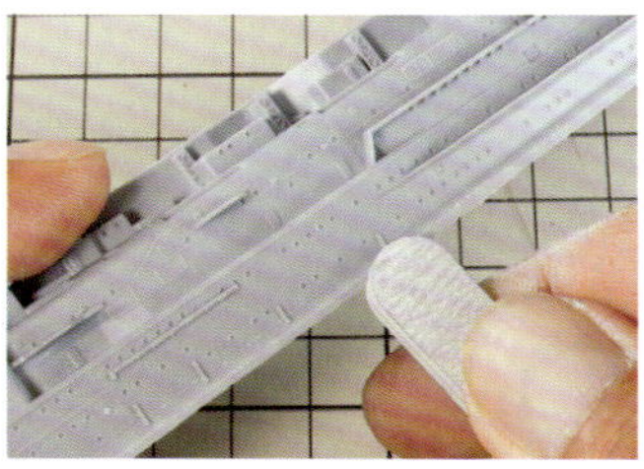

▲用400号左右粗细的砂纸来对先前美工刀刨削过的地方进行打磨，仔细对结合缝进行处理。其他部分的结合缝也可动手进行处理。

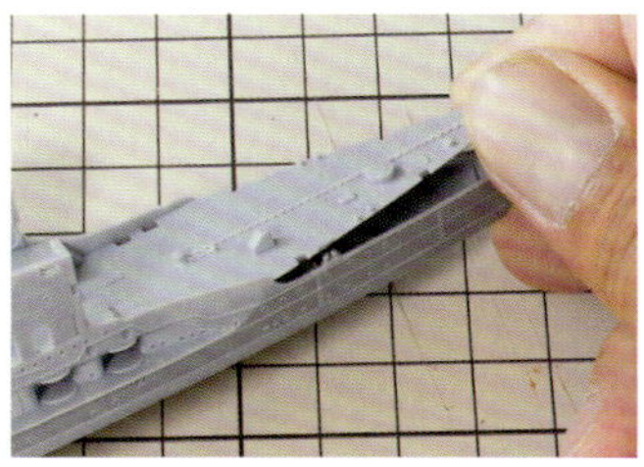

▲安装舰尾侧的甲板。不要立刻粘接，而是先临时组装，检查一下零件之间的相互契合。

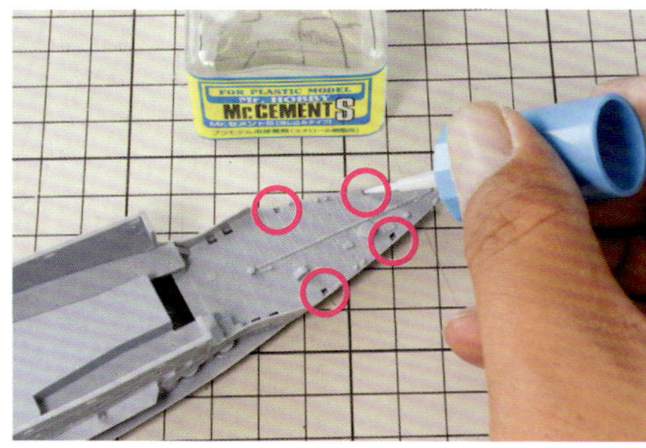

◀检查过零件的相互契合程度之后，就可以动手进行粘接了。利用安装飞行甲板支柱的孔洞注入黏合剂，粘接工作就会较为干净清洁了。

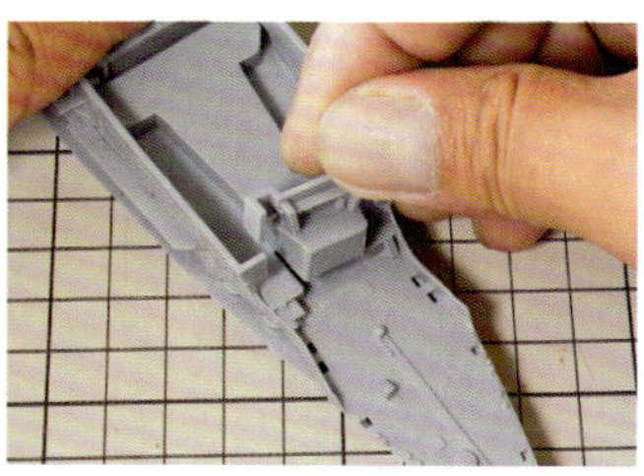

▲接下来，将A18零件安装到船体上。因为此零件需要嵌入到船体之间，所以可以先临时组装一下，确认零件之间的契合。

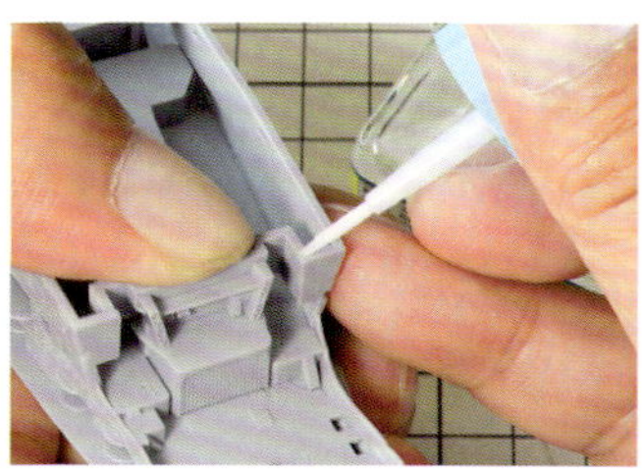

▲注入黏合剂，让船体和A18之间稍有黏合剂溢出。

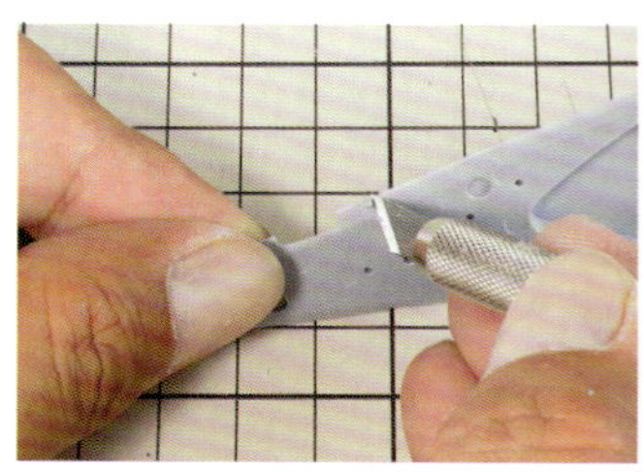

▲舰首侧的甲板方面，为了不让水口痕迹裸露在外，采用了水口痕迹出现在零件背面的Under Gate方式。用美工刀切削水口痕迹，切削时留意不要剜伤到零件。

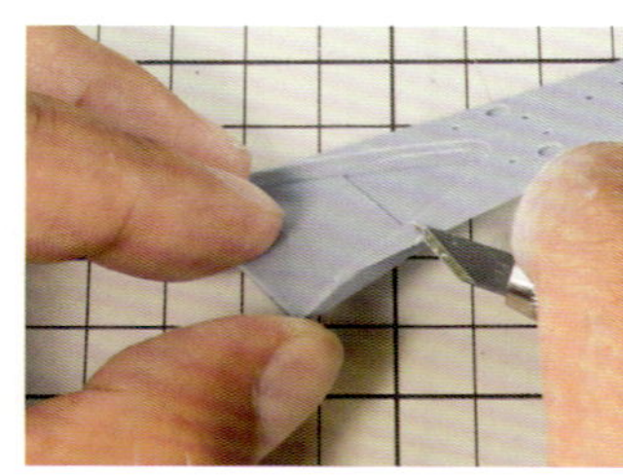

▲侧面上留有淡淡的水口痕迹，也需要使用美工刀来进行切削。

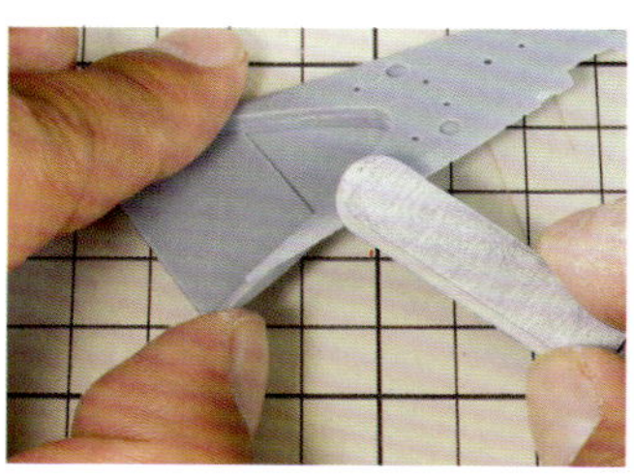

▲最后，用锉刀将表面打磨平整。

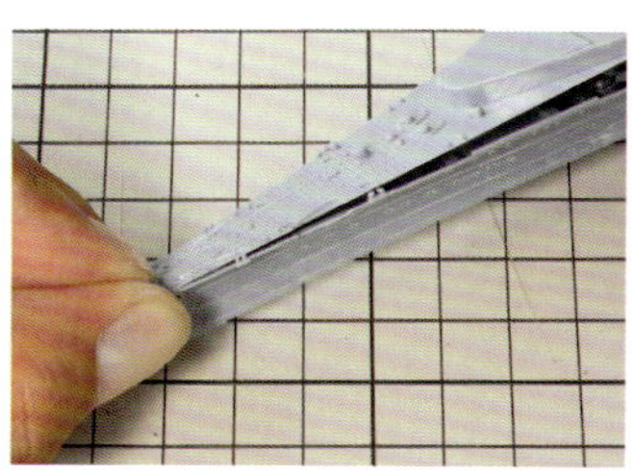

▲临时组装到船体上去。如果对水口痕迹的处理不够仔细的话，那么就会对零件造成干扰，出现歪斜。

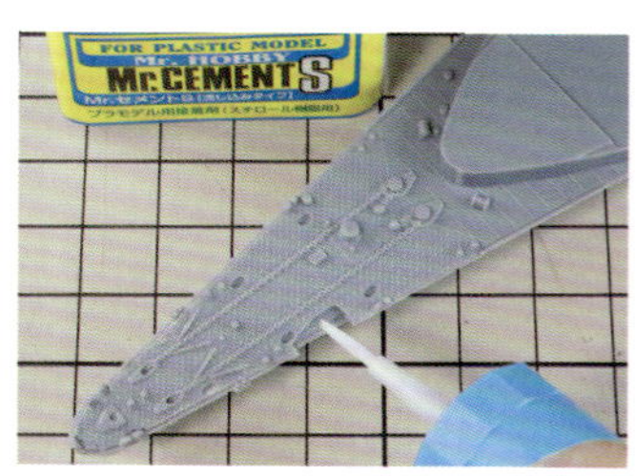

▲粘接到船体上去。可以在之后安装F14船锚零件的凹陷部位上注入黏合剂，进行固定。

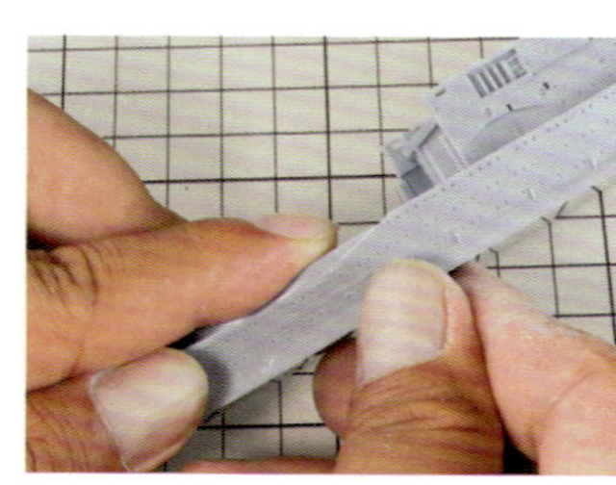

▲注入过黏合剂之后，用力按压，让零件与船体紧密粘接。

前部格纳库和烟囱的组装

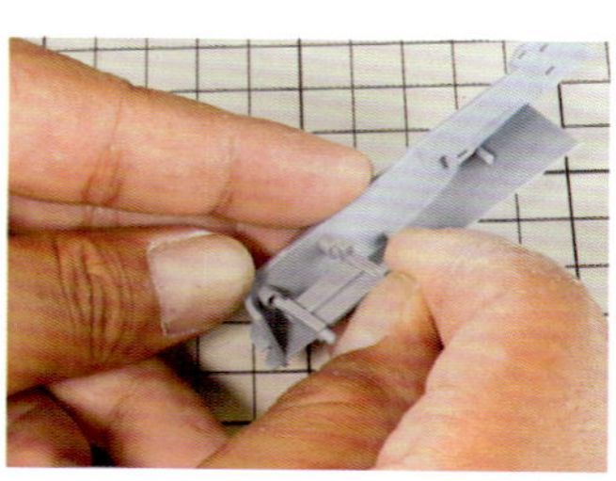

▲位于飞行甲板前部下方的前部格纳库。此时也要用到引导零件，将左右黏合到一起。

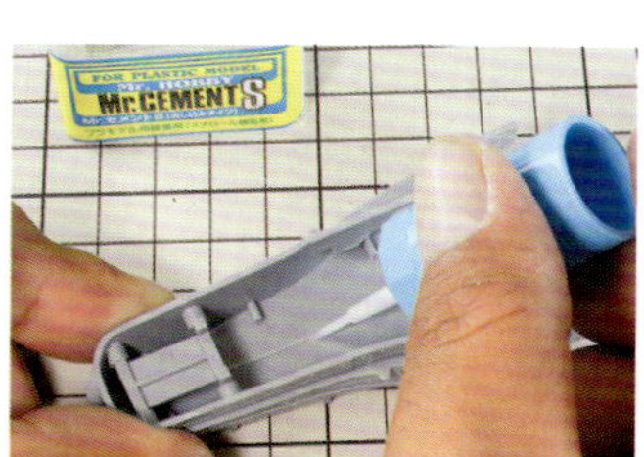

▲粘接时，由前部格纳库的内侧注入黏合剂。

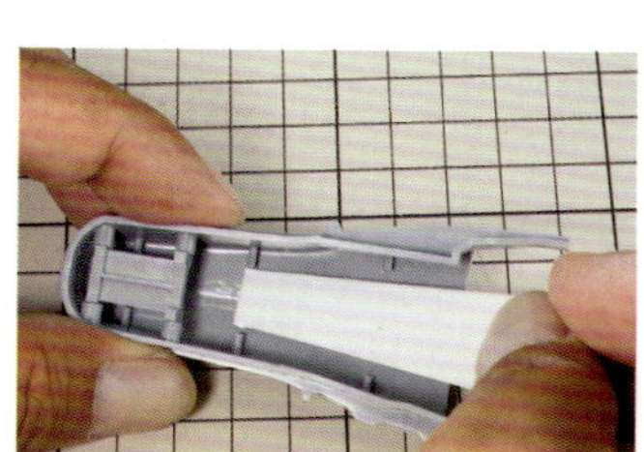

▲本次制作中，为了避免零件粘接方面的歪斜，用剪切好的塑胶板对内侧进行了补强。

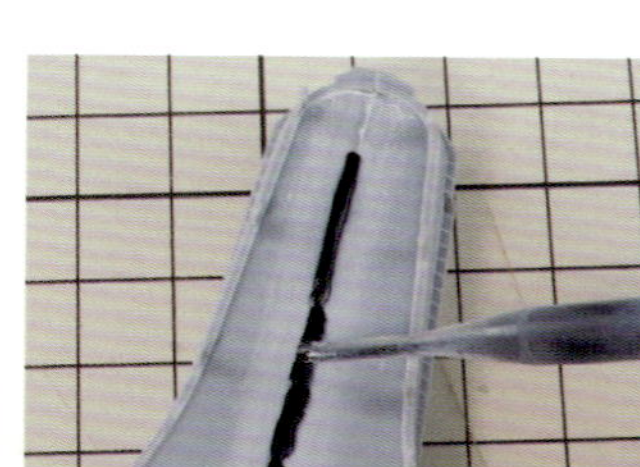

▲前部格纳库的上部虽然大致会被飞行甲板遮盖掉，但还是需要尽可能地对结合缝进行处理。首先，先在此处注入黑瞬黏。

◀黑瞬黏的黏度非常高。如照片中一样用塑胶板替代刮刀，拉伸黑瞬黏。

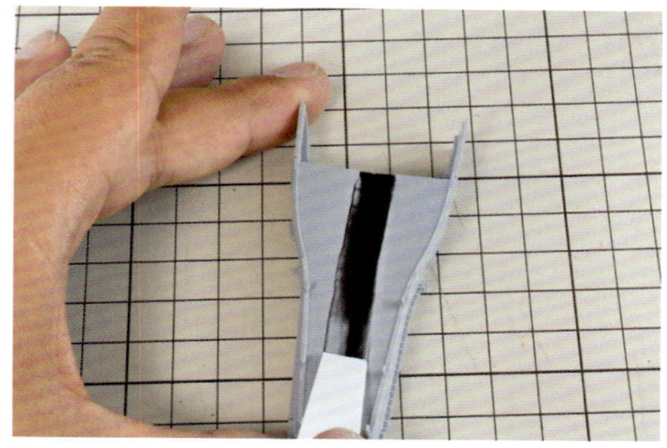

◀将零件倒转过来，用同样的办法拉伸黑瞬黏。

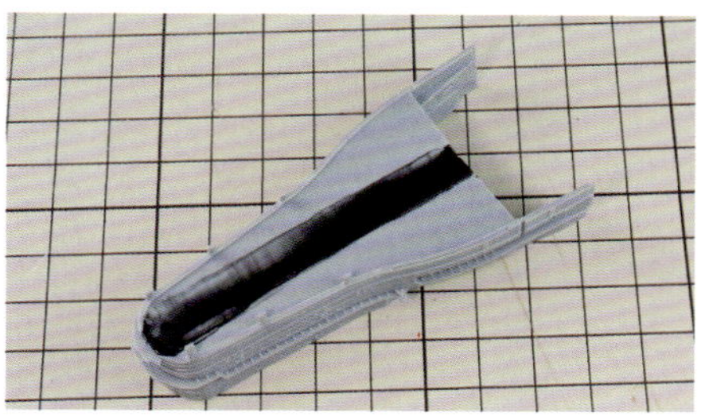

▲如图中所示，将黑瞬黏拉伸之后，喷涂瞬黏硬化喷雾，让黑瞬黏硬化。

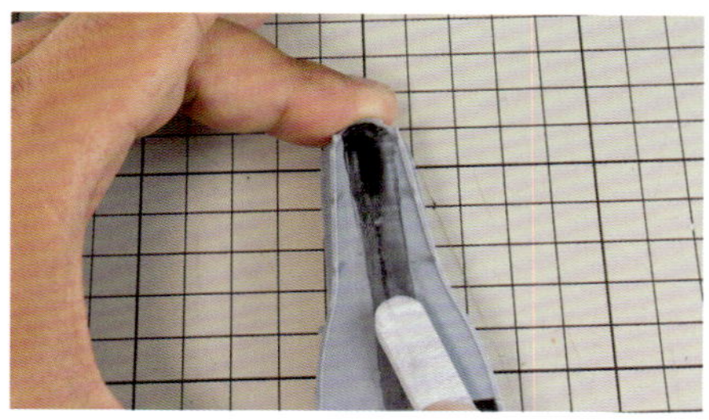

▲等黑瞬黏硬化之后，一边用锉刀削除结合缝，一边打磨平整。

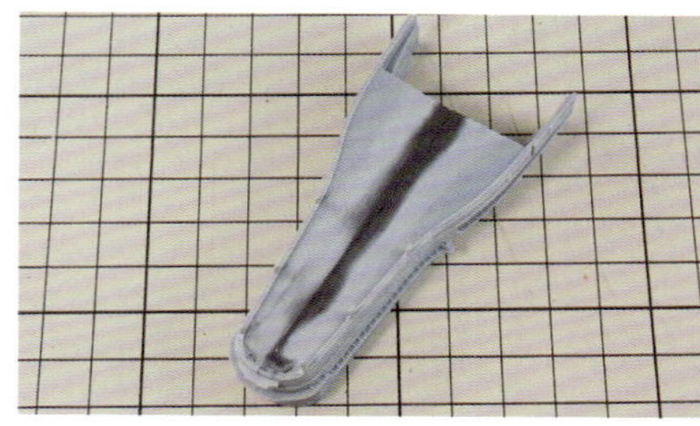

▲零件整形完毕。结合缝和零件上的毛刺上还残留有黑瞬黏，而平面则已变得平整。

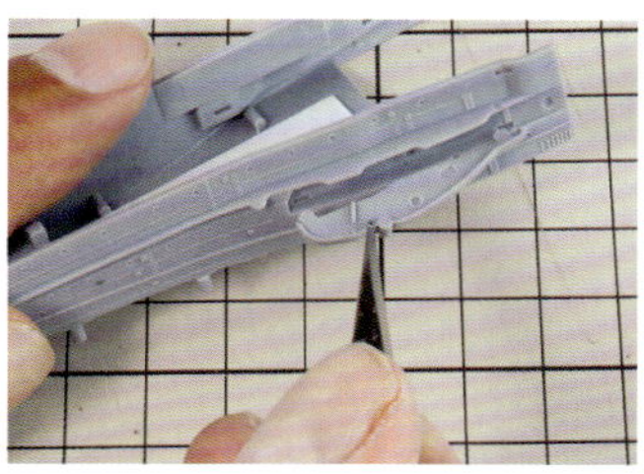

▲在前部格纳库的侧面上安装D16和D15（反对侧）。首先契合带孔槽的部分。

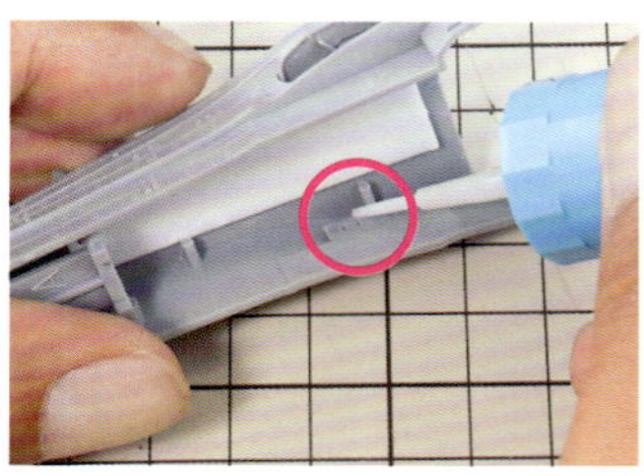

▲翻过前部格纳库零件来，由孔槽部分注入黏合剂。

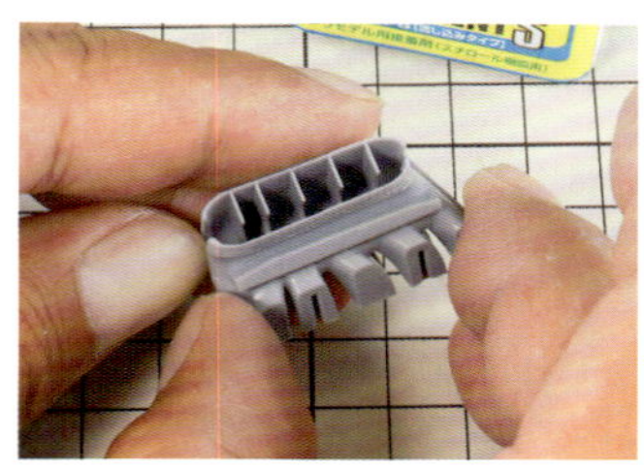

▲接下来是烟囱零件。因为是上下夹入的结构，所以要先临时组装，检查烟囱侧面和中间的格子是否契合。

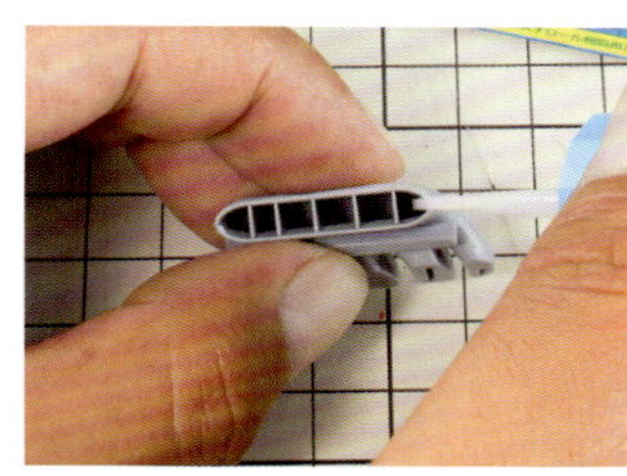

▲由烟囱口内侧注入黏合剂。因为烟囱部位细节较多，所以要尽可能从外侧一面注入黏合剂。

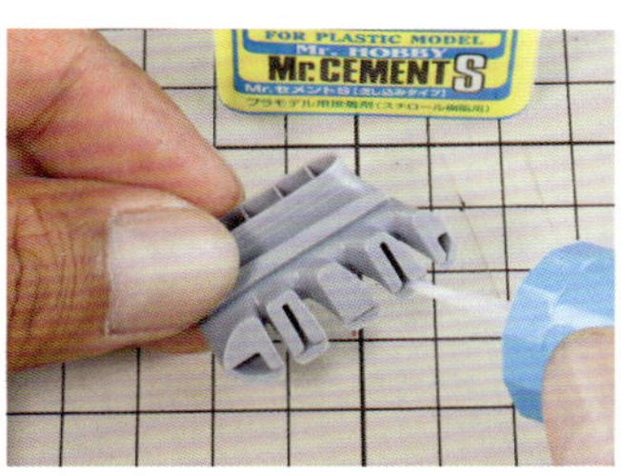

▲不要忘记在烟囱的根基部位上注入黏合剂。

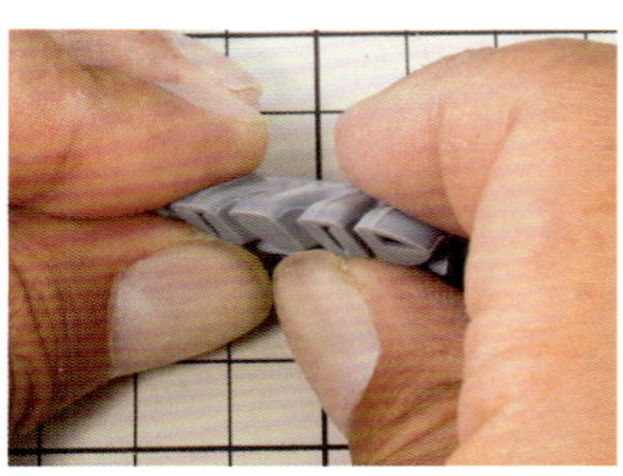

▲紧密捏合零件，捏合时注意不要让手接触到黏合剂流过的面。

这一步非常容易忘记！A18的结合缝处理

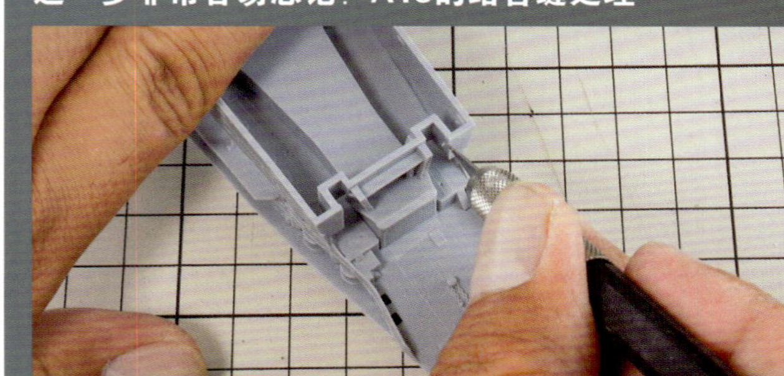

▲因为A18和船体的结合缝的削除工作经常容易被忽略，所以此处一定要留心。首先用美工刀对黏合剂溢出的部分进行切削。

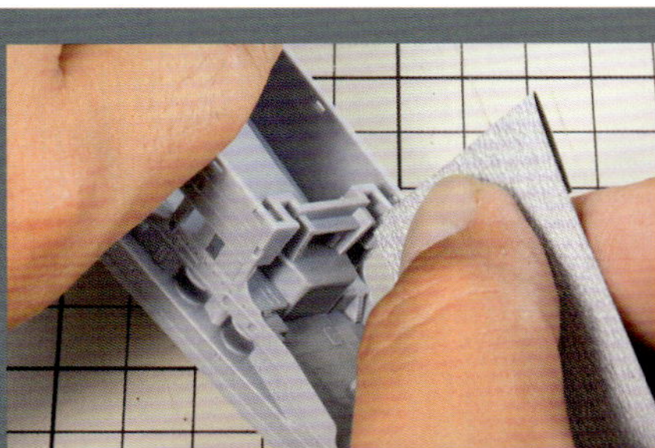

▲将折叠过的砂纸插入到零件之间，对结合缝部位进行打磨，之后就OK了。

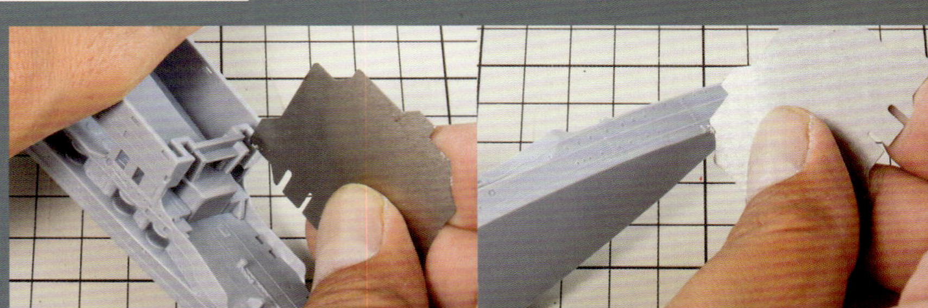

▲此时，福士明春使用的是Shimomura-alec的“职人坚气 精密多技能切面工具 LAGIA”。此工具可切割出15种之多的形状，可配合对象物进行平面的切削加工，轻松地在细微的角上切削出平整的平面来。同时，此工具也极适合用来对舰底部进行处理。

尝试提升船锚锁链的细节

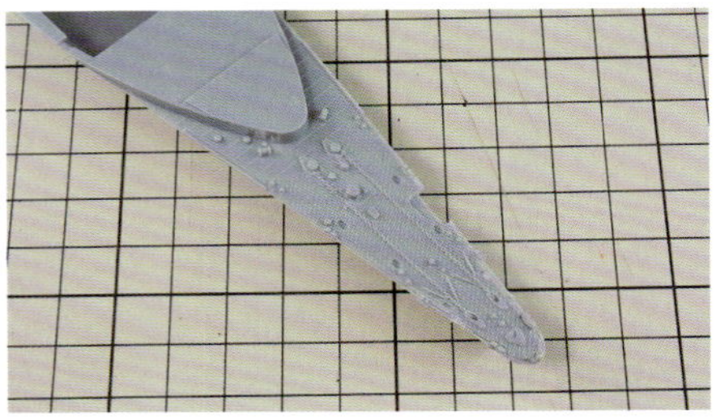

▲尝试将赤城舰首和舰尾甲板上的船锚锁链替换成金属锁链。因为套件的细节也制作细腻，即便保持原状也能展现出较好的效果来，所以这一步完全可以随各位自行选择。

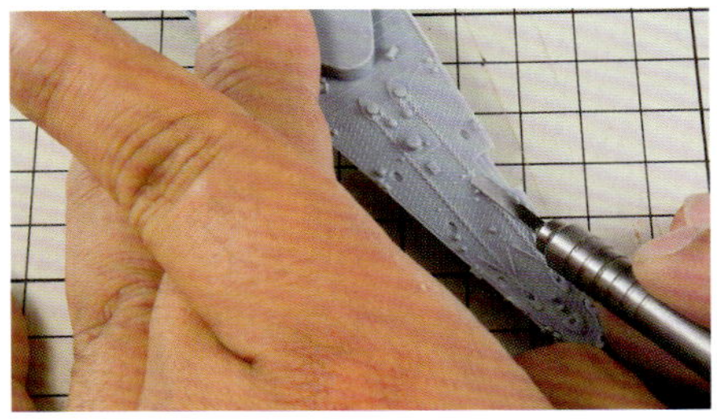

▲首先用凿子将船锚锁链的细节削除掉。作业时务必仔细耐心，留意不要损伤到零件的其他部位。

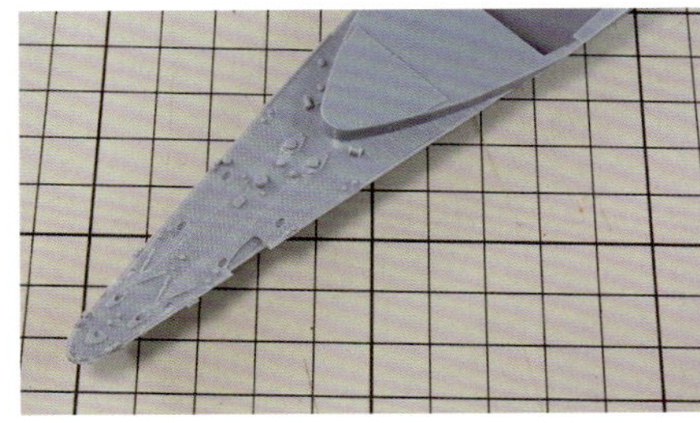

▲削除船锚锁链的细节。以削除过的部分为印记，粘贴上金属锁链。此外，在此阶段也将围成圆形的导缆器也削除掉。

可以使用平头螺丝刀来动手自制凿子！

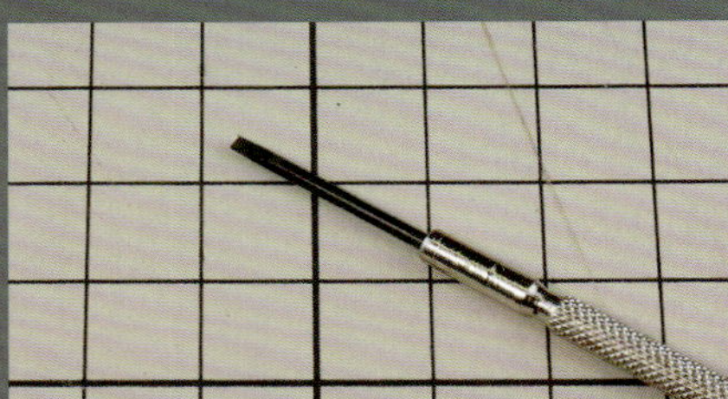

▲如果手边没有凿子的话，也可以活用平头螺丝刀。图中所示物品为一百日元店中出售的螺丝刀套装中的螺丝刀。

▲制作方式很简单。在180号砂纸上将螺丝刀的尖头打磨尖锐。

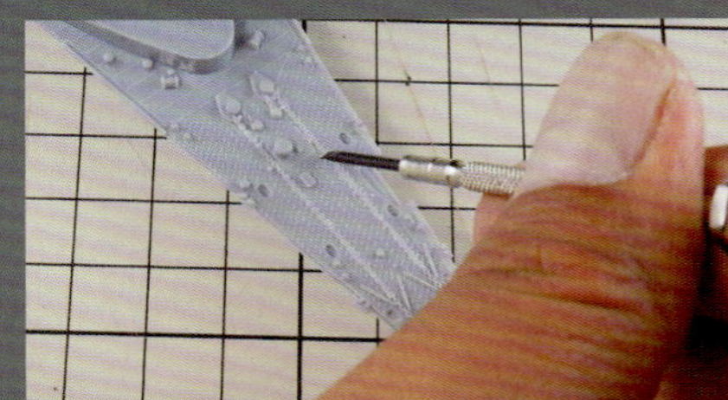

▲之后，就像您所看到的一样，手边的螺丝刀就变身成凿子了。如此一来，就能轻松地将船锚锁链细节给削除掉了。

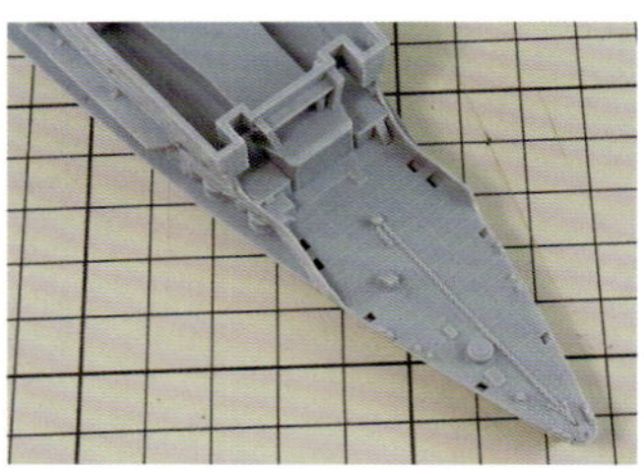

▲舰尾侧也有船锚锁链，使用同样的办法削除。

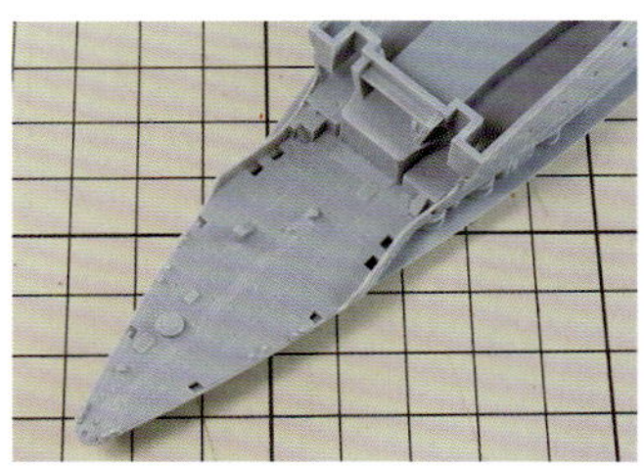

▲削除过之后的状态。对舰首、舰尾进行过削除之后，安装金属锁链。

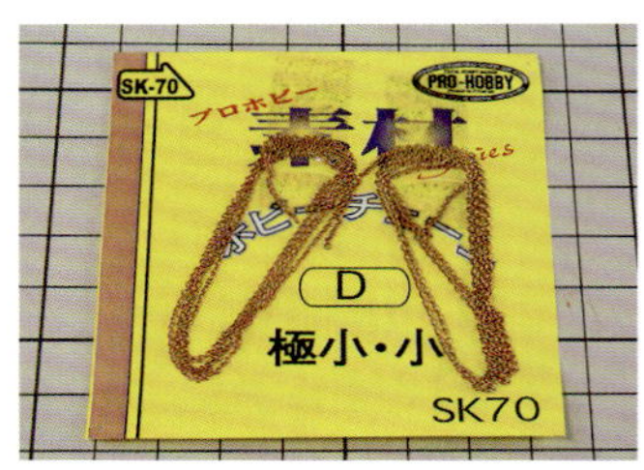

▲使用的金属锁链是PRO-HOBBY的HOBBY CHAIN D。

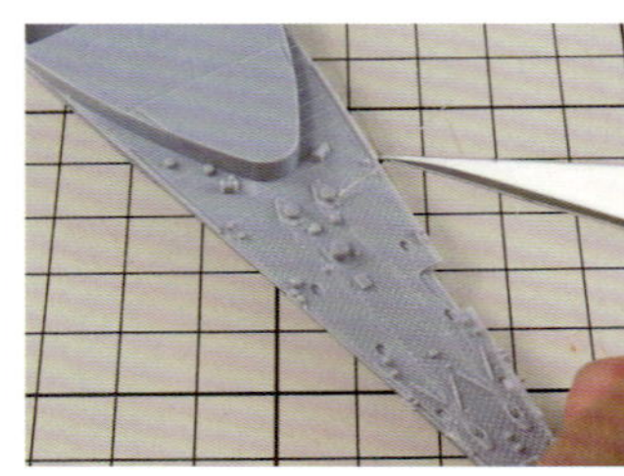

▲首先用拉伸板材框架在安装锁链的基部上蘸上少许黏稠状瞬间黏合剂。

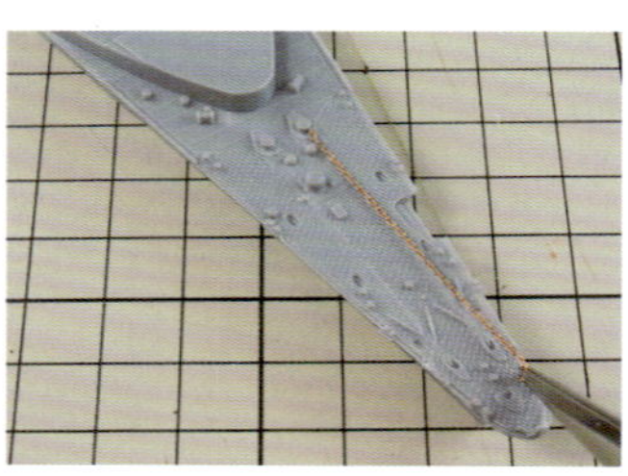

▲用镊子粘接上锁链之后，向着前方的孔洞拉伸锁链。

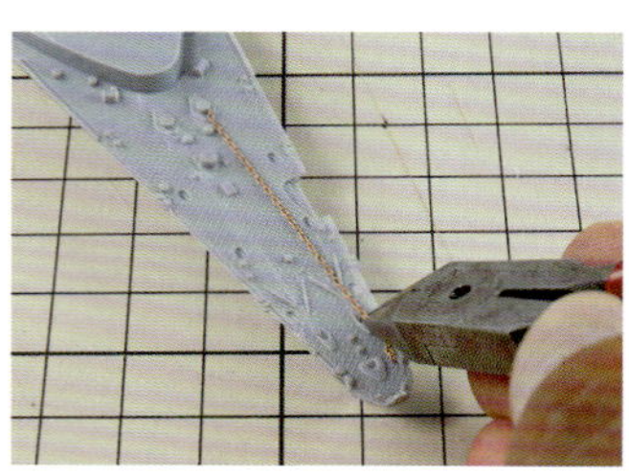

▲确认锁链的长度，用能够剪切金属的水口钳将多余的长度剪切掉。

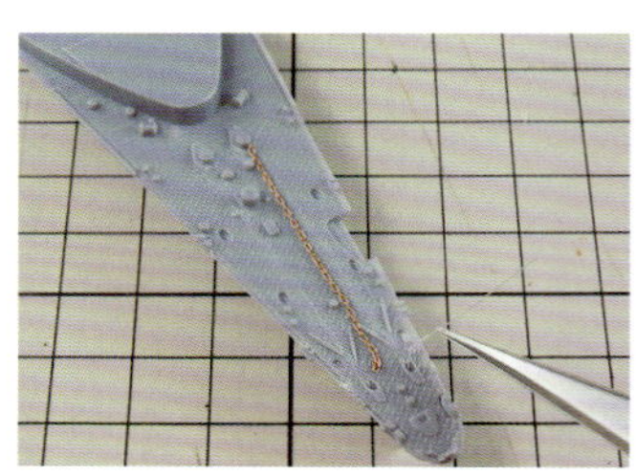

▲剪切过后，将锁链挪到一边，用拉伸板材框架在孔洞处蘸上少许黏稠状瞬间黏合剂。

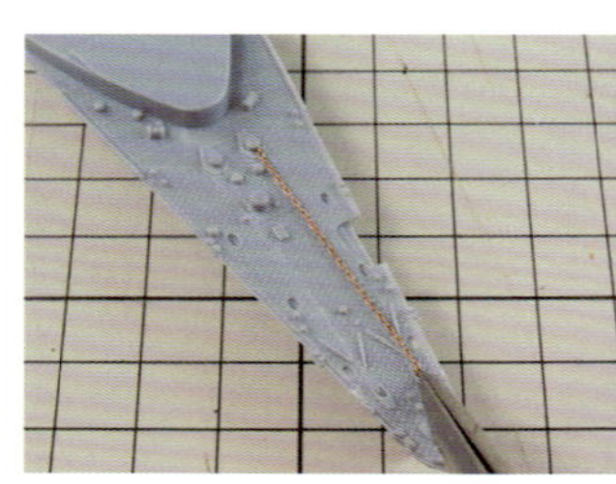

▲用镊子夹住锁链的一端，让锁链滑入到蘸有黏稠状瞬间黏合剂的孔洞部分中，进行粘接。

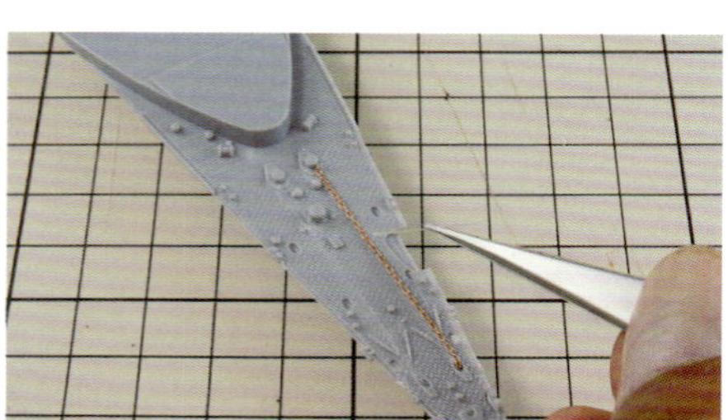

▲基部和孔洞的两端都已经粘接好之后，再用拉伸板材框架蘸取黏稠状瞬黏加流缝式瞬黏，注入到锁链的中央部位，稳固固定。

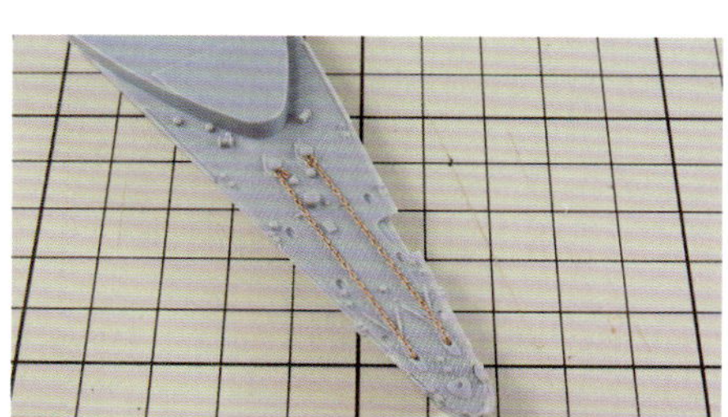

▲再在另一侧的锁链和缠绕锁链的两处基部之间粘接上锁链，之后便可以了。

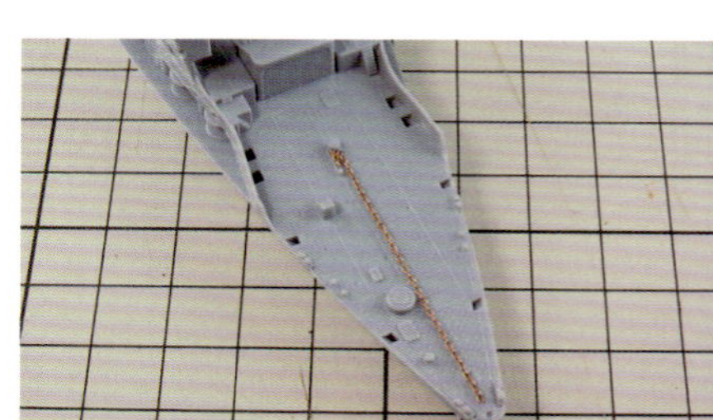

▲舰尾侧甲板上的锁链也用相同的办法进行粘接。

冲压痕迹和各零件的整形

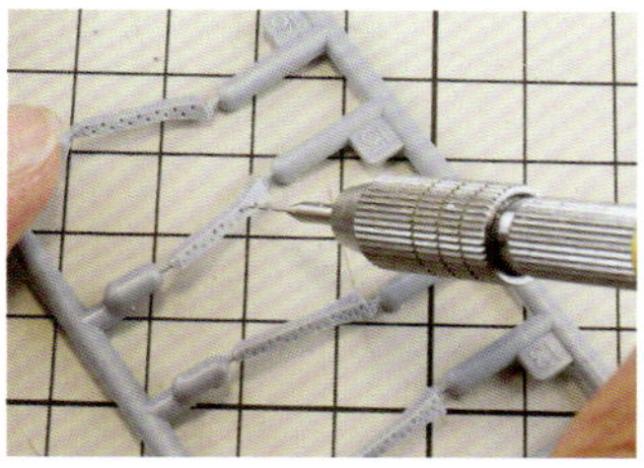
▲舰尾侧的飞行甲板支柱上带有圆形的模纹，但实际舰艇中此处却是一个圆形的孔洞。此处可使用与模纹相同口径的钻头进行开口。

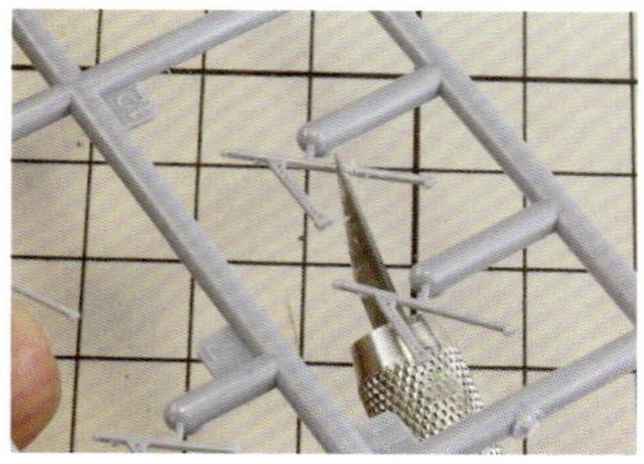
▲机枪座支柱等部位方面，在剪切下零件之前就用美工刀对分模线进行处理的话，操作起来也会更轻松一些。

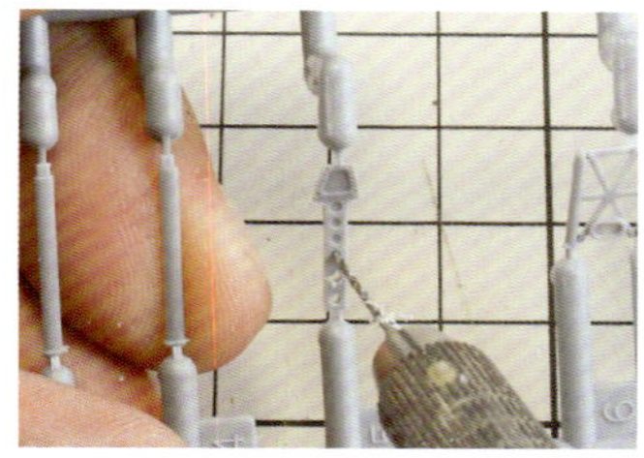
▲对支撑立卧式桅杆底座的支柱零件C5上的圆形模纹，也采取用钻子进行开口的办法处理。

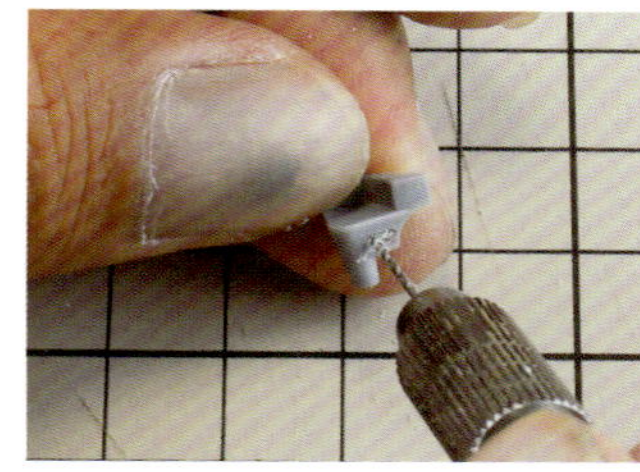
▲开启位于高射炮底座部分的C7的四角形孔洞。首先用较细的钻子开启几个孔洞。

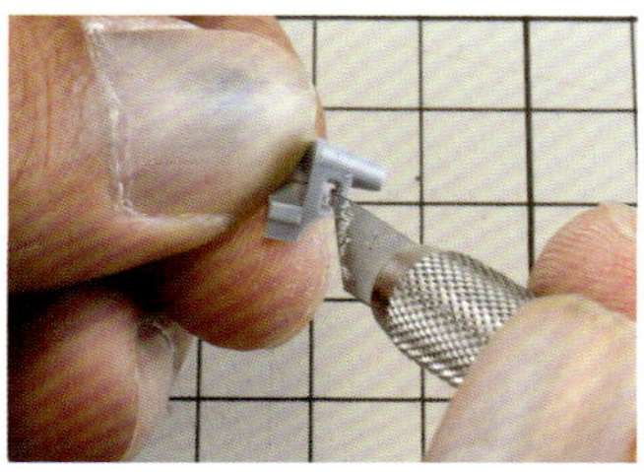
▲用美工刀剜去多余的部分，将开启过的孔洞连通到一起。仔细慎重地切割成四角形。

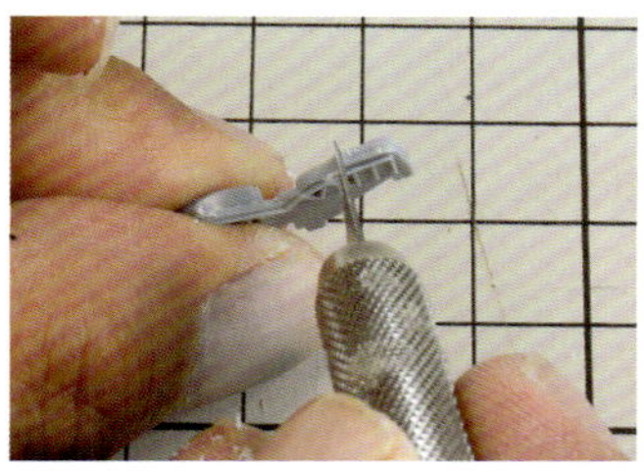
▲像零件A11一样，舷墙部分也存在有带分模线的零件，用美工刀仔细进行处理。

▲接下来再对为将零件从模具中取出而形成的冲压痕迹进行处理。用拉伸板材框架的尖端蘸取WAVE的黑瞬黏。

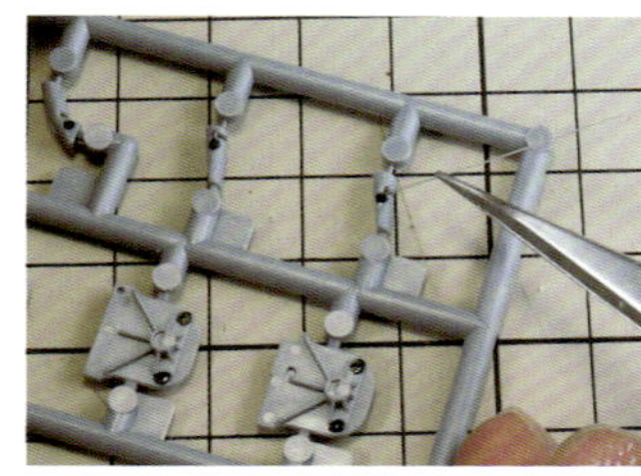
▲将拉伸板材框架尖端上的黑瞬黏涂抹到高射炮座内侧和支柱内侧的冲压痕迹上。在零件连接在板材上时作业的话，操作起来也较为容易一些。

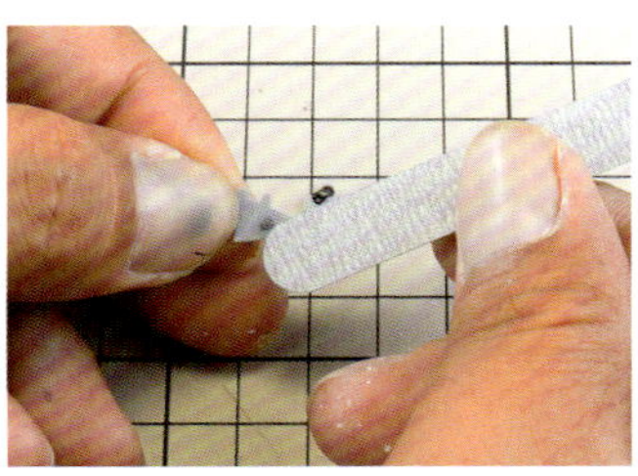
▲用瞬间黏合剂硬化喷雾等让黑瞬黏硬化之后，用锉刀等对蘸有黑瞬黏的部分进行打磨。

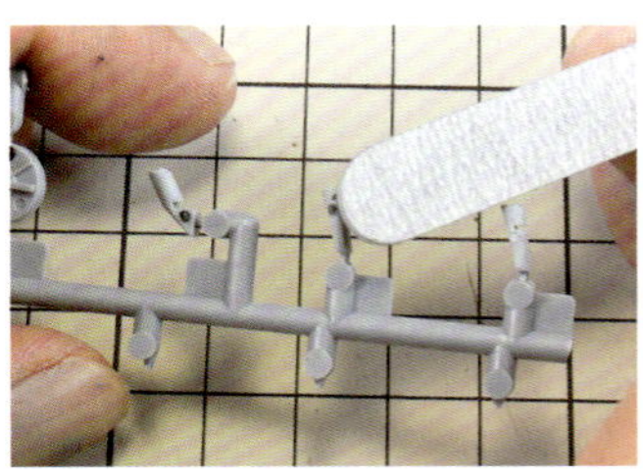
▲在支柱等用手握持会比较难以用力的小零件方面，在它们还连接在板材上时就动手整形的话，操作起来也相对容易一些。

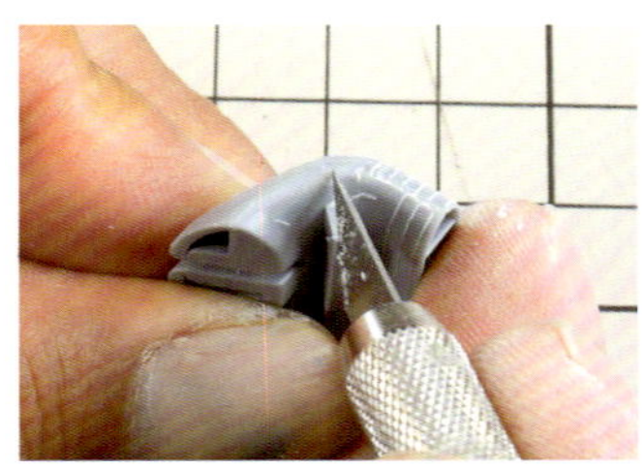
▲削除烟囱上的结合缝。对于溢出的黏合剂，可用美工刀大致地进行刨削处理。

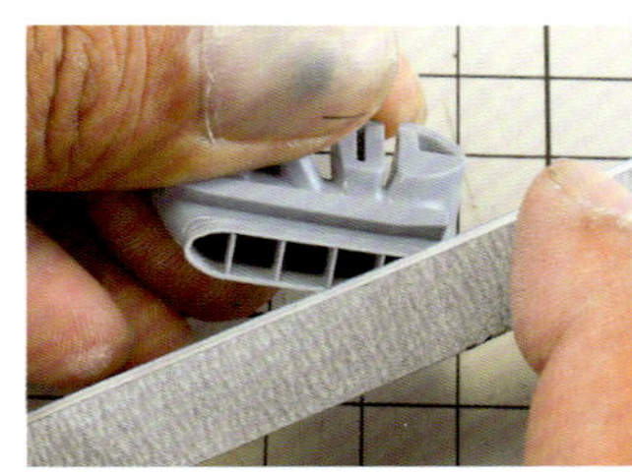
▲用锉刀和砂纸进行整形。烟囱口部分也要仔细进行整形。

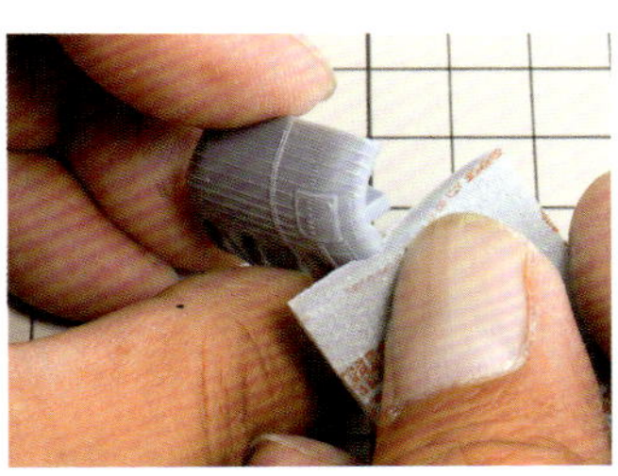
▲对烟囱曲面进行处理时，推荐使用海绵砂纸。作业时留意不要损伤到扶手杆的细节。

物资堆放场柱的细节提升

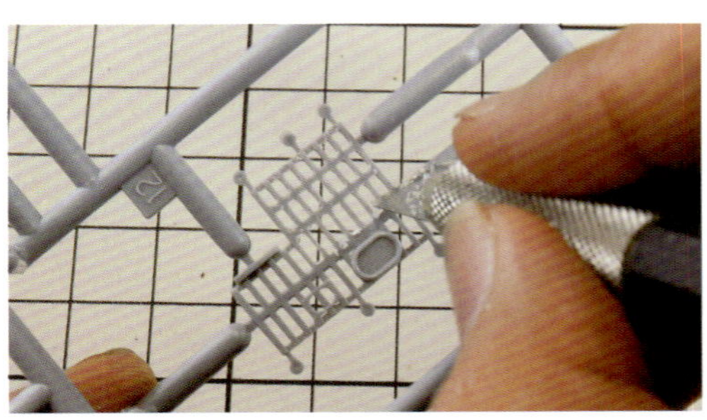
▲舰桥下的物资堆放场柱。尽管套件本身的制作已经非常细腻，但还可以用美工刀的刀尖进行切削，让该零件变得更为细腻精致。

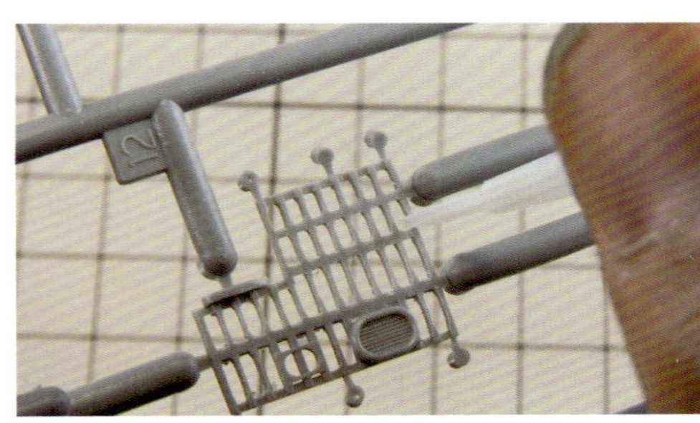
▲用美工刀进行刨削后造成的毛刺，可涂抹上少量的流缝式黏合剂，让零件表面变得平滑。

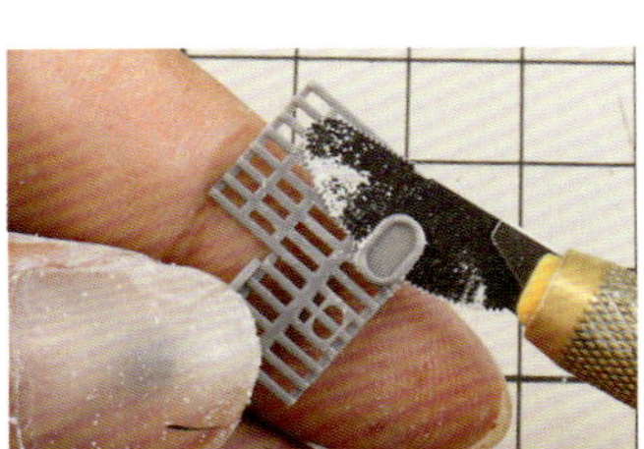
▲如果您还想做得更好，追求更完美地制作，那么也可以尝试动手用黄铜丝来制作该零件，替代原先的塑胶零件。首先，先剪切下橡胶艇来。

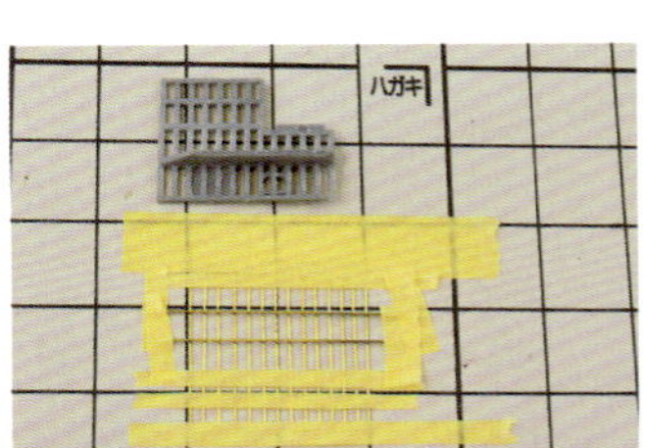

▲使用到的黄铜丝为2mm的。因为希望能够组合成标准的水平垂直状态来，所以需要使用到切割垫上的标准线条。零件A12可以放到一旁，作为参考用的标准。

▲对黄铜丝相互交叉的部分进行焊接。电焊笔笔尖的热度很高，操作时务必小心。

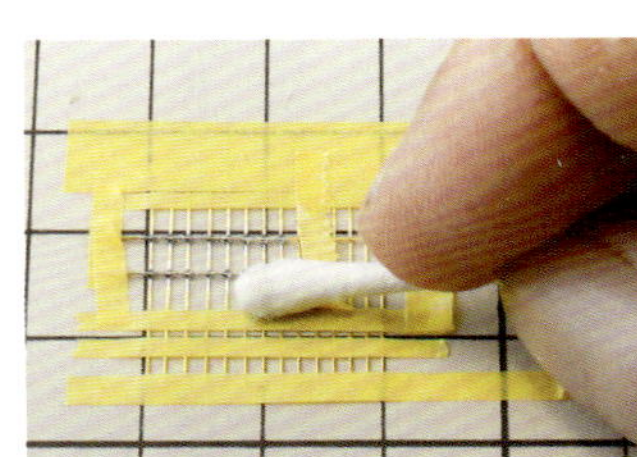
▲用棉棒擦拭按压焊接过的部位，让焊接部位变得平整。

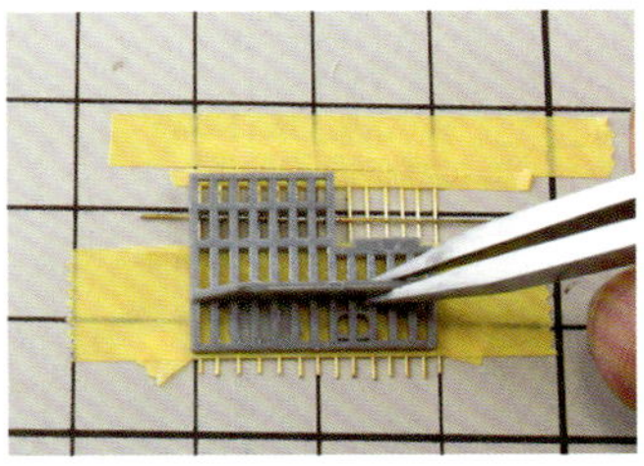
▲对黄铜丝进行过焊接之后，将零件A12放置到新制成的零件上进行对比，检查形状。由此时起，开始配合零件A12的形状进行调整。

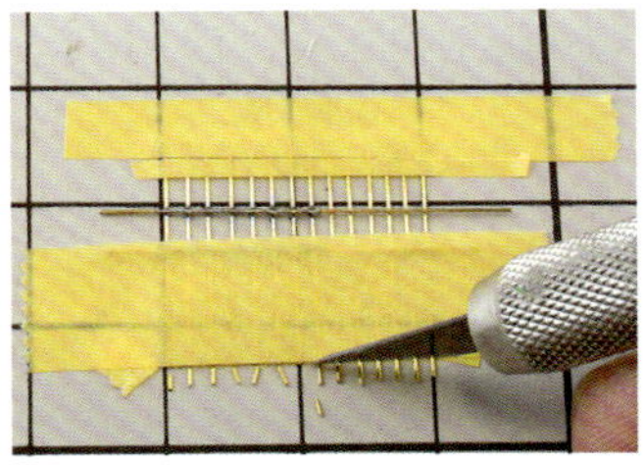
▲首先对齐底边。以零件A12为标准，用记号笔标记上印记，沿印记粘贴上遮盖胶带，然后以此为标记，小心地动手切割。

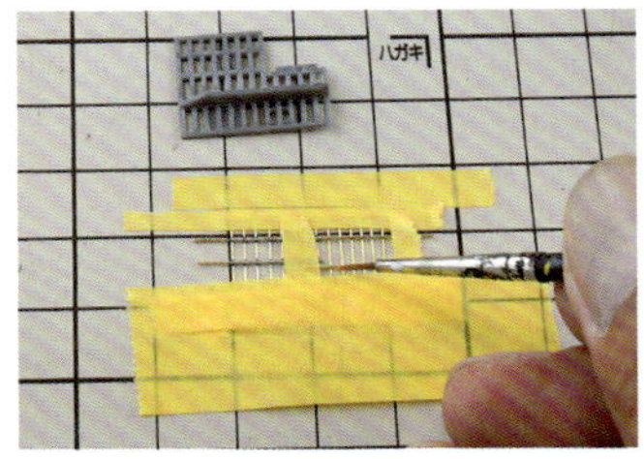
▲贴合上A12的零件，标记L字部分。用遮盖胶带包围住该部位，在焊接过的部位上涂抹助焊剂。

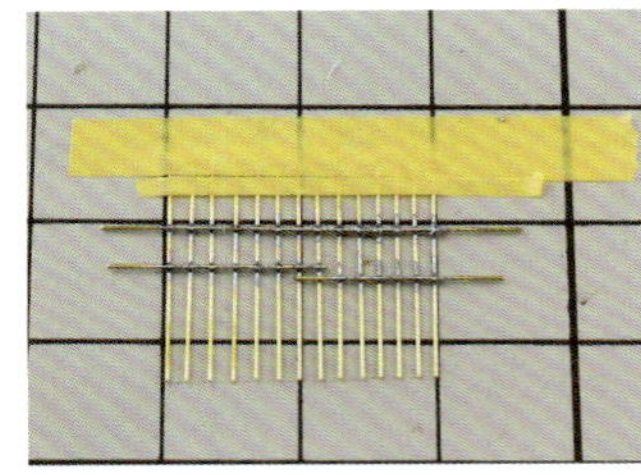
▲焊接过后的状态。揭去遮盖胶带，检查现状。

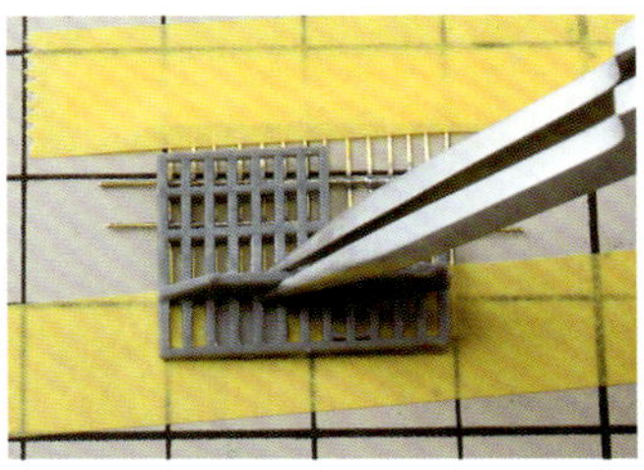
▲贴合上A12的零件，检查形状。对齐上面的线条，将多余的部分切割掉。

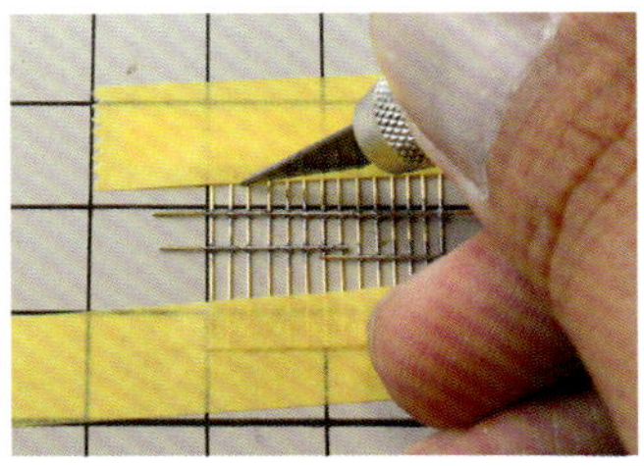
▲将遮盖胶带贴到上面线条上，形成标记，然后再笔直地进行切割。

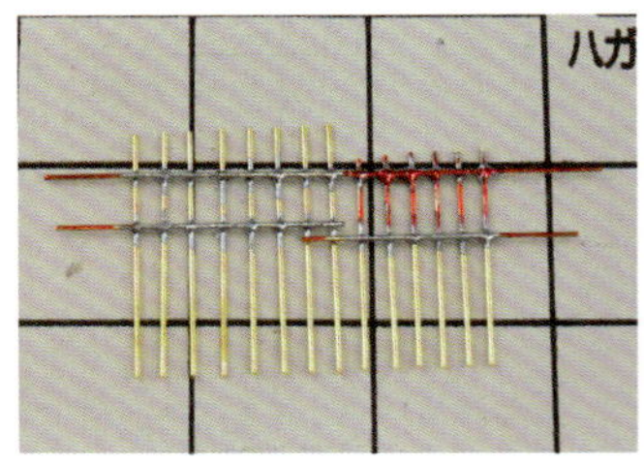
▲贴合上A12零件，为了制作出L字部分，用红色对切割部分进行标记。

▲用金属用水口钳将多余的部分切割掉。其后再用锉刀打磨成平面。

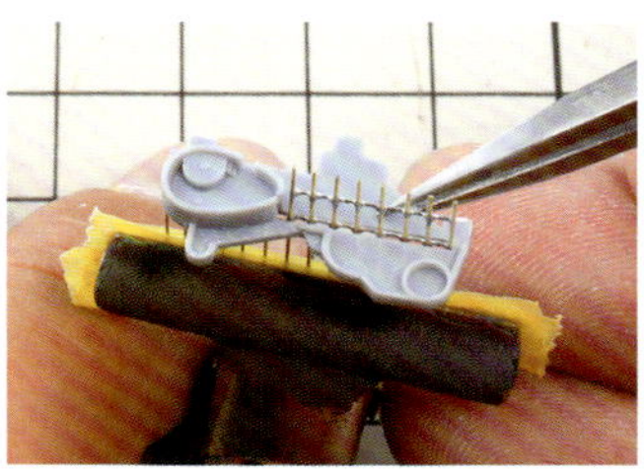
▲尝试在自制的柱子零件上临时组装A11的零件。只要形状能够完全契合的话，那就可以了。

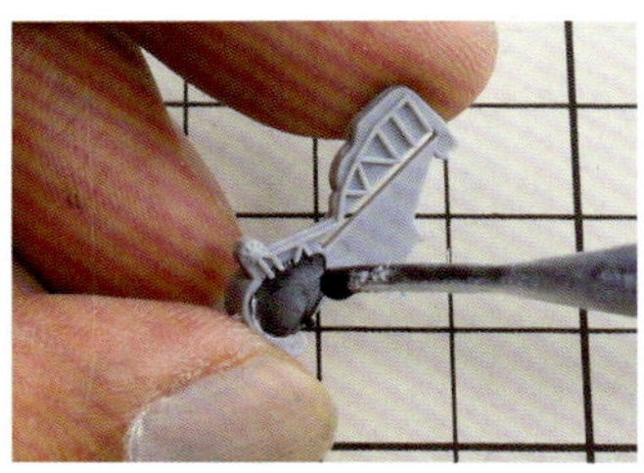
▲A11零件的底面因为位于A12零件侧面，所以此时需要涂抹黑瞬黏，动手制作A11的底面。硬化之后，就立刻动手切削。

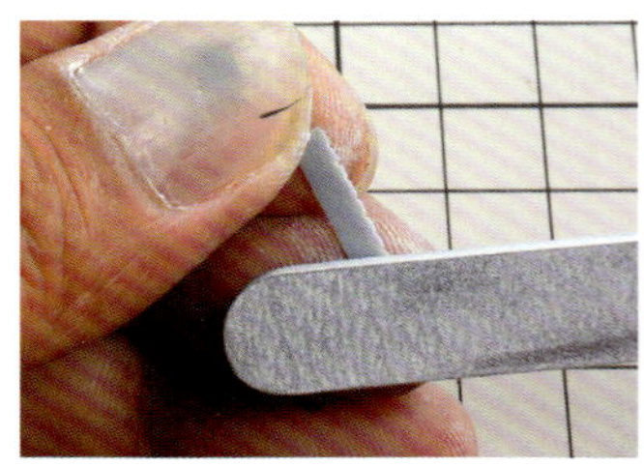
▲最后，制作柱子时，小心谨慎地从A12上剪切下的用镊子夹住的粘附在A12零件上的台子部分（红圈内的零件），进行整形。

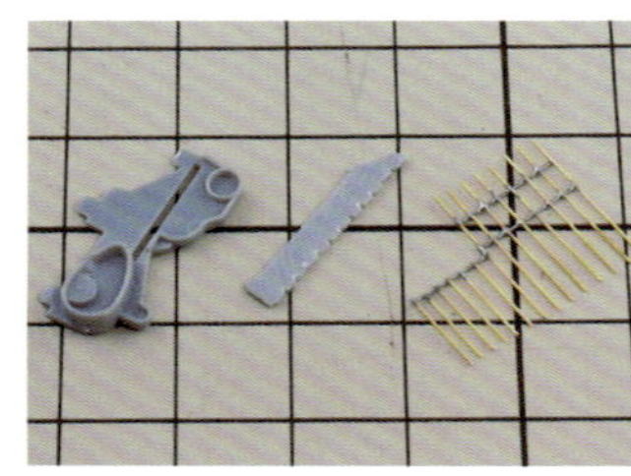
▲如此一来，物资堆放场和柱子的零件就完成了。

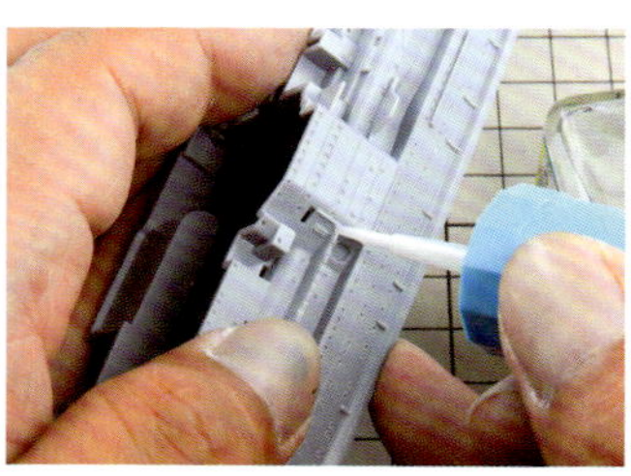
▲实际动手粘接到船体上。首先把从A12切割下的零件安装到船体的孔洞中，注入黏合剂。

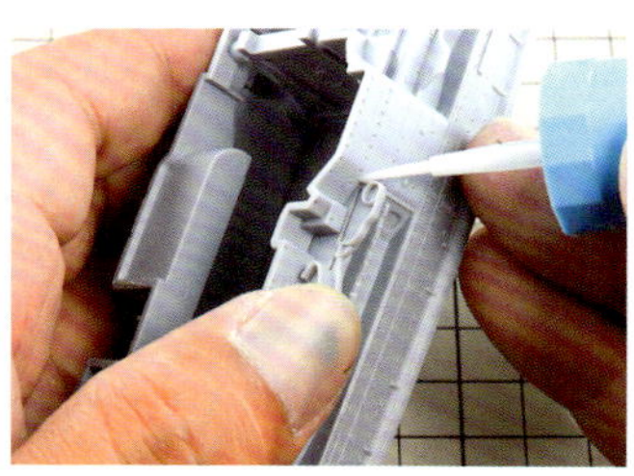
▲接着再动手粘接A12零件。

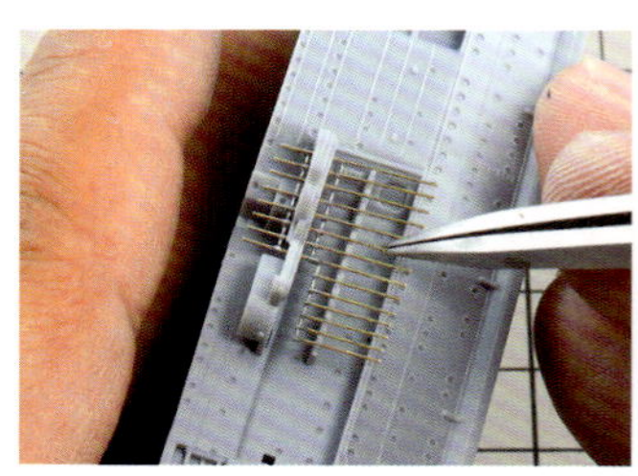
▲穿过A11的孔洞，从下方滑动插入自制的柱子零件。

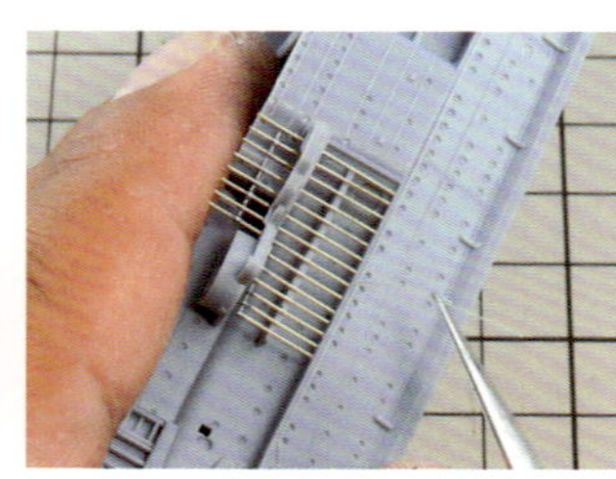
▲零件卡入到深处之后，在拉伸板材框架上蘸上瞬间黏合剂，将柱子粘接到船体上。

船体零件的最终步骤

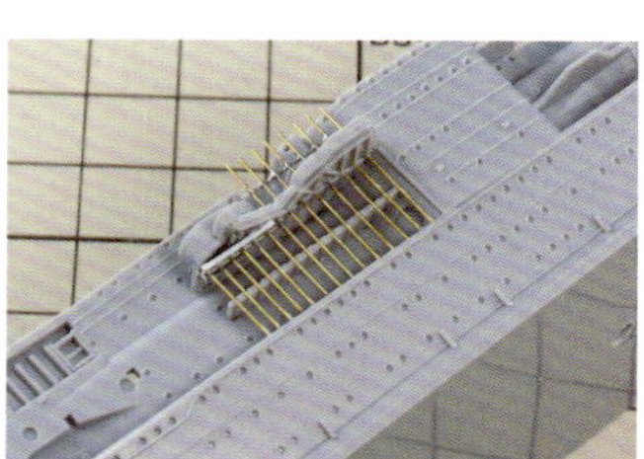
▲凭借着此处用黄铜丝自制的柱子零件，模型整体的精密感也得到了提升。最后，千万不要忘记将一开始时就从A12零件上剪切下的橡胶艇零件粘接上。

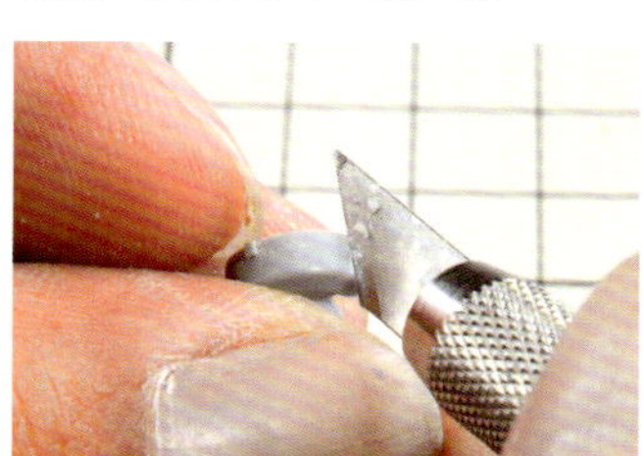
▲右舷侧的带有防煤烟护盾的高射炮上附带有分模线，需要仔细处理。

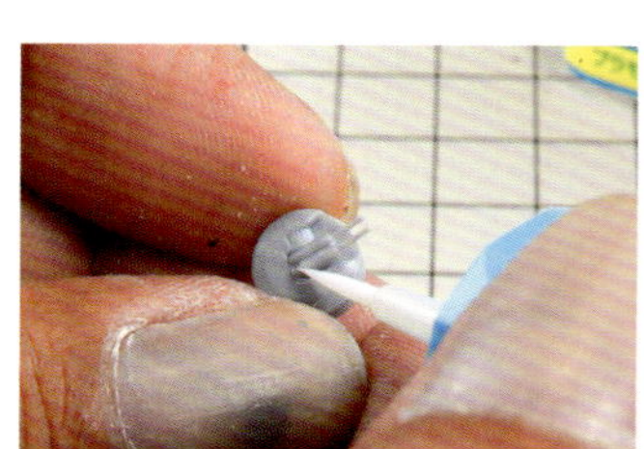
▲粘接火炮部分的F20零件。注意不要注入过多的黏合剂。

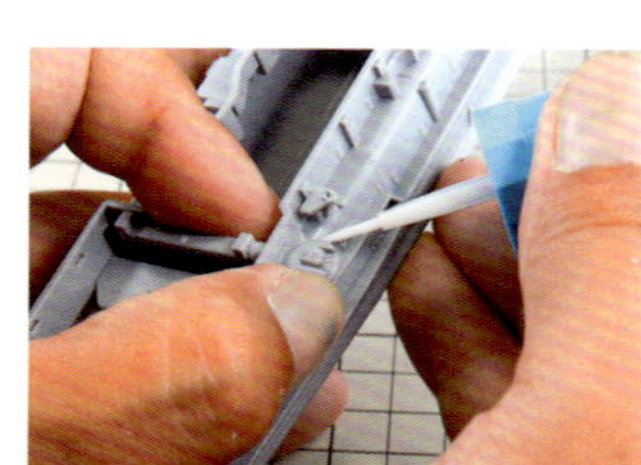
▲将完成后的高射炮粘接到船体上。

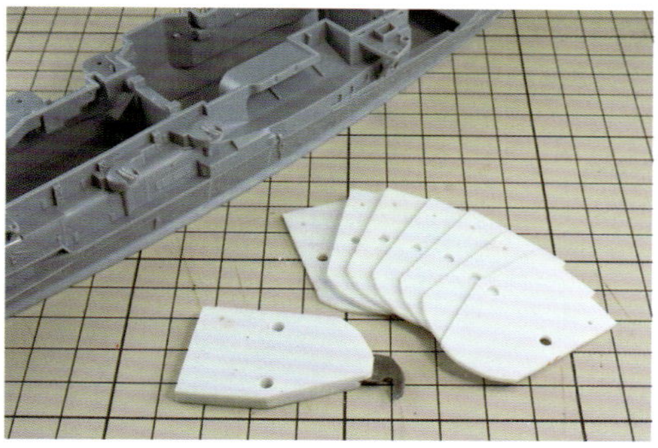

◀雕刻船体装甲板的连接缝。此时登场的就是福士明春自制的打格工具了。这是一种将钩刀的刀刃安装到塑胶板上，用小螺丝固定住均等厚度的塑胶板，可调节高度的工具。只要手边备有塑胶板、钩刀和小螺丝的话，自己也能动手制作该工具。大力推荐。

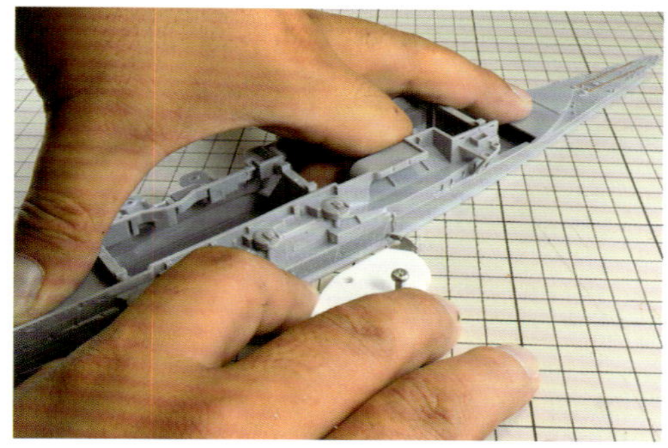

◀装甲板的结合缝，由下段开始动手雕刻。用力按压住船体，让钩刀的刀刃滑入，动手画线打格。

▲接下来，添加塑胶板，变更高度。用同样的办法来雕刻装甲板的接合缝。因为刀刃往前前行的过程中，会遇到各种各样的构造物，所以雕刻时请务必小心仔细。

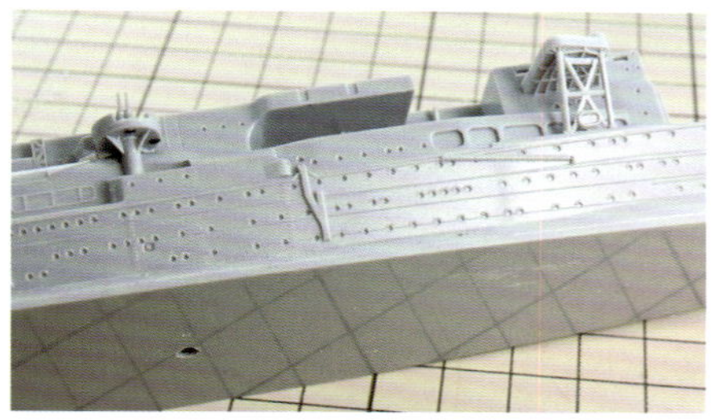

▲使用此工具的话，就可以沿着船体滑动钩刀的刀刃了，也就能够做出和图中一样顺滑的结合缝了。

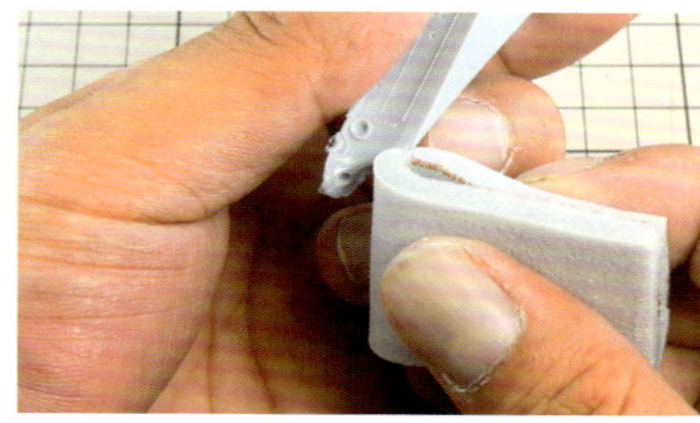

▲动手对船体进行整形。舰首部分的结合缝等经常会有残留。用海绵砂纸对曲面仔细慎重地进行整形。

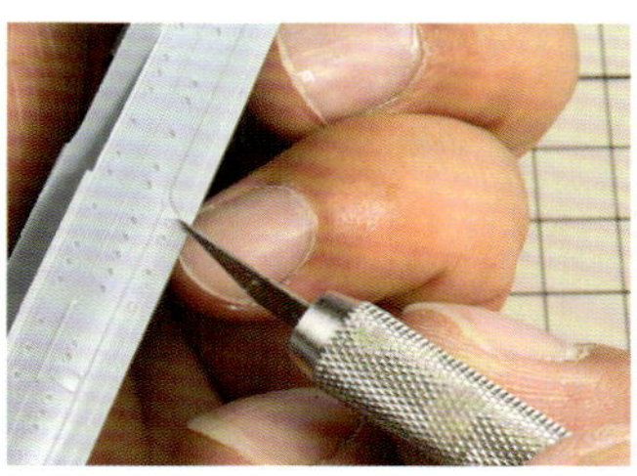

▲用美工刀进行大致的切削，也可以对残余的结合缝进行消除。

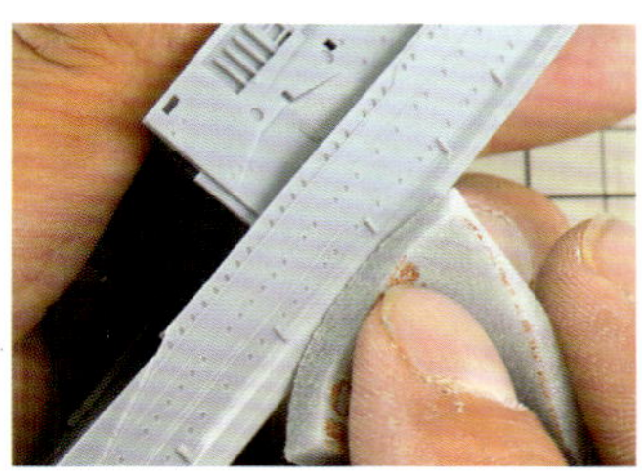

▲完成之后，务必记得用砂纸整形。此时，为了对凸起部位的曲面进行整形，需要使用海绵砂纸。

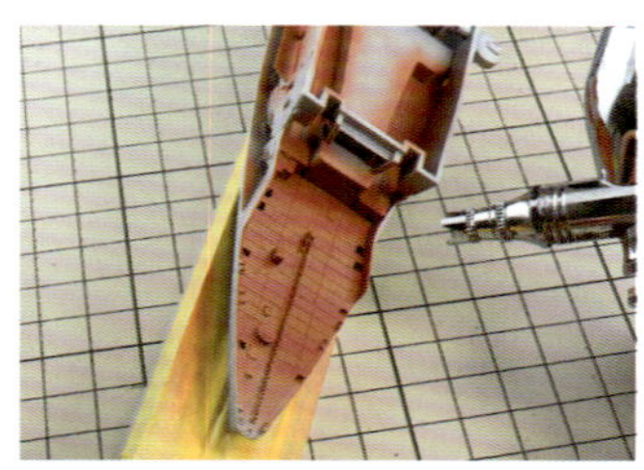

▲船体整形完成之后，动手进行涂装。首先，先喷涂下底Oxide Red Surfacer。因为要粘接金属零件等，推荐使用掺有底漆的涂料。

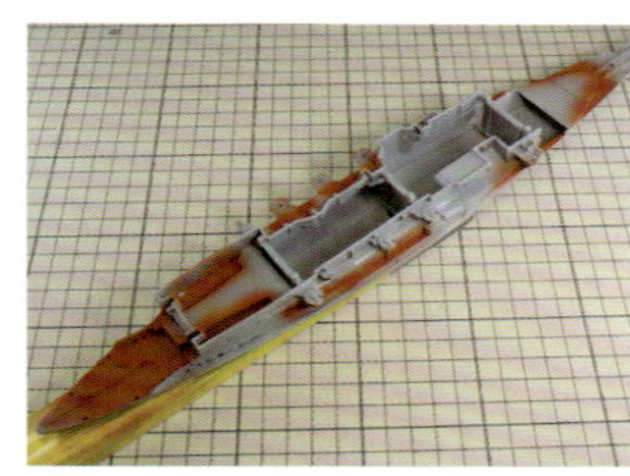

▲首先在只用压漆布色涂装的部分喷涂Ox-ide Red的Surfacer。

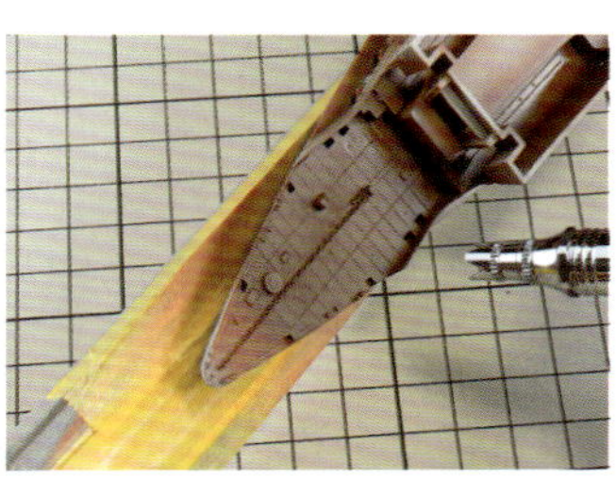

▲接下来，动手涂装压漆布色。因为下底的Oxide Red和压漆布色为同色系的颜色，所以压漆布色也能在毫无黑色渗出的状况下发色。

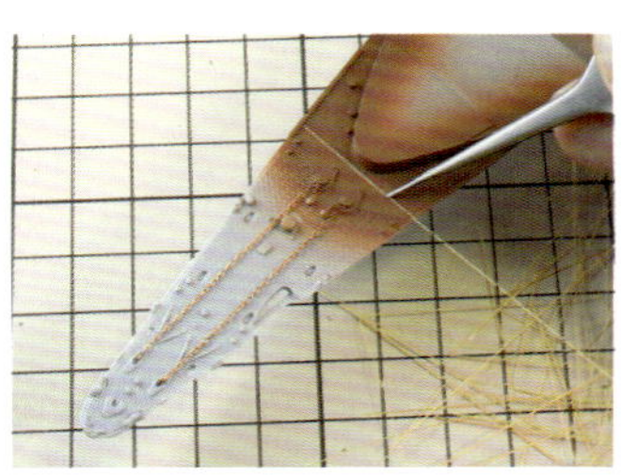

▲压漆布色干燥之后，用拉伸板材框架再现压漆布部分。推荐使用暗黄色的板材框架。

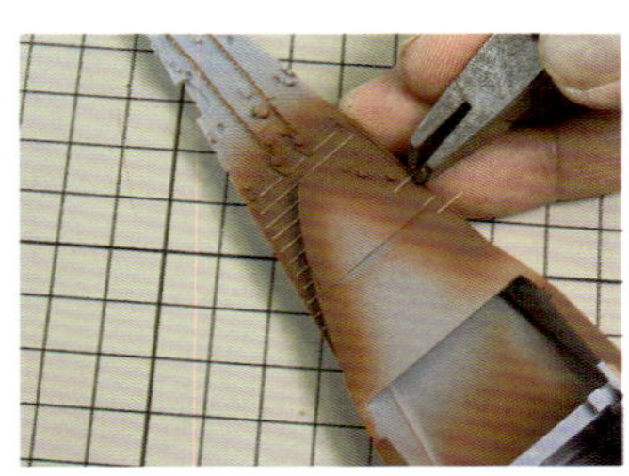

▲以套件的模纹为标记，进行粘贴。首先，不管哪一侧都好，先在板材框架的尖端上蘸上黏稠状瞬黏，粘接到甲板上，剪切对侧的多余的长度。

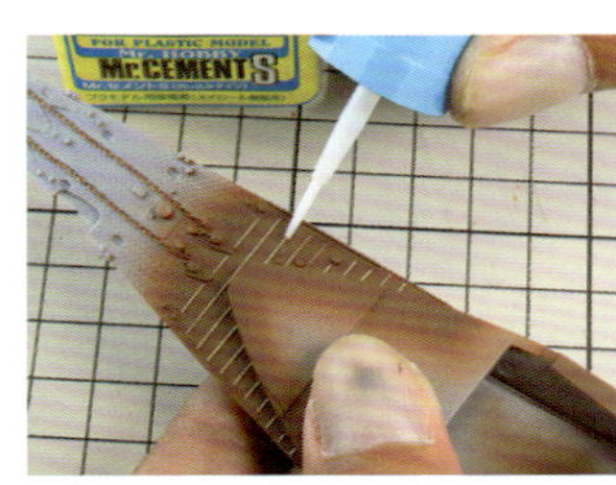

▲剪切完成后，用流缝式黏合剂粘接对侧。粘接时注意不要注入太多黏合剂，污染到涂面。

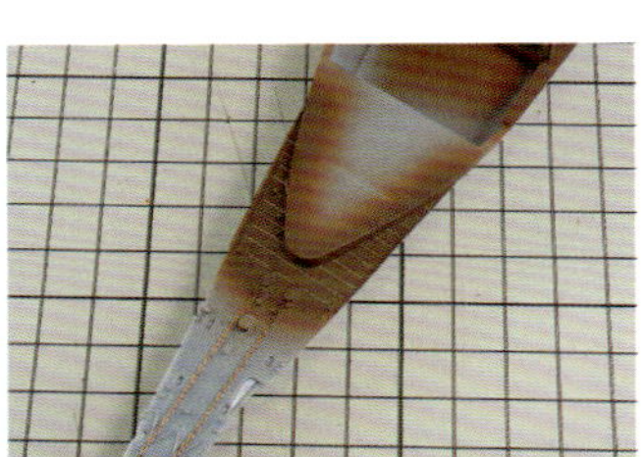

▲完成后的状态。因为活用了暗黄的成型色，所以即便不动手涂装，也能再现出压漆布的颜色。

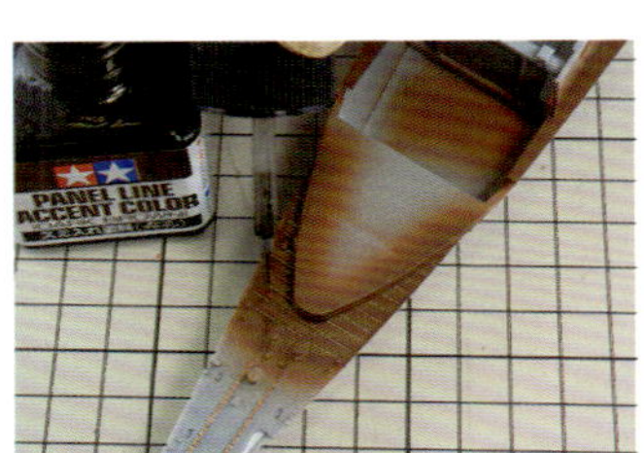

▲用TAMIYA的入墨涂料进行入墨线。注入到压漆布的部分上。

▲舰尾侧也同样。若对涂料稍作稀释的话，那么之后也就几乎没必要擦拭，也能残留下浓淡较为适宜的一层淡淡的入墨线了。

▲对于位于左舷、右舷侧的压漆布部分也要动手进行同样的工作。

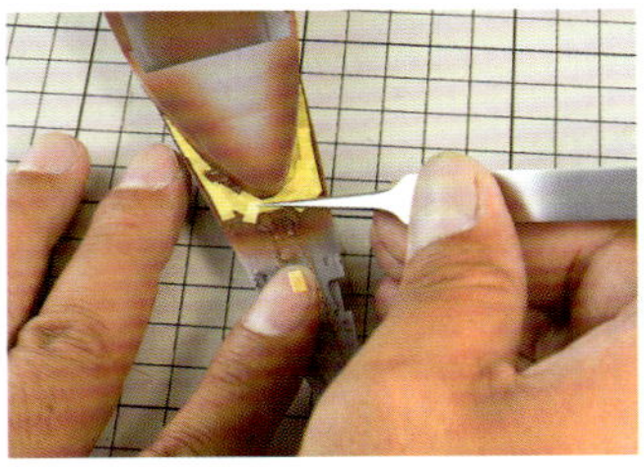
▲用遮盖胶带对涂装过压漆布色的部分进行遮盖。仔细慎重地将切成细条的遮盖胶带粘贴上。

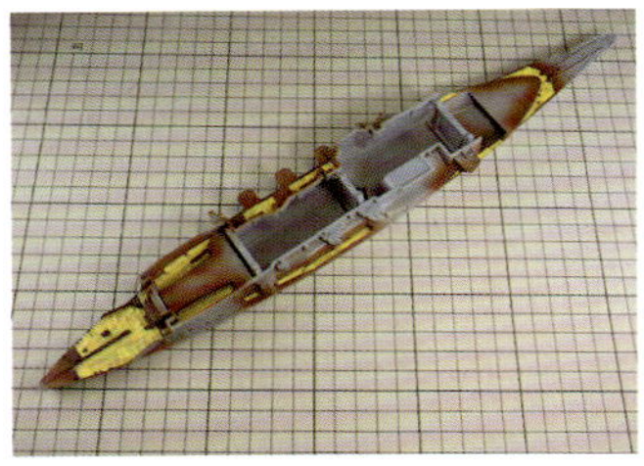
▲遮盖工作完成后的状态。请务必仔细确认一遍，看是否还存在有漏掉的需要遮盖的部分。

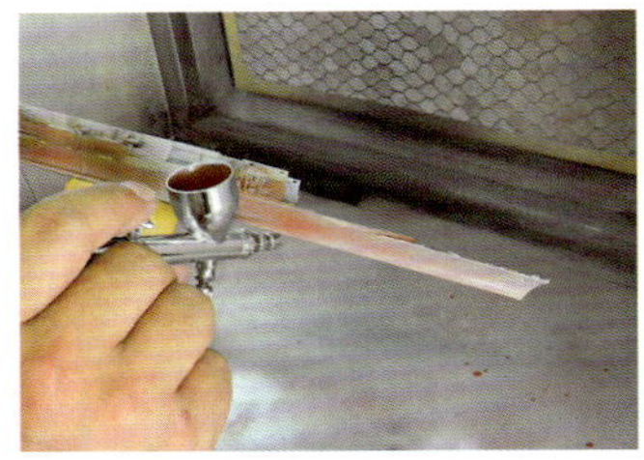
▲作为船体的下底涂装，喷涂Oxide Red Surfacer。

▲喷涂过Oxide Red Surfacer之后的状态。船体的下底涂装完成。接下来，转入到飞行甲板的作业当中。

飞行甲板的制作

▲首先按照基本的操作方式，稍稍留下部分水口，剪切下零件。

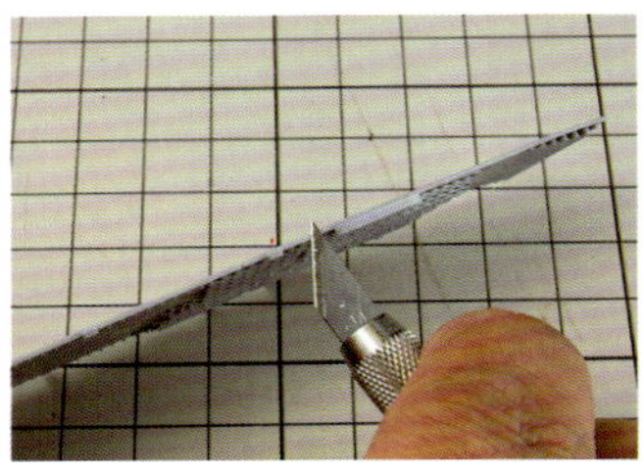
▲用美工刀仔细切割水口。

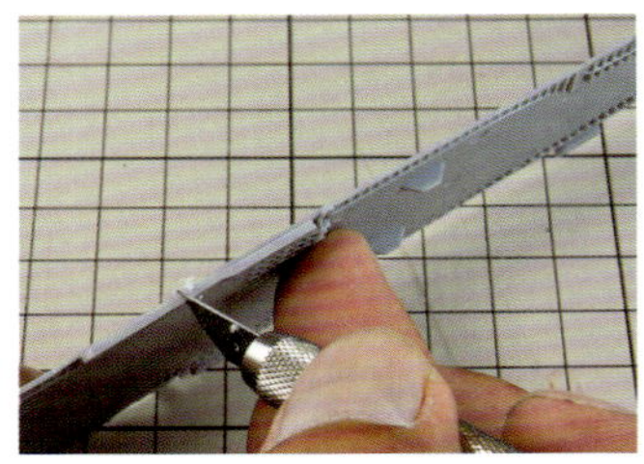
▲舷墙部分上残留有部分分模线和毛刺，所以需要使用美工刀进行处理。

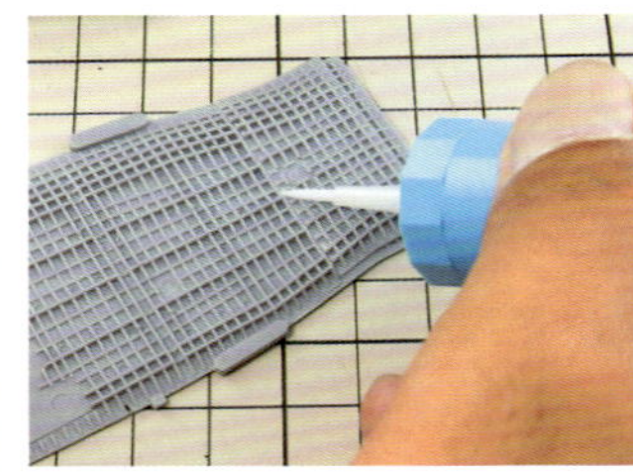
▲粘接上飞行甲板背面的C17零件。

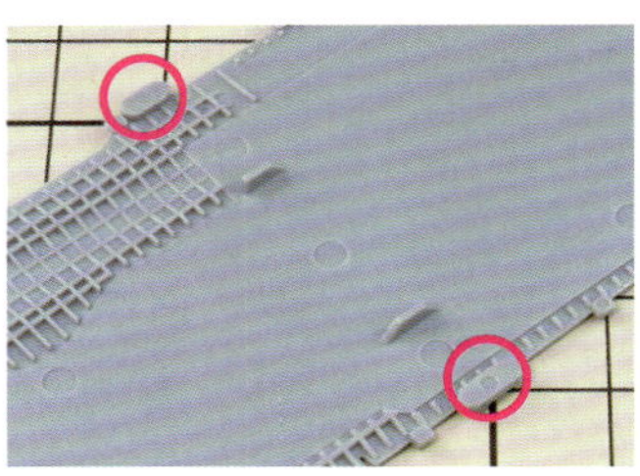
▲对飞行甲板内侧的冲压痕迹进行处理。用红圈标出的地方为冲压痕迹。

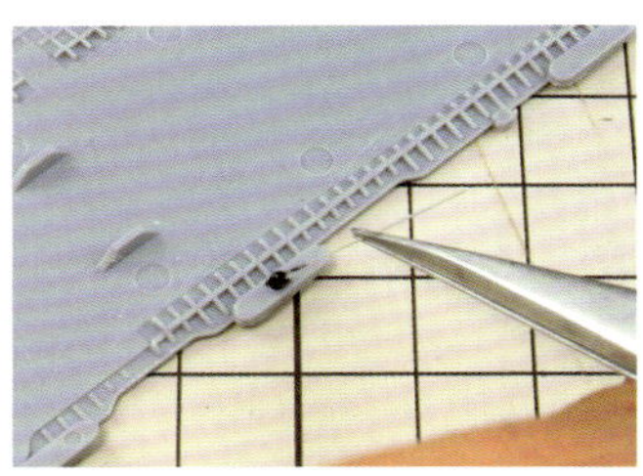
▲用拉伸板材框架将黑瞬黏涂抹到甲板背面的冲压痕迹上。

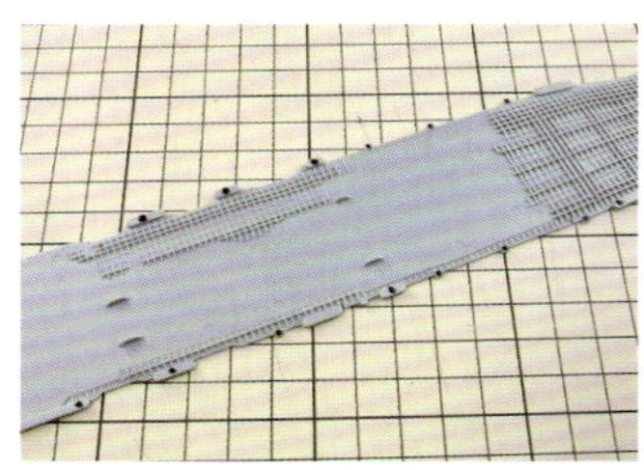
▲在冲压痕迹上涂抹过黑瞬黏之后的状态。其后，用硬化喷雾让黑瞬黏硬化。

▲使用锉刀或者砂纸削平硬化的黑瞬黏之后，冲压痕迹的处理就可以了。

▲接下来再对舷墙进行细节提升。使用的物品为拉伸板材框架。

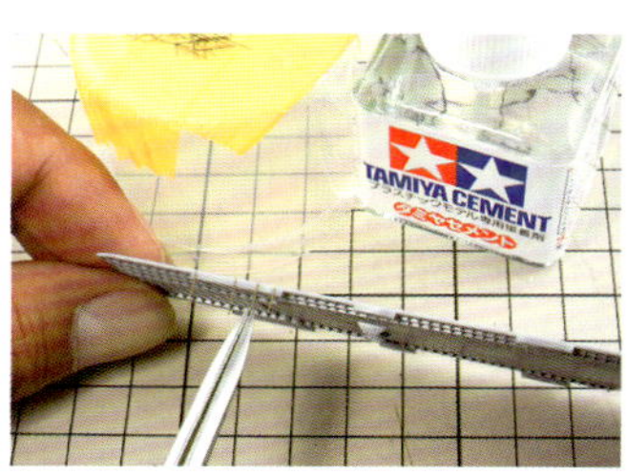

▲用拉伸板材框架来再现舷墙的结合缝。用黏合剂在两端和正中央进行粘接，在各处间隙的正中再次粘贴上拉伸板材框架之后，就会变得均等起来。

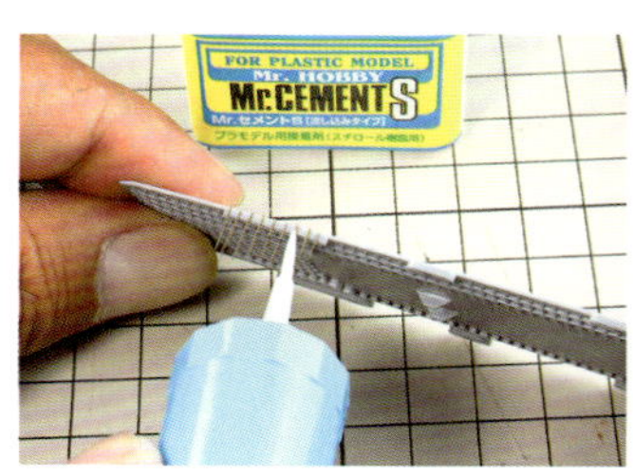

▲接着，再往各处板材框架中注入流缝式黏合剂，让拉伸板材框架更贴顺于平面。

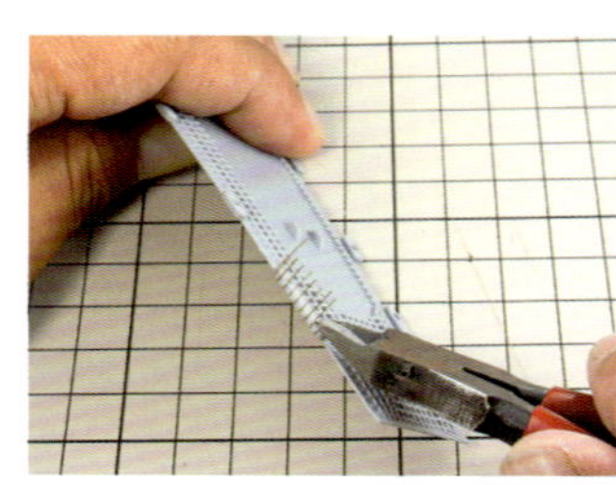
▲等黏合剂干燥到一定程度之后，用水口钳剪切掉多余的拉伸板材框架。

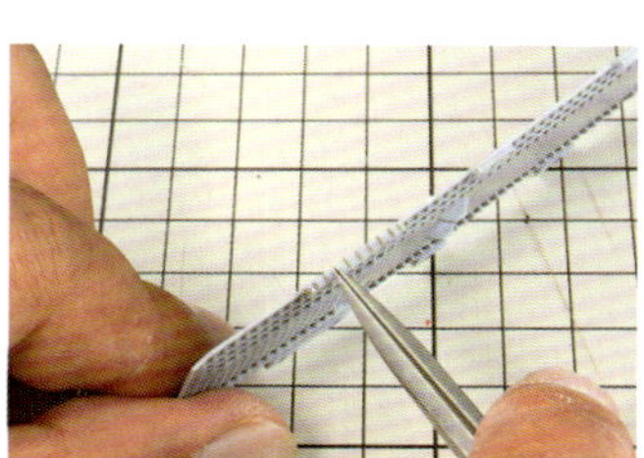
▲用镊子轻轻夹住拉伸板材框架，细节也就能够展现出更好的张弛感来了。

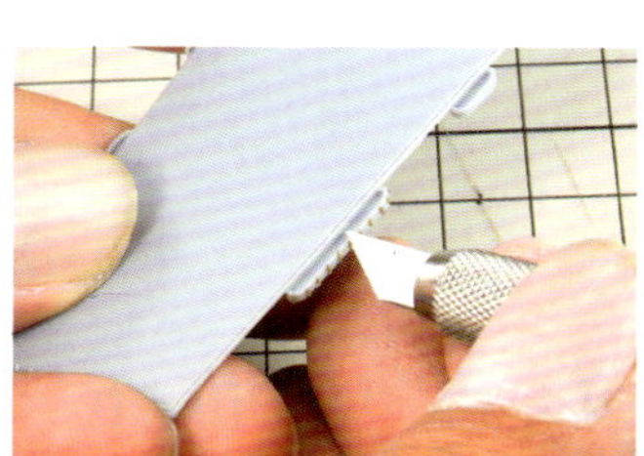
▲用美工刀裁切掉先前水口钳没能彻底剪切干净的部分。

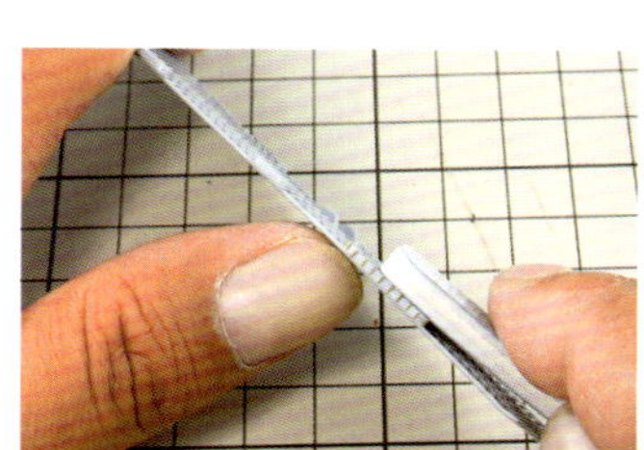
▲最后用打磨棒轻轻打磨，对表面进行准备。

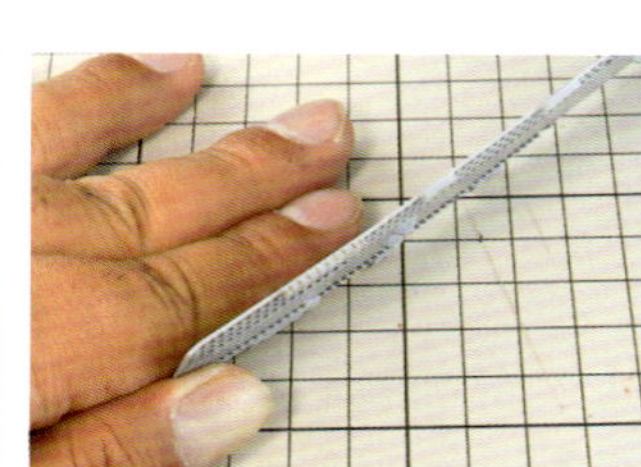
▲完成后的状态。再现出了舷墙的结合缝。其他部分也同样地进行作业。

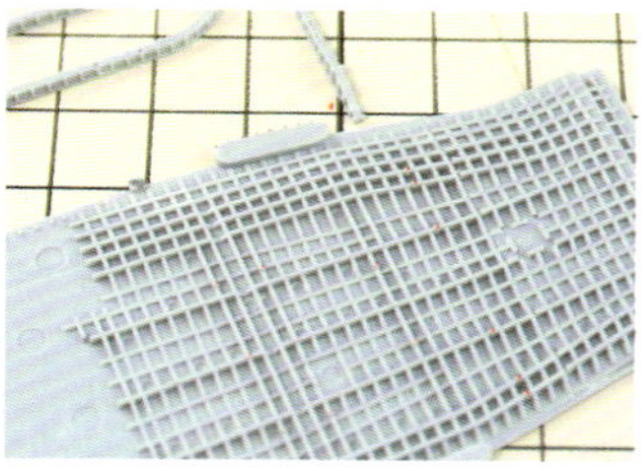
▲粘接甲板背面的B10。为了更容易看清粘接面，用红色记号笔做上标记。

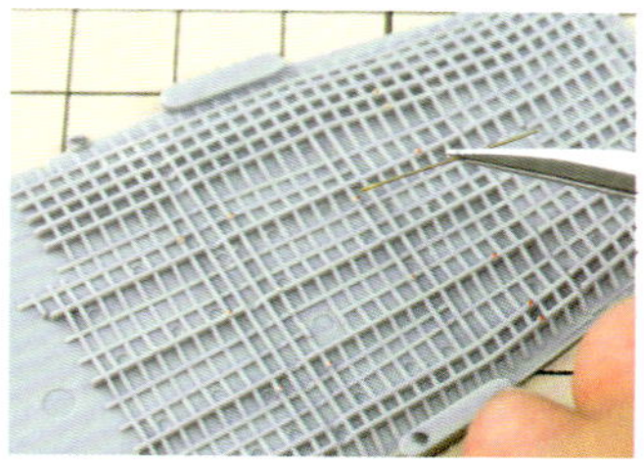
▲用拉伸板材框架将黏度较高的塑胶用黏合剂涂抹到甲板背面上。

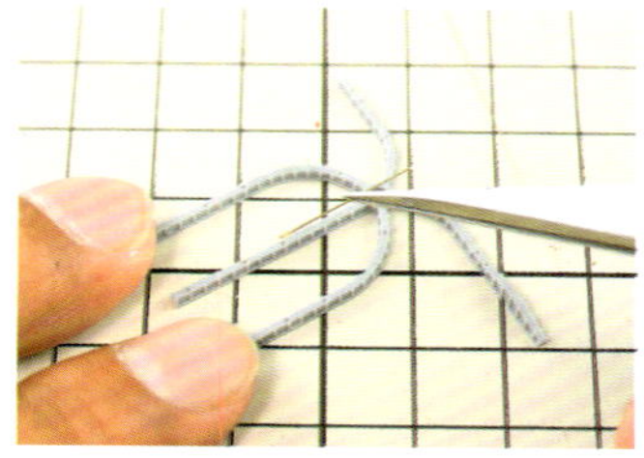
▲接着在B10的粘接面上涂抹塑胶用黏合剂。

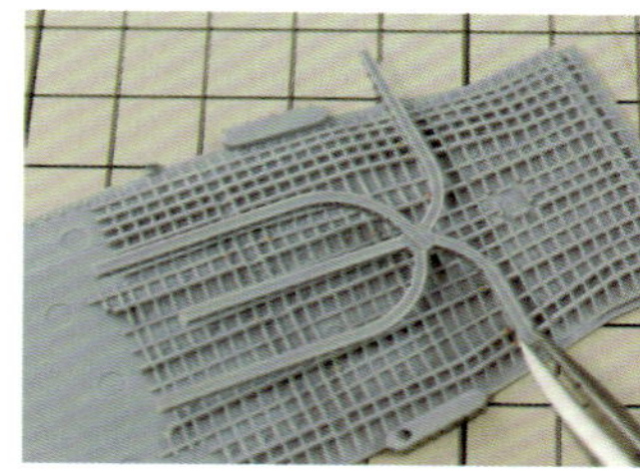
▲以用红色标记过的部分为标记，在甲板背面粘接上B10。

▲黏合剂干燥后，开始转入到甲板的涂装步骤中去。因为甲板背面的F4需要另行涂装，在装入探照灯之后再进行粘接，所以此时还不要粘接到甲板背面上去。

▲细节错综复杂的部分，需要从不同的方向进行喷涂，让Oxide Red Surfacer稳固粘附上去。

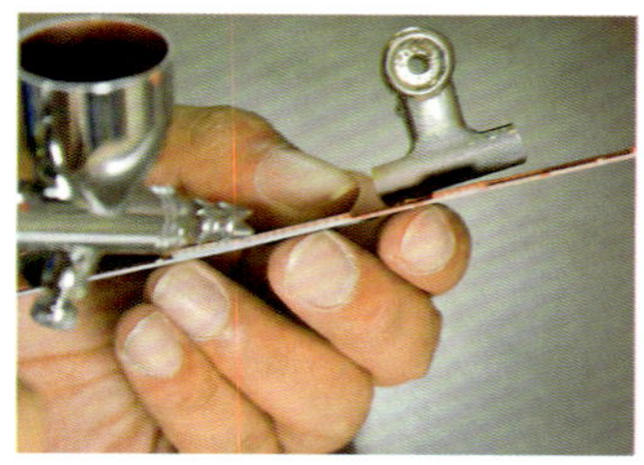
▲不要忘记同样也要在甲板边缘上喷涂Surfacer。

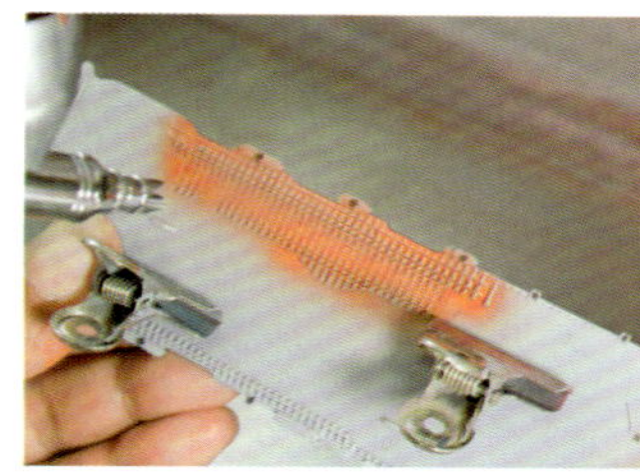
▲细节部分的处理需要细心谨慎。分数次仔细慎重地喷涂Surfacer。

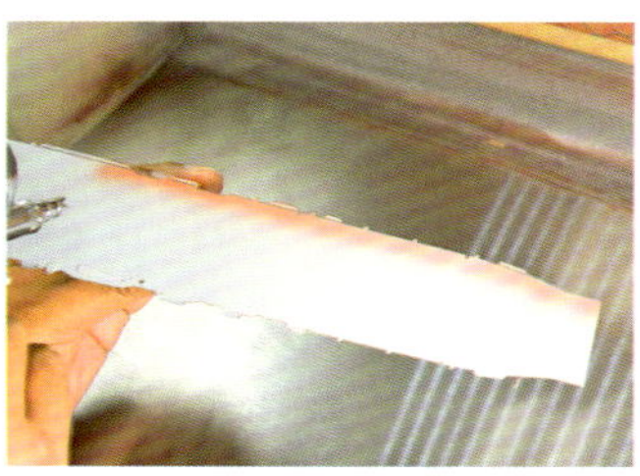
▲甲板的正面，也需要从边缘开始慎重仔细地喷涂Surfacer。

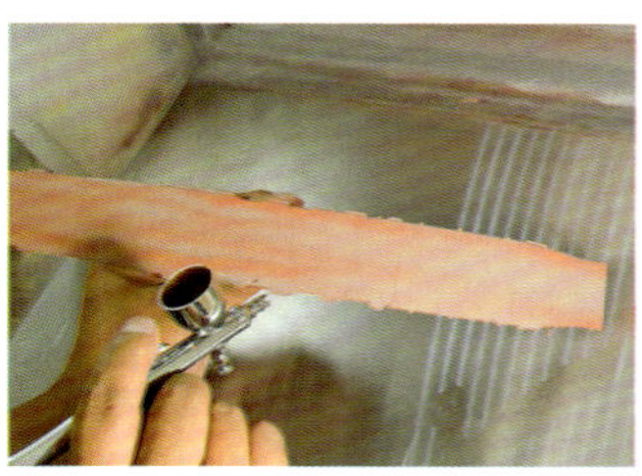
▲其后，再反复耐心地对甲板整体进行涂装。

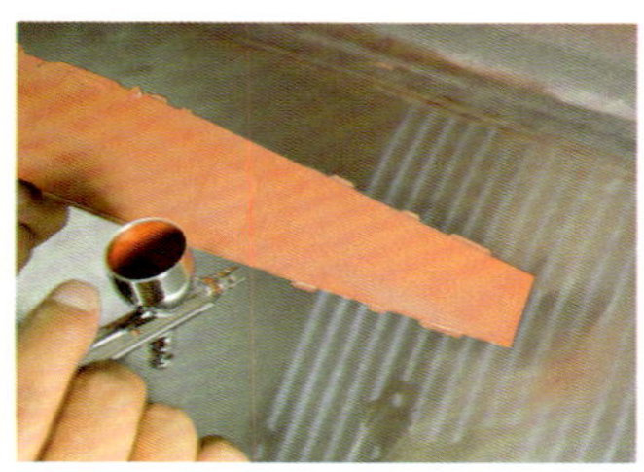
▲一直要喷涂到整块甲板上都涂满了Oxide Red Surfacer为止。

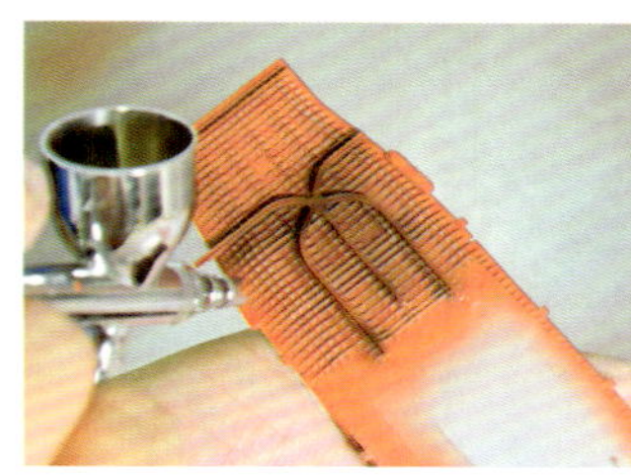
▲接下来，为了让阴影部分更为突出，可以在细节错综复杂的部位上喷涂黑色。

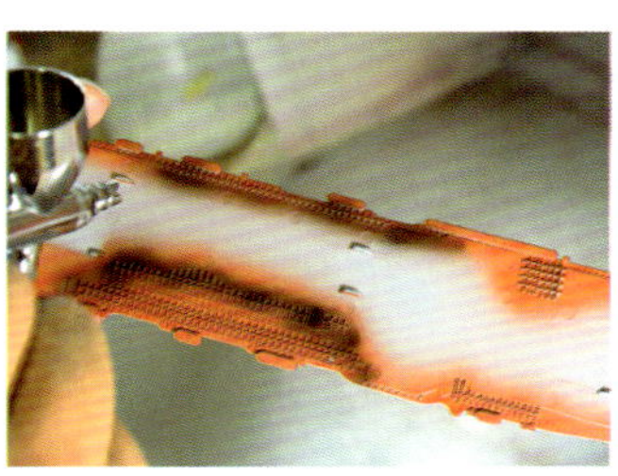
▲细节部分的边缘等部位也要涂装上黑色。

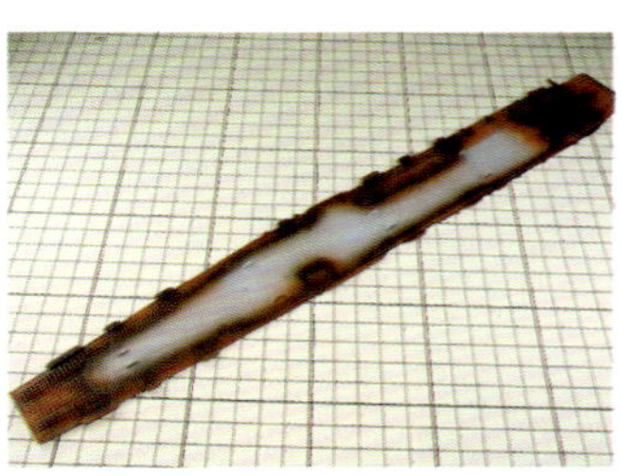
▲甲板背面的边缘和细节中错综复杂的部分上都涂装过黑色后的状态。接下来就要动手涂装军舰色了。

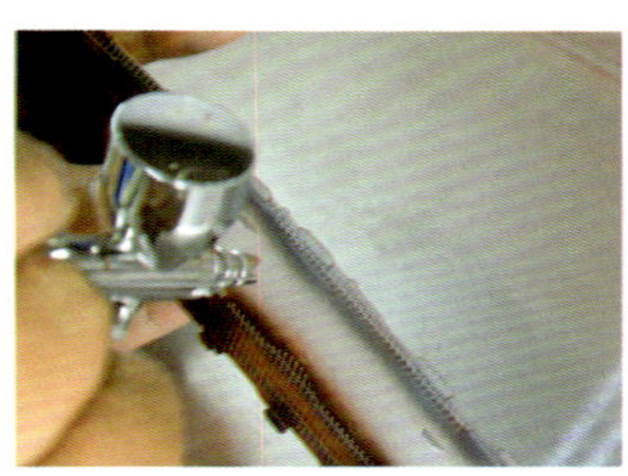
▲使用的为吴海军工厂标准色（吴色）。为之后的旧化处理考虑，需要选择稍显明亮的色彩。淡淡地留下一层黑色，喷涂上吴色。

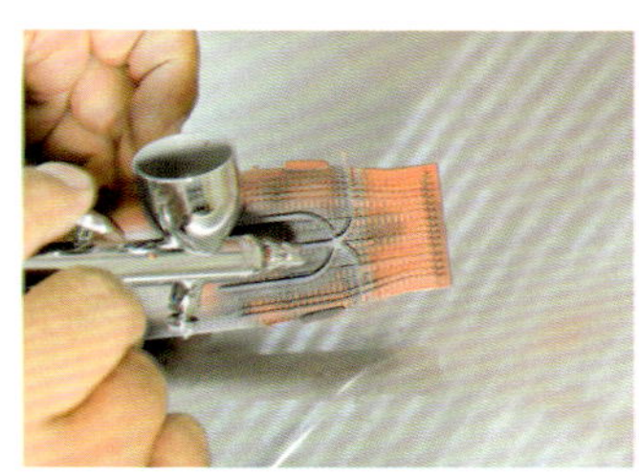
▲因为B10部分的细节极为细腻，要将喷涂的量进一步调小，慎重地进行涂装。

▲在背面涂装吴色。涂装时要留意不要让吴色彻底遮盖住下底的黑色。

▲上面也同样。先对甲板的边缘和作业员待机场所部分等部位进行过涂装之后，再涂装甲板的表面。

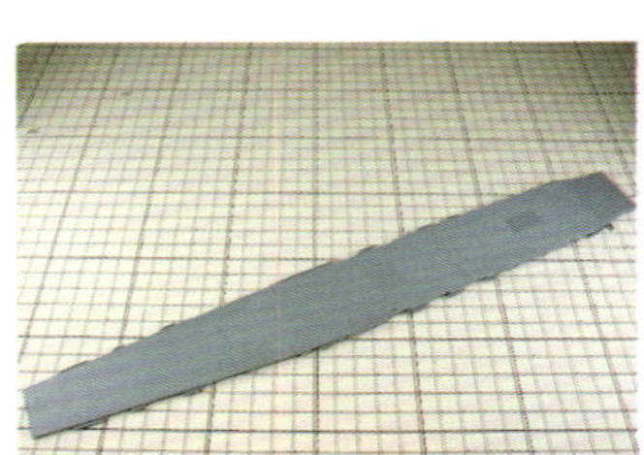
▲吴色涂装完毕。在此阶段需要仔细检查，看是否还存在有漏涂的部分。

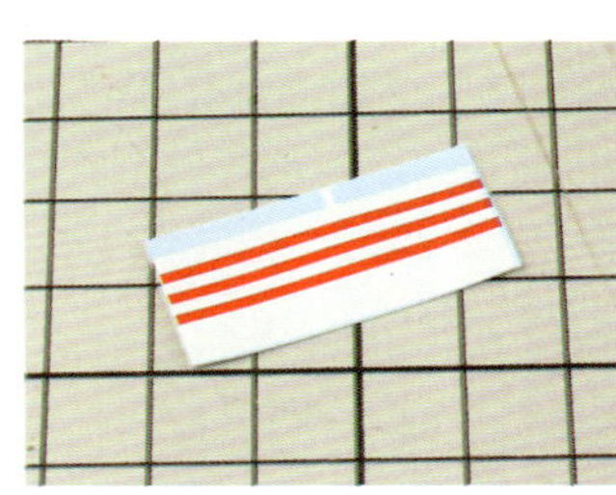
▲接下来，再以涂装的方式来再现着陆标识。把贴纸当标尺来使用。如图所示，剪切下着陆标识的部分。

着陆标识的涂装

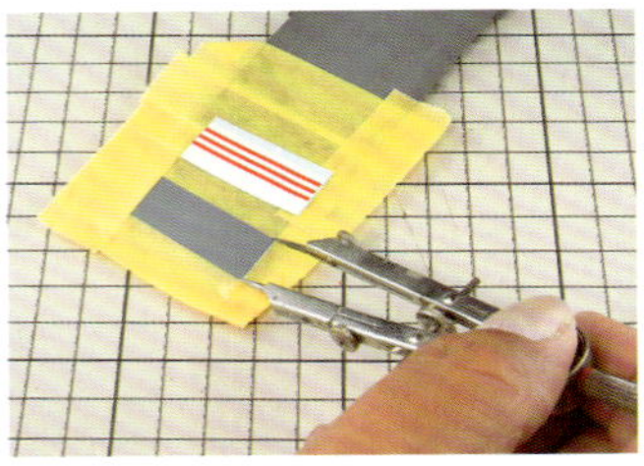

▲在对飞行甲板进行涂装时，需使用附带的贴纸作为标尺。用圆规测量着陆标识的宽度，遮盖周围的部分。

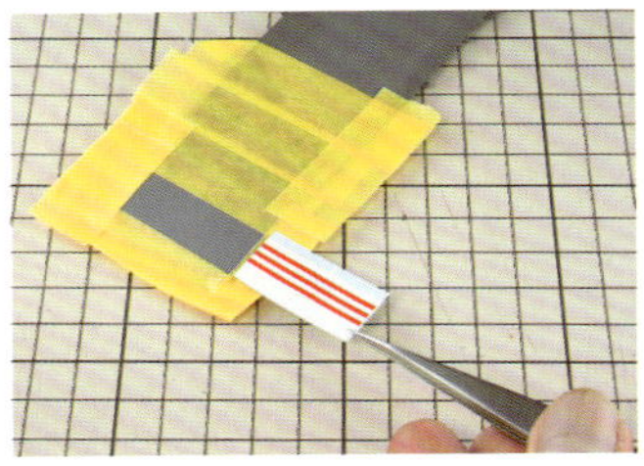

▲遮盖完成后，将贴纸挪到一旁，再次检查宽度。

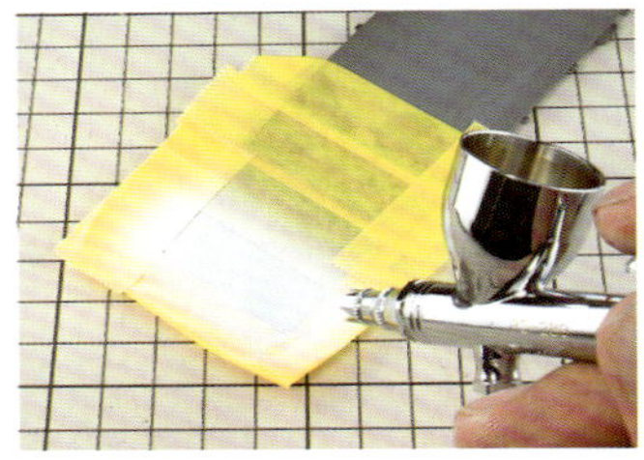

▲确认遮盖工作再无遗漏之后，动手涂装白色。

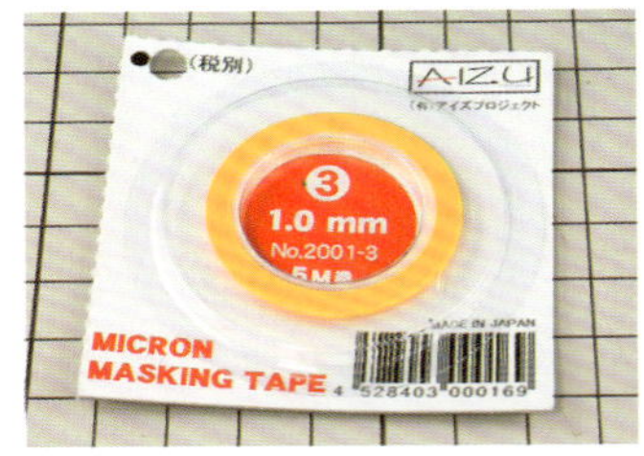

▲接下来再涂装红色线条。此时需要使用到Eyes Project的1mm宽的遮盖胶带。

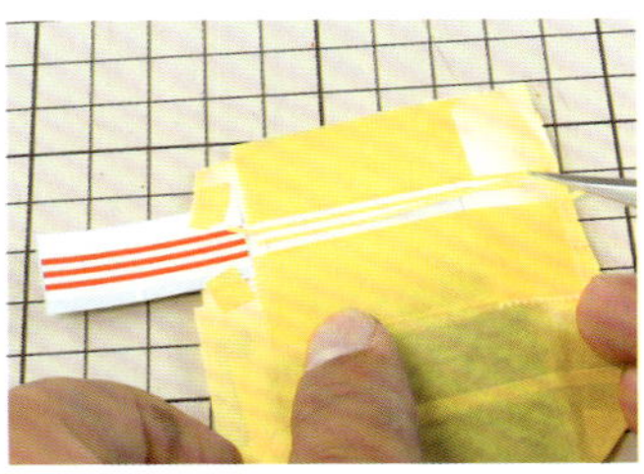

▲把贴纸放到甲板旁，沿白线部分笔直地粘贴上遮盖胶带。

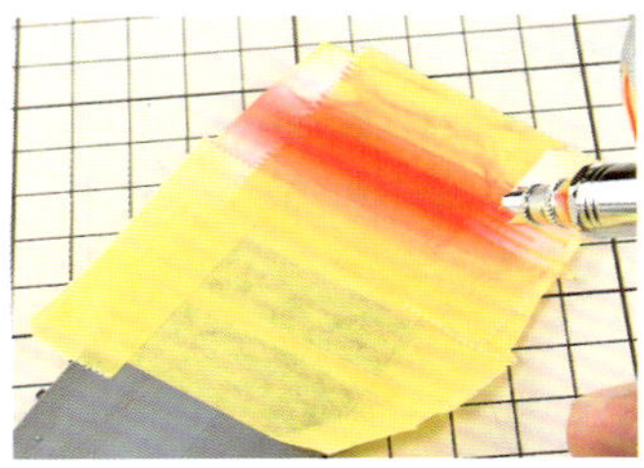

▲笔直地粘贴上遮盖胶带之后，涂装红色。

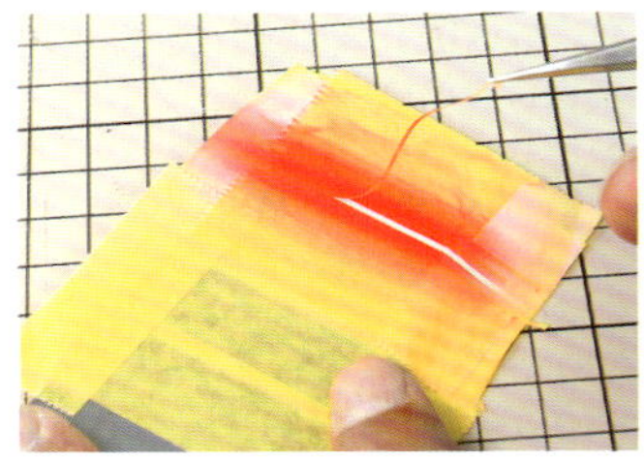

▲红色涂料干燥之后，揭去遮盖胶带。

▲揭去周围的遮盖胶带之后，着陆标识就完成了。甲板边缘部分上的涂装溢出，可以依靠入墨线来进行修正。

甲板的入墨线

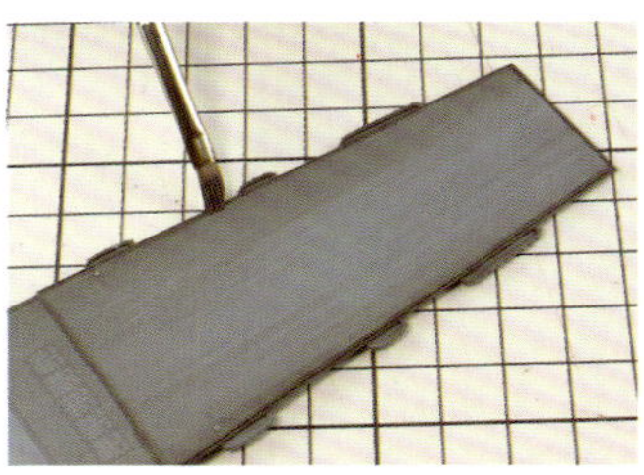

▲因为本次制作最后准备用粘贴木制甲板贴纸的办法来完成最后步骤，所以我们需要在这个时间就开始动手进行入墨线处理了。使用到的涂料，是TAMIYA的入墨线用涂料的暗棕色。

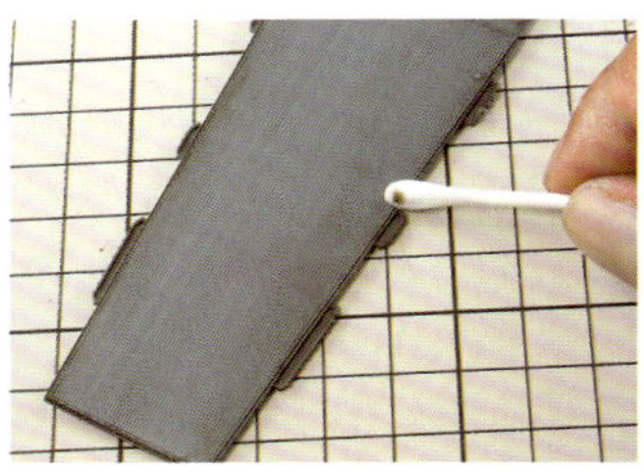

▲用蘸有珐琅溶剂的棉棒将多余的涂料擦拭掉。至于入墨线残留的程度，可以根据各位自己的喜好来进行判断，彰显出强弱的对比来。

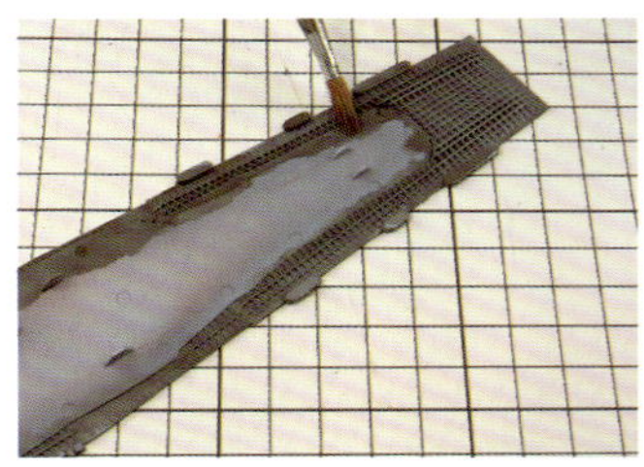

▲背面也需进行入墨线处理。因为甲板背面的细节较为细腻，难以擦拭，所以入墨线时需要对涂料稍作稀释，以洗涂的感觉来展开。

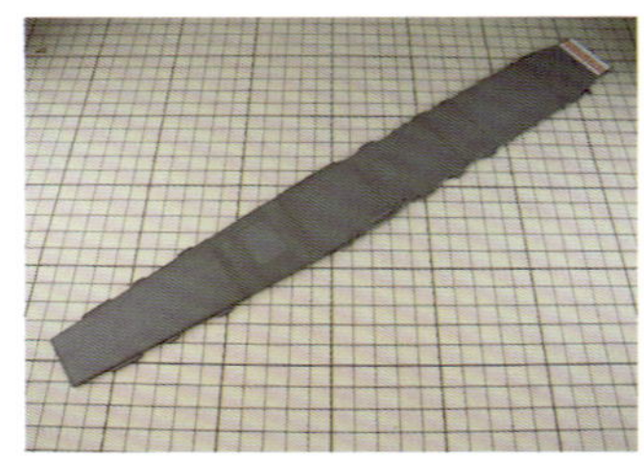

▲入墨线完成后的状态。珐琅涂料完全干燥之后，转入到木制甲板的作业当中。

木制甲板贴纸的粘贴与涂装

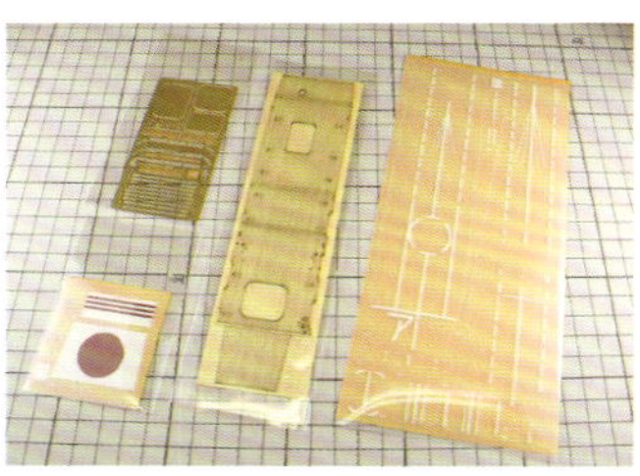

▲此制作中使用到的是与套件同时发售的HASEGAWA的“航空母舰 赤城用 木制甲板”。

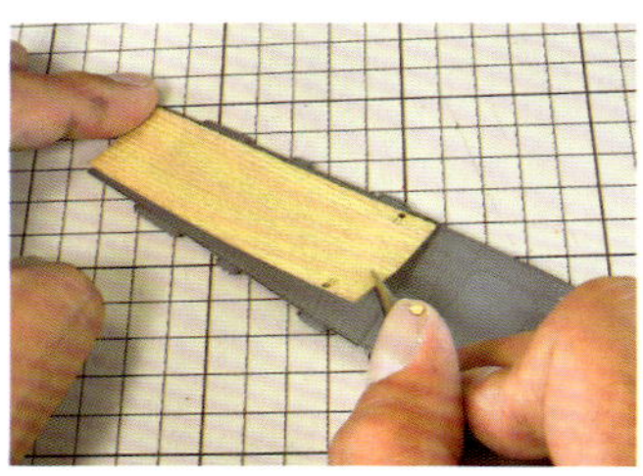

▲参看说明书的指示，首先动手粘贴木制贴纸。粘贴时要配合边角，保证不要出现歪斜。

▲为了让木制贴纸和甲板零件之间的粘接更为紧密，粘贴后需要用棉棒的尖端来顺一定方向进行按压。

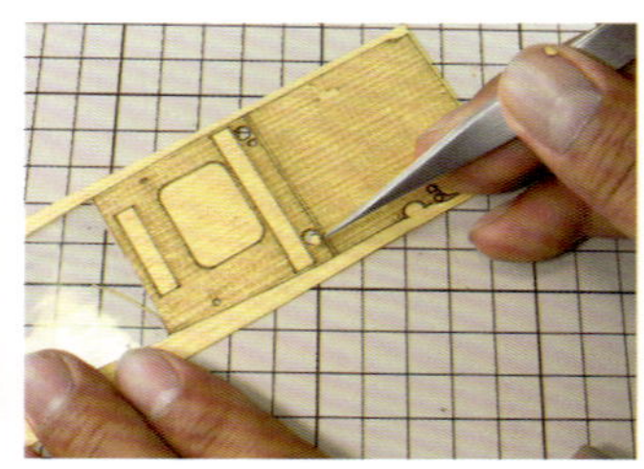

▲参看说明书，先用镊子夹住木制贴纸中不需要的部分，将这些部分从贴纸上去除掉。

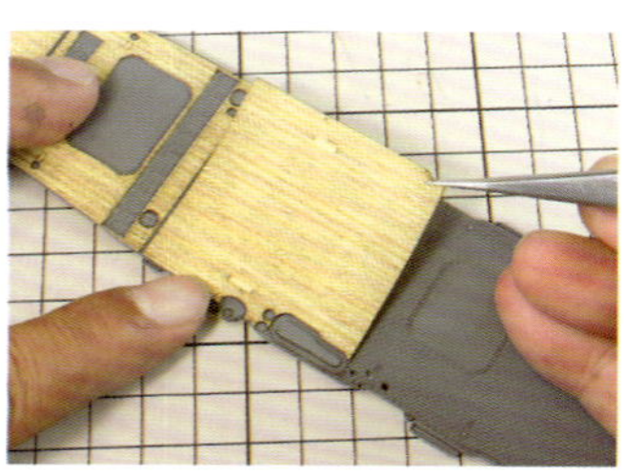

▲舰桥等部位所处的中央部分，需要精确决定其位置，慎重地动手粘贴。

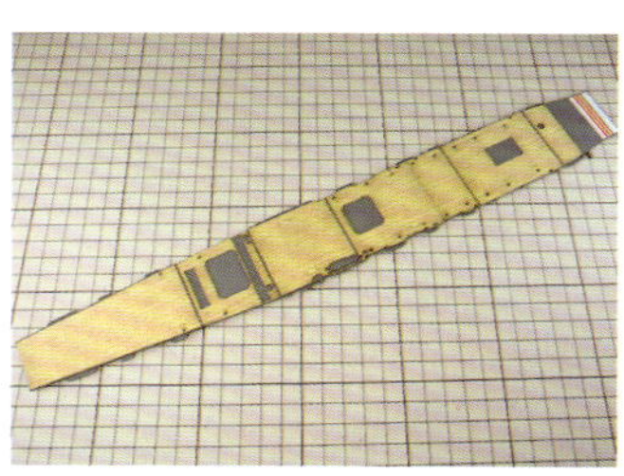

▲粘贴上木制贴纸后的甲板。光是做到这一步，也已经足以展现出相当不错的氛围来了。接下来，从同一包装中的蚀刻零件中，选取安装上电梯、挡风板、隐藏式探照灯的盖子。

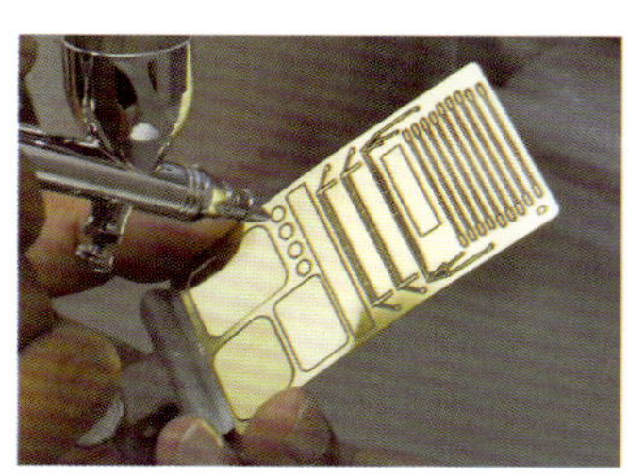

▲首先，先在蚀刻零件还连接在板材框架上时，就对零件进行涂装。喷涂金属底漆作为下底。

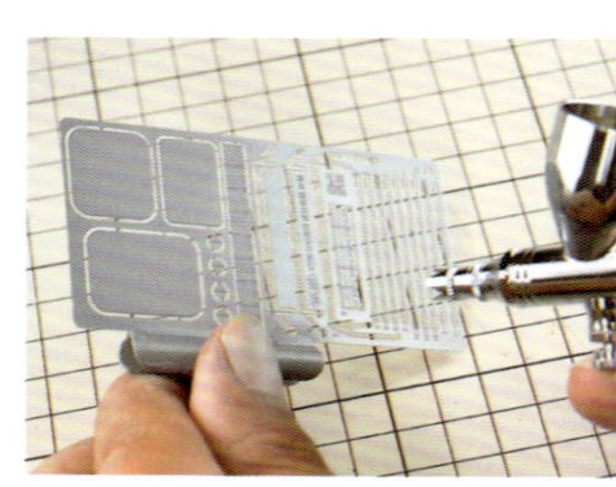

▲金属底漆干燥之后，涂装与船体相同的吴色。

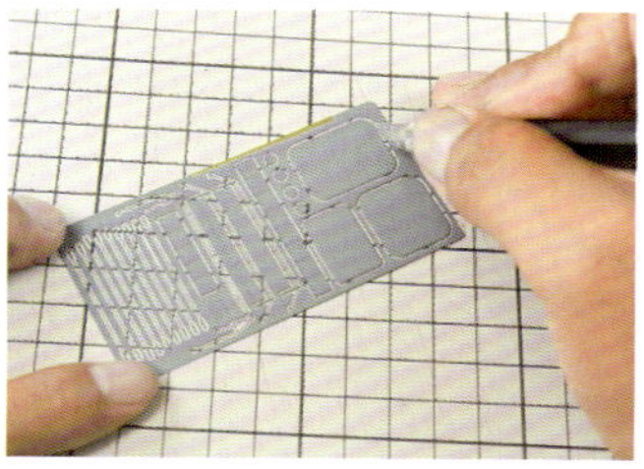

▲吴色干燥之后，用美工刀切割出升降机、挡风板和隐藏式探照灯的盖子来。

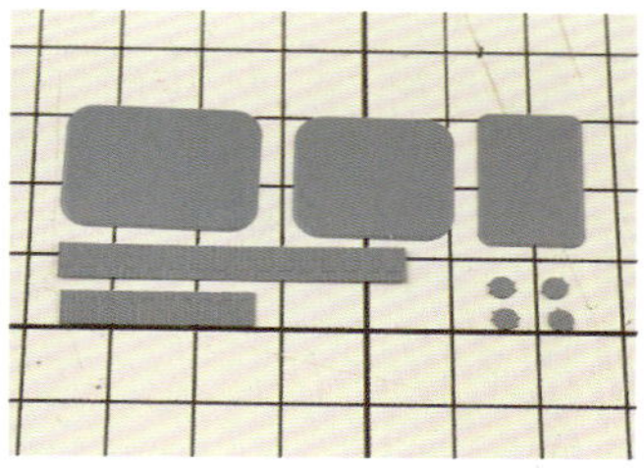

▲零件剪切下之后的状态。这些零件都要用瞬间黏合剂粘接到甲板上。

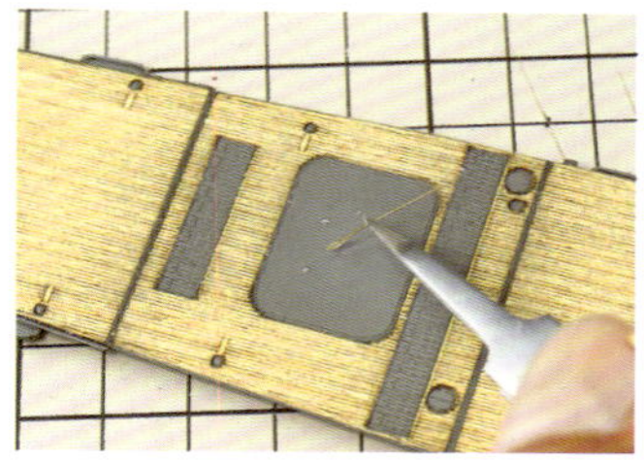

▲粘接蚀刻零件。在拉伸板材框架上蘸上少量的黏稠状瞬间黏合剂，在升降机部分上涂抹上黏合剂。

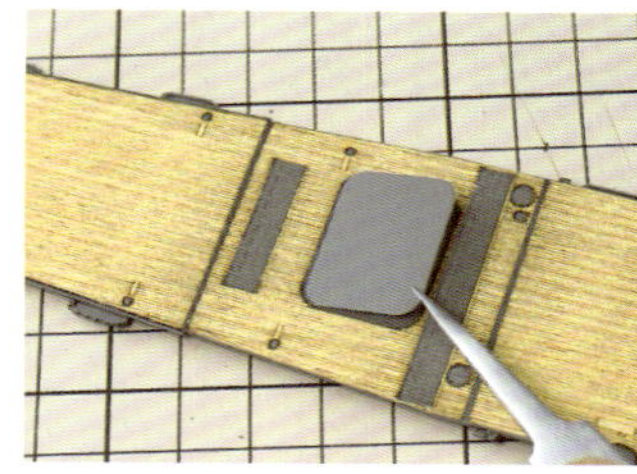

▲用镊子夹住蚀刻零件，粘接到指定的位置上。如果黏稠状瞬间黏合剂涂抹过量，那么就会从侧边的缝隙里溢出，所以此时务必需要多留心。

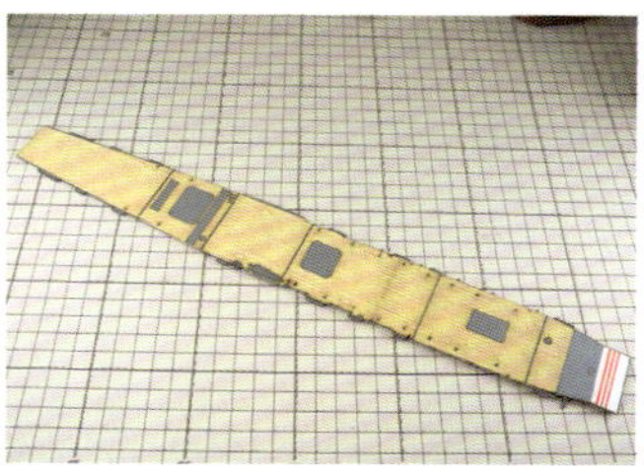

▲粘接好上述的蚀刻零件之后，动手开始进行线条的涂装。

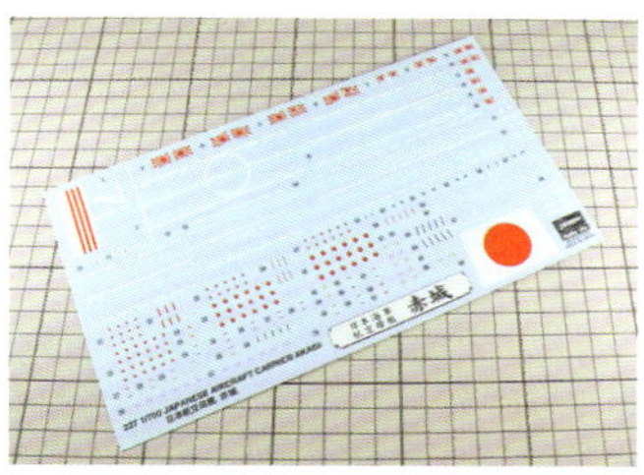

▲用涂装方式来再现白线时所必不可少的是刚才在涂装着陆标识时曾经派过大用场的套件附带的贴纸了。

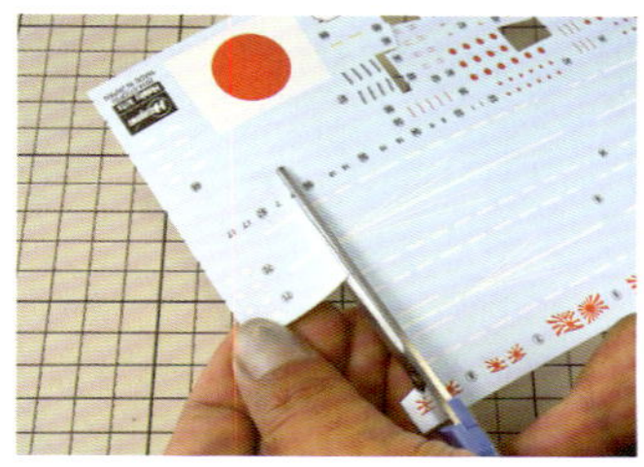

▲剪切下飞行甲板上的白线的尖端部分的贴纸。

▲用遮盖胶带将刚才使用过的着陆标识的贴纸临时固定粘贴到甲板后部上。

▲用遮盖胶带将剪切下的尖端的白线部分贴纸临时固定粘贴到甲板前端上。

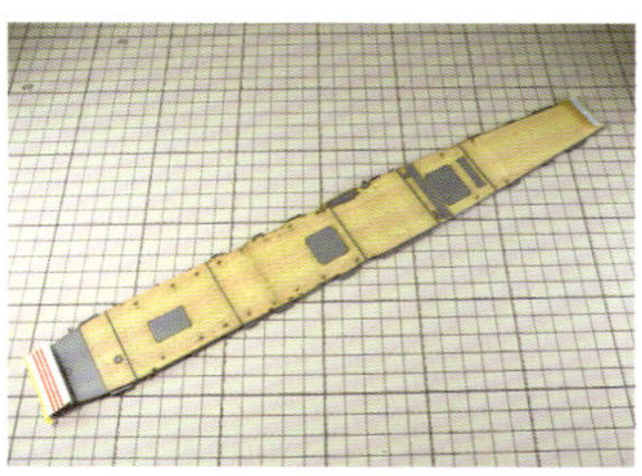

▲在甲板的两端上都临时固定粘贴上贴纸之后的状态。粘贴遮盖胶带，连接贴纸的线条。

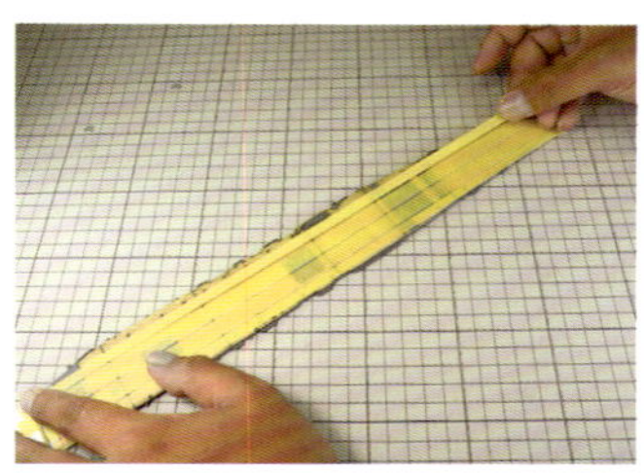

▲此时如果无法形成直线的话，那么之后就会变得非常显眼。将线与线连接到一起之后，反复从水平方向审视零件，确认遮盖状况是否达到笔直状态。

▲遮盖工作达到笔直状态之后，以贴纸为标尺，确认线的长度，制作出虚线来。

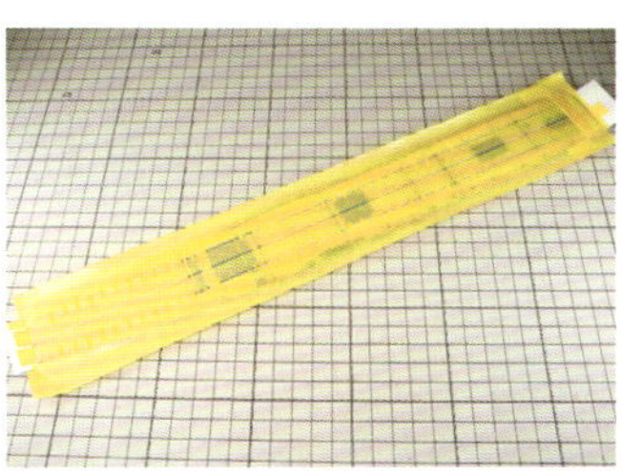

▲遮盖工作完成后的状态。涂装后的修正非常困难，所以请务必反复仔细确认遮盖工作的情况。

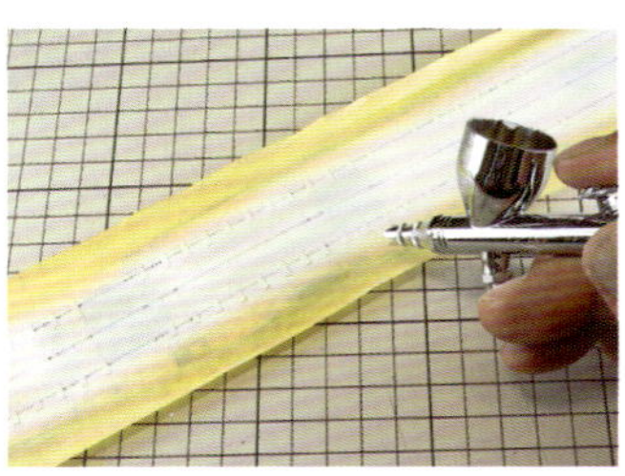

▲确认过遮盖工作再无可修正之处后，喷涂白色。喷涂时需注意喷涂时的气流，注意不要造成涂抹过厚的现象。

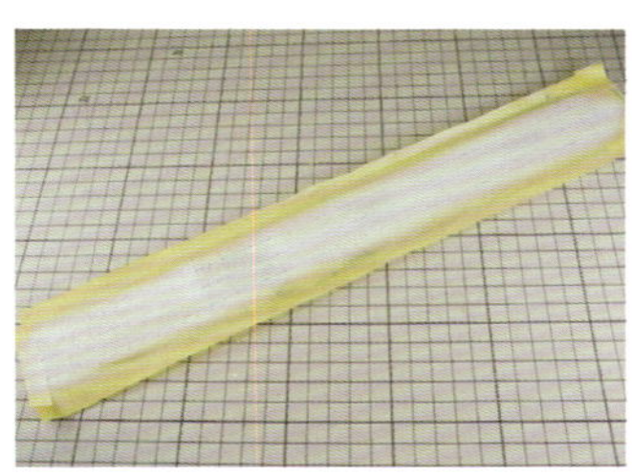

▲涂装过白色后的状态。确认一下是否还存在有尚未涂装的部位。

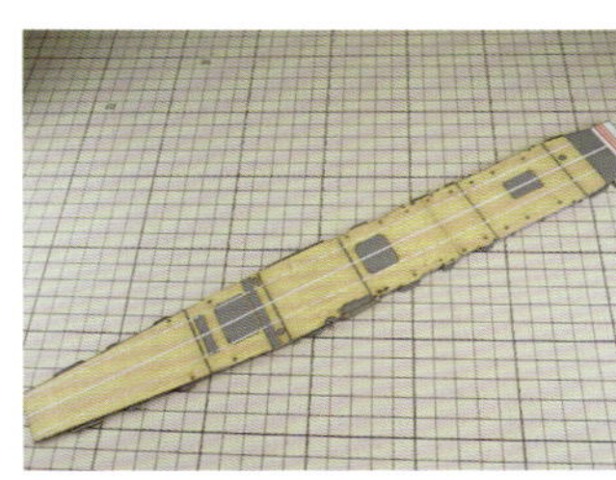

▲揭下遮盖胶带。如果先前的遮盖工作完成的较好，那么揭下之后就应该会形成图中所示的优美直线了。

▲接下来，用涂装的方式来展现升降机的圆圈。此时将会派上极大用场的，就是圆形切割器了。

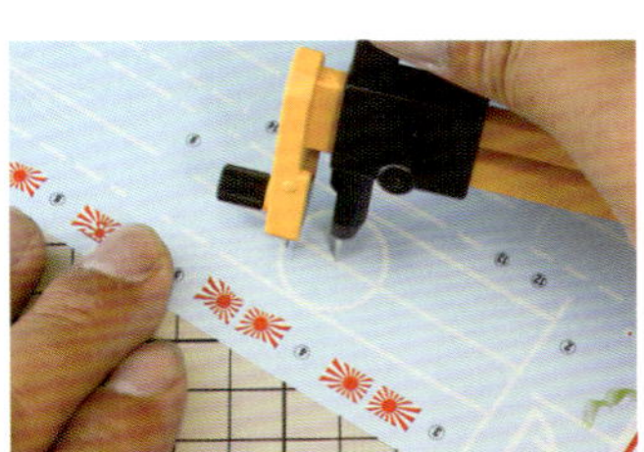

▲按照由内径到外径的顺序用圆形切割器进行切割，而贴纸则可活用作遮盖贴纸。

▲将用贴纸制成的遮盖贴纸临时固定到甲板的指定位置上去。确认过没有偏斜现象的话，那么就可以动手涂装白色了。

▲揭去遮盖贴纸。描画圆圈的时候，圆形切割器是一种非常便利的工具，所以还请各位务必准备上一支。

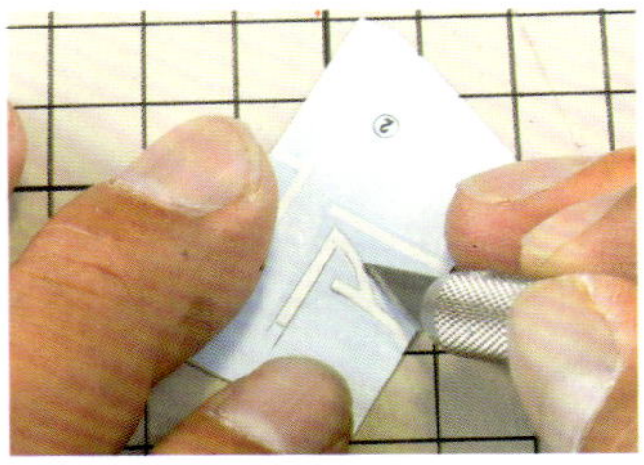
▲动手涂装舰名识别标识的“ア”。小心仔细地从贴纸上剪切下“ア”字来。

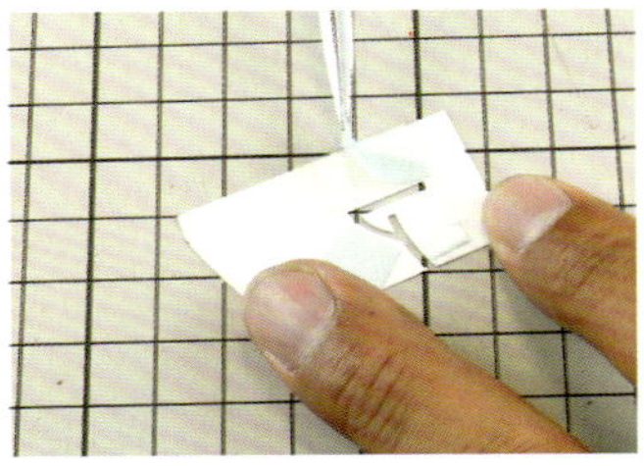
▲在侧面上粘贴双面胶带。粘贴过双面胶带之后，用手指多触摸几次胶带的粘接面，降低胶带的黏着力。

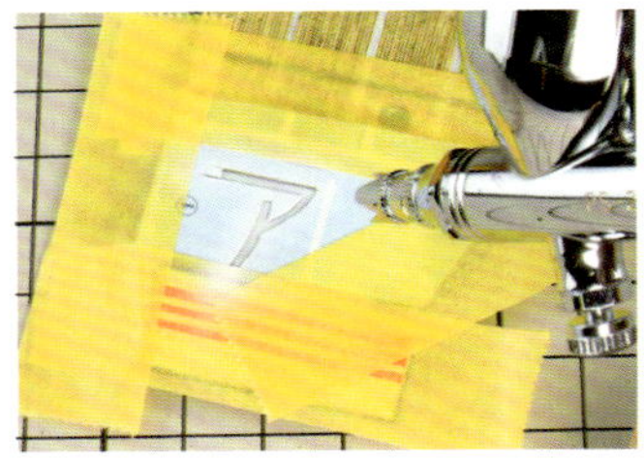
▲沿描绘出的白线决定位置，用遮盖胶带临时固定好镂空过“ア”字的贴纸，涂装白色。

▲涂料干燥之后，揭去遮盖胶带。通过利用这种用贴纸制成的遮盖贴纸，清晰明了地描绘出了“ア”字。

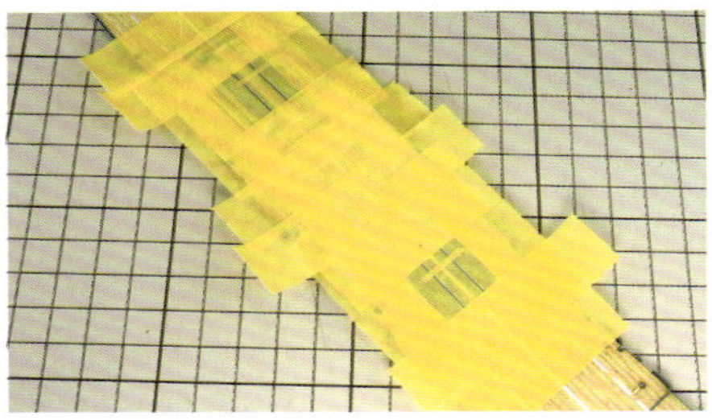
▲描画升降机、挡风板的白线。此时也以贴纸作为参考，进行遮盖。

▲遮盖工作完成无误之后，涂装白色。

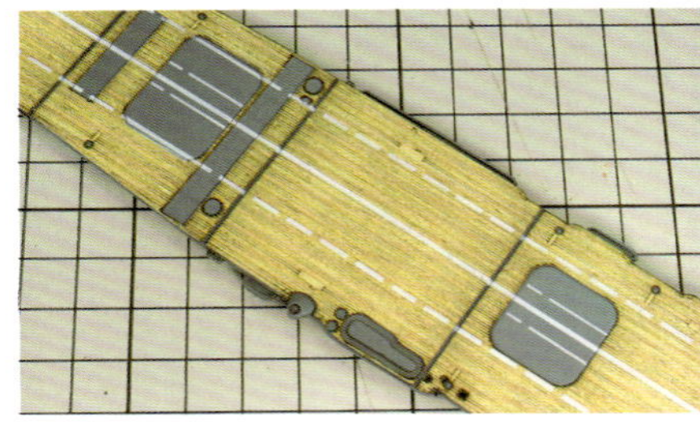
▲揭去遮盖胶带。升降机等部位上就描绘出清晰明了的线条来了。

▲位于第一升降机下的挡风板下的木制甲板结合处的横线很容易被人遗忘。此处也可用将贴纸放到旁边等的办法来进行遮盖。

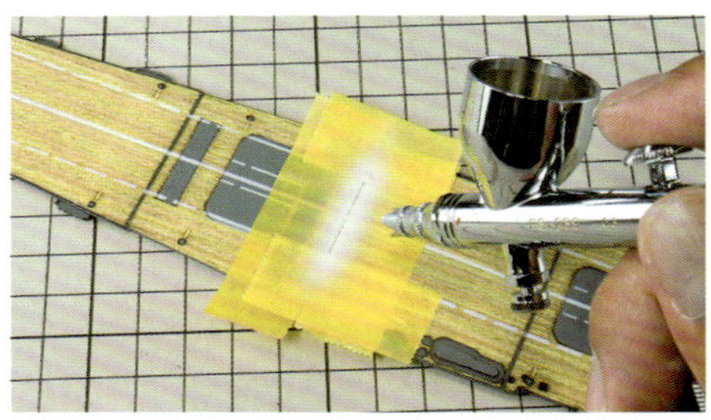
▲遮盖完成后，涂装白色。

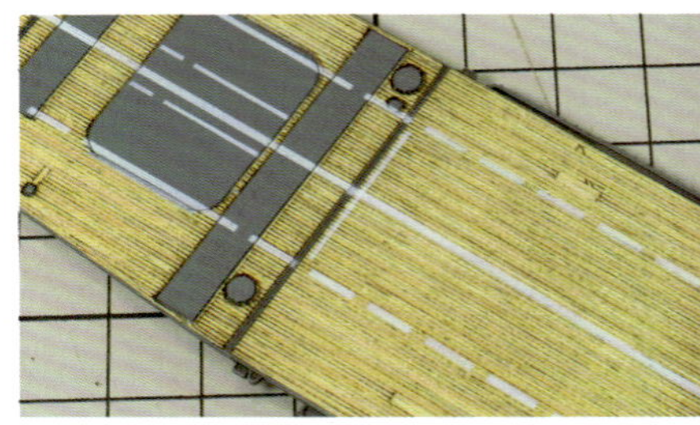
▲揭去遮盖胶带，完成制作。因为此处较容易疏漏掉，所以请务必仔细参看贴纸和说明书，一边确认一边作业。

▲风向标识是众多模型玩家都觉得较为难以完成的部分。首先，先将甲板上描绘出的线条和剪切出的风向标识相互重合到一起，在标识的末端用红笔做上印记。

▲从外侧的线条开始动手描画。自三角形的顶点向着标记有印记的部分笔直地粘贴遮盖胶带。

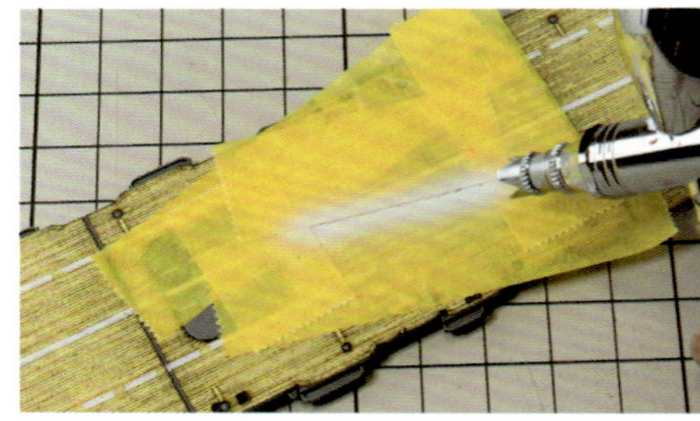
▲确认过遮盖胶带已经粘贴到笔直状态之后，涂装白色。

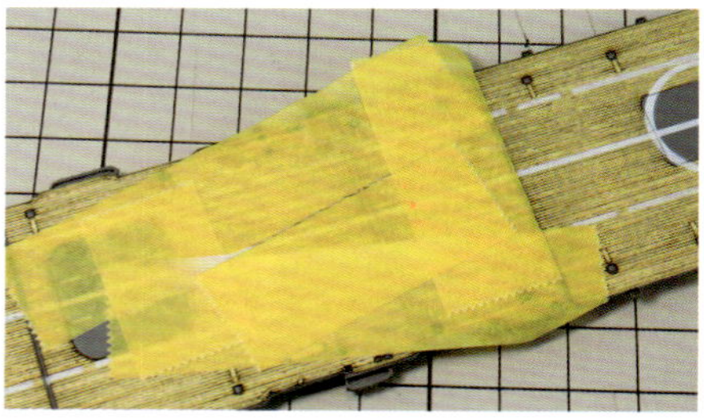
▲接下来，再用同样的办法描画另外一侧的最靠外侧的线条。可以像图中所示一样，从两端的顶端开始动手描画。

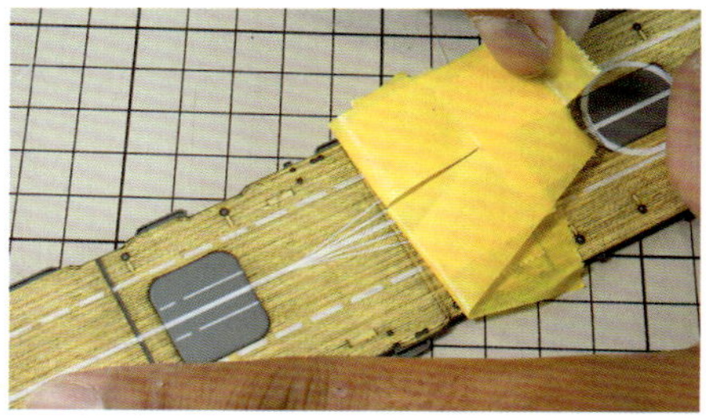
▲如图所示，将遮盖胶带揭去之后，清晰明了的白线就描画完成了。

▲图为描画过白线之后的状态。

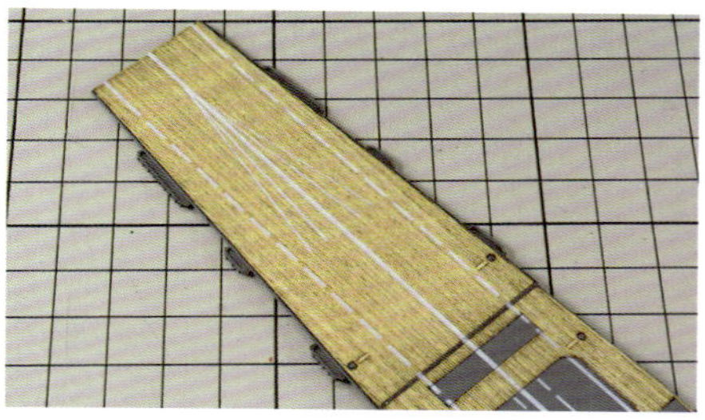

▲用相同的办法涂装甲板前端的风向标识。如此一来，甲板上的线条就完成了。

▲甲板上的线条完成之后，在作业员待机处和甲板边缘等部位上喷涂稀释到极淡状态的草绿色（2）。

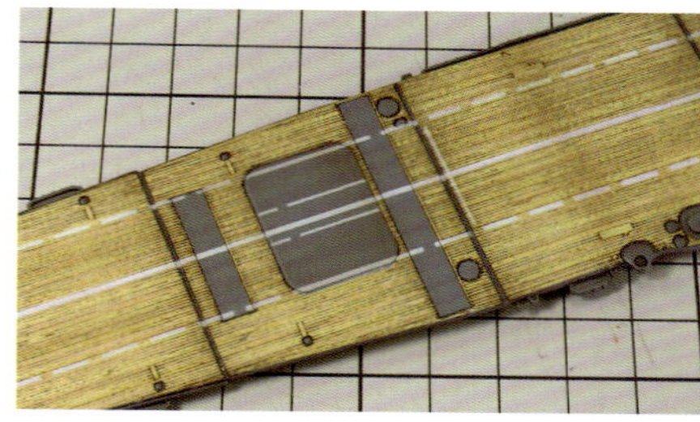

▲在升降机和挡风板周围也同样进行喷涂。喷涂过草绿色（2）之后，甲板上就会形成淡淡的阴影效果，给人一种经年使用的感觉。

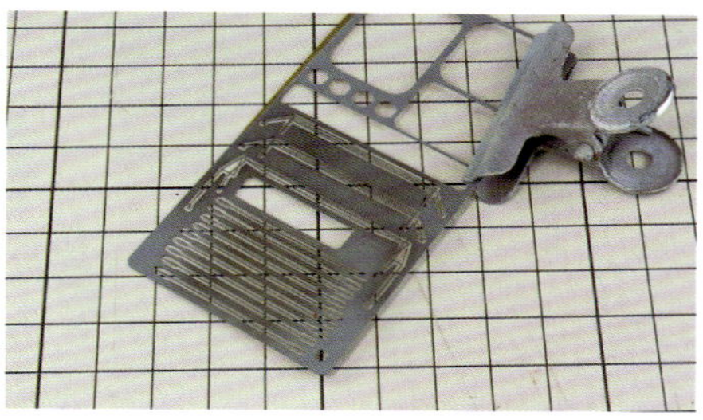

▲甲板上的涂装完成之后，动手粘贴着陆制动索和制动拦阻索的蚀刻零件。

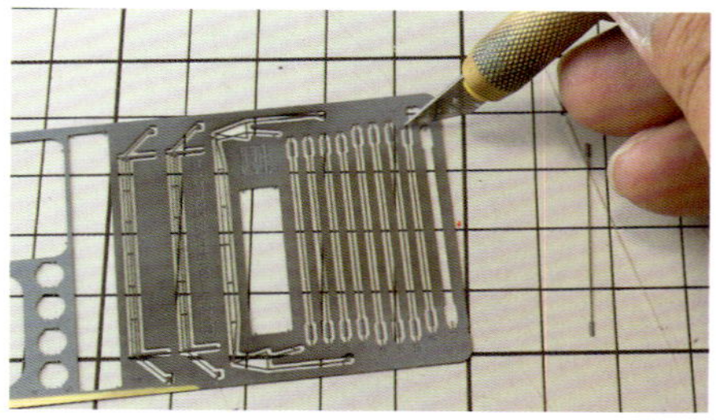

▲首先从着陆制动索开始制作。一边对照零件编号和说明书，一边对安装位置进行确认。

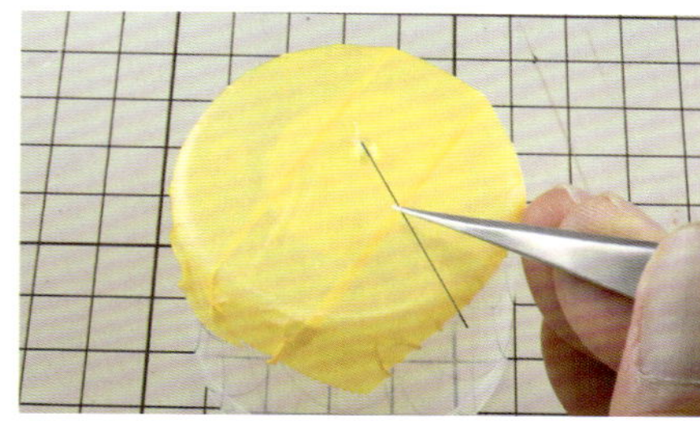

▲首先在着陆制动索的一端上蘸上黏稠状瞬间黏合剂。

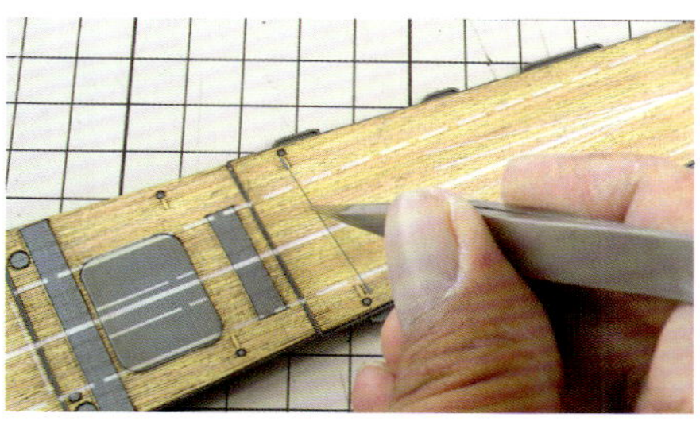

▲将蘸有黏稠状瞬间黏合剂的一端粘接到指定位置上去。

▲另一端上，用拉伸板材框架在粘接着陆制动索的甲板侧上蘸上黏稠状瞬间黏合剂。

▲顺着箭头所指的方向，滑动着陆制动索的另一端，让它移动到甲板上蘸有黏稠状瞬间黏合剂的位置之后，就能干净利落地完成粘接了。

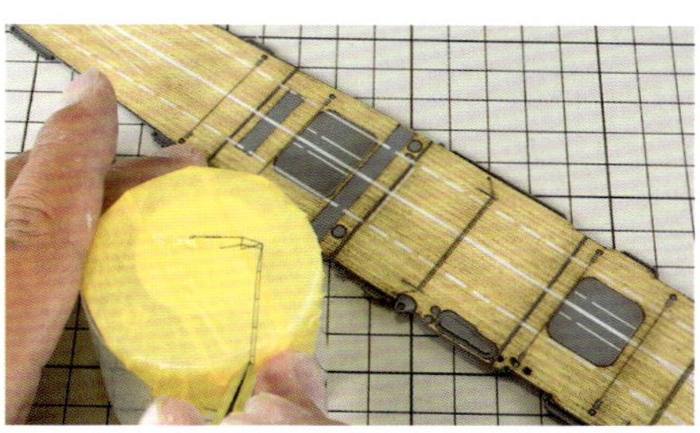

▲接下来是制动拦阻索。制动拦阻索方面，首先也是先在其中的一端上蘸上黏稠状瞬间黏合剂。

▲粘接到指定位置上。

▲在另一端上，用拉伸板材框架的尖端注入黏稠状瞬间黏合剂加流缝式瞬间黏合剂。

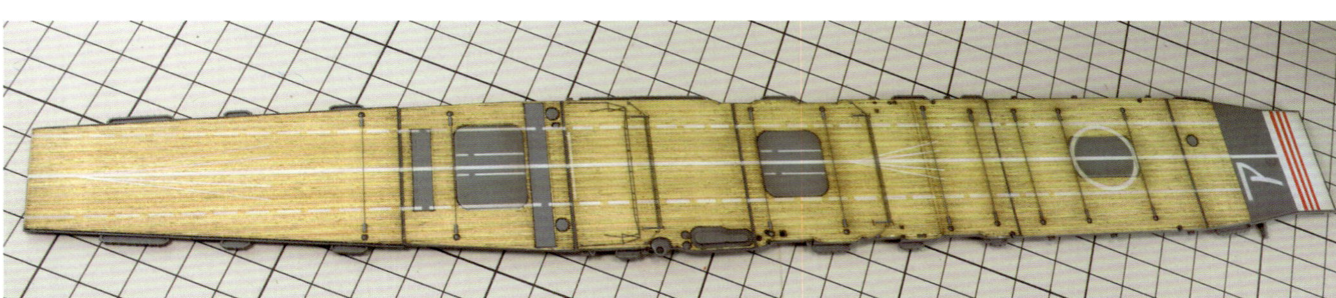

▲甲板制作完成！唯有木制甲板贴纸方能展现的质感，和清晰明了的线条涂装，形成了极为良好的感观效果。

在推进各部分制作之前

基本工作之后，等待着您的是蚀刻零件！

检查FUJIMI模型的蚀刻零件

到底有多契合呢？

FUJIMI模型的蚀刻零件能用吗？

在制作范例中，用作细节提升的蚀刻零件是现在最容易入手的FUJIMI模型的赤城用蚀刻零件。FUJIMI模型的赤城用蚀刻零件基本上整套地配备了细节提升所必须所有零件，而且其价格也非常适合。使用了这套零件，就能让赤城的解析度进一步提升了。原本蚀刻零件为各套件专用的尺寸，即便是同一艘舰船，各厂商也有着解读上的不同，进而造成了各零件在尺寸上也存在有差异。在此，我们将仔细检阅一下在HASEGAWA的赤城与FUJIMI模型的蚀刻零件之间的契合度。紧随本专栏之后的制作过程中，作为细节提升步骤，蚀刻零件的安装场景将登场。各位可与本专栏相互对照，顺利仔细地安装上蚀刻零件。

（报道内登场的零件编号，以FUJIMI 模型的蚀刻零件内的组装说明书为基准。）

▶▼在素组完成的套件上，安装上所有的蚀刻零件之后的状态。为了方便辨别，我们对所有的蚀刻零件都涂装了红色系的涂料。

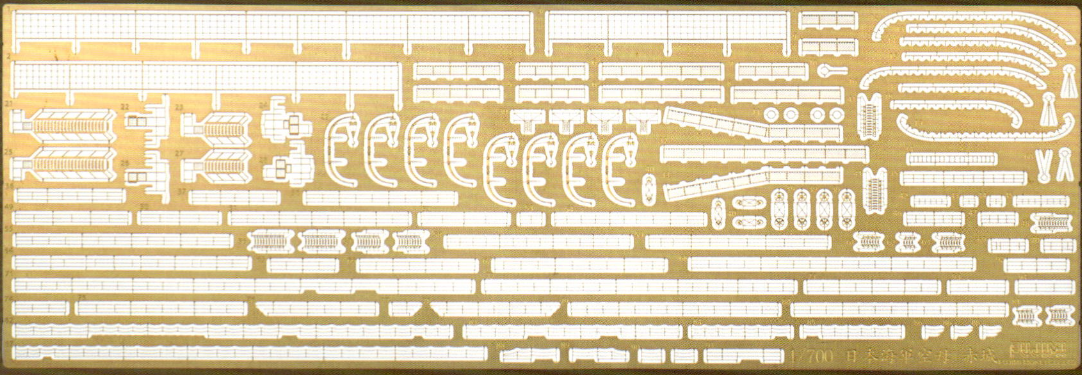

使用的为此套件！

“FUJIMI模型 1/700 旧日本海军航母 赤城用蚀刻零件”

◀正如所见，其中包含了扶手、扶梯，安装于飞行甲板上的防滑落网等几乎所有的内容。其1944日元的价格，在蚀刻零件中也可谓相当划算。

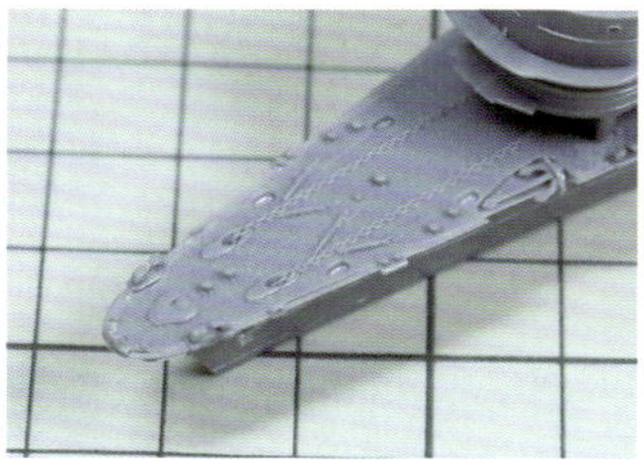

▲从舰首的蚀刻扶手开始动手安装。

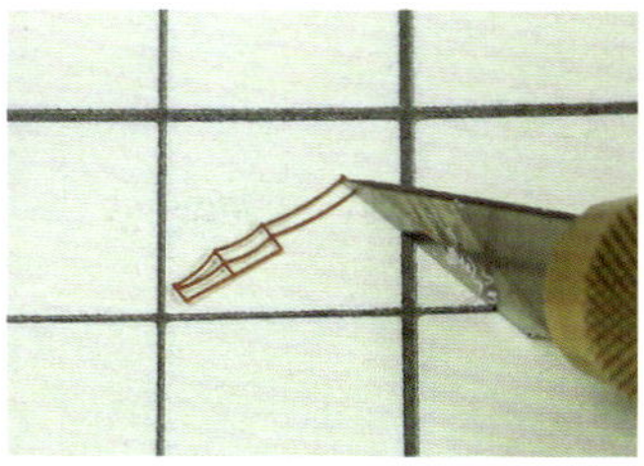

▲因为存在有导缆器等突起物的缘故，所以蚀刻零件并不契合。因此，切削掉88号扶手蚀刻零件的中段的一根栏杆。

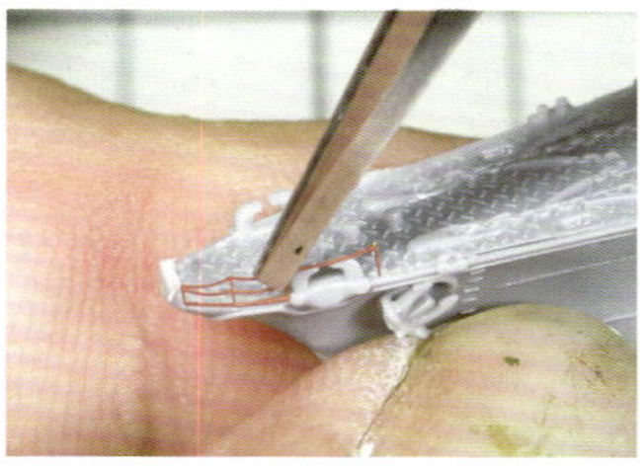

▲切削掉中段的栏杆之后，就能让稍稍弯曲过的88号蚀刻零件避开导缆孔，顺利粘接上了。

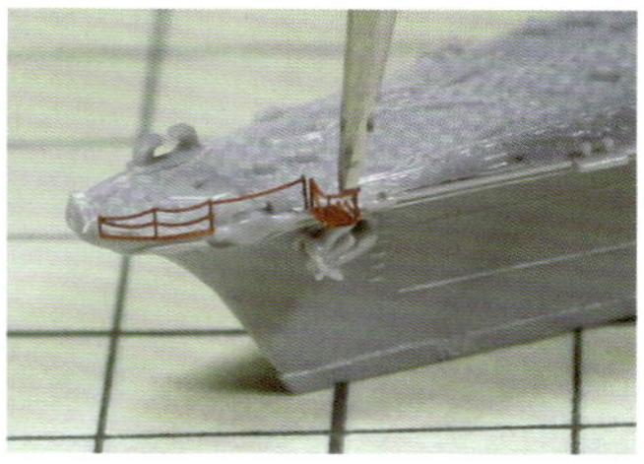

▲接下来组装瞭望台30号蚀刻零件，蘸上黏稠状瞬间黏合剂，进行粘接。

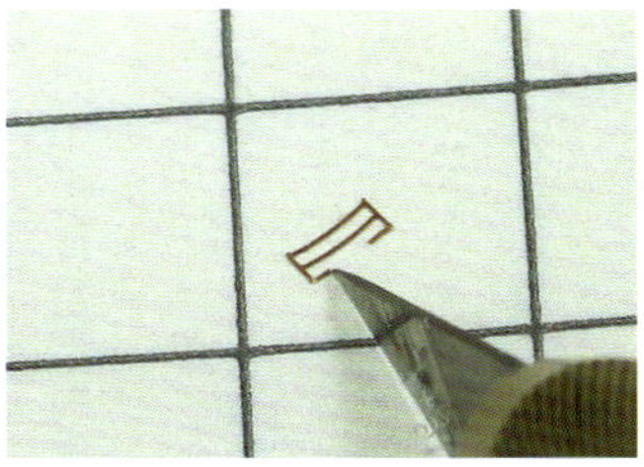

▲因为此处也存在有较小的导缆孔，所以为了避开导缆孔，需要对90号蚀刻零件的下侧进行切割。

▲在切割过扶手粘接面的90号蚀刻零件上蘸上黏稠状瞬间黏合剂，进行粘接。

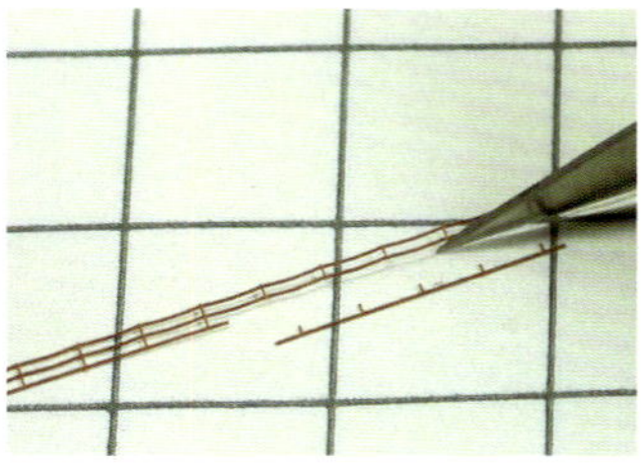

▲87号蚀刻零件长度较长，很容易遭遇到突起物。在弯折蚀刻零件之前，先确认好哪里会遇到突起物，将之后会与零件相互抵触的部位切割掉。

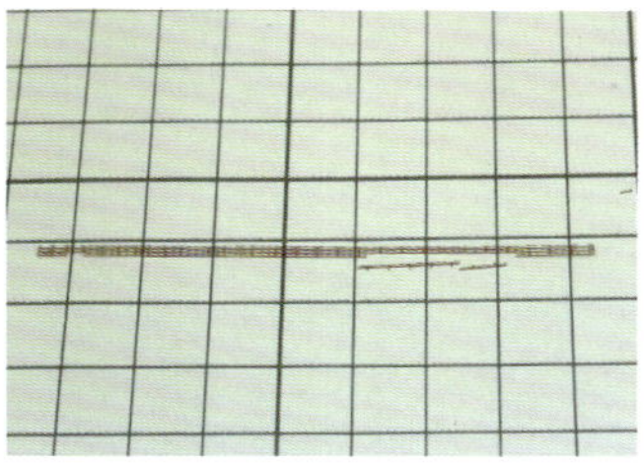

▲照片中为切割好之后的状态。可以看出，扶手下侧被切割掉了。动手切割之前，请务必记得要先临时组装到套件上试试。

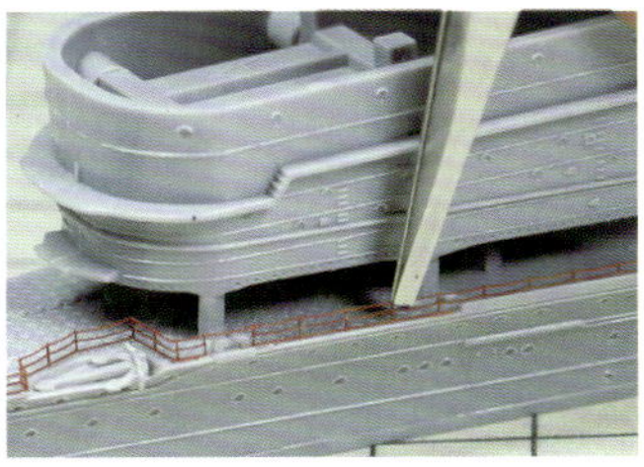

▲稍作弯折之后，保持弯曲状态，自舰首侧开始动手粘接。

▲折叠56号倾斜扶梯蚀刻零件，组装粘接。

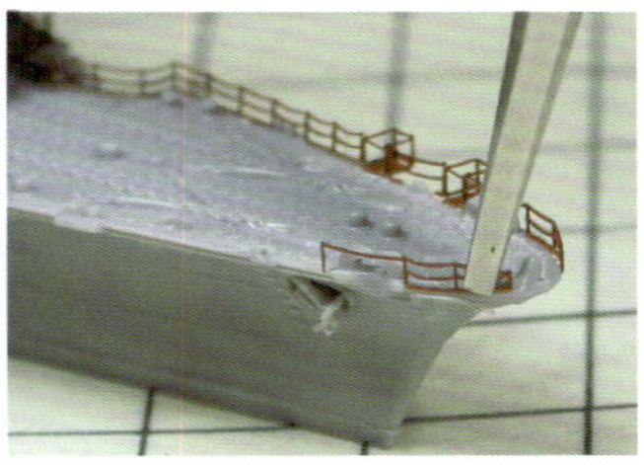

▲相对面上的同样的89号扶手蚀刻零件，为了避开突起物，同样也对扶手中段进行切割，粘接好之后便可以了。

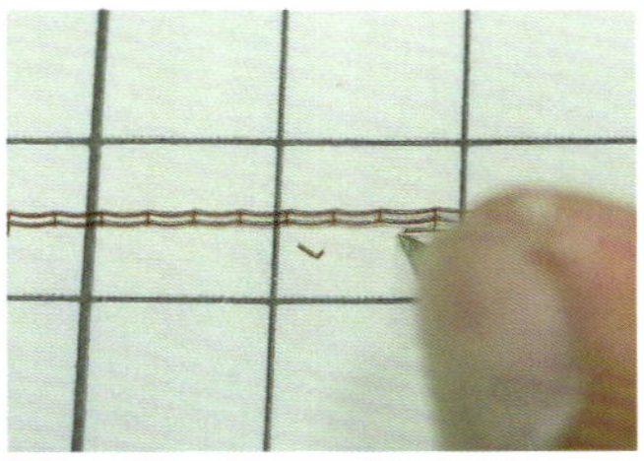

▲82号扶手方面，为了避开突起物，也同样用刀具对与塑胶零件相互冲突的地方进行切割。

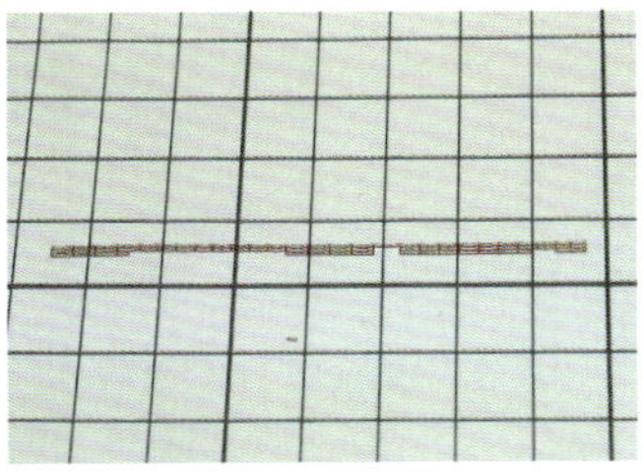

▲对82号扶手蚀刻零件进行过加工之后的状态。为了避开船体的构造物，切割下下段、中段之后的状态。

▲82号扶手也自舰首侧涂抹黏稠状瞬间黏合剂，进行粘接。粘接过后，使用拉伸板材框架注入黏合剂，加强粘接。

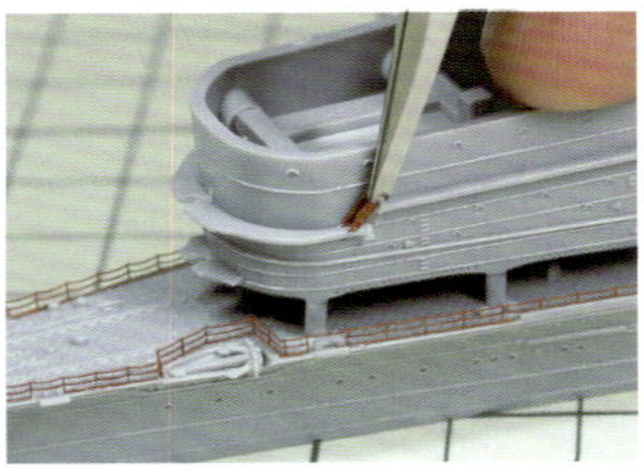

▲舰首上层部分的倾斜扶梯方面，用刀具对塑胶部分的粘接处进行切割，之后再粘接上倾斜扶手蚀刻零件。

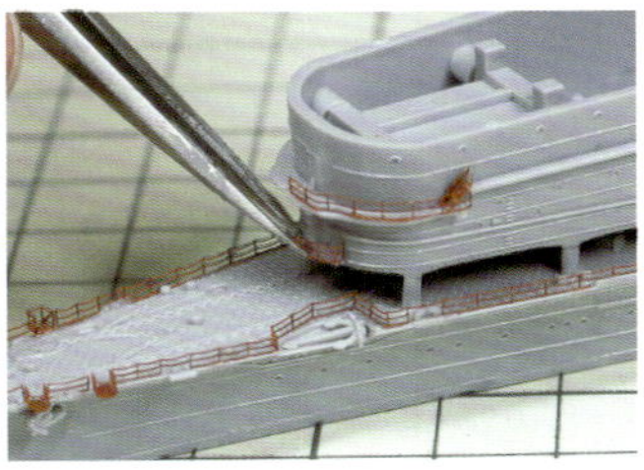

▲确认上层下侧部分70号扶手蚀刻零件的位置，将相应零件粘接到准确的位置上。

▲留意检查朝向，粘接上41号倾斜扶梯蚀刻零件。

▲同样使用黏合剂粘接上41号倾斜扶梯。扶梯零件几乎都不需专门进行加工，其大小也基本合适。

▲由于36号和37号部分带有一定弯曲，用直径约3mm左右的钻头在蚀刻零件表面上轻轻碾压，让蚀刻零件形成蚀刻曲面零件的形状后，动手粘接。其后我们将在P.55中详细介绍该步骤，敬请参阅。

▲因为69号的蚀刻零件较小，所以如果事先先弯折好的话，之后的粘接工作也就会较为轻松了。

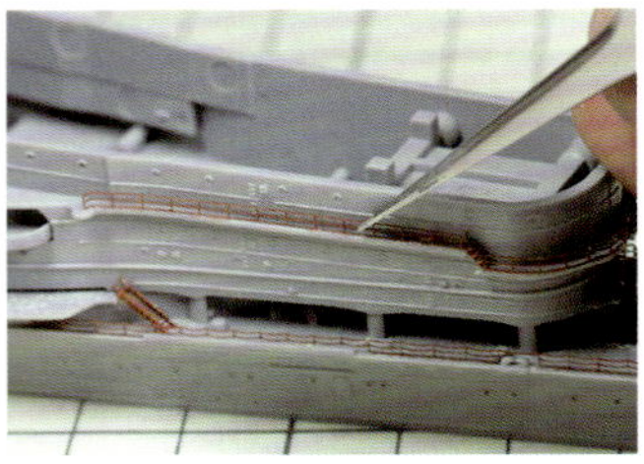

▲80号扶手蚀刻零件的粘接。因为此部分略微带有一定的弧度，所以需要对形状稍作调整，然后再动手粘接。长度方面基本适合。

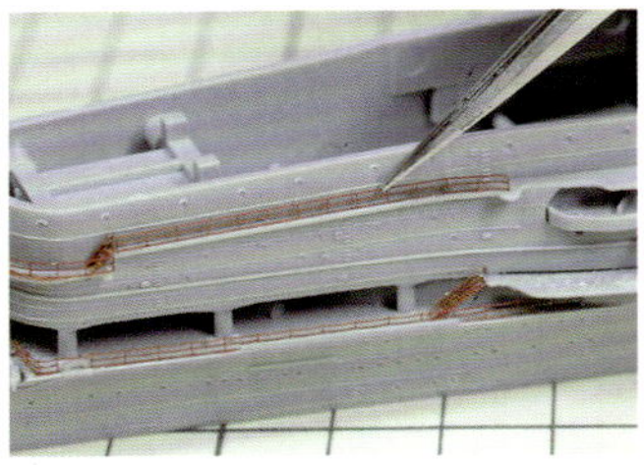

▲对51号扶手也进行同样的作业。这一侧几乎也不需要做任何长度方面的调整，零件完美契合。

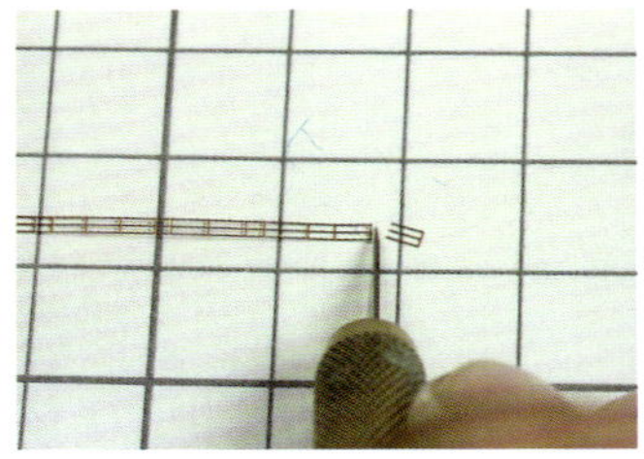

▲64号蚀刻零件方面，因形状较为复杂，且弯折处较多，极易破损，所以制作时候需多加留意。长度方面，因蚀刻零件的长度稍稍过长，所以要切割掉一格程度的扶手。

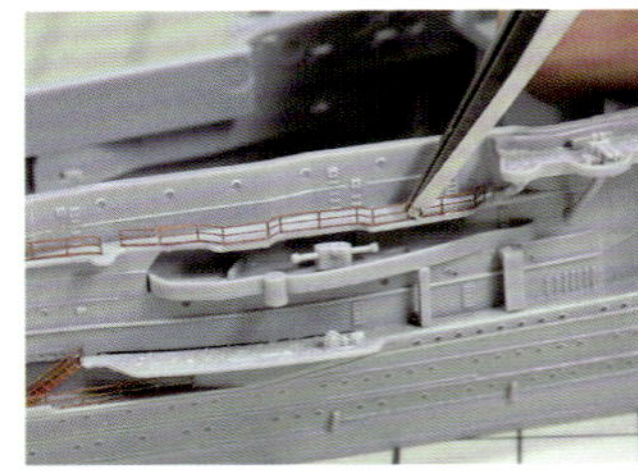

▲64号扶手蚀刻零件因为带有弯折标记，形状也较容易契合，所以为了让扶手整体配合平均，进行粘接。

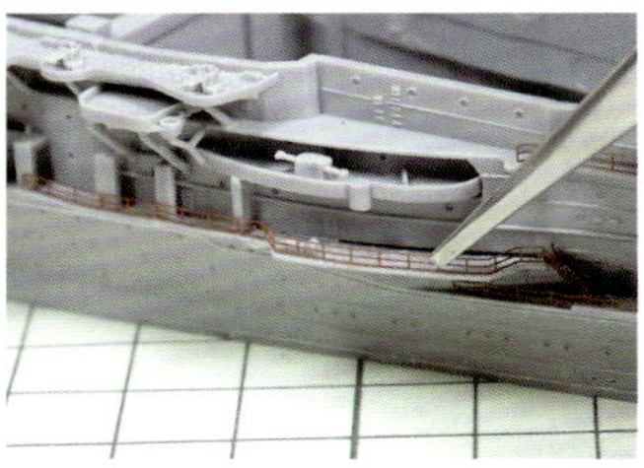

▲粘接72号扶手蚀刻零件时，因为塑胶零件的扫雷器会造成障碍，所以要对扫雷器整体进行切削，之后再动手粘接。

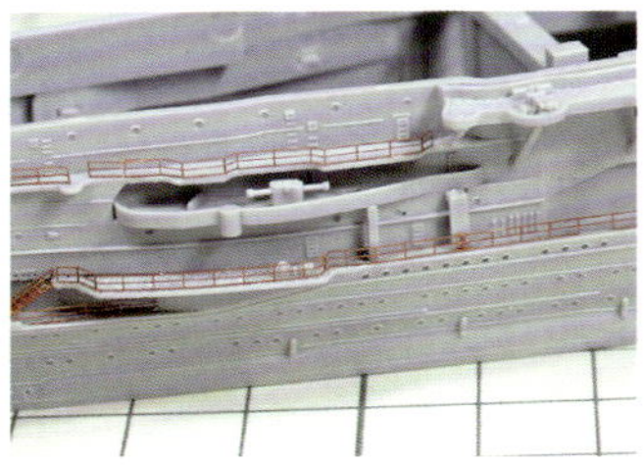

▲71号扶手和72号扶手也同样需要对扫雷器进行切削后再动手粘接。

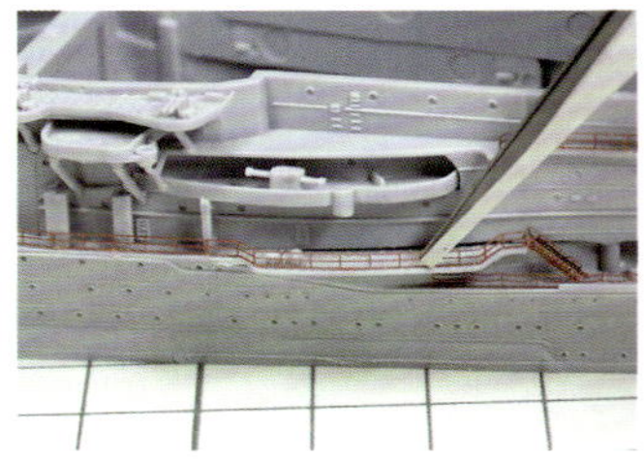

▲粘接71号、72号扶手蚀刻零件时，因为蚀刻很容易与原先扫雷器所在部位的地板之间形成缝隙，所以需要用镊子仔细调整配合位置。

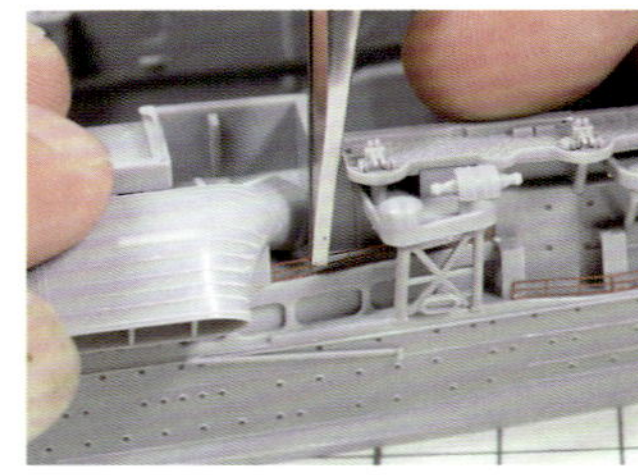

▲粘接烟囱前端49号扶手蚀刻零件。尺寸方面并没有任何问题。

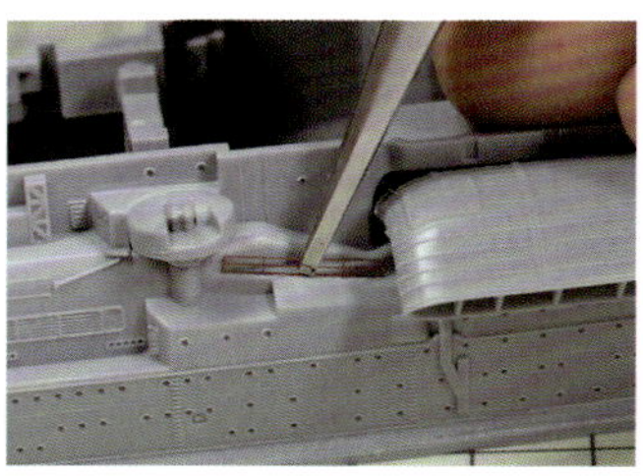

▲粘接烟囱后端50号扶手。此处的零件也基本契合。

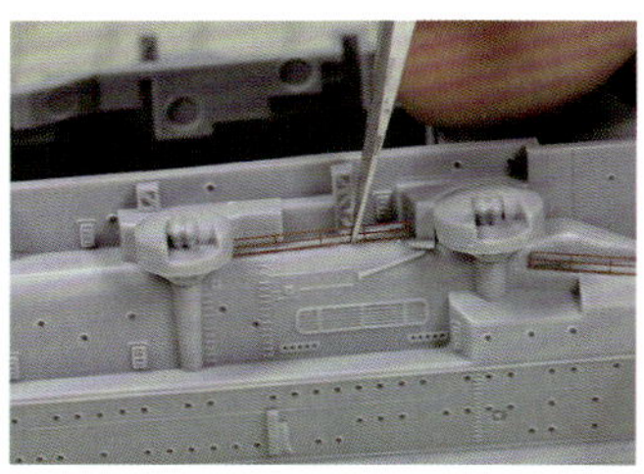

▲安装52号扶手蚀刻零件。

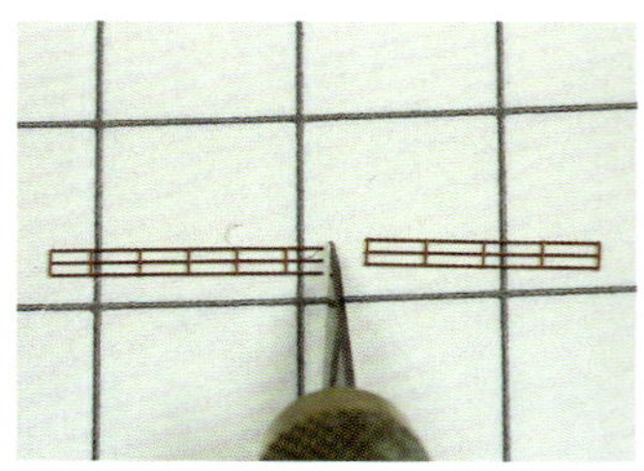

▲54号扶手方面，因为套件上存在段差，无法契合，而且蚀刻上也有弯折线，所以无法顺利进行弯曲。因此，需要将该零件切割为二，进行修复。

▲粘接上切割开的54号扶手的一端，用镊子对剩下的54号扶手进行弯折、粘接，避开段差。

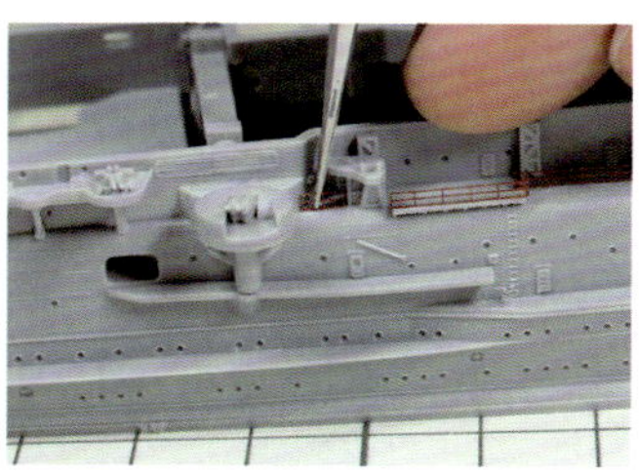

▲安装53号扶手蚀刻零件。

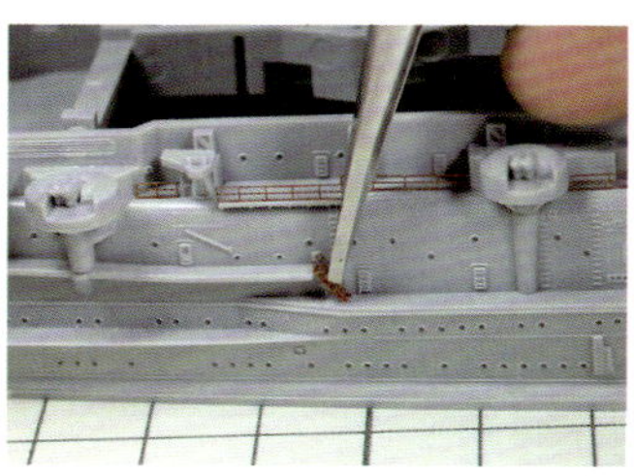

▲在粘接扶手蚀刻零件之前，先将57号倾斜扶梯蚀刻零件粘接上的话，作业也会变得容易一些。尺寸如图所示，几乎完全契合。

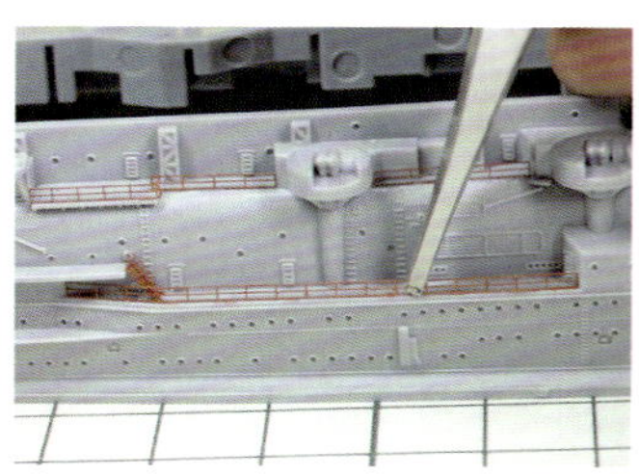

▲因为68号、65号、66号扶手蚀刻零件都与套件完美契合，所以能够轻松地动手进行粘接。

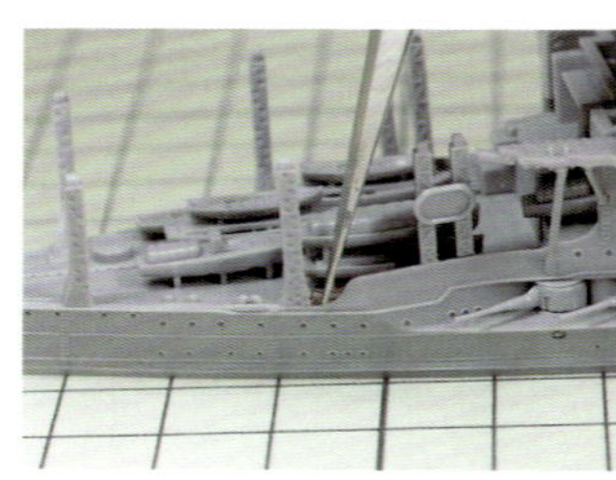

▲粘接86号扶手蚀刻零件。在支柱上蘸上黏稠状瞬间黏合剂，动手粘接。

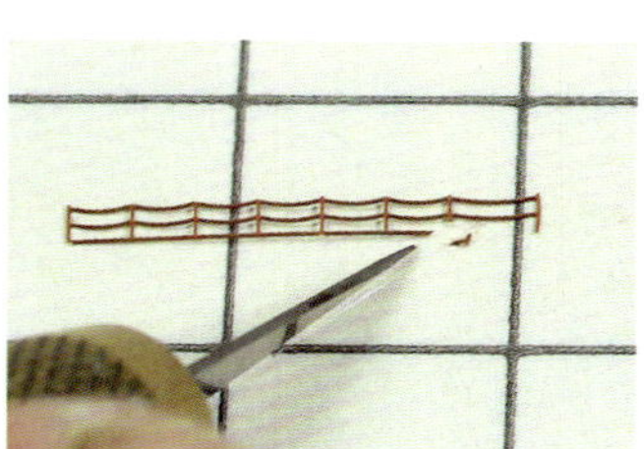

▲84号扶手蚀刻零件方面，如果保持原状的话，那么就会与导缆孔相互冲突，无法粘接。因此需要留下扶手支柱，对中段和下段进行少许切割。

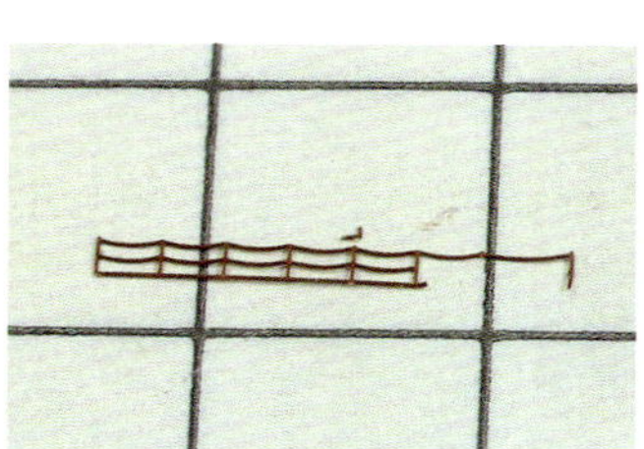

▲将零件切割成照片中的形状之后，基本上就能与塑胶零件相契合了。

▲将84号扶手蚀刻粘接到船体上。

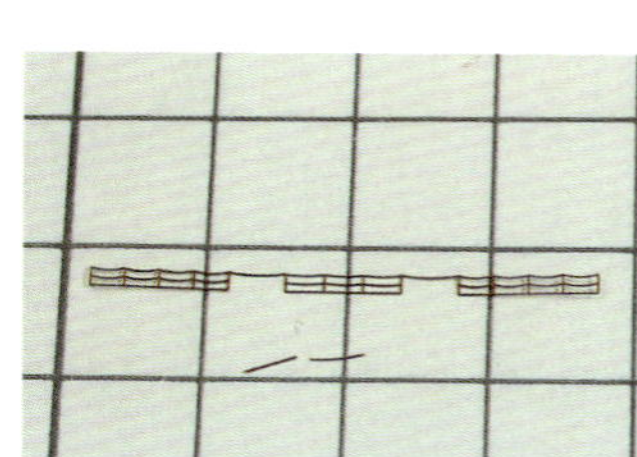

▲舰尾的扶手83号也会与导缆孔相互冲突，所以要对零件与导缆孔相互冲突的部位进行切割。

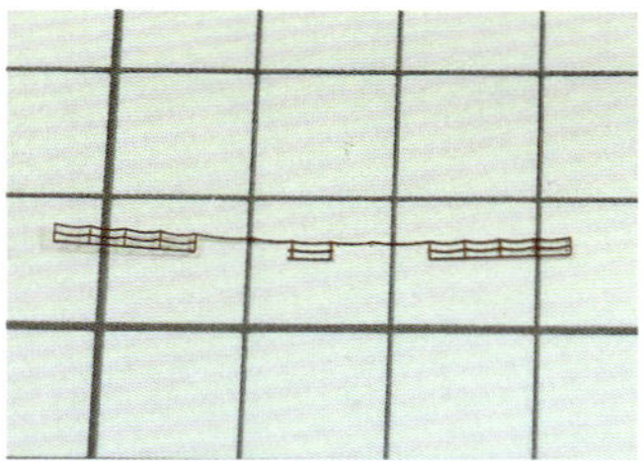

▲临时组装后，发现零件之间还稍稍存在有无法契合的部分，所以需要切割成照片中所示的状况。

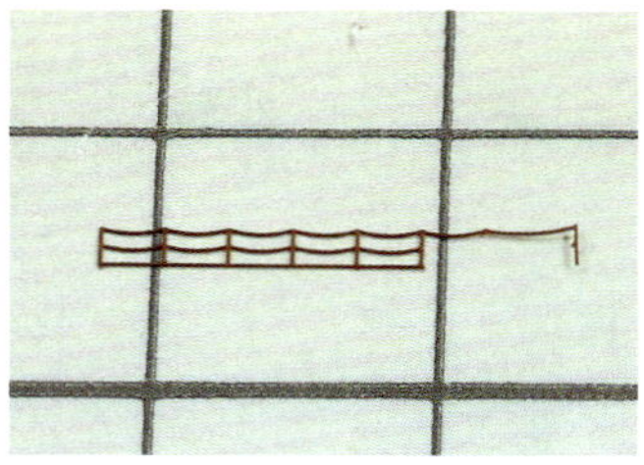

▲因为旁边85号扶手也会挡到导缆孔，所以需要用刀具切割到照片中所示的状态。

▲自83号的蚀刻零件的中心（由舰尾起）决定位置，两侧均等地粘接上扶手。此处零件的长度也基本上没有问题。

▲配合导缆孔，粘接上85号的扶手。

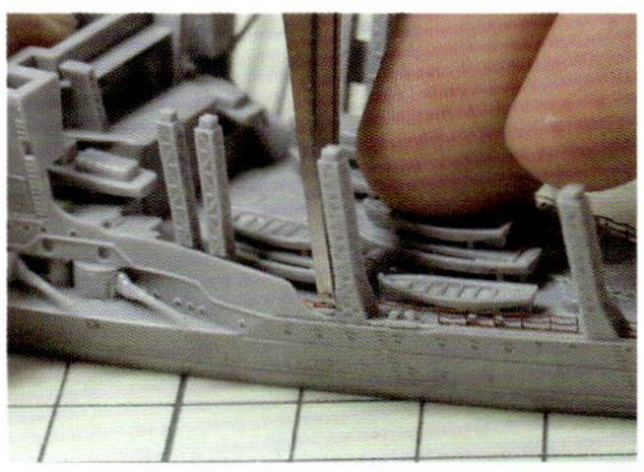

▲原封不动地粘上86号的扶手。因为粘接面较小的缘故，所以需要在支柱的尖端上蘸上黏稠状瞬间黏合剂，进行粘接。

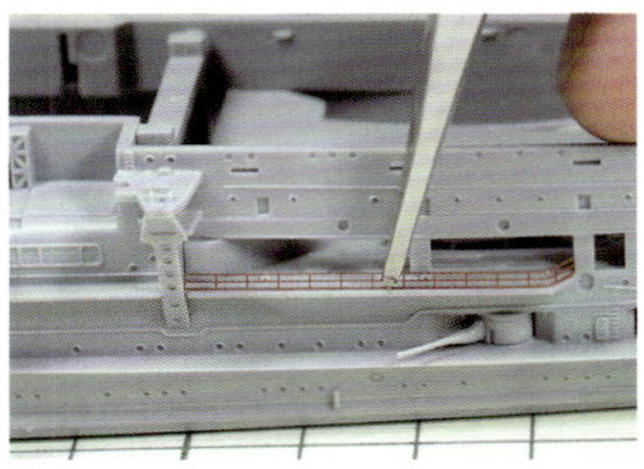

▲79号扶手可以毫无违和感地与套件契合，所以可以原样粘接。

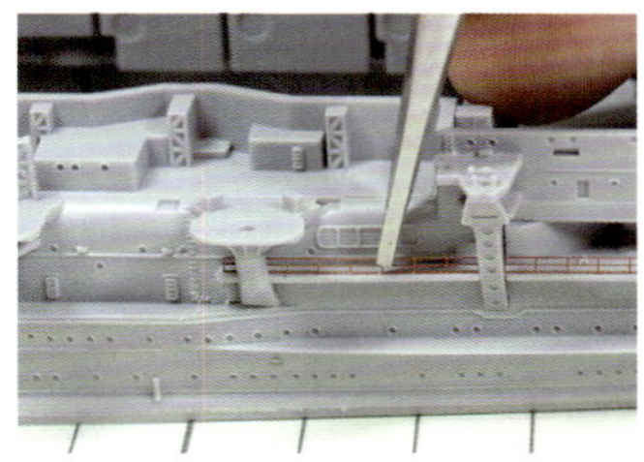

▲73号扶手可采取插入的方式避开高射炮的支柱，进行粘接。尺寸也很适合。先行组装好扶梯57号，进行粘接。

▲先将57号组装粘接。

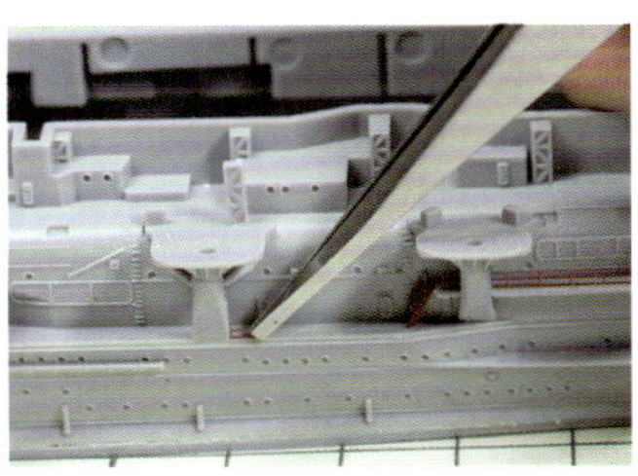

▲蚀刻零件中尺寸最难以契合的就是这一部分了。设法将剪切下的蚀刻零件切割成适合的大小，动手粘接。

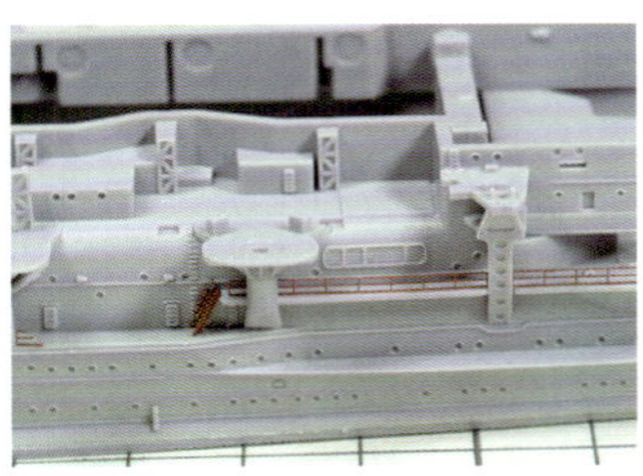

▲如照片中所示，对剪切下的蚀刻零件进行再利用。

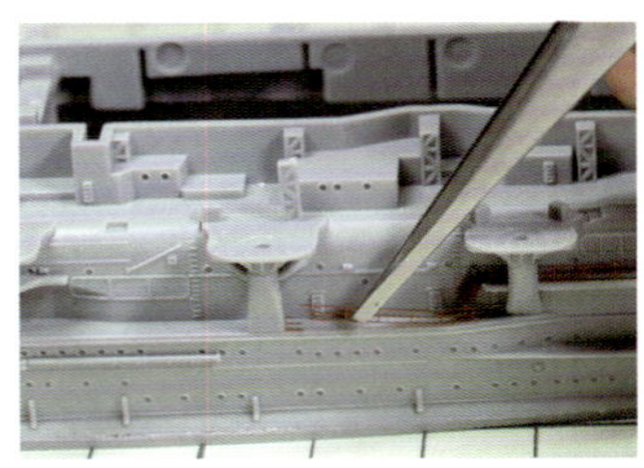

▲为了调节长度，使用剪切下的物件等将缝隙填补起来，在此部位粘贴上76号扶手蚀刻零件。

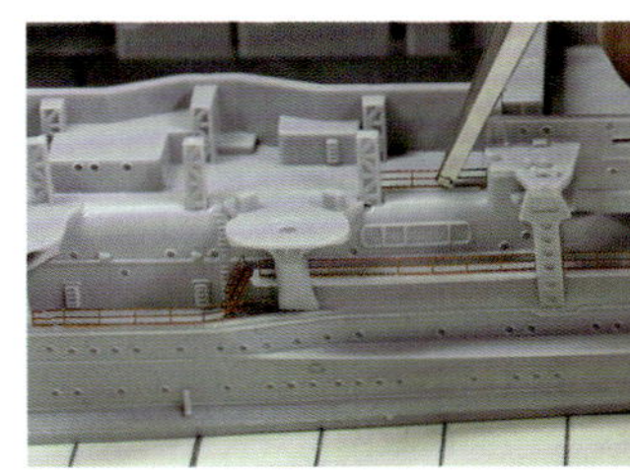

▲接下来动手粘接74号扶手。因为此处也恰巧刚好适合，所以可以直接动手进行粘接。

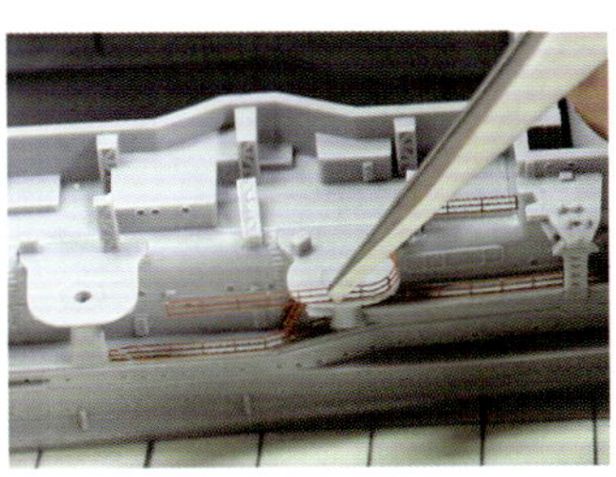

▲高射炮的扶手方面，配合零件，将扶手的一端粘接上之后，用镊子的尖端对弯折线进行弯折，然后进行粘接。

▲如照片所示，可以看到能够灵巧地用镊子的尖端制作形状。此处的长度也基本适合。

▲最后，配合钢筋支柱进行弯折，粘接完成。

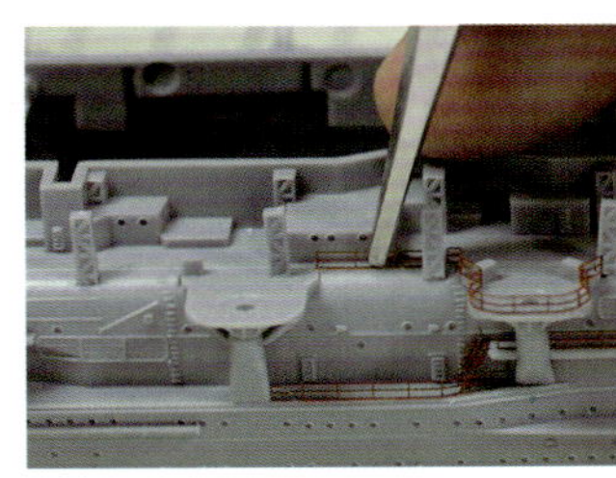

▲粘接高射炮之间的扶手。

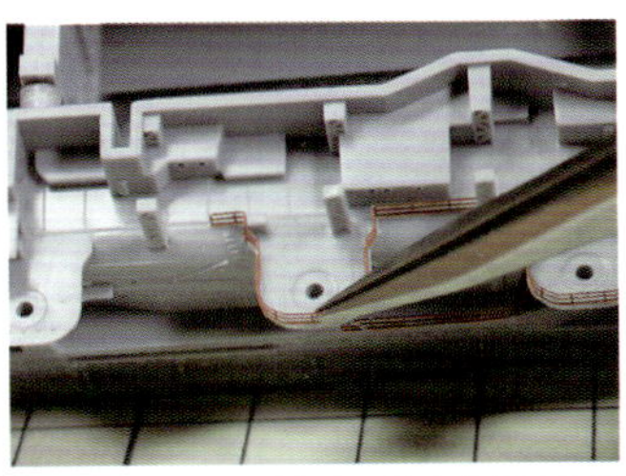

▲59号扶手也同样在对开始点进行过粘接之后，将蚀刻零件弯折出形状。

▲粘接可以在弯折成型之后再进行，就以这样的感觉来缓缓决定形状。

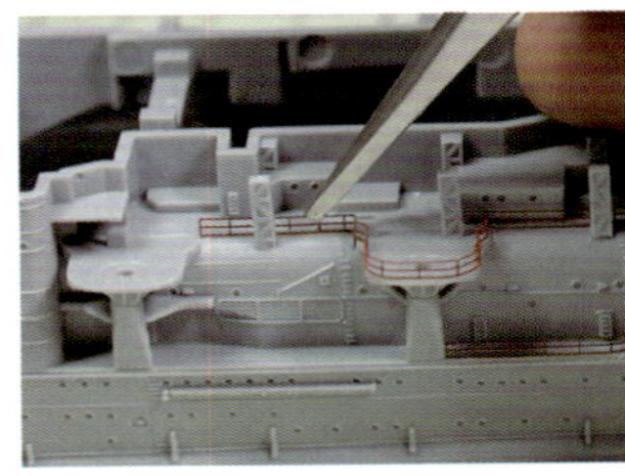

▲避开高射炮之后，清爽干净地粘接上蚀刻零件，用镊子来修正形状出现的扶手。

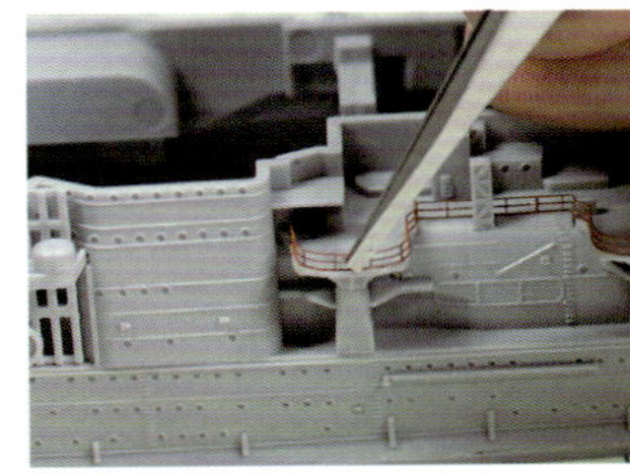

▲粘接最后的高射炮扶手67号扶手。推荐使用钝头的镊子来缓缓弯折扶手。这是为了便于均一地进行修正。

▲因为78号扶手的长度也有些不足，所以可以对切割下的扶手的多余部分进行再利用，覆盖上长度上的不足（3mm左右）。

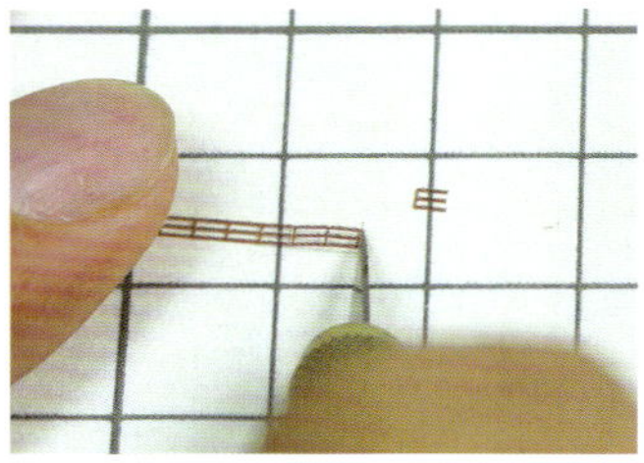

▲因为59号的甲板扶手的长度过长，所以可以从此零件上切割下一格长度的扶手。切割下的部分可以进行再利用（可以用于长度调整等方面）。

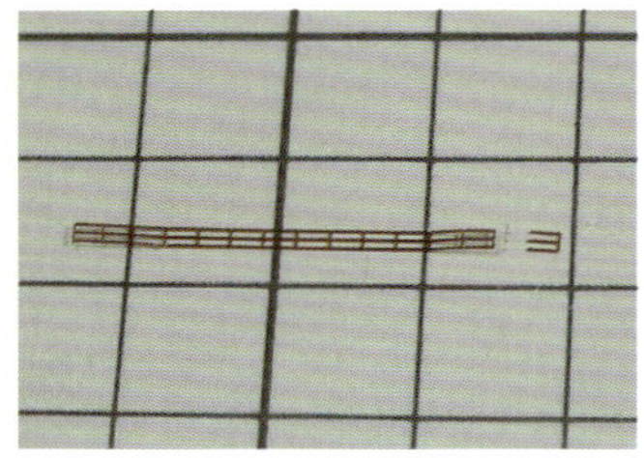

▲此为将59号蚀刻零件切割下之后的状态。

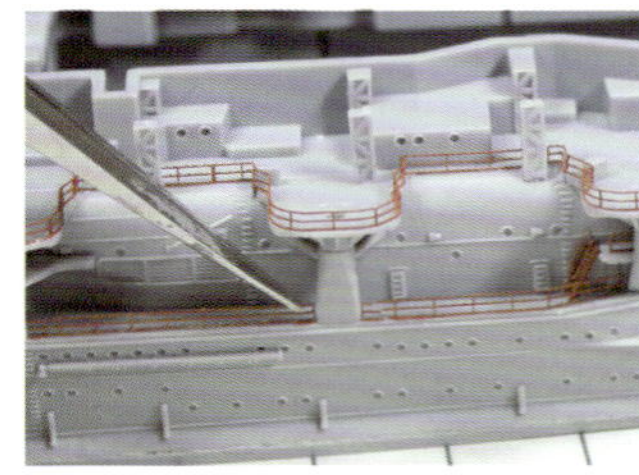

▲将从59号上切割下的多余部分再利用，补足不足部分。

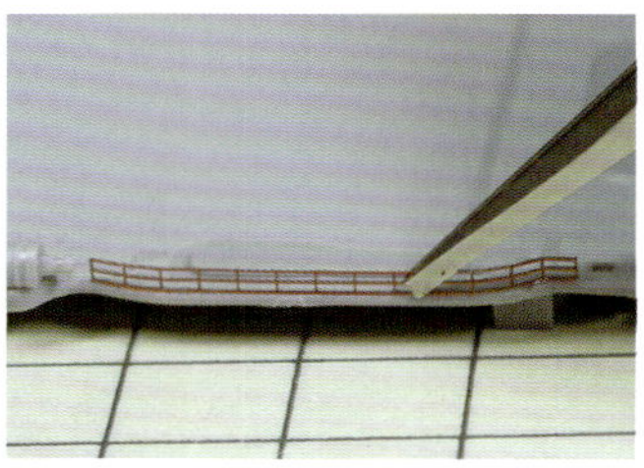

▲粘接上59号的甲板扶手蚀刻零件。

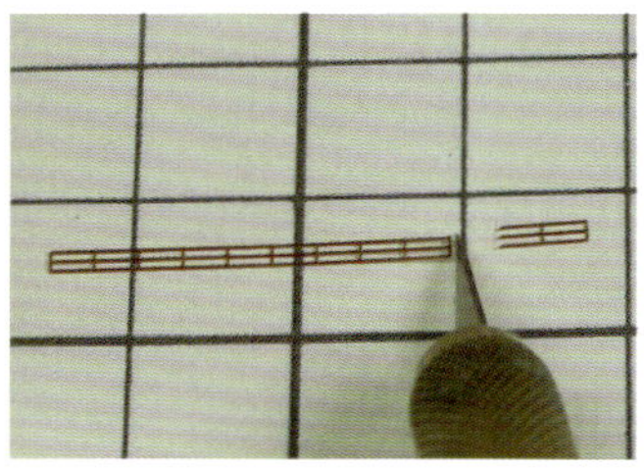

▲从51号扶手上切割下两格长度。

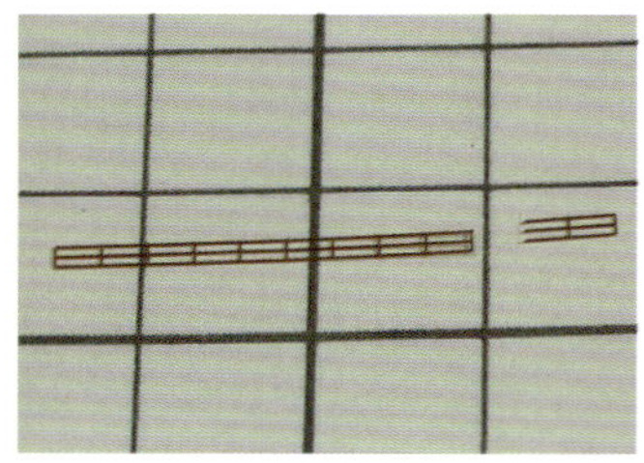

▲如图所示，将蚀刻零件扶手的支柱残留到较长的一端上。

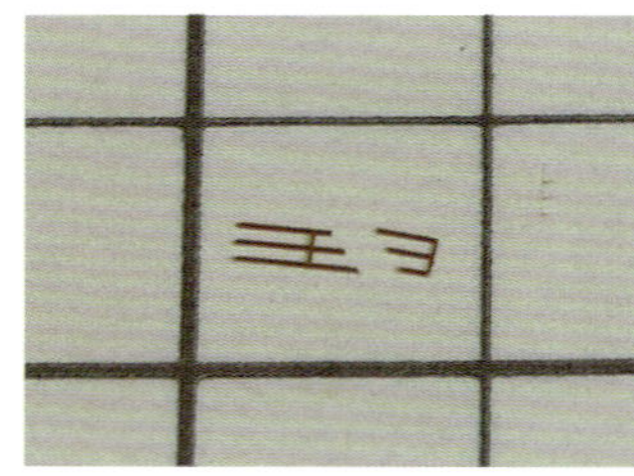

▲再对切割下的两格扶手进行倾斜切割。

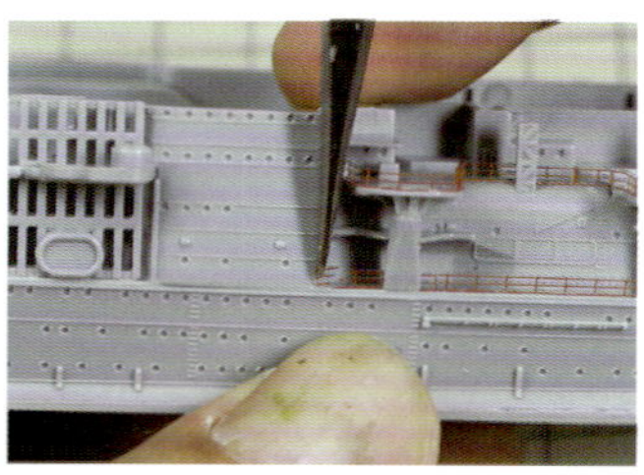

▲倒着粘接上77号。紧接着，再粘接上刚才进行过倾斜切割的蚀刻零件的多余部分。在粘接时，可以在受限的蚀刻零件总量下，对不足的部分进行补足。

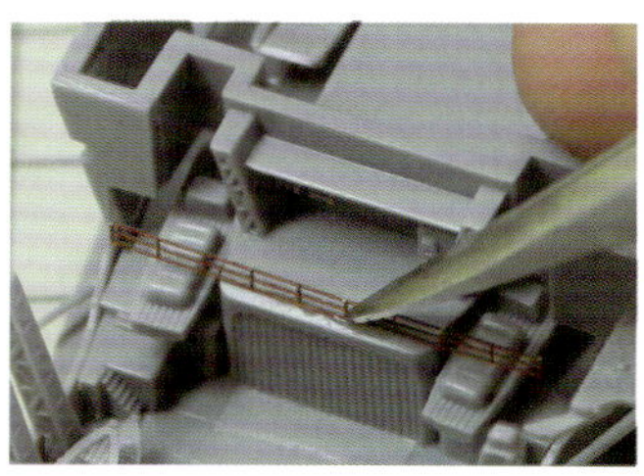

▲51号扶手蚀刻零件方面，可以将中心部位动手粘接上之后，再用镊子进行弯折。

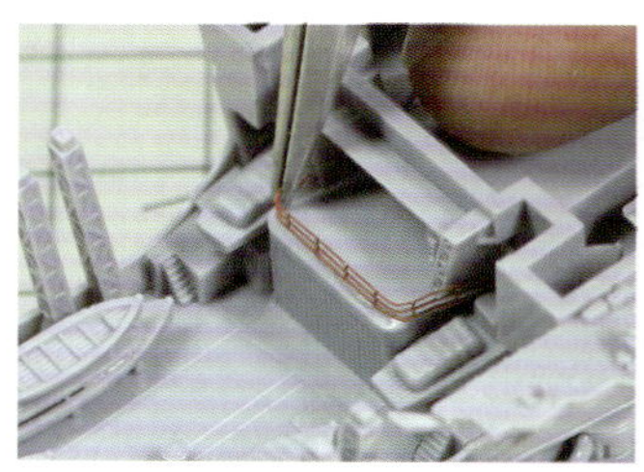

▲如照片中一样，用镊子缓缓进行弯折。

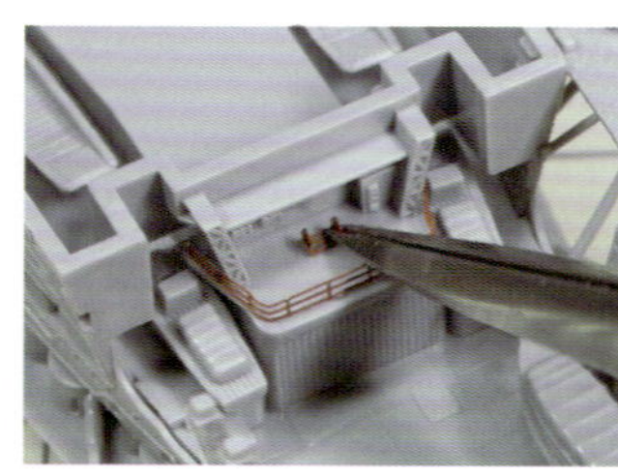

▲放上滚筒部分。考虑到蚀刻零件的粘接顺序，滚筒的内件省略。

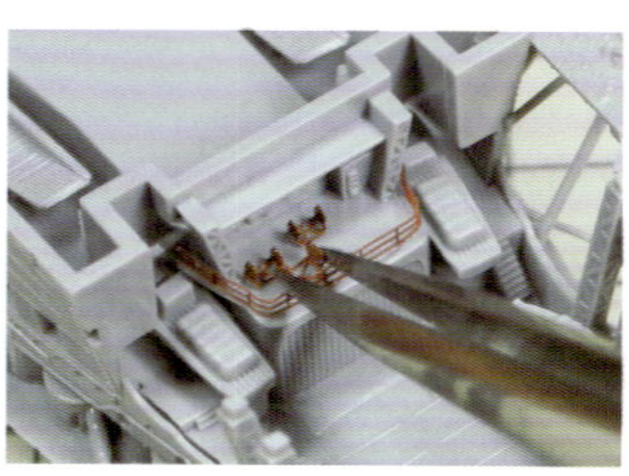

▲滚筒总共四个，两大两小，分别配置。

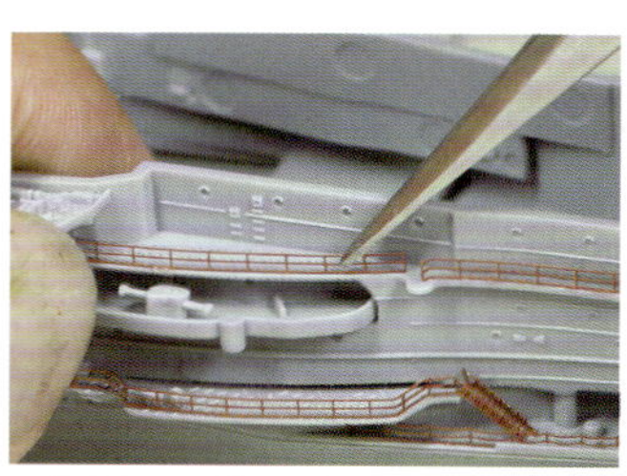

▲粘贴上38号扶手蚀刻零件。因为稍带曲面的缘故，所以先用钻头等物品修整过形状后再动手的话，操作也会变得轻松。

▲为了让29号吊艇柱蚀刻零件更加贴近实舰的状态，需要将吊艇柱切割掉一半。然后还要对钩子部分也进行切割。

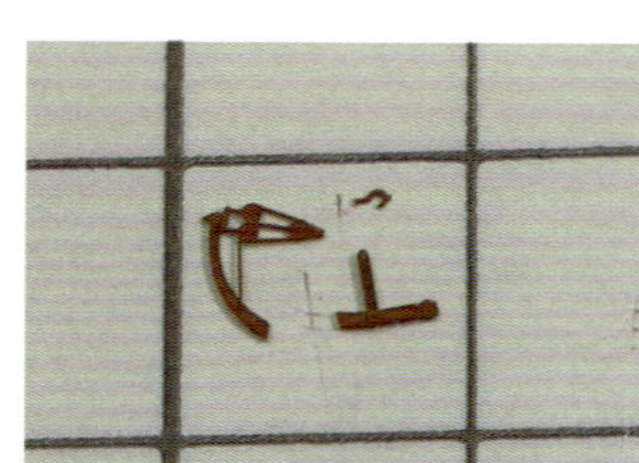

▲29号吊艇柱蚀刻全都要分割成照片中所示一样的状态。

▲粘接上左舷的吊艇柱蚀刻零件。

▲右舷上也同样要粘接上吊艇柱。

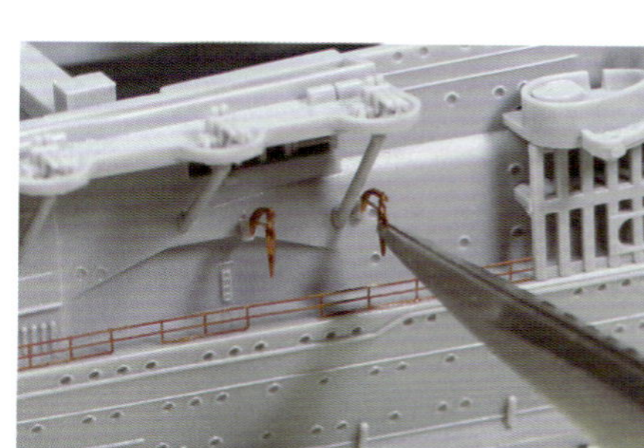

▲粘接剩下的枪座下的吊艇柱。

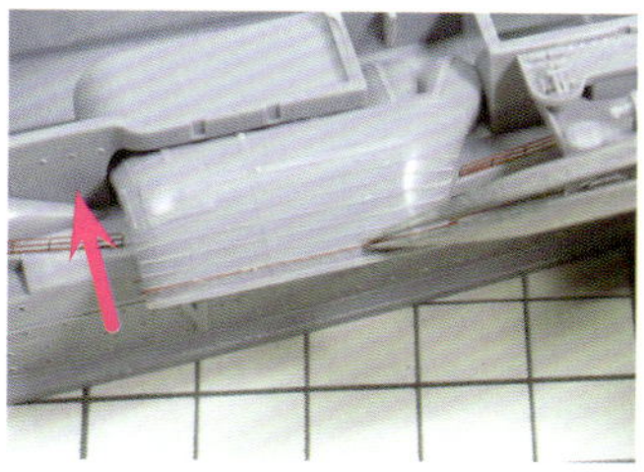

▲烟囱蚀刻零件天棚边索部分由烟囱尖端开始决定。通过采用从前端开始粘贴的方式，长度的基准也容易测出。推荐如箭头所示一般，自下而上进行作业。

▲出于弯曲的状况和长度的关系，多少会出现一些需要进行切割的部分。因此，需要配合套件，对天棚边索侧进行修正。照片中为34号蚀刻零件。

▲此蚀刻零件可供粘接的部位就只有支柱部分。因此，在这里要向初学者们推荐的是不切削模纹进行粘接的办法。

▲如照片中所示，因为并未切削模纹，粘接面积也就会随之增加。即便是这种粘接面积较小的蚀刻零件，也能轻松简单地粘接上。

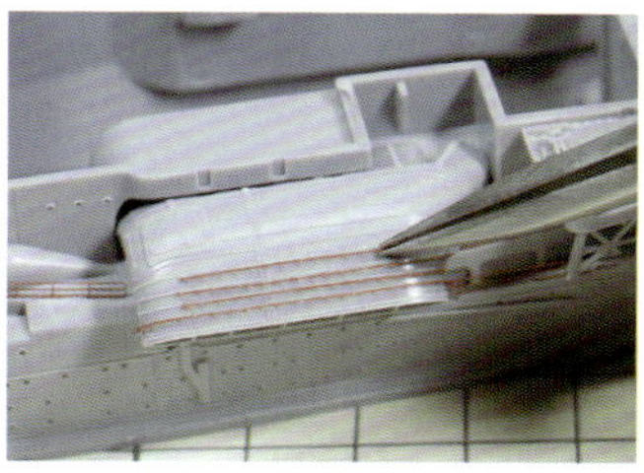

▲粘接16号蚀刻零件。到了这一步的话，要留心一边确认间隔宽度是否平均，一边保证零件之间的相互平行。

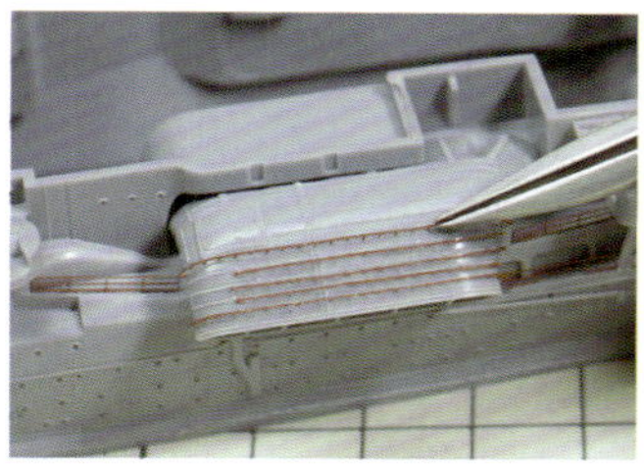

▲粘接15号蚀刻零件。位置宽度等决定之后，用拉伸板材框架在支柱接地面的柱脚部位注入流缝式瞬间黏合剂。

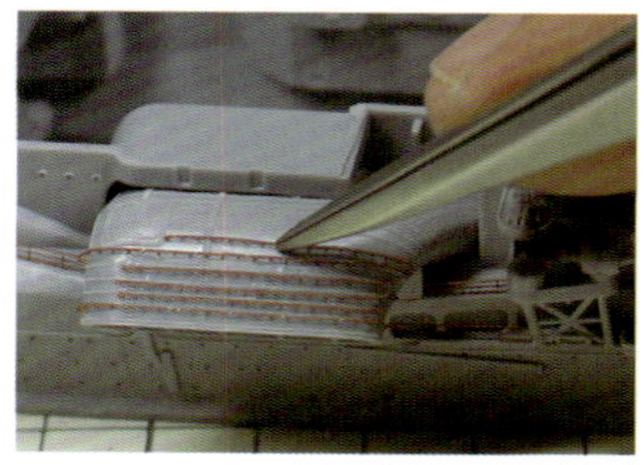

▲粘接14号蚀刻零件。虽然已经在柱脚部分注入黏合剂，对支柱部分进行过粘接了，但只要稍稍遇到一点冲击的话就会出现歪斜，所以粘接时请务必留意。

▲13号的粘接。到了这一步的话，就只剩下最后一点就完成了。依照上述的做法，慎重地动手进行粘接。

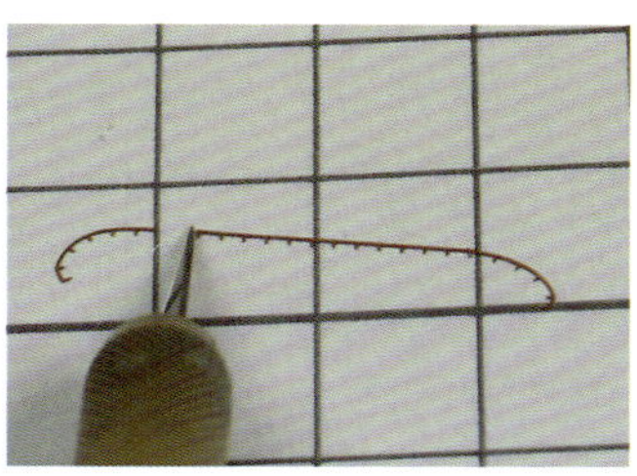

▲最后的天棚边索12号蚀刻零件。因为长度较长，所以推荐动手进行切割。

▲粘接。这是一种活用模纹的做法，中级者以上的玩家，如果能动手对套件模纹进行削除，那么之后的完成感还将会更加精细。因为这样一来，之后会成为粘接面和沟槽的线条就会消失，同时也会提高制作的难度，所以还请各位玩家衡量自己的技术，再决定采取哪种办法进行制作。

▲环状天线的结构较为复杂。因为零件较小，所以作业时请使用头戴放大镜来确认粘接面之间是否已稳固地粘接上。环状天线零件也可不做改造，原样使用。

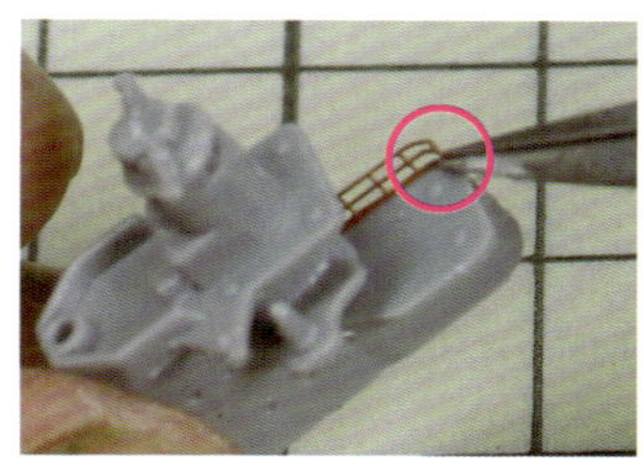

▲检查舰桥的蚀刻零件。47号扶手蚀刻零件方面，因为长度稍稍差了一点，所以粘接时并非是配合前端来动手粘接，而是先从照片中带有标记的中间位置开始粘接。

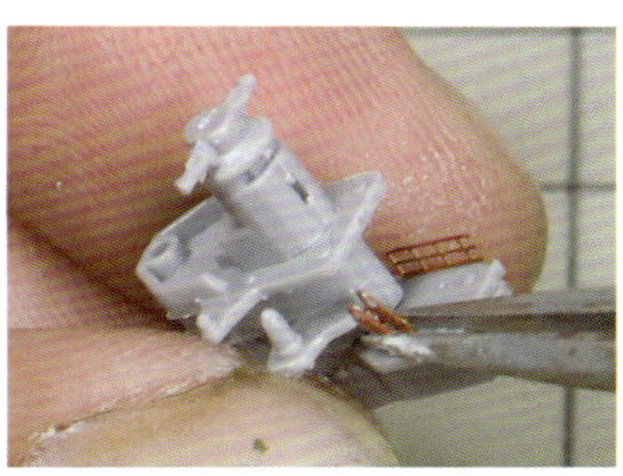

▲扶梯方面，需要在安装扶手蚀刻零件之前进行粘接。这是因为如果先安装扶手的话，之后会对作业造成困难。图为粘接62号扶梯时的照片。

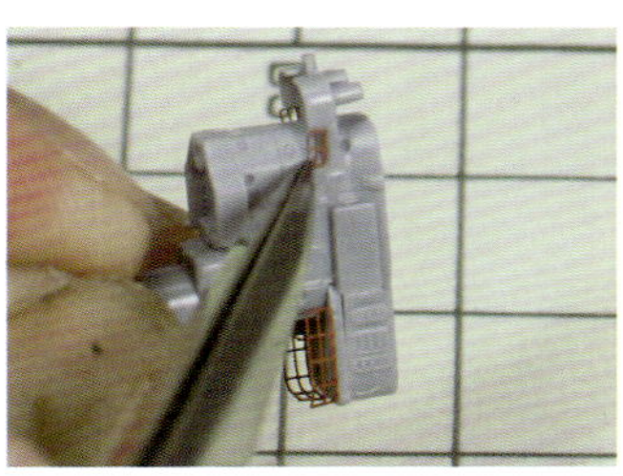

▲粘接舰桥前44号两侧的扶手蚀刻零件。长度方面也没有问题。

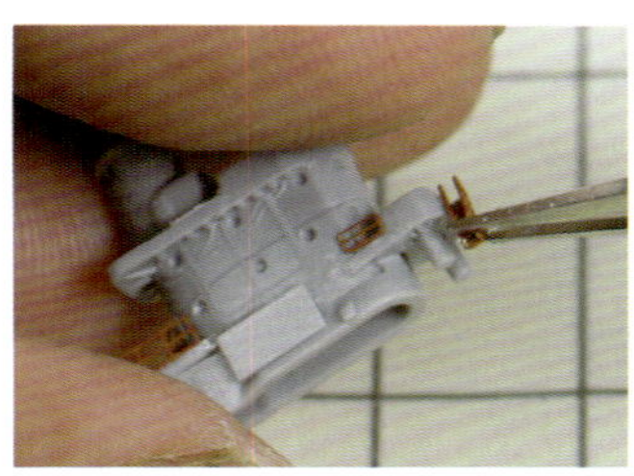

▲粘接63号倾斜扶梯蚀刻零件。完美契合。

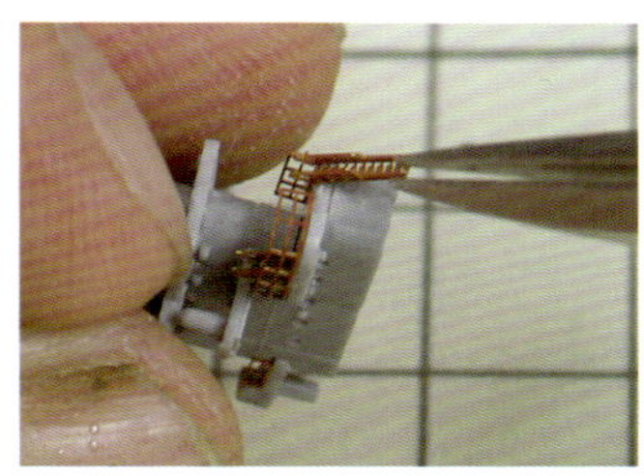

▲粘接48号倾斜扶梯蚀刻零件。扶梯的长度方面几乎不需要做任何调整。

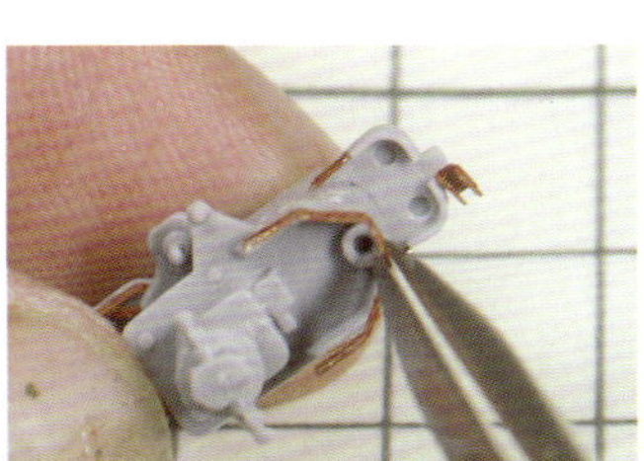

▲粘接舰桥窗框的19号蚀刻零件。虽然多少存在一些歪斜现象，但因为也不是很显眼，所以该零件也可以原样使用。

▲为了让外观看起来更加美观，用镊子对窗框蚀刻零件位置进行细微调整，动手粘接。

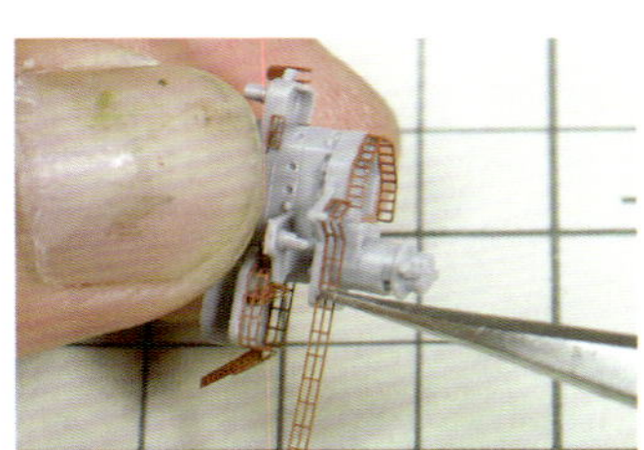

▲尤其困难的是35号扶手蚀刻零件。该零件的长度稍稍短了一截。观察过后，从需要进行弯折加工的左侧开始动手粘接。因为需要弯折加工的部分的长度调整是一件较为困难的事。

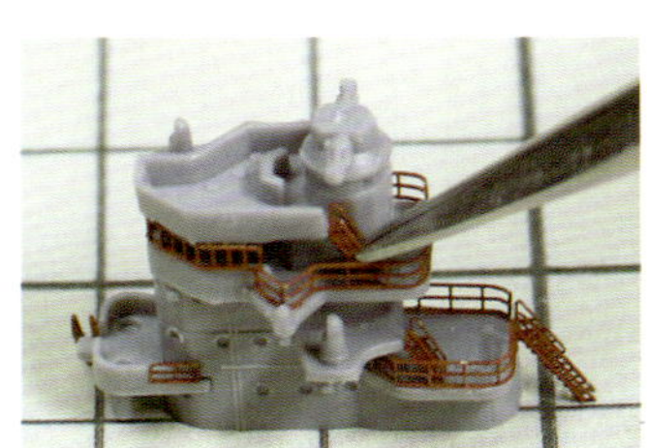

▲粘接通往舰桥上层的61号倾斜扶梯。此零件的长度也不需要进行调节。

▲上层探照灯部分的42号扶手的长度也完全吻合。

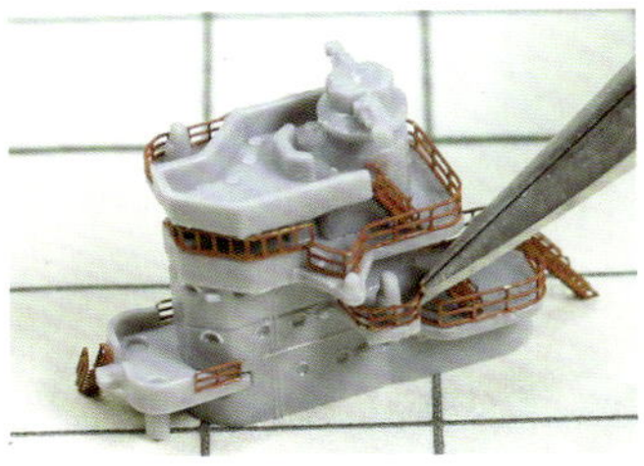

▲虽然在长度方面多少存在一定的误差，但粘接时还是要以可看到的部位为重点，考虑如何让蚀刻零件与塑胶零件之间相互契合。如果换成从看不到的部分来配合蚀刻的话，那么可看到的部分上就会出现缝隙了。

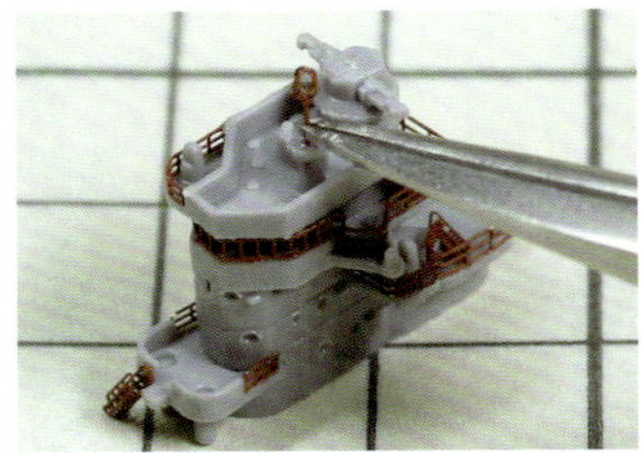

▲粘接环状天线。粘接上转轴的蚀刻支柱，之后再粘接上圆形蚀刻零件。当然也可以采用先用架子固定好转手，制作成照片中所示状态后再粘接到舰桥上的办法。

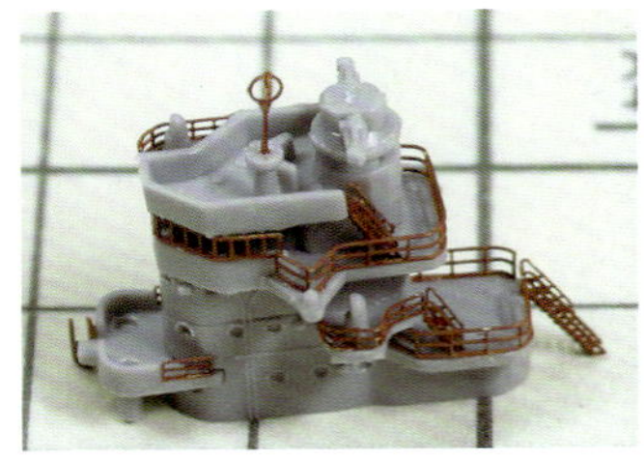

▲舰桥蚀刻零件全都粘接上之后的状态。因为蚀刻零件的缝隙小于1mm，所以整体看来，只要做了如上的配合工作的话，那么FUJIMI的蚀刻零件也是可以使用的。

▲将完成后的舰桥粘接到零件上去之前，先粘接上舰桥旁的甲板扶手。此处的59号蚀刻零件稍稍有些长，所以要先切割掉一格单位的扶手，之后再进行粘接（P.44中由下方往上数起的第二段的左边的第一张图片）。

◀图中是自右舷看过去的状态。因为扶梯和窗框等零件基本都完全契合，所以从外观上来说基本上没有任何问题。再追加上吊床和天棚后，就会形成一种误以为使用了纯正蚀刻零件的真实感了。

▲依照说明书中的指示，粘接上防止坠落网。初学者可以自甲板零件的下侧进行粘接，如此一来作业也会简单轻松一些。

▲接下来是5号蚀刻零件的网格部分。此零件也需要粘接到甲板的下侧。

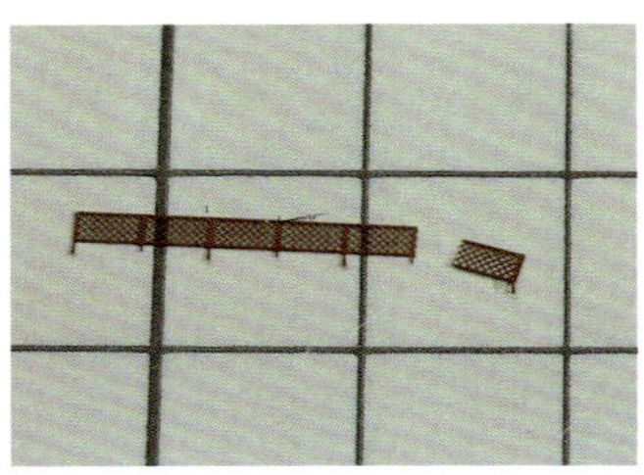

▲因为8号网格稍稍有些过长，所以需要切割下网格的一格单位长度。

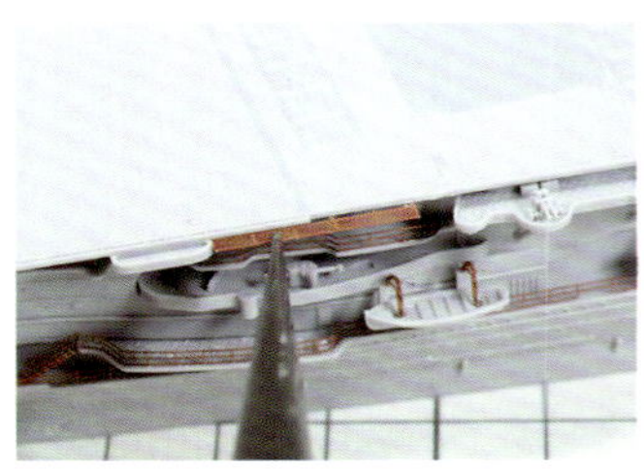

▲在网格支柱上蘸上黏稠状瞬间黏合剂，粘接到甲板零件下侧上。

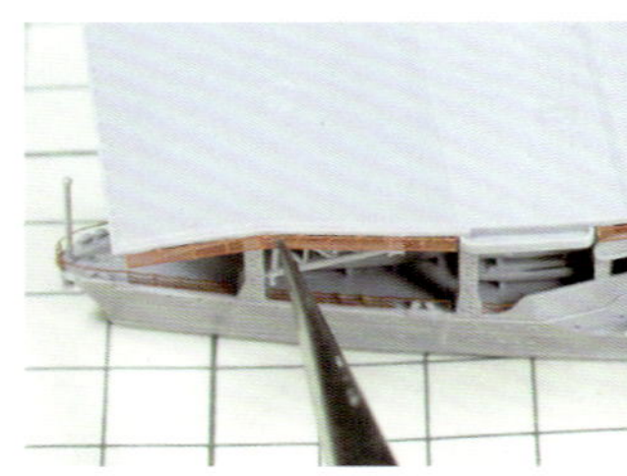

▲粘接后部防止坠落网。此处的长度完全契合。因为此处稍带曲面，所以粘接时要注意配合曲面。

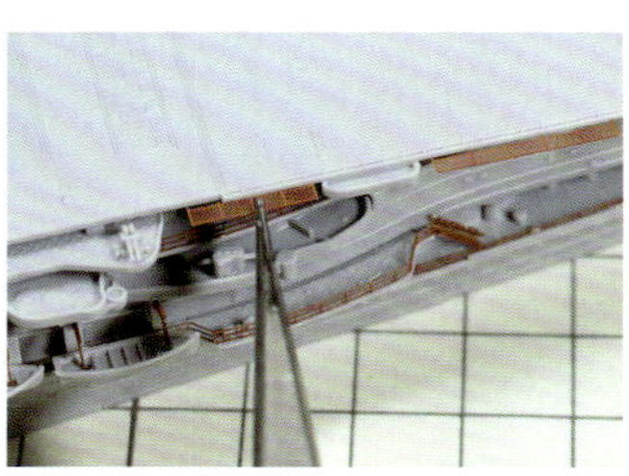

▲因为7号网格完全契合，所以可以原样粘接。

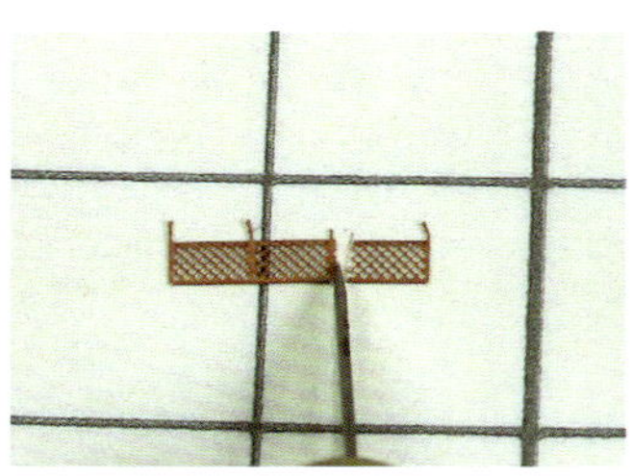

▲9号网格蚀刻零件因为两侧较长，所以此零件也需切割掉一格单位的长度。

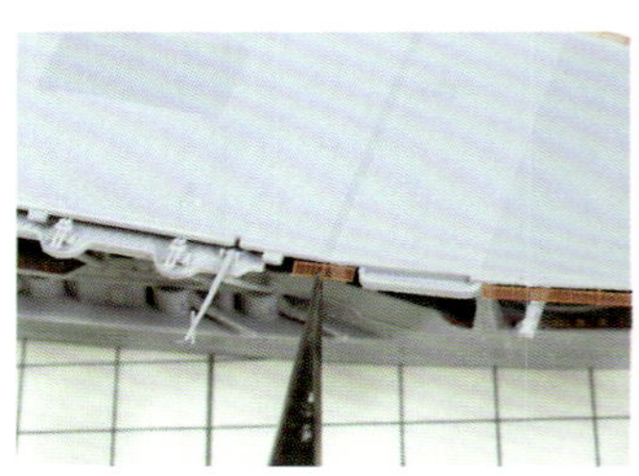

▲依照说明书中所指示的，粘接上短缩后的防止坠落网。

▲甲板舰尾网格蚀刻零件方面，以笔直的状态进行粘接。此零件只要稍有弯曲，就无法顺利粘接了。

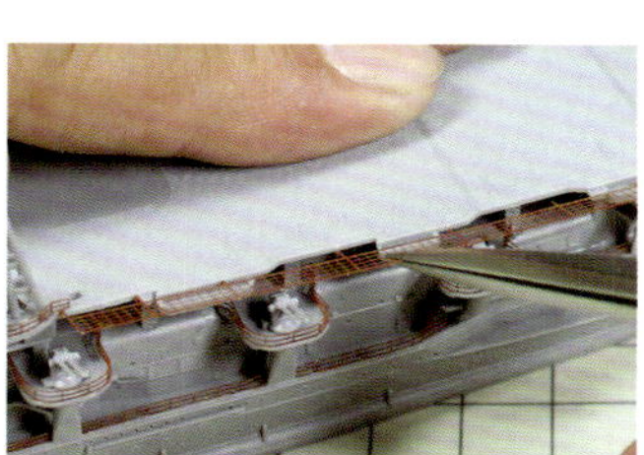

▲较大的网格蚀刻零件的粘接方面，因为有些部分的支柱存在有长度稍稍不足的现象，所以粘接前需要仔细确认，之后再实际动手粘接。

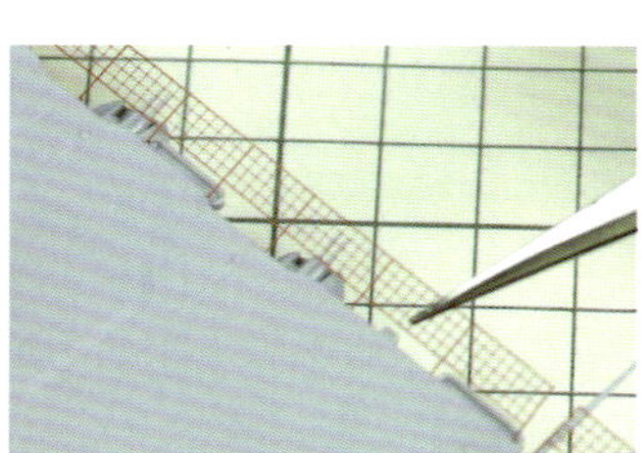

▲相对侧也一样，要先确认好支柱的位置和长度不足的支柱之后再进行粘接。长度不足的部分，可使用拉伸板材框架来对应。

总评

以结论上来说，稍作调整之后，FUJIMI模型的蚀刻零件是可以使用的。扶手方面，出现长度不足的现象的话，需要仔细观察清楚到底短了多少。如果只是几毫米的偏斜的话，那么可以将从一旦偏斜就会较为显眼的部分当做起点来进行粘接，尽力让偏斜看起来不再显眼。此外，在对扶手等部位进行长度调节时，需要干净利落地进行切割，之后再把切割下的扶手保留好，以备之后展开再利用。如果长度出现较大的不足时候，可以用这些扶手的多余部位来进行覆盖。扶梯方面，基本上都能与零件相互契合，这一点令人感到非常欣喜。

接下来，我们将进入到可谓舰船脸面的舰桥的制作了。那么，就让我们一起来看一看从零件的整形开始的更为详尽的蚀刻零件安装重点，到黑板、遮盖幕布等各部位的细节提升等各方面的详细情况吧。

舰桥的组装

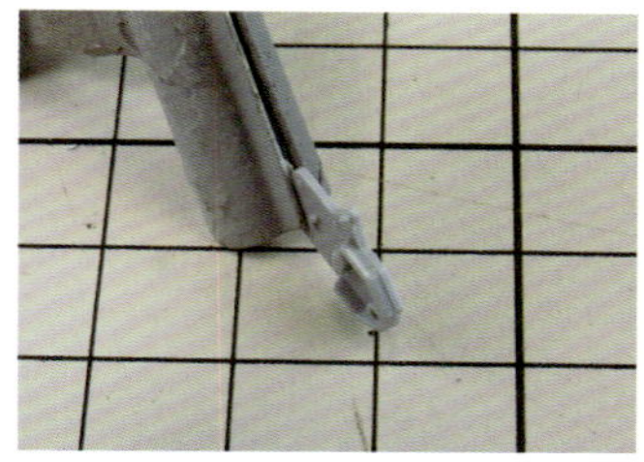

▲首先从零件的整形开始。以D21零件为例。该零件的边缘上，残留有淡淡的分模线痕迹。

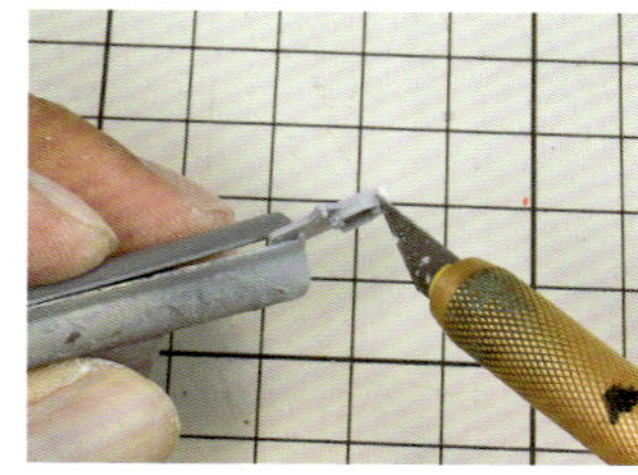

▲以刨削的方式，用美工刀对零件边缘上的分模线进行处理。

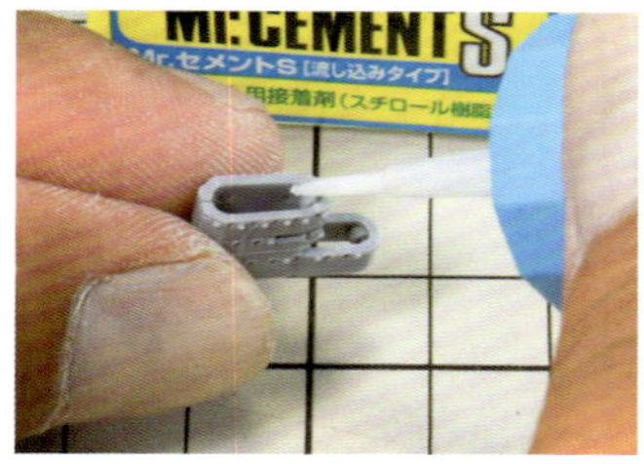

▲粘接舰桥的D20、D22零件。黏合剂由内侧注入。

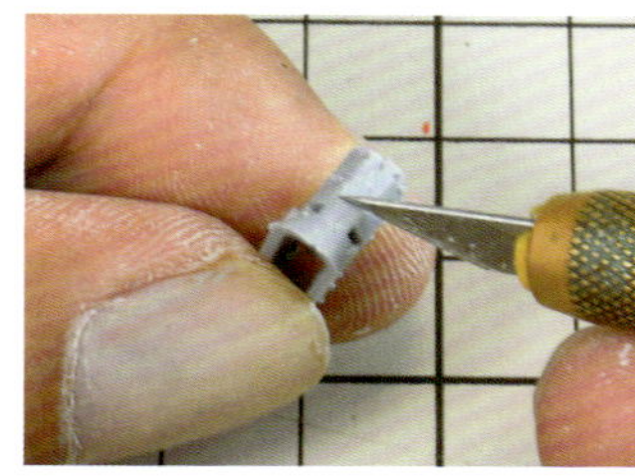

▲黏合剂干燥之后，用美工刀削除掉黏合剂的溢出部分。

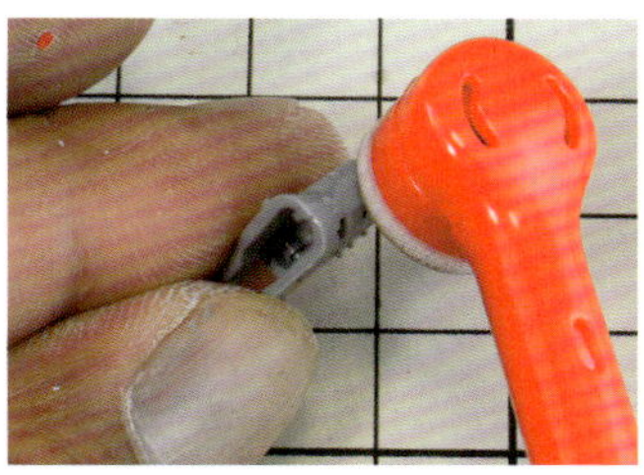

▲使用GSI Creos的“Mr.Polisher PRO”，尽快将接合缝处理好。

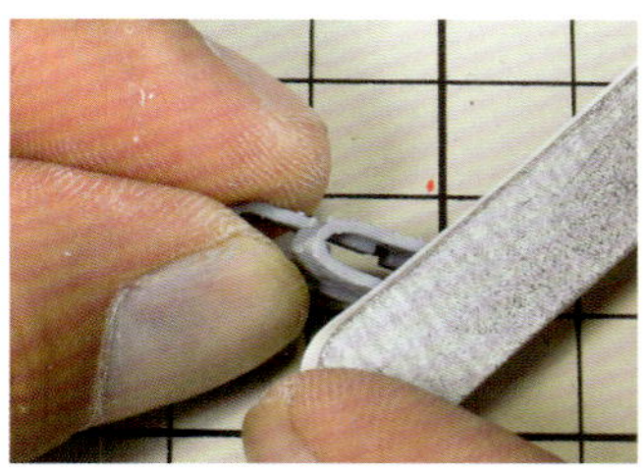

▲轻轻用打磨棒对粘接D21的顶面部分进行打磨，让此面变得平整。

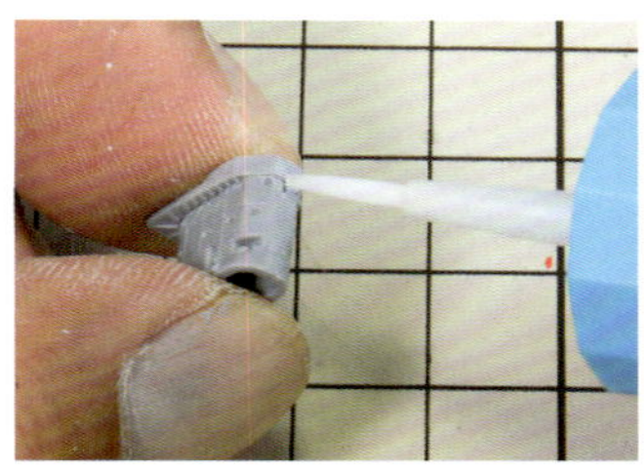

▲在由D20和D22粘接成的零件上，粘接上D21。

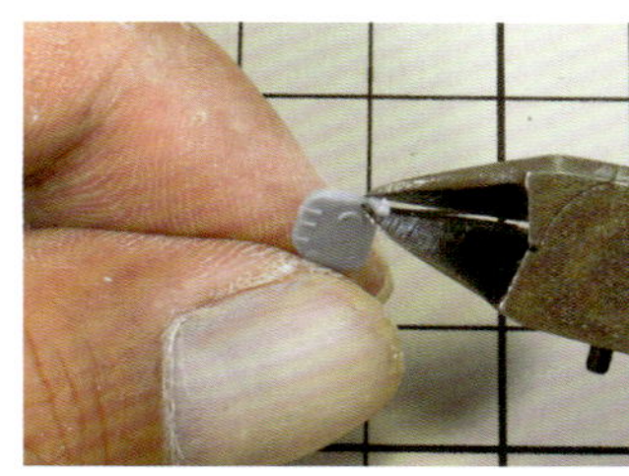

▲D23零件方面，因为之后准备用蚀刻零件来替换扶梯，所以需要在粘接到舰桥零件之前切割掉。

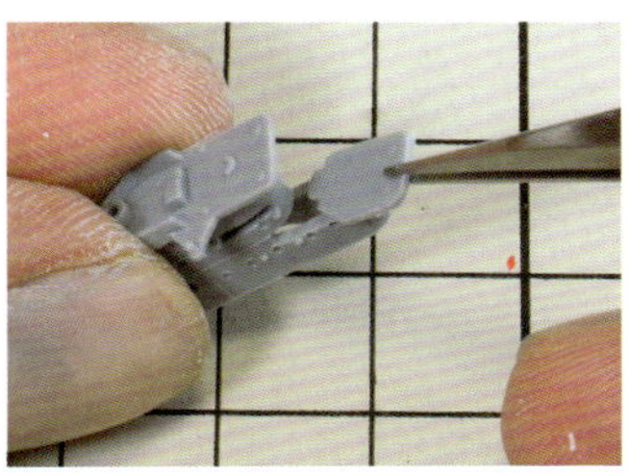

▲剪切掉扶梯之后，在舰桥零件上粘接D23。

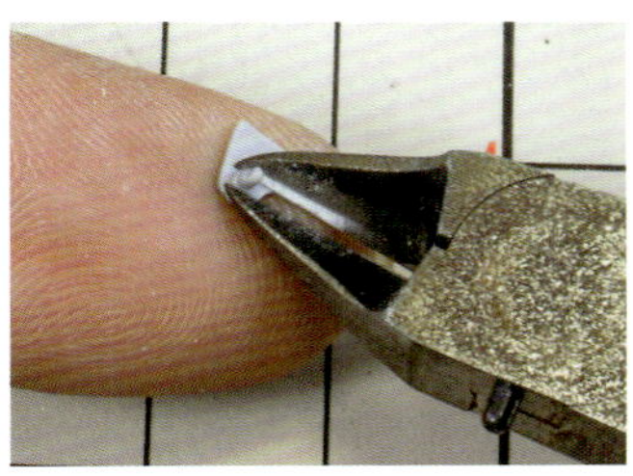

▲剪切掉探照灯的细节。此处之后也会替换成其他的零件。

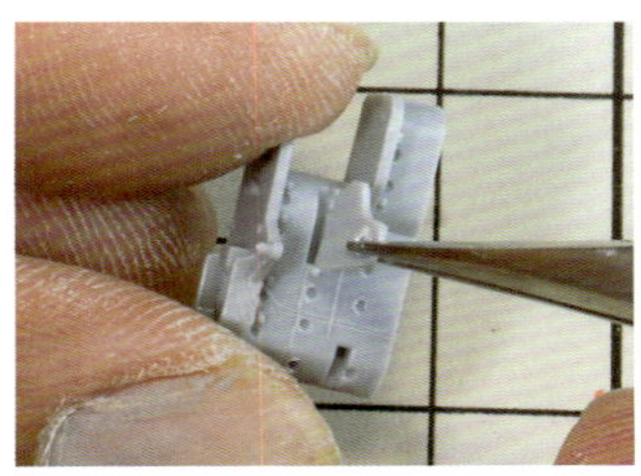

▲确认舰桥板块上的插孔，准确无误地组合安装各零件。

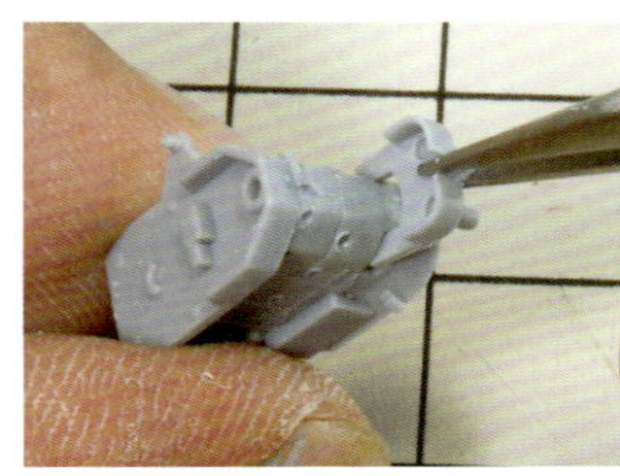

▲D18零件方面，也要在剪切掉扶梯部分之后，再动手将该零件粘接到舰桥部分上去。

▲粘接B6和B7零件。粘接此零件时，也需要从内侧注入黏合剂。

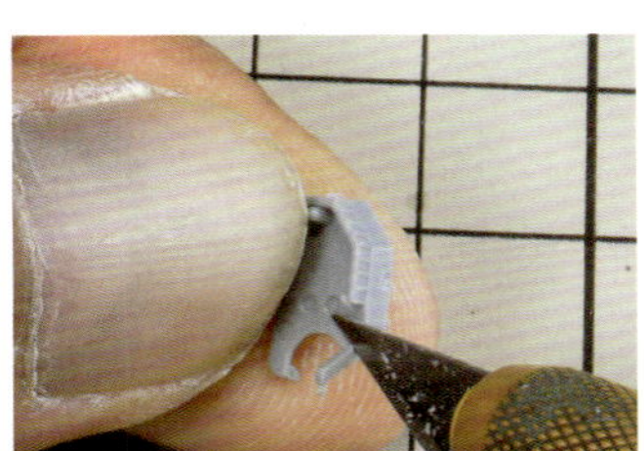

▲用美工刀将D24的扶梯切削掉。

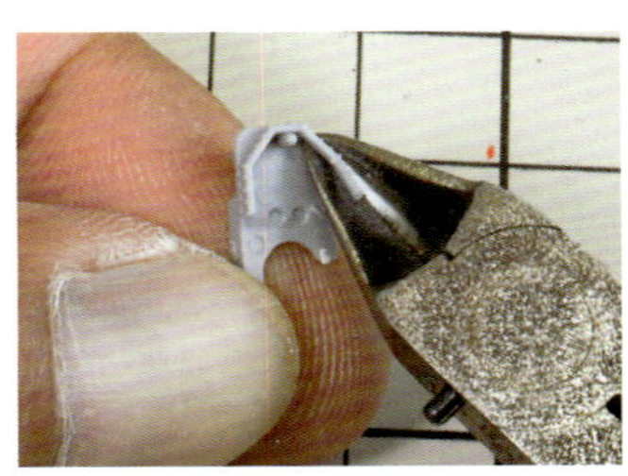

▲因为之后要用蚀刻零件来替换舰桥的窗框，所以要用水口钳将窗框部分剪切掉。

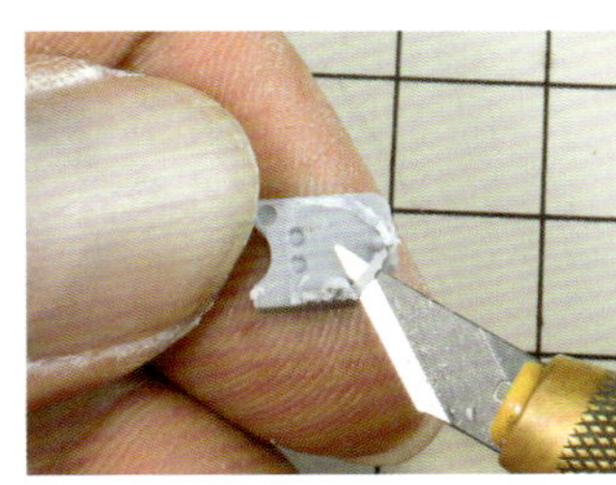

▲用水口钳剪切过之后，再用美工刀将剩下的部分切削掉。

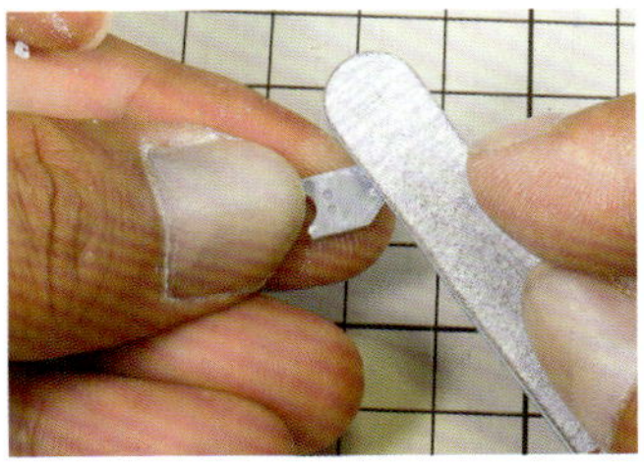
▲用打磨棒将先前用美工刀切割过的部位打磨平整。

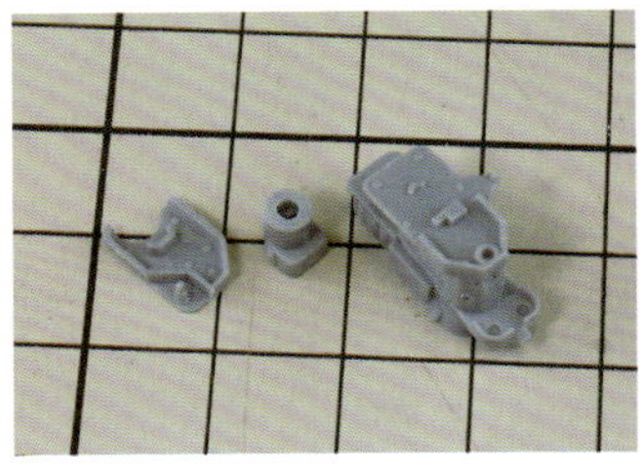
▲如图所示，零件分成三大部分。如果此时就动手将这些零件粘接到一起的话，之后就难以粘接蚀刻零件了。

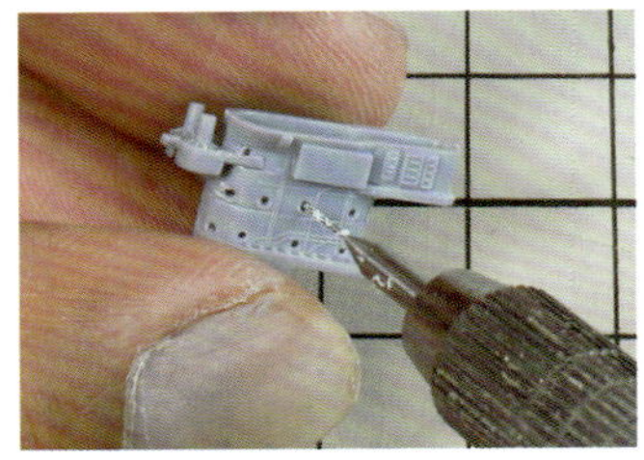
▲舰桥的窗户部分方面，用0.5mm的钻头稍稍加深过孔洞的话，涂装后张弛感也就会更加突出明显了。

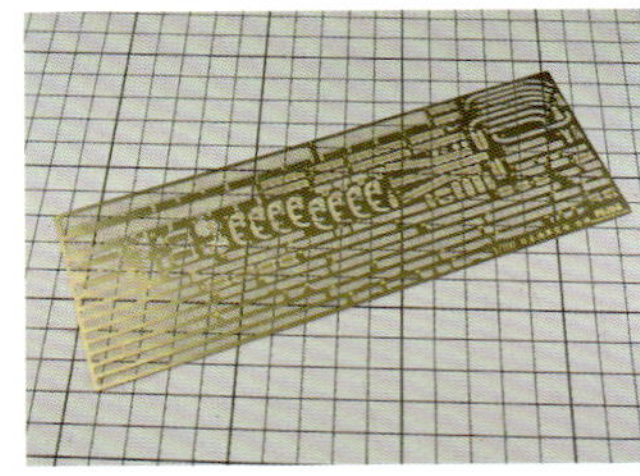
▲在舰桥上粘贴蚀刻零件。使用的是由P.40开始的报道中也曾验证过的FUJIMI模型的赤城用蚀刻零件。

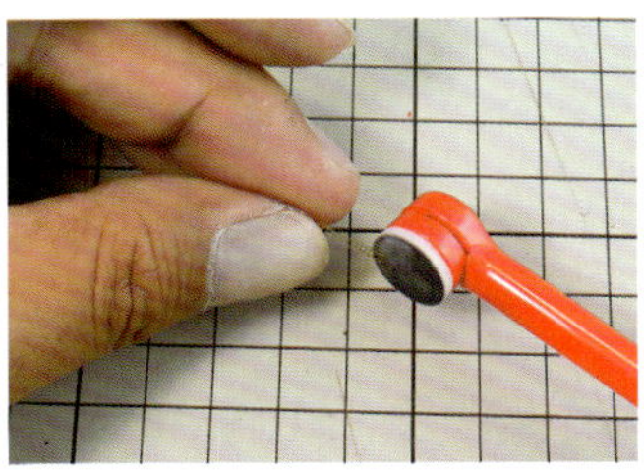
▲首先用美工刀剪切下之后的舰桥窗框部分的34号零件。用电动打磨器打磨掉水口痕迹。

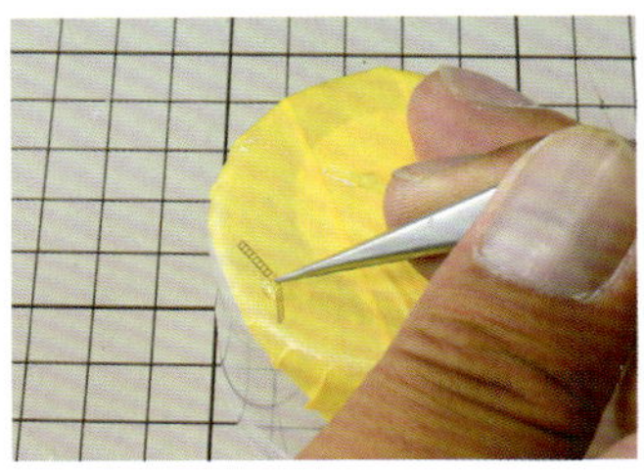
▲在34号的底面上蘸上黏稠状瞬间黏合剂。

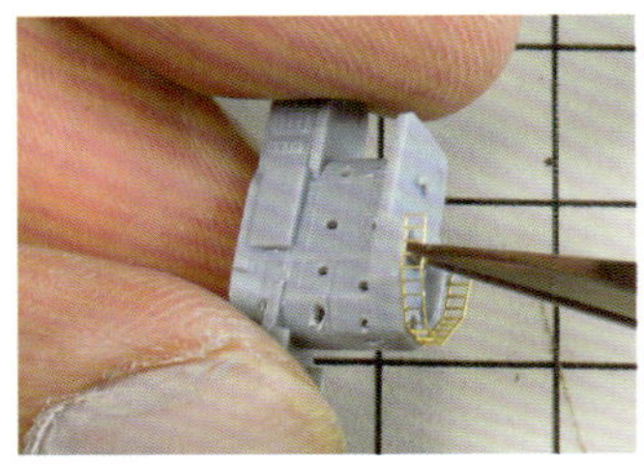
▲一边用镊子进行弯折，一边在舰桥上粘接上34号蚀刻零件。

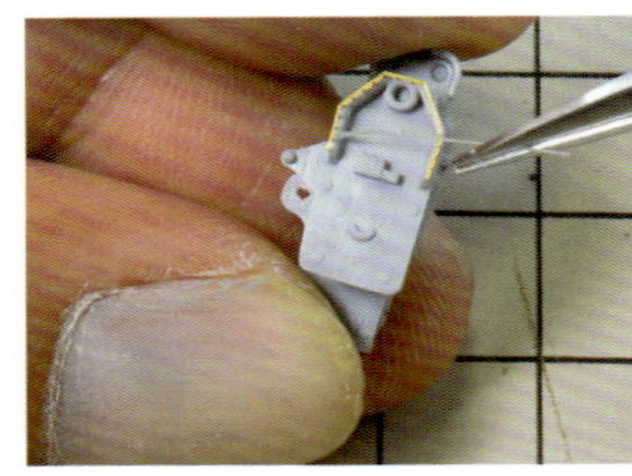
▲在拉伸板材框架上蘸上黏稠状瞬间黏合剂和流缝式瞬间黏合剂，将黏合剂注入到34号零件上，让零件稳固粘接。

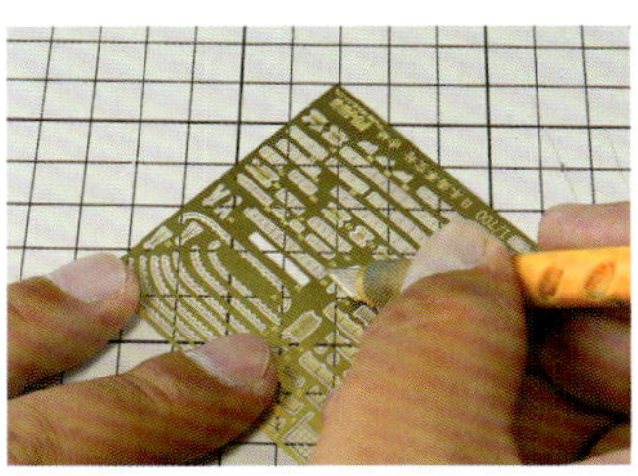
▲剪切下35号蚀刻零件。

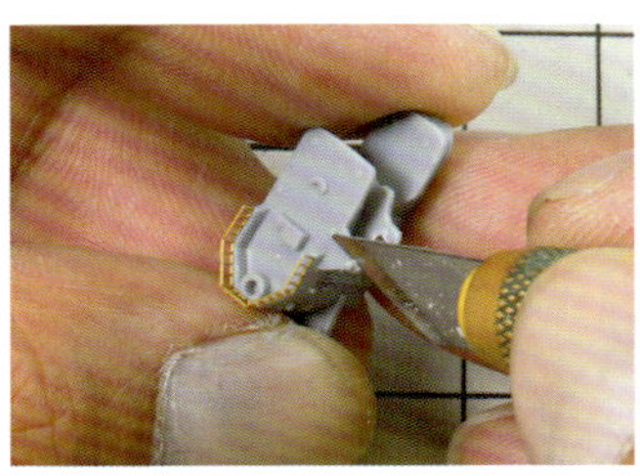
▲切割掉信号灯细节。

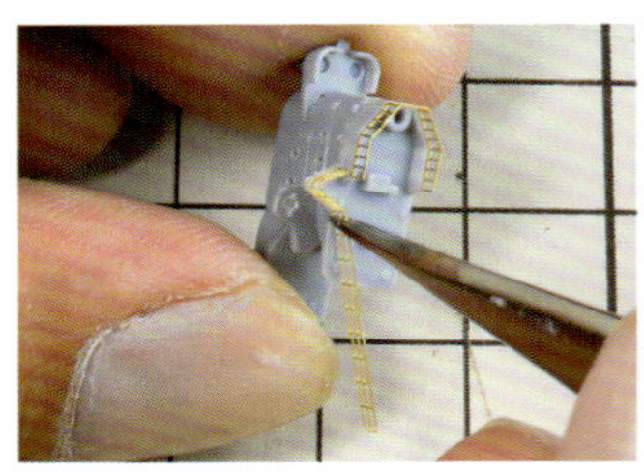
▲配合舰桥的形状，弯折扶手后，首先用黏稠状瞬间黏合剂进行粘接。

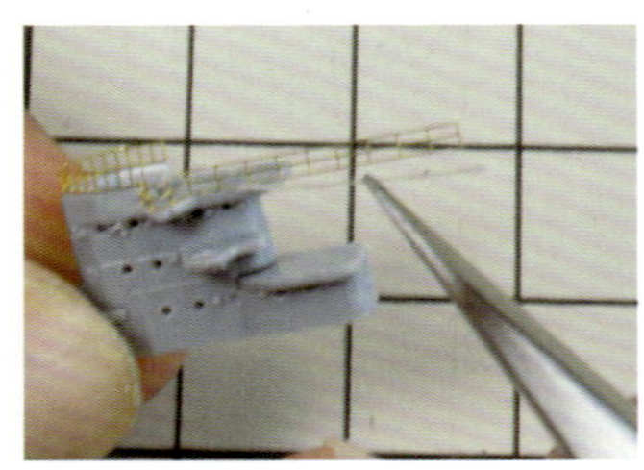
▲其后，再用拉伸板材框架注入黏稠状瞬间黏合剂和流缝式黏合剂。

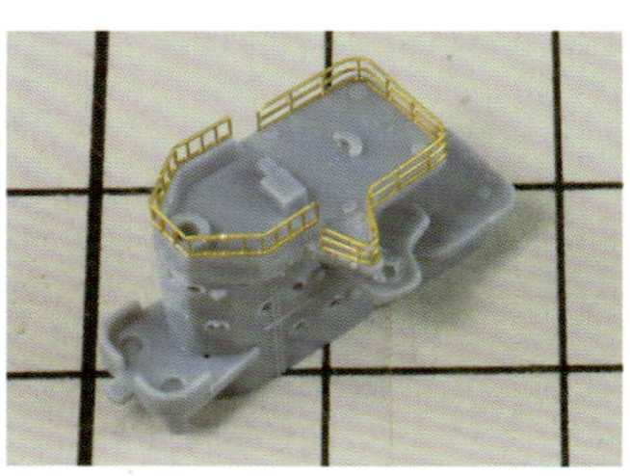
▲扶手完成。正如由先前的P.40开始的验证报道中所述一样，因为扶手就只存在有数毫米的歪斜，所以基本上不需加工也能契合。

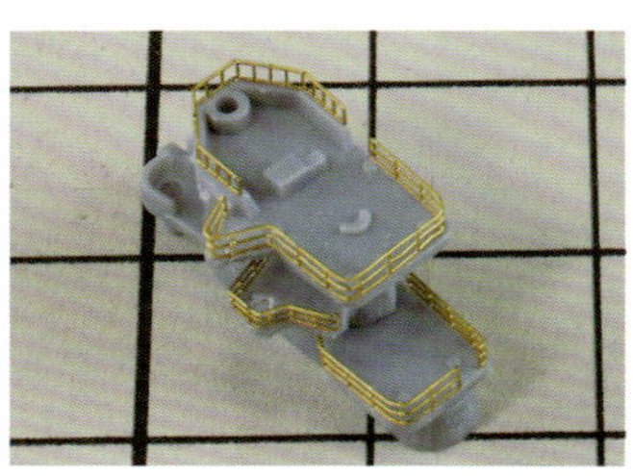
▲其他部分也以同样的办法粘接上。

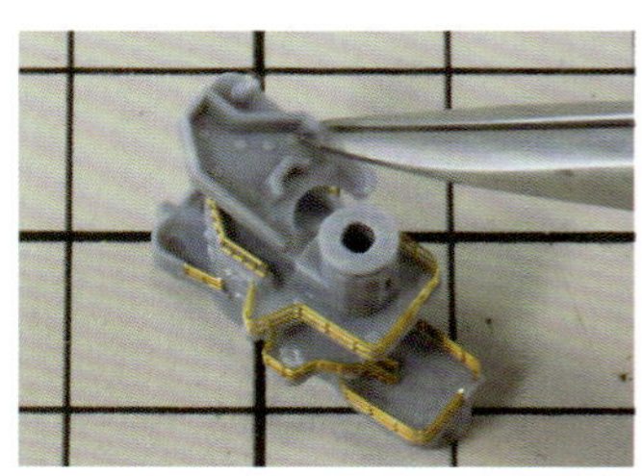
▲舰桥外围的扶手粘接完成后，粘接上顶面部分的D24零件。

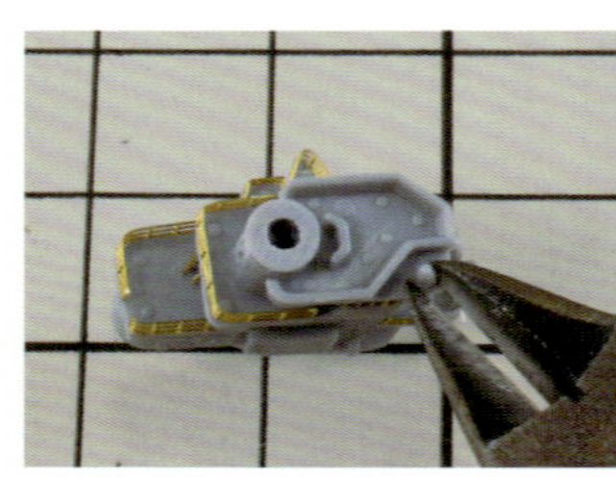
▲因为D24前端上的探照灯也要替换成NANO DREAD，所以要动手剪切掉。

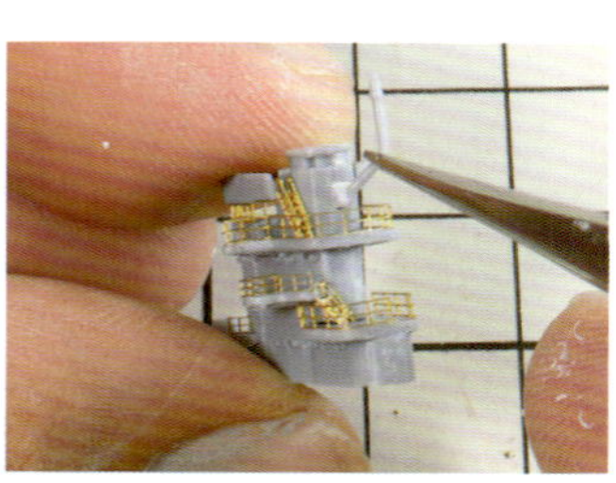
▲粘接信号灯零件B9。

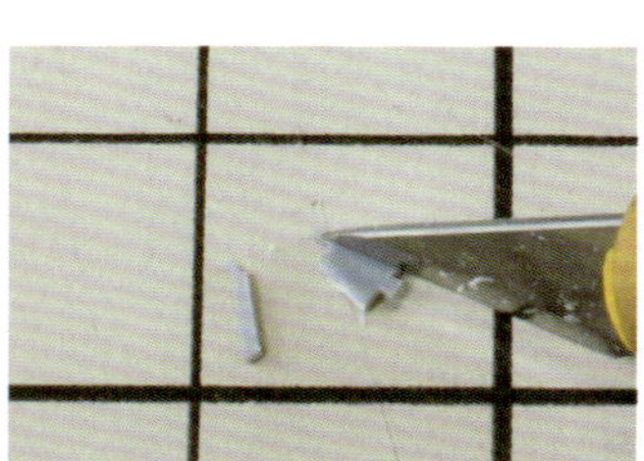
▲支撑信号灯的构造物并非B8零件一样的板状物，因为原本是支柱状的缘故，所以要动手将零件的左右切割掉。

▲将切割过的零件粘接到信号灯与舰桥之间。

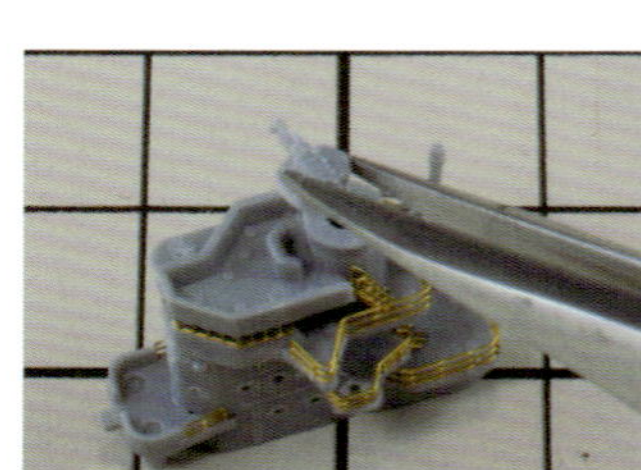
▲粘接4.5m测距仪零件A6。

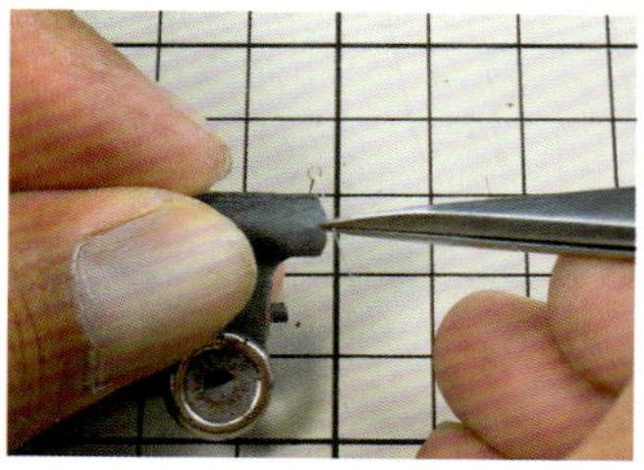

▲形成方位测定器的圈交叉的部分，首先用拉伸板材框架蘸上黏稠状瞬间黏合剂。

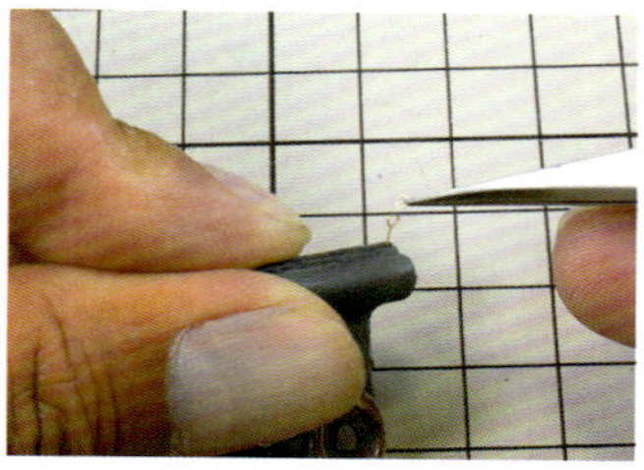

▲用镊子夹住圆圈零件，安置到指定的位置上。因为该零件体积较小，所以作业时需谨慎小心。

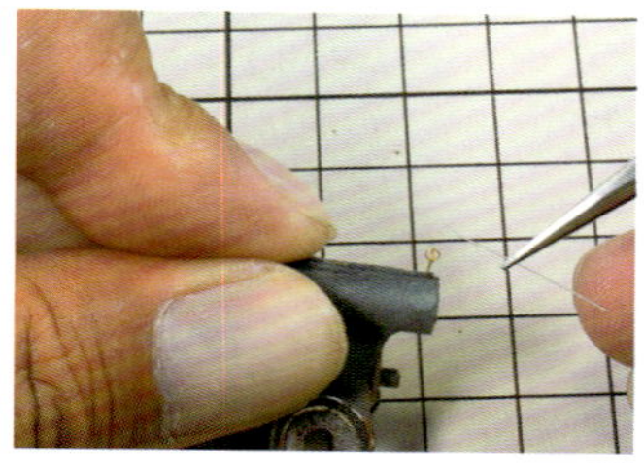

▲用黏稠状瞬间黏合剂将圆圈零件粘接到一起之后，为了让粘接更牢固，用拉伸板材框架注入黏稠状瞬间黏合剂+流缝式瞬间黏合剂。

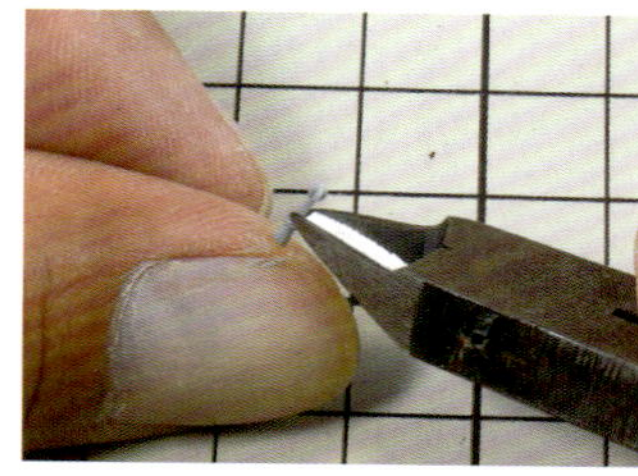

▲因为F18零件就只会用到底座部分，所以需要动手剪切掉底座以上的部分。

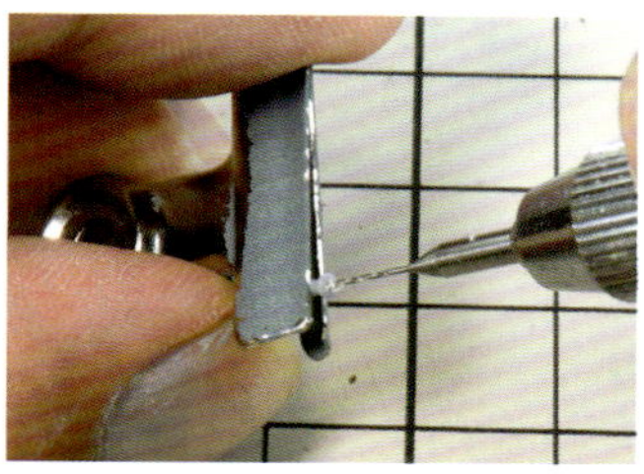

▲为了安装蚀刻零件，用0.3mm的钻头在底座上开启孔洞。

▲蘸上少量黏稠状瞬间黏合剂，将蚀刻零件固定到底座上之后，粘接到舰桥上。

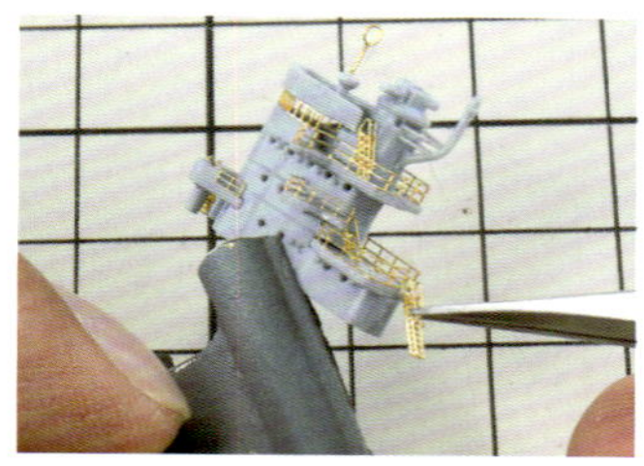

▲接下来动手组装各扶梯零件，作为标记，将蚀刻零件的扶手粘接到切割过的部位上。

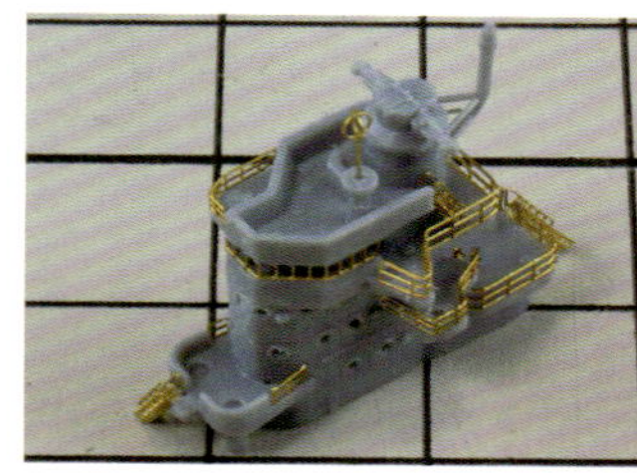

▲蚀刻零件粘接完成后的舰桥。因为细节相当精美，模型整体的解析度也会一口气大增。

由舰桥的涂装到最终步骤

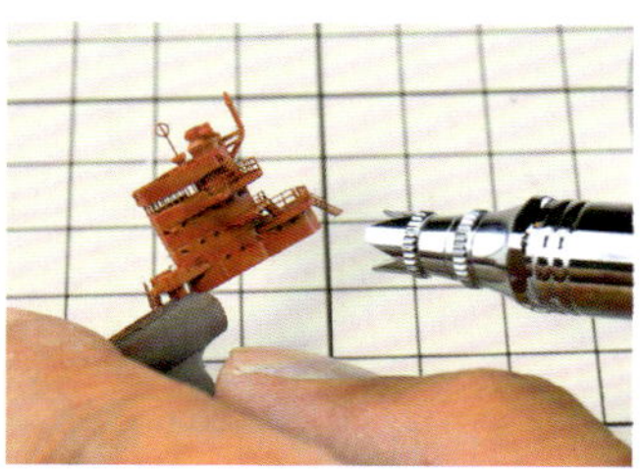

▲对粘贴好所有蚀刻零件的舰桥零件喷涂Oxide Red Surfacer。考虑到先前的蚀刻零件，推荐使用掺有底漆的制品。

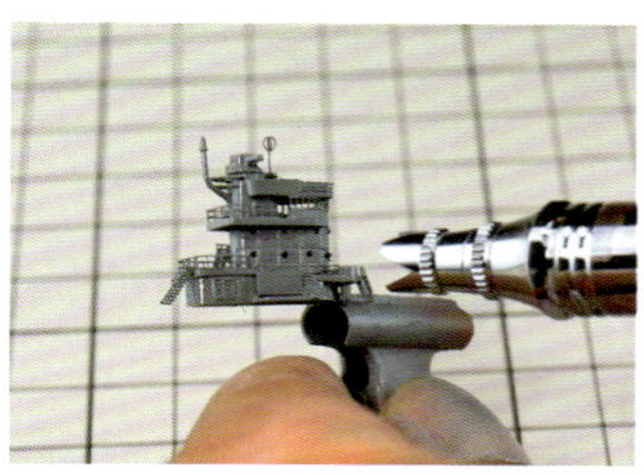

▲Surfacer干燥后，涂装吴色。因为形状较为复杂，所以需要从多个角度和方向喷涂涂料。

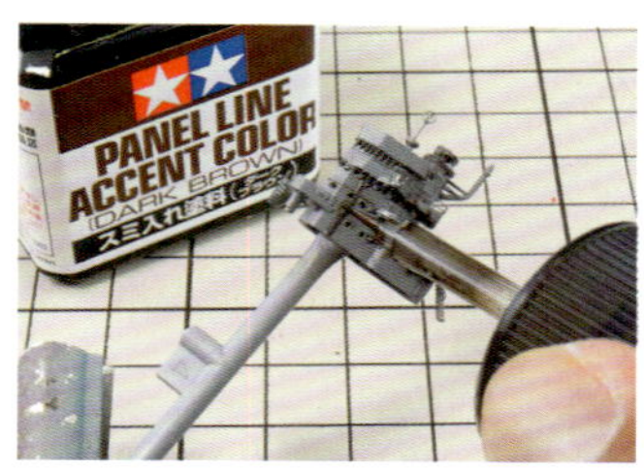

▲吴色干燥后，对各部位进行入墨线处理和洗涂。使用TAMIYA入墨线涂料的暗棕色。

▲用蘸有珐琅溶剂的笔，自上而下运笔刷涂过后，就会展现出被雨水淋过一样的氛围来了。

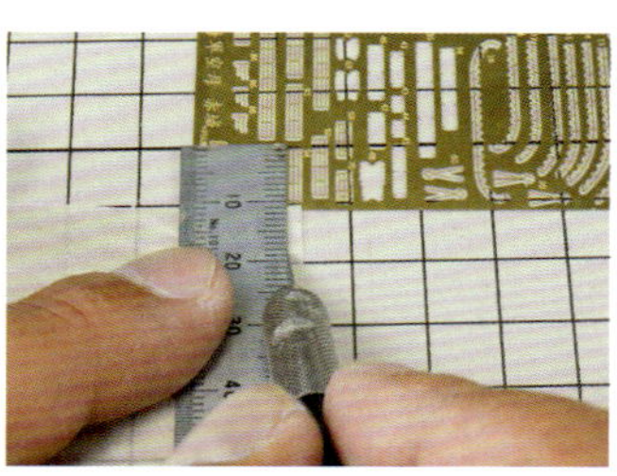

▲接着，动手制作扶手的幕布。使用的是作画器材商店中出售的和纸。以蚀刻零件的扶手为标尺，切割出适当的长度来。

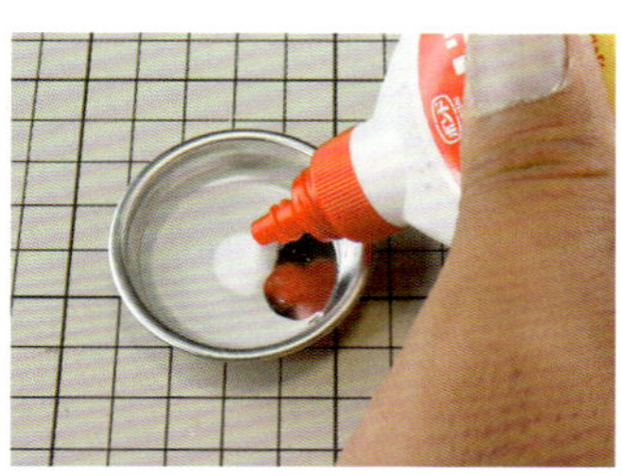

▲粘接和纸时，会使用到木工用的黏合剂。将木工用黏合剂溶解到少量水中。

▲将用水溶解过的木工用黏合剂涂抹到扶手部分上。

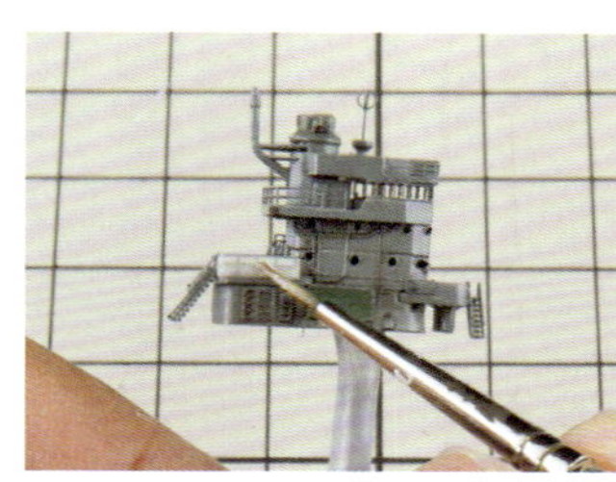

▲在涂抹过木工用黏合剂的部分上粘贴上和纸，用干燥的笔尖让它们紧密粘贴到一起。

▲类似图中一样的曲线部分，需要剪切出稍长的和纸来，之后再将多余的部分剪切掉，制作就能顺利展开了。

▲各扶手的幕布完成。因为和纸下方的扶手的灰色稍显透光，所以看起来感觉就像是带有斑纹一样。

▲因此，需要动手将幕布涂白。涂装时需留心不要把和纸弄破。

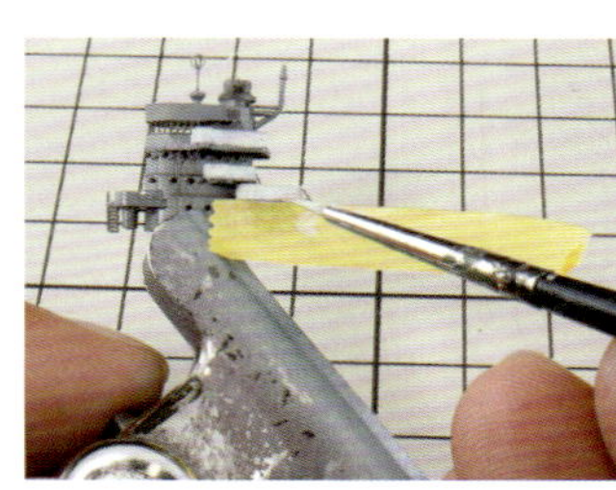

▲对笔涂没有自信的人，只要在幕布下粘贴上遮盖胶带就可以了。如此一来的话，那么就基本上不会出现溢出现象了。

▲扶手的幕布完成之后，尝试动手提升黑板的细节。此处也可以使用暗黄色的拉伸板材框架。

▲围绕涂成绿色的黑板零件，用黏度较高的黏合剂粘接上拉伸板材框架。板材框架的长度最好是稍稍长于黑板零件的边。

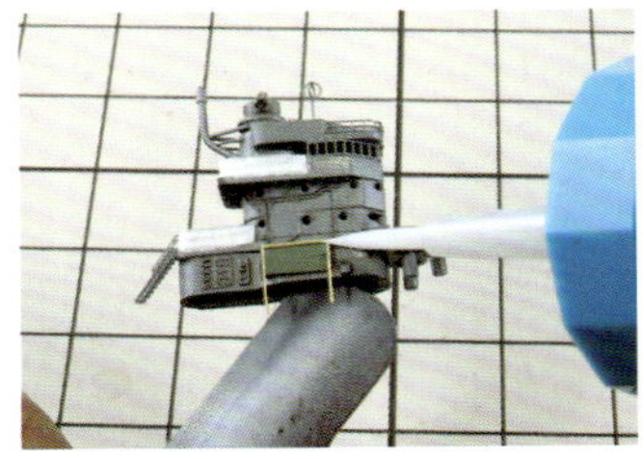

▲粘接好上、左、右三边之后，注入流缝式黏合剂，让粘接更加稳固。

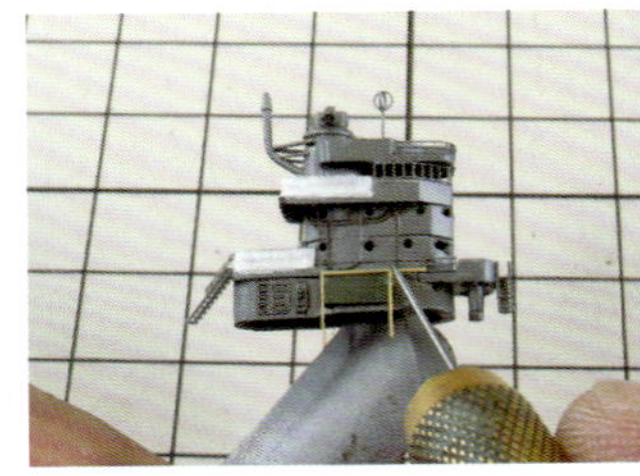

▲用美工刀切掉那些多余的框架零件。

▲最后只需像盖盖子一样，将底边上的拉伸板材框架粘接上就可以了。因为灵活运用了暗黄色的成型色，所以不需涂装，也能展现出黑板框来。

▲舰桥的完成状态。通过追加蚀刻零件和幕布，各部位的细节让人感觉耳目一新。

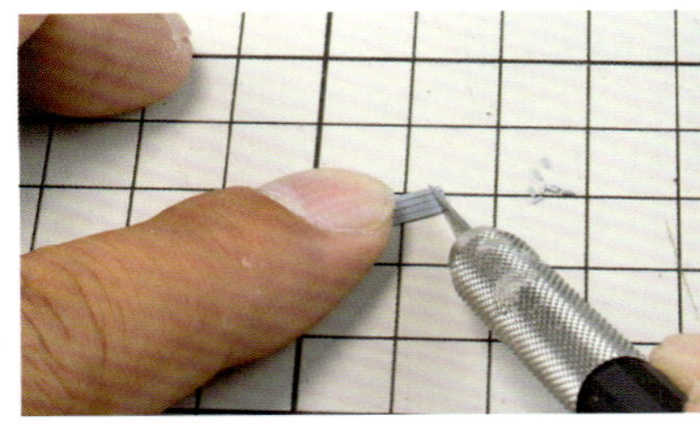

▲接下来在舰桥上安装双筒望远镜，提升细节。首先准备上几根灰色的拉伸板材框架，切割成小段。

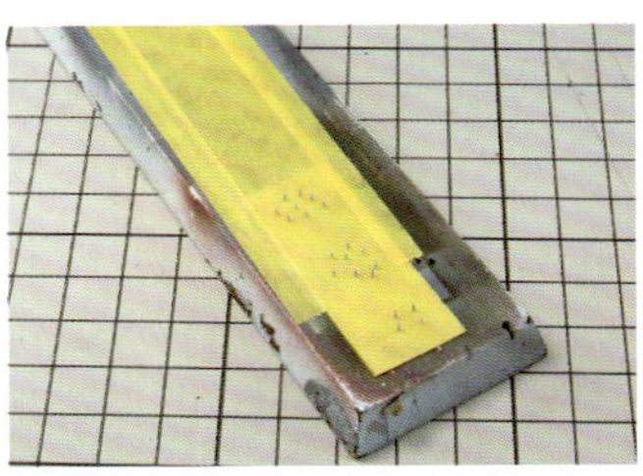

▲为了避免将切成小段的板材框架弄丢，可以将这些零件放置到遮盖胶带上。这些切割成小段的框架，将会成为双筒望远镜的支脚。

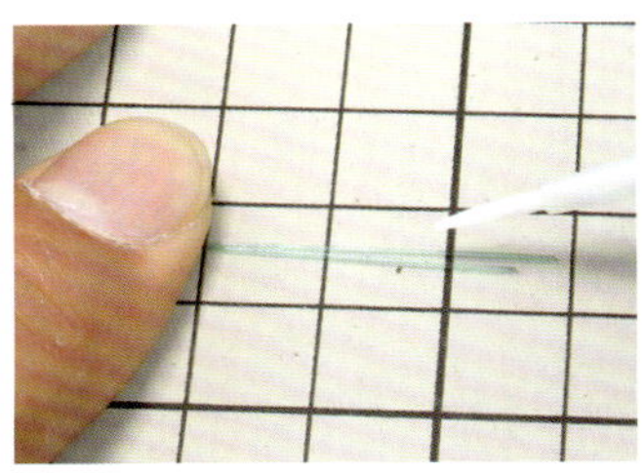

▲再现双筒望远镜的镜片。动手将透明蓝的板材框架制作成拉伸板材框架。因为是双筒望远镜，所以首先粘接上2根。

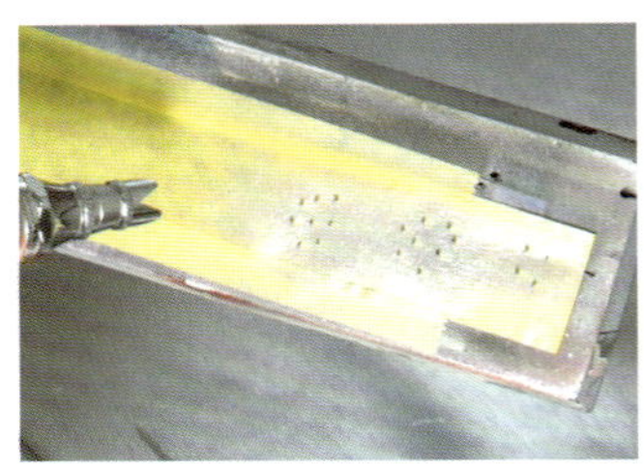

▲接着，再将刚才的底座涂装成吴色。

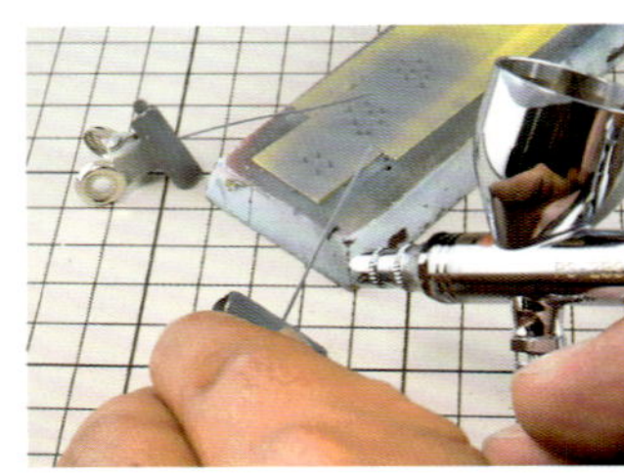

▲再将其后粘接的2根透明蓝的板材框架也涂装上吴色。

▲将涂装过吴色的透明蓝拉伸板材框架切割成小段。

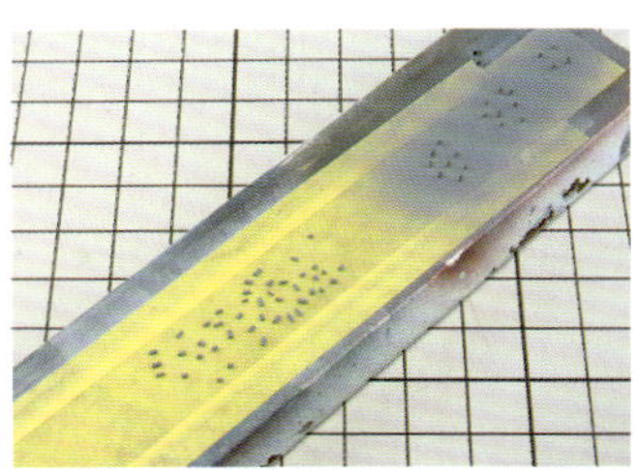

▲为了避免弄丢，这些零件也放置到遮盖胶带上去。

▲将支脚零件一根根竖起，然后再用拉伸板材框架在支脚的尖端上蘸上黏合剂。

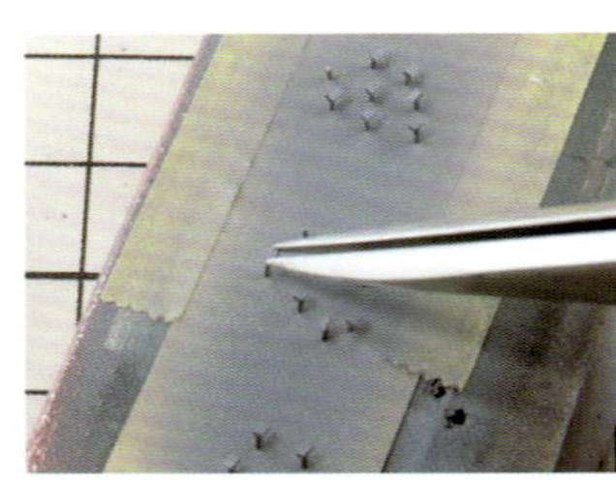

▲在涂抹过黏合剂的部位上，粘接上剪切过的透明蓝双筒望远镜零件。

▲双筒望远镜完成！因为使用的材质为透明化材质，所以镜片部分会出现反光，形成亮点。

▲等双筒望远镜的黏合剂完全硬化，变得容易操作之后，将该零件粘接到舰桥上。

◀完成！舰桥上也装备上双筒望远镜了。因为实舰上也安装了相当数量的双筒望远镜的缘故，所以希望都各位能够动手实际挑战一番，尝试一下这一细节提升步骤。

幔布的制作

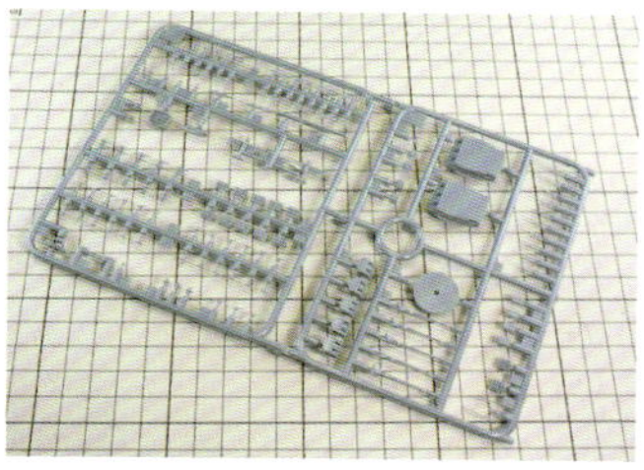
▲在赤城的舰桥照片上，我们经常可以看到悬挂着许多的幔布。接下来，我们就来尝试动手制作一下这些幔布吧。本次制作中，我们使用的是TAMIYA的1：700 密苏里号中附带的H版中的附件。

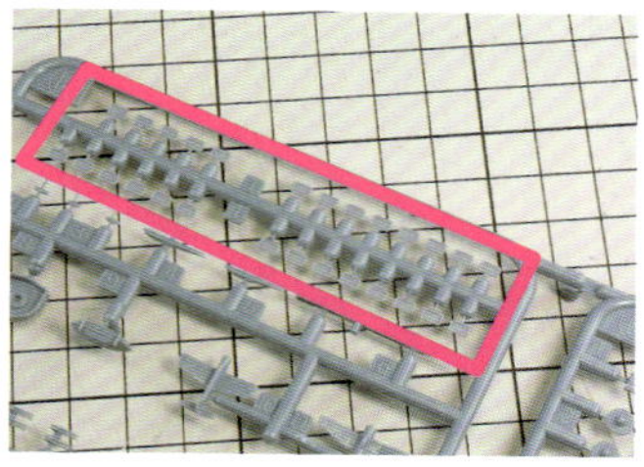
▲若要说到到底用到的是哪部分的话……那么就是这些救生船的零件了。

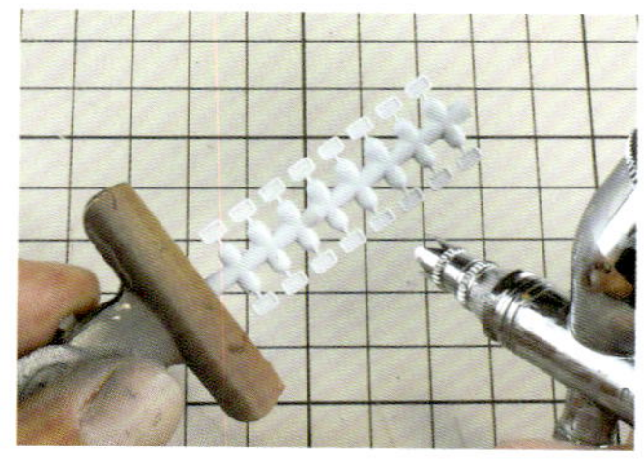
▲首先，连同框架一起，将救生船零件的部分整个切下，涂装成白色。

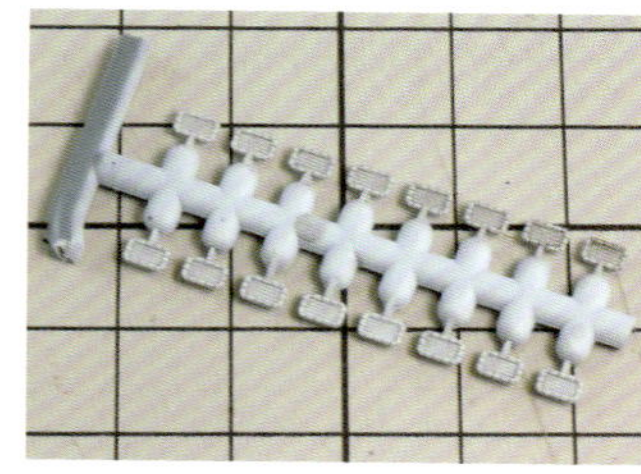
▲涂装过白色之后，再用TAMIYA的暗棕色进行入墨线。

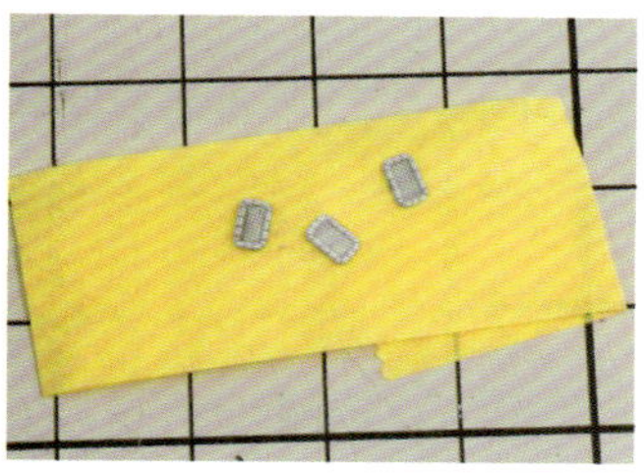
▲入墨线处理完毕之后，将零件剪切下来，放置到遮盖胶带上。

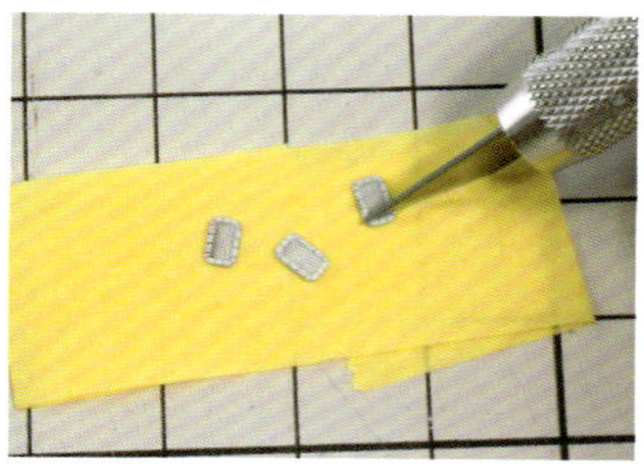
▲放置到遮盖胶带上之后，将救生船的四个角都切割掉。因为该零件带有微妙的弧线的缘故，所以也就形成了将布缠卷起来后的幔布一样的形状。

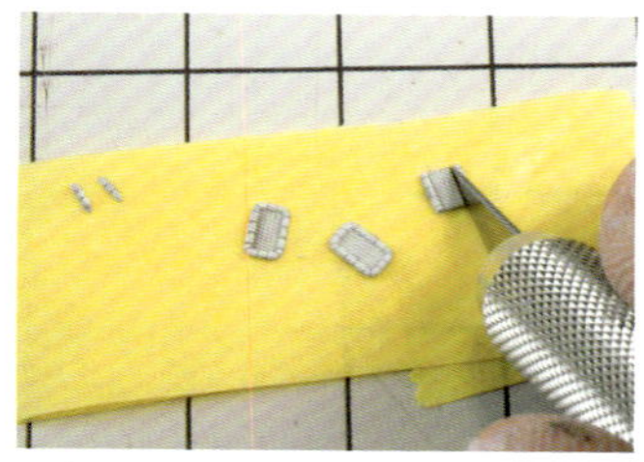
▲接下来切割较长的一方。之所以要将零件放置到遮盖胶带上之后进行作业，是为了避免零件在作业时弹飞。

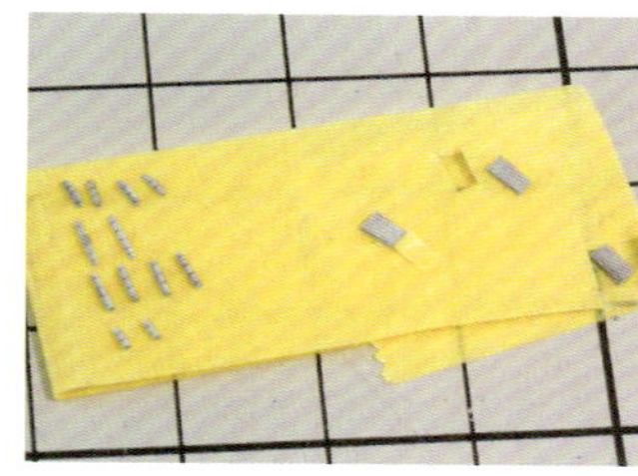
▲像照片中一样，将切割过的零件集中到一处地方的话，之后也会容易辨认一些。如果能再把长零件和短零件区分开的话，那就更好了。

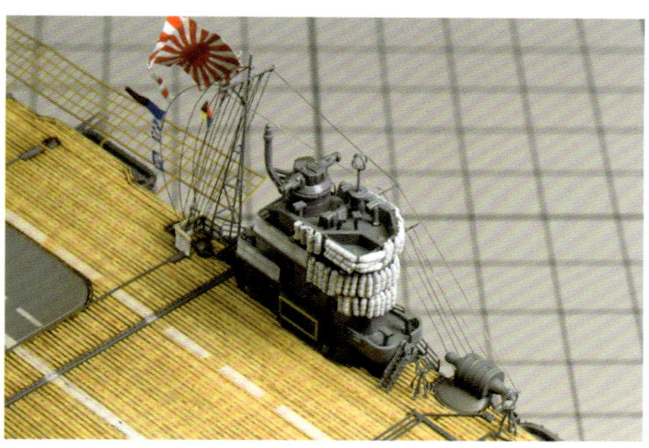
◀之后就可以配合舰桥的形状，随意进行粘接了。切割过的救生船的形状可谓到了绝妙的地步，所以才能制作出如此有氛围的幔布来。

武装艇、20cm单装炮的涂装

▲悬吊的武装艇最好是在安装上吊艇柱之前就涂装好。另外，再一同来看一看单装炮的涂装。

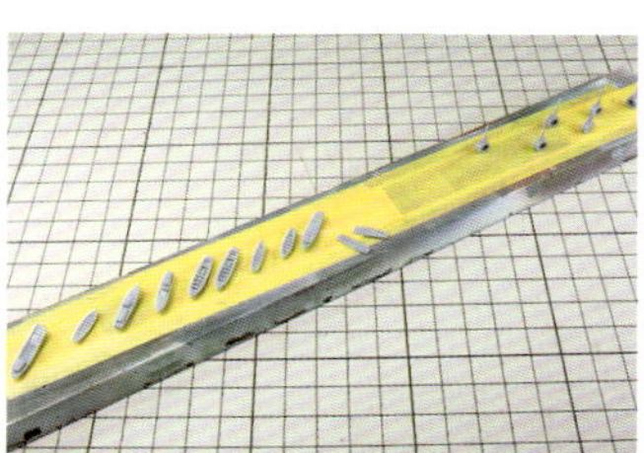
▲首先，将零件剪切下之后，为了方便涂装，可以将零件放置到缠裹过遮盖胶带的板状物上。

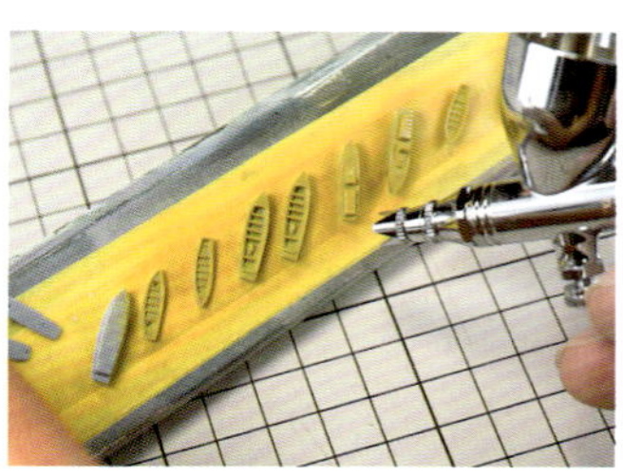
▲从武装艇类开始涂装。涂装内部和表面的木材色彩。使用的是暗黄色。

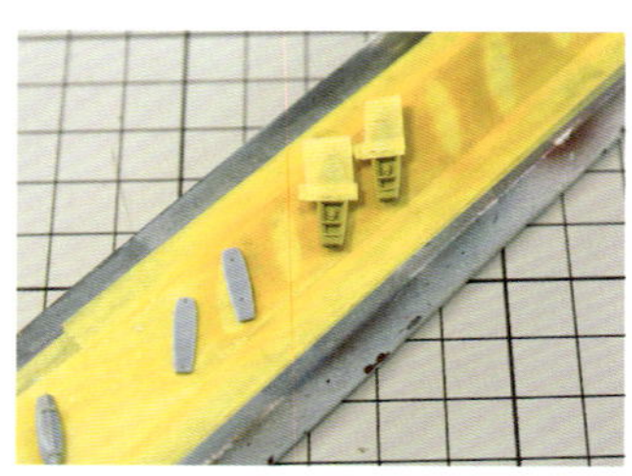
▲分别涂装内火艇的内部。遮盖方面，可以像照片一样，再在表面进行粘贴。

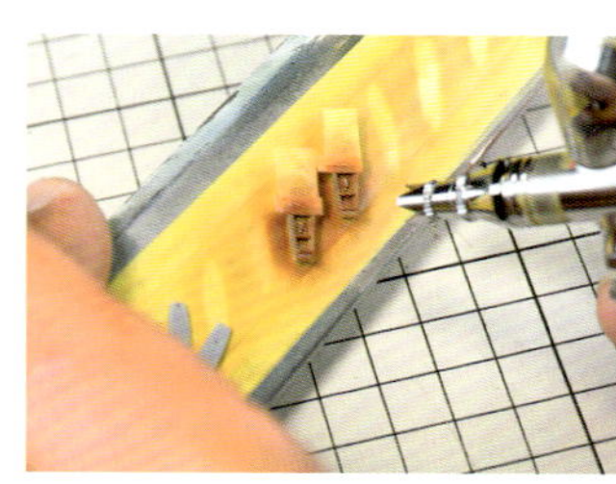
▲此处可以使用压漆布色进行分别涂装。将喷枪调整到较细的气流后再进行涂装的话，那么基本上就没什么问题了。

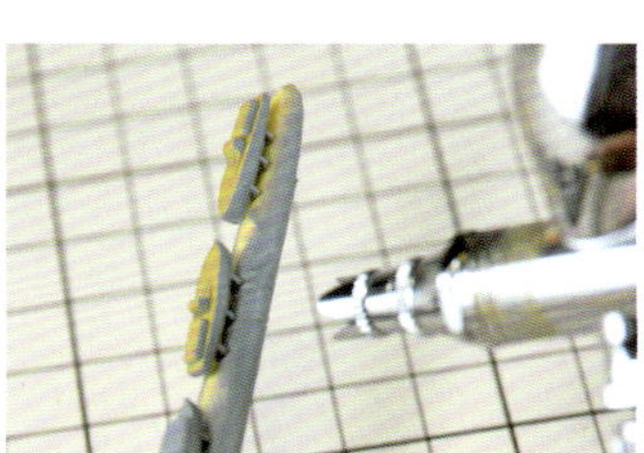
▲对内火艇涂装吴色。用较细的气流自下而上地进行喷涂的话，上方就几乎不会沾上吴色了。

▲喷涂过上面之后，再将零件翻转过来，仔细对内侧进行涂装。

▲顺带再用吴色涂装一下单装炮。涂装过一侧之后，再对另一侧也进行涂装。

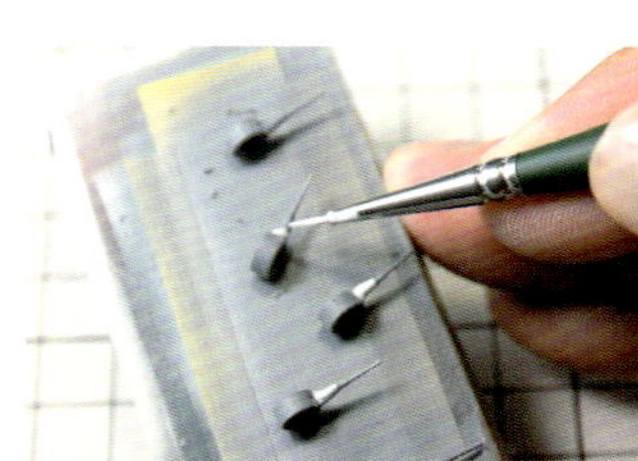
▲帆布部分用笔涂成白色。涂装时务必注意不要造成溢出。

▲同样用笔涂的方式将内火艇的帆布部分涂成白色。

▲笔涂武装艇内侧的白色部分。

▲外侧的溢出部位，可以用吴色进行点涂。内侧的溢出部位使用暗黄色点涂。

▲用吴色笔涂9m内火艇的操舵室等部位。

▲涂装全部完成之后，再用TAMIYA的入墨线涂料的暗棕色进行入墨线。

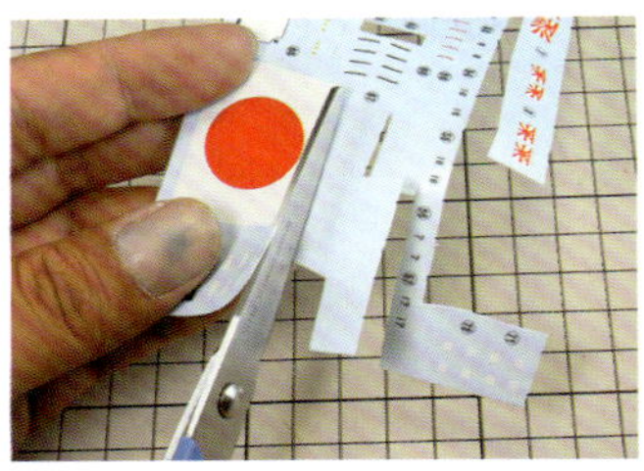
▲之后，再在各舰载艇上粘贴写有“**あかぎ**”字样的贴纸。首先将要用到的贴纸剪切下。

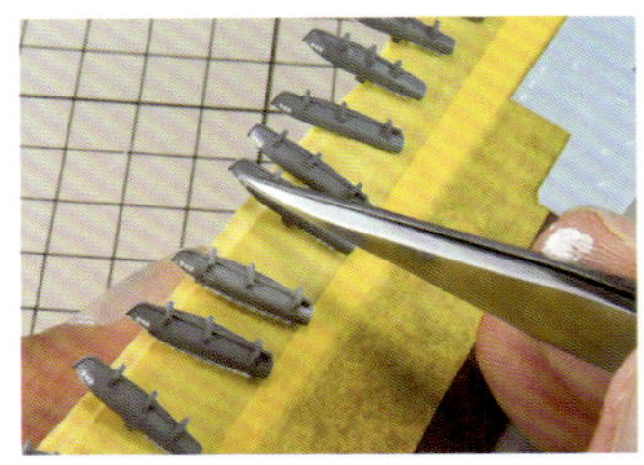
▲将剪切下的贴纸全都浸到水中，然后再用镊子一张张地夹起贴纸，贴到零件上去。

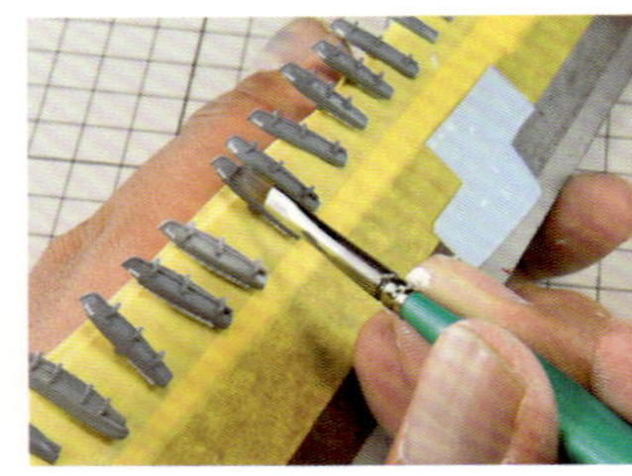
▲在笔尖上蘸上少量的Mark Setter，轻轻地涂刷零件。最好不要强行动手去除水分。

船体的涂装准备和涂装

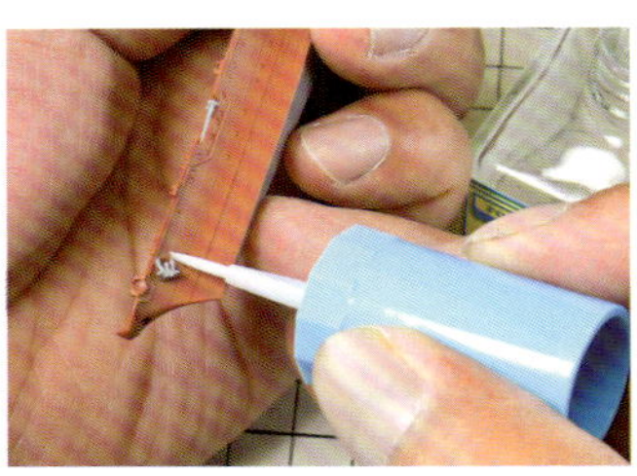
▲首先确认一下还有哪些零件尚未粘接到船体上。粘接主船锚。

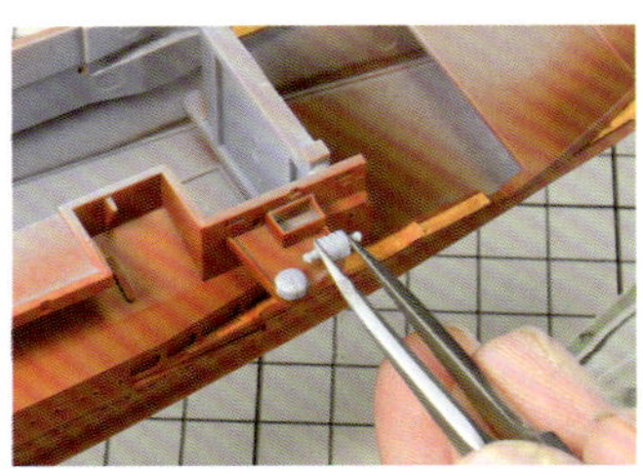
▲粘接上测距仪等较小的零件。

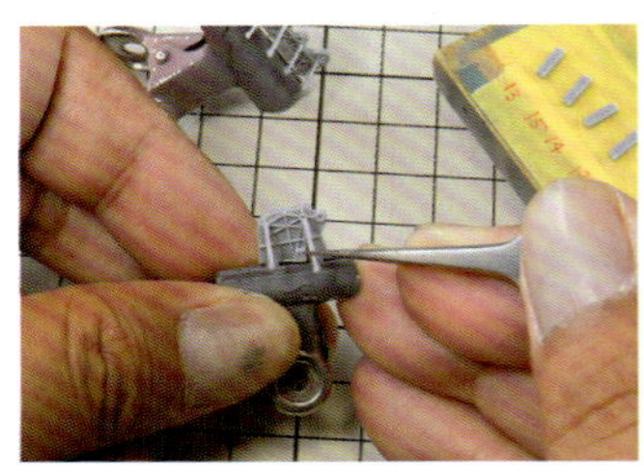
▲粘接水鳍的支柱。此零件需在未粘接到船体上之前分别进行涂装。

▲如图所示，安装上支柱之后，用大头夹夹住，以便涂装。

▲25mm连装机枪方面，使用FINE MOLD的NANO DREAD系列。全新版零件的细节更加精细。

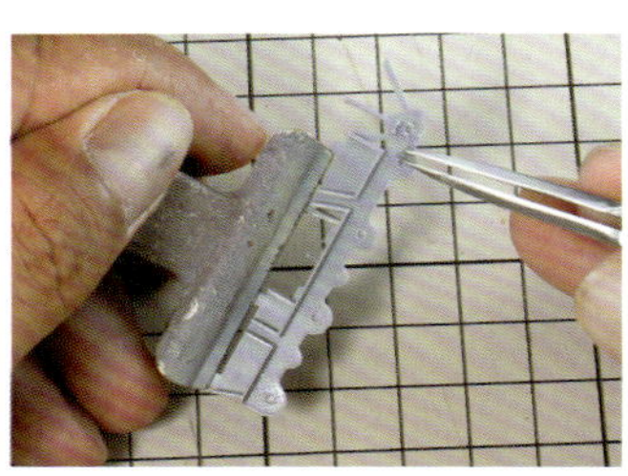
▲将25mm连装机枪粘接到机枪座上。

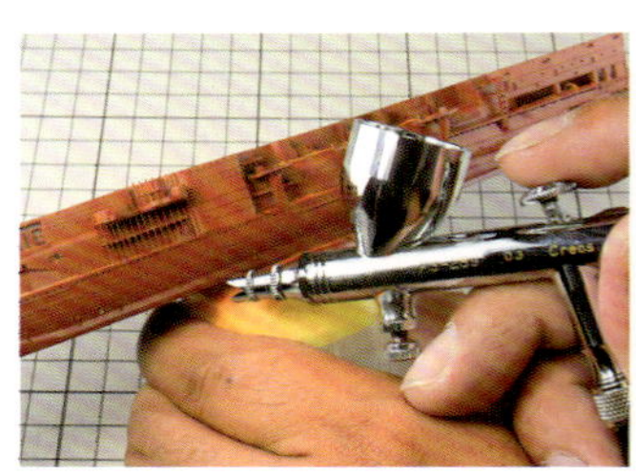
▲首先从舰艇部的涂装开始。尽管Oxide Red稍稍有些难以辨认，但还是先仔细地喷涂上舰艇色。

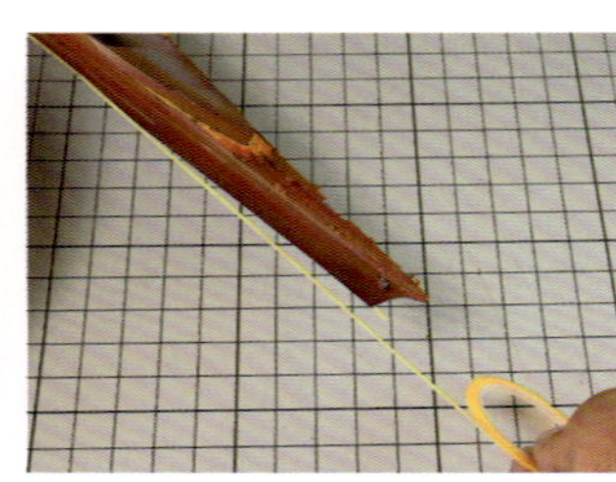
▲舰艇色干燥之后，用遮盖胶带遮盖舰艇部。

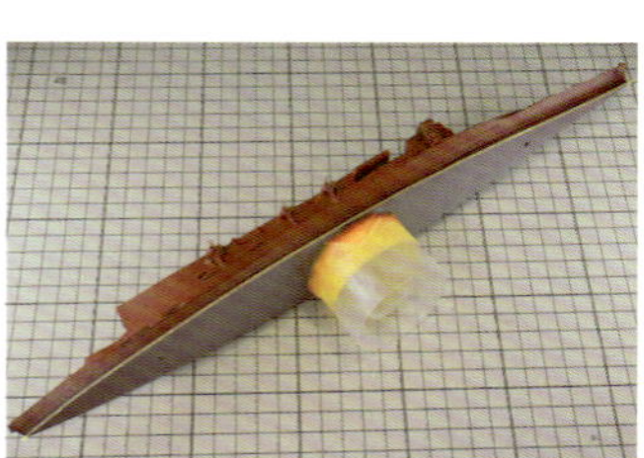
▲粘贴的遮盖胶带要比船体长度再长一些，因为粘贴时是一次性拉伸后粘贴上的，所以粘贴后的状况也相对笔直。

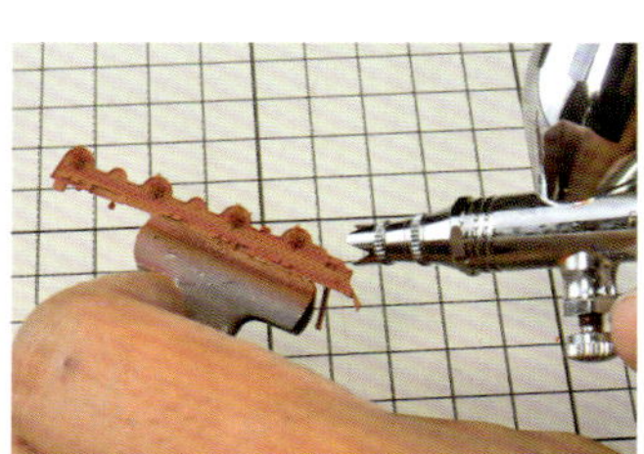
▲在水鳍部分上也喷涂Oxide Red Surfacer。背面等形状较为复杂的部分，则需从各个方向进行喷涂，将涂料毫无遗漏地喷涂到零件的表面上。

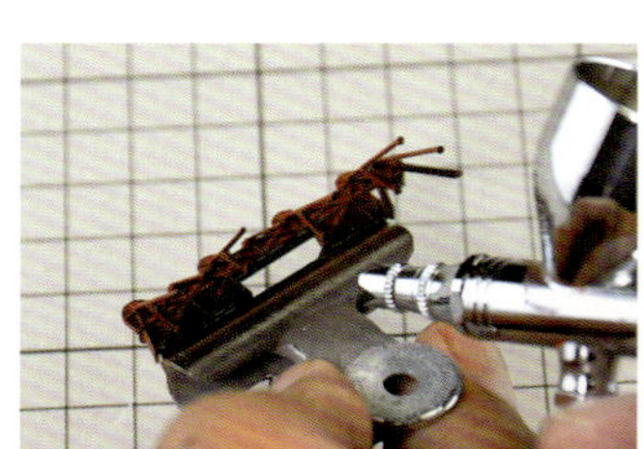
▲为了在背面等部位形成阴影等更鲜明的对比，再涂装上一层黑色。

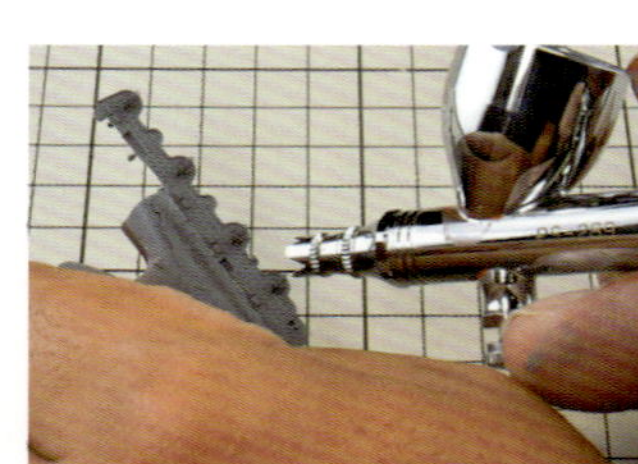
▲下底涂装完成之后，动手涂装吴色。

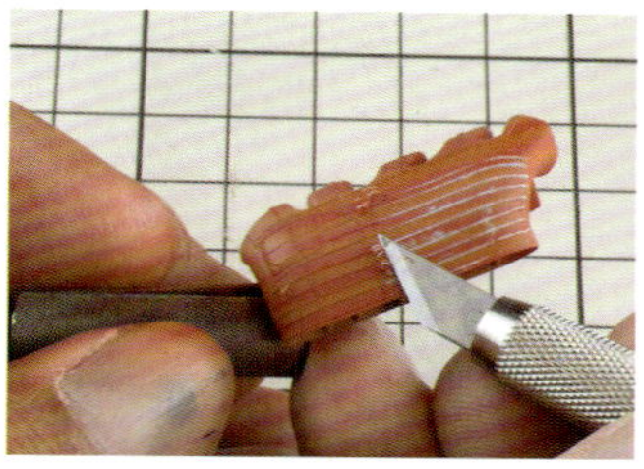

▲烟囱方面，需要动手粘接上天棚边索的蚀刻零件。P.45中虽然也介绍了在细节部位上进行的粘接办法，但这里我们还准备为您介绍切削掉细节部位之后再粘接的办法。

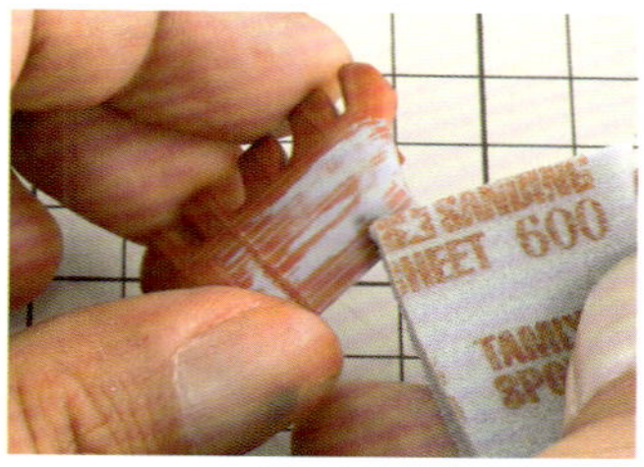

▲用美工刀削除过细节部位之后，用海绵砂纸对表面轻轻地进行打磨。

▲用美工刀切割下天棚边索的蚀刻零件。

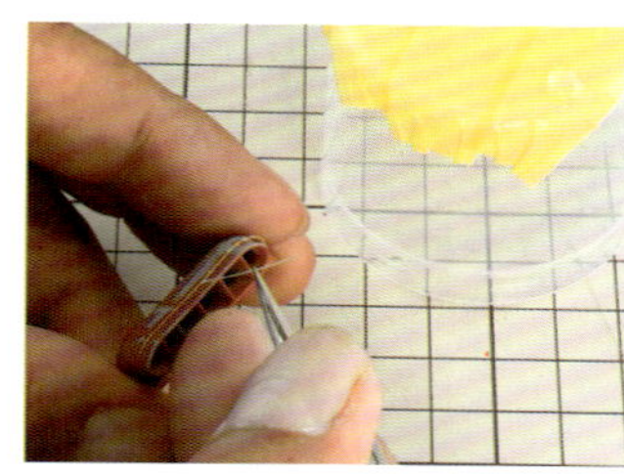

▲蘸上黏稠状瞬间黏合剂，动手进行粘贴。因为细节部位的痕迹还稍有残留，可以拿来当做位置印记。

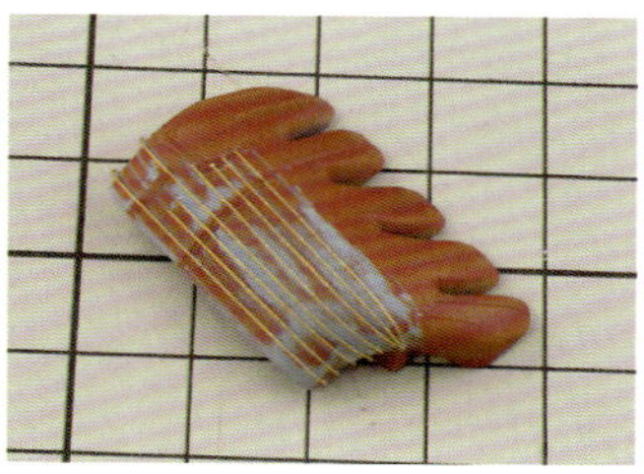

▲用拉伸板材框架在各天棚边索上注入黏稠状瞬间黏合剂和流缝式瞬间黏合剂，稳固固定。

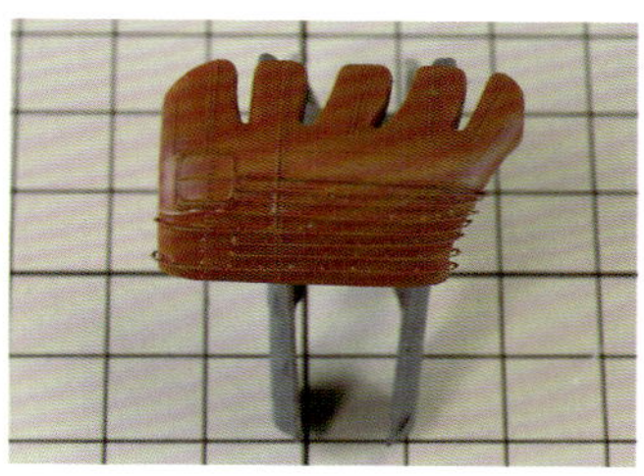

▲全部粘接完成后，再次喷涂Oxide Red Surfacer。

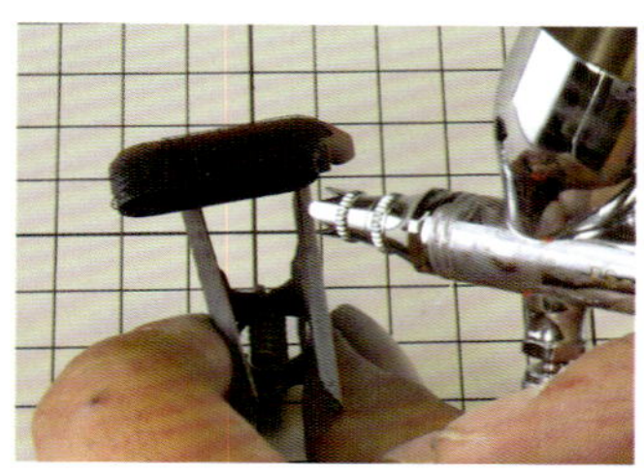

▲接下来，再涂装烟囱的黑色。

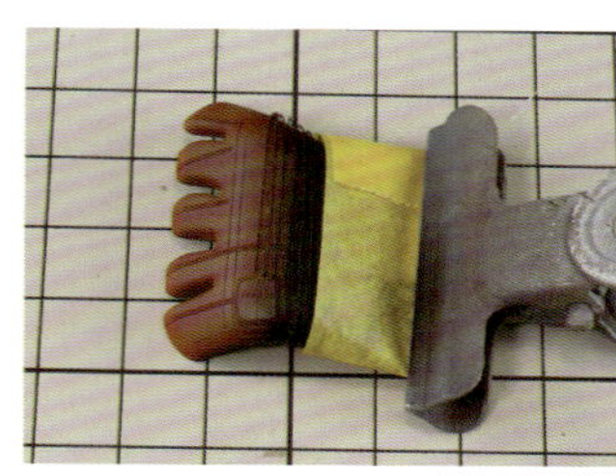

▲遮盖用黑色涂装过的部分。注意不要在蚀刻零件上造成负荷。

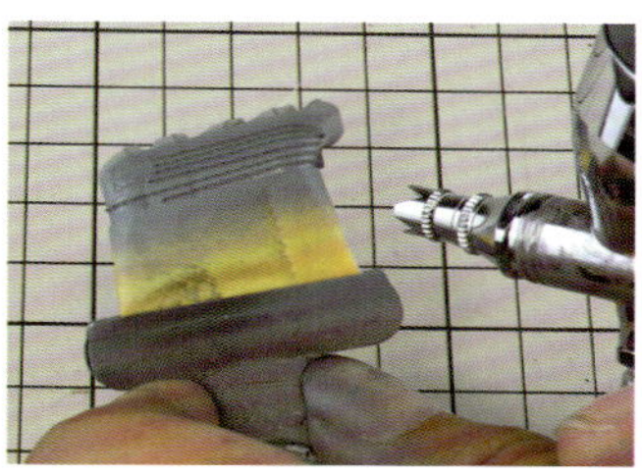

▲涂装吴色。

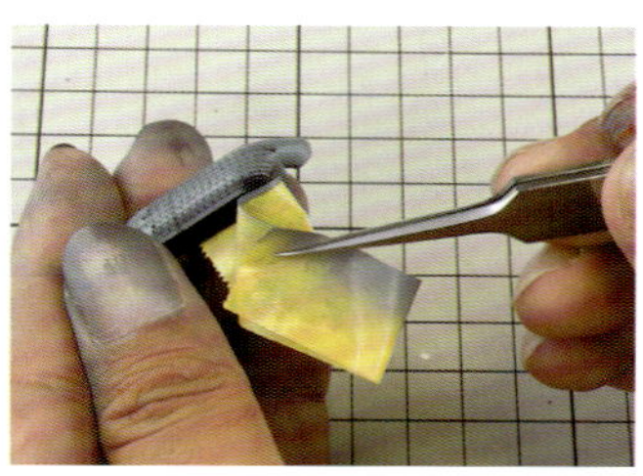

▲吴色完全干燥之后，揭除掉遮盖胶带。

▲其后，用TAMIYA入墨线涂料来进行洗涂兼入墨线。

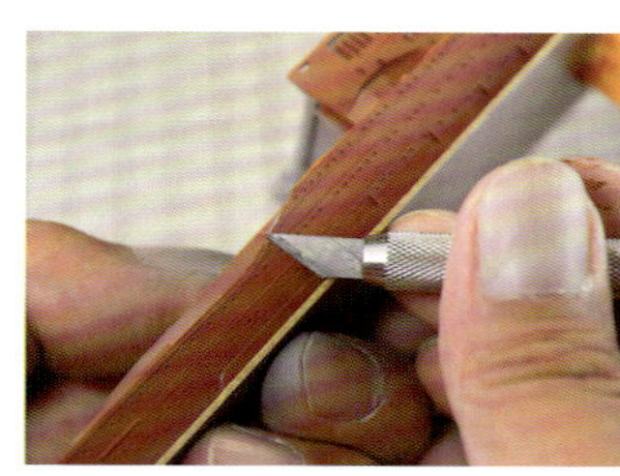

▲进入船体的正式涂装之前，先检查各部分的情况。如果发现还存在有未曾削除的结合缝的话，可以用美工刀或锉刀来进行处理，再次喷涂补土。

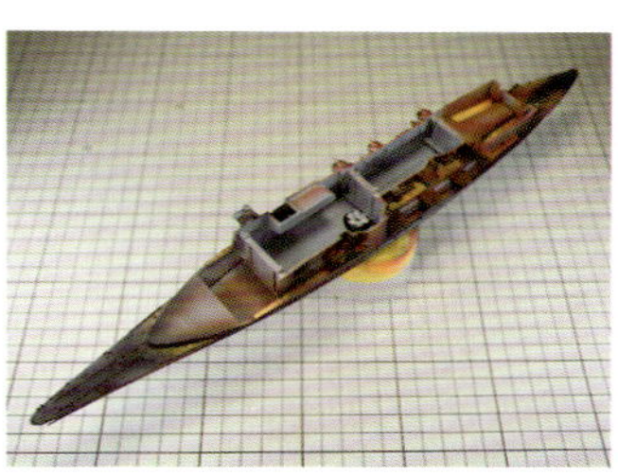

▲对船体喷涂吴色前，在船体的边缘和阴影部分喷涂黑色，让阴影显得更为突出。

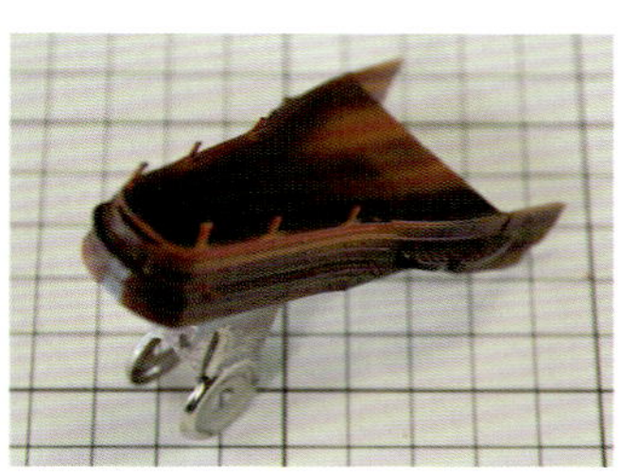

▲前部格纳库也同样涂装上黑色。

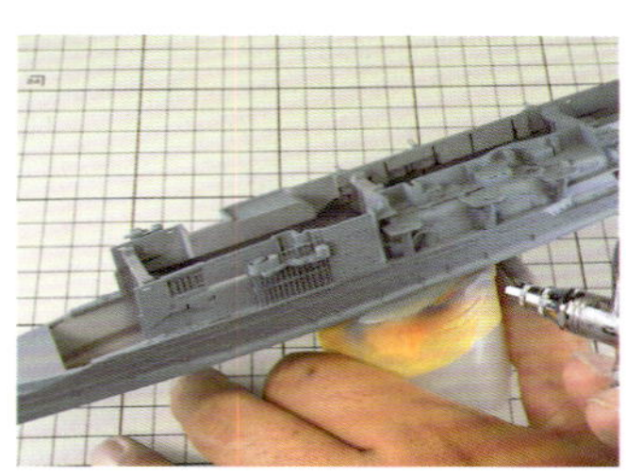

▲对船体全体涂装吴色。涂装时需要淡一些，保留下底的黑色。

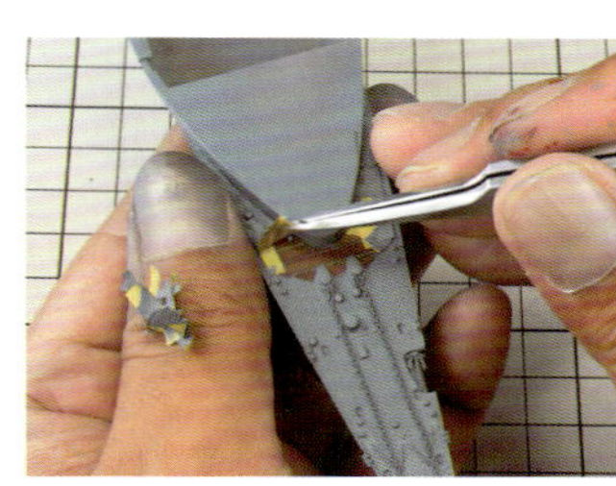

▲对整体涂装过吴色之后，揭去压漆布部分的遮盖。

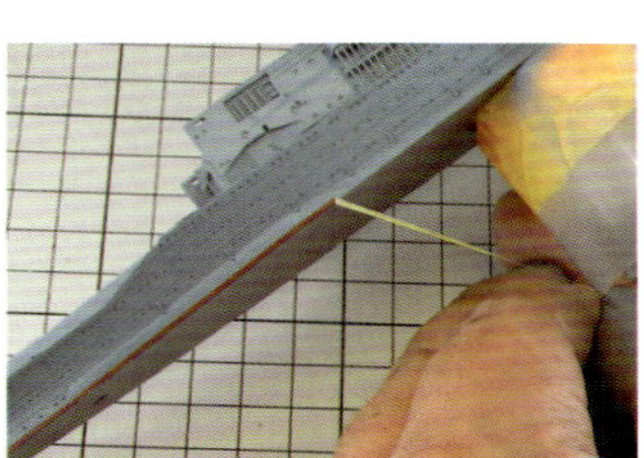

▲其后，揭去舰艇部的遮盖。

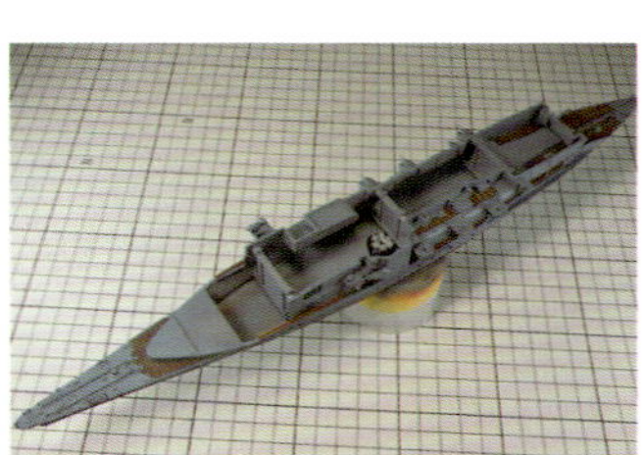

▲船体的基本涂装大致完成后的状态。

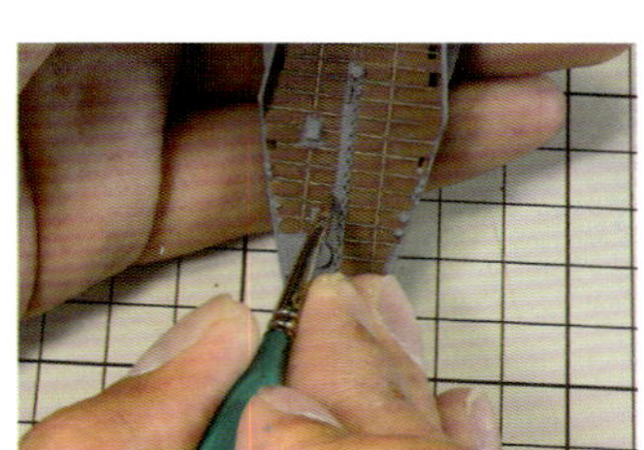

▲接下来，再用笔涂的方式涂装甲板上的吴色部分。如果出现涂装溢出的话，则用压漆布色进行点涂。

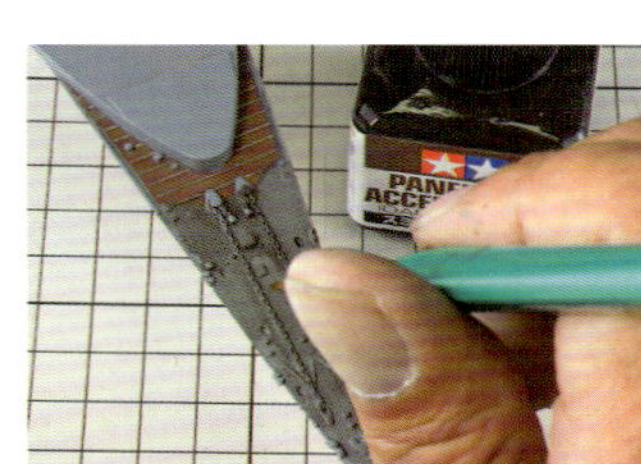

▲用TAMIYA入墨线涂料的暗棕色对船体实施洗涂兼入墨线。

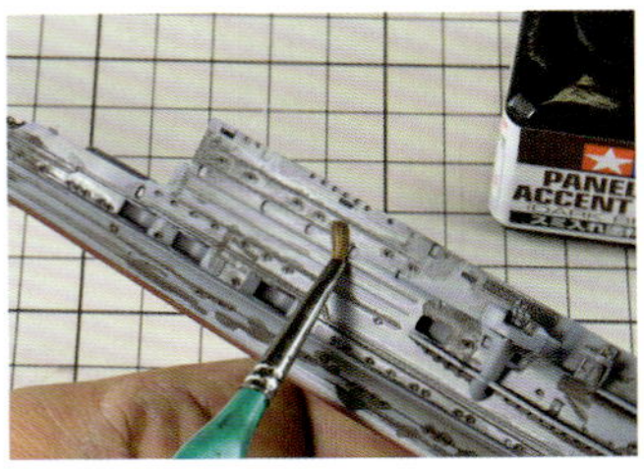

▲船体部分，也要使用暗棕色来进行入墨线处理。入墨线处理的目的是为了让细节部分更加地明显。

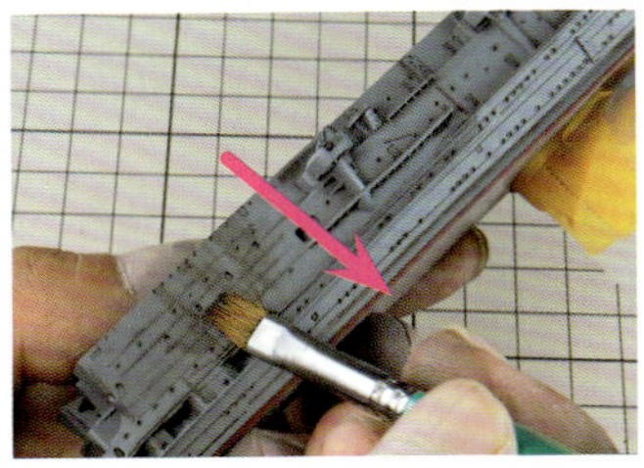

▲用蘸有珐琅系溶剂的笔自上而下刷涂，刷掉多余的涂料。

▲自上而下用笔进行刷涂后，就能再现出水自上而下流过后形成的污渍了。污渍的程度方面，如果能够分清强弱的话，那么完成后给人的感觉也会更加真实。

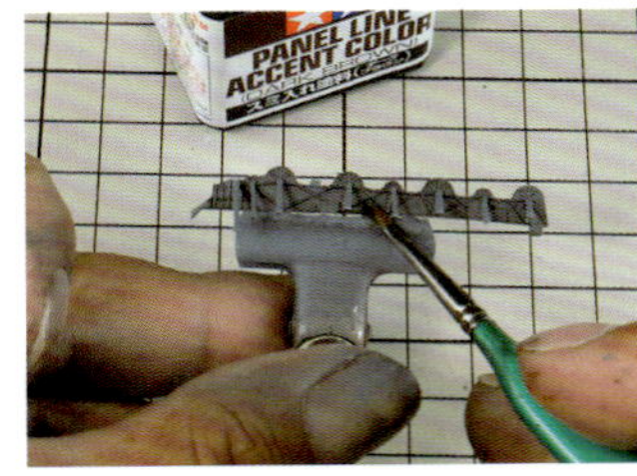

▲水鳍的外侧和内侧也需要仔细进行入墨线。

滚筒的自制与粘接

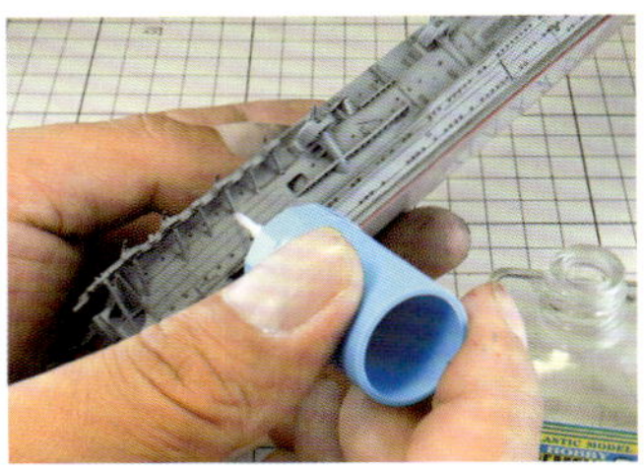

▲连入墨线步骤也完成，等涂料完全干燥之后，就可以开始动手在船体上粘接零件了。

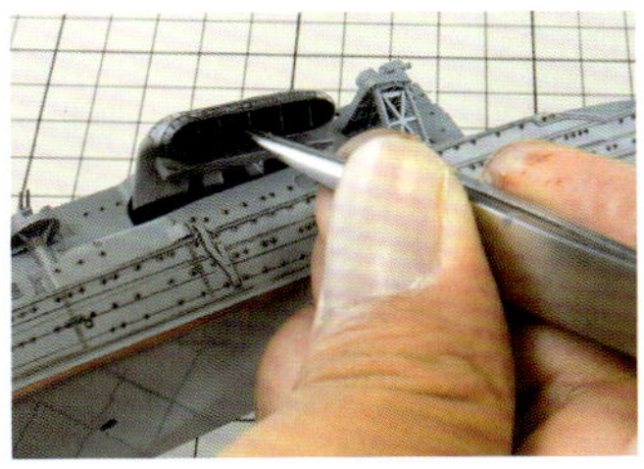

▲粘接上烟囱。用镊子夹住烟囱里的栅格部位来进行粘接的话，那么粘接时就不会对天棚边索的蚀刻零件造成负荷了。同样，还要对其他的零件也进行粘接。

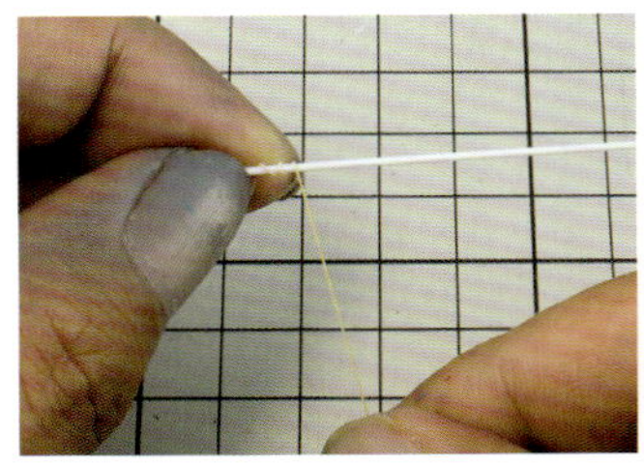

▲动手提升滚筒的细节。滚筒上缠卷的缆绳可以用拉伸板材框架来动手制作。将暗黄色的拉伸板材框架缠卷到1mm的塑胶棒上。

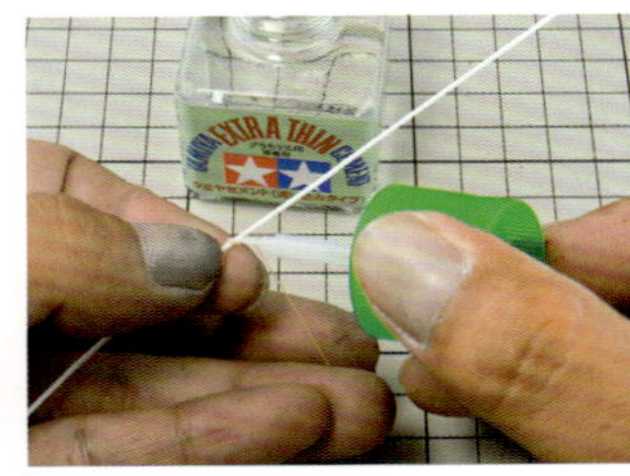

▲用流缝式黏合剂稳固固定开始缠卷的部分。

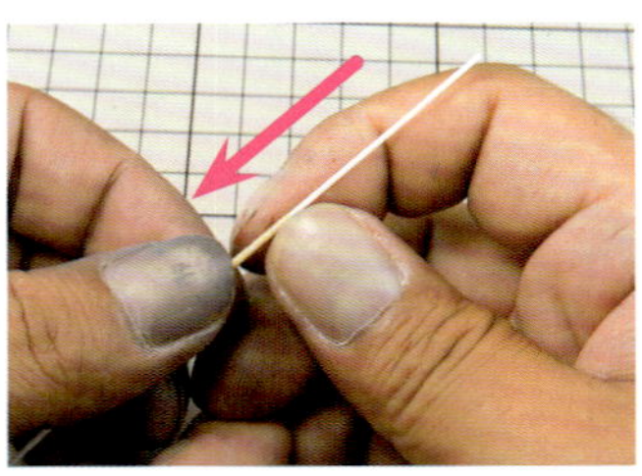

▲将拉伸板材框架缠卷上之后，再向着根部用力缠卷、绷直。这样反复操作，让拉伸板材框架紧紧地缠卷上去。

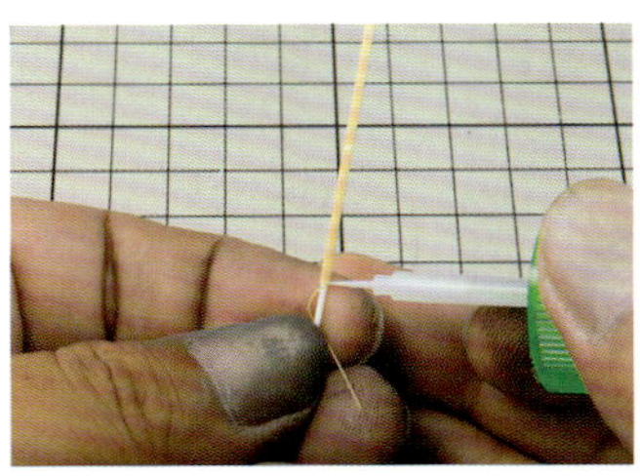

▲缠卷完拉伸板材框架之后，再用流缝式黏合剂固定好。

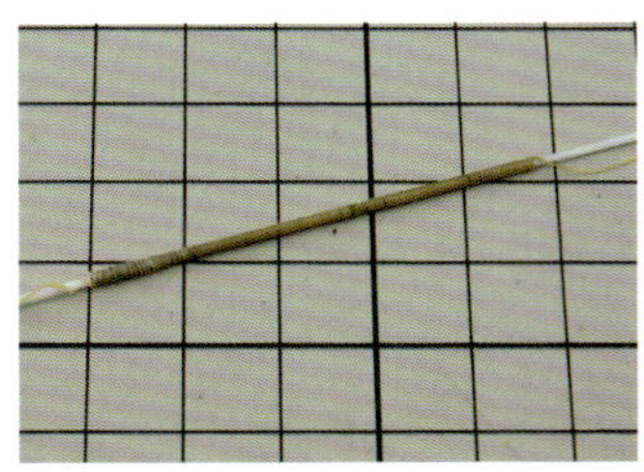

▲黏合剂干燥后，再在缠卷好的状态下用暗棕色进行入墨线处理。

▲剪切掉不需要的塑胶棒。从断面上来观察的话，就能清楚地判断拉伸板材框架的缠卷状态了。

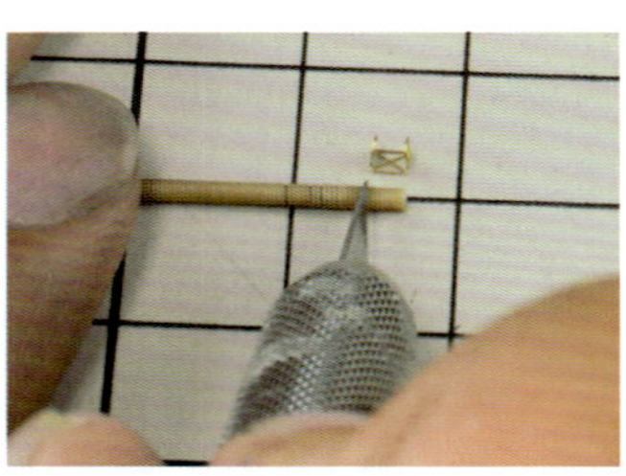

▲在塑胶棒的旁边放置上滚筒的基部，配合其宽度进行切割。

▲对滚筒的基部进行过涂装后，安装上自制的滚筒中轴。

▲为了将中轴稳固地固定到基部上，用拉伸板材框架在零件上注入黏稠状瞬间黏合剂和流缝式瞬间黏合剂。

▲完成后的状态。中轴方面活用了成型色，形成了如图所示的真实感。

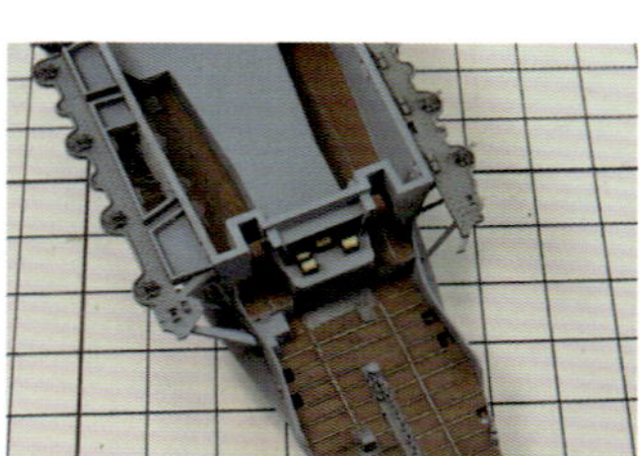

▲舰尾侧方面，粘接到后部格纳库的卷帘门上部。

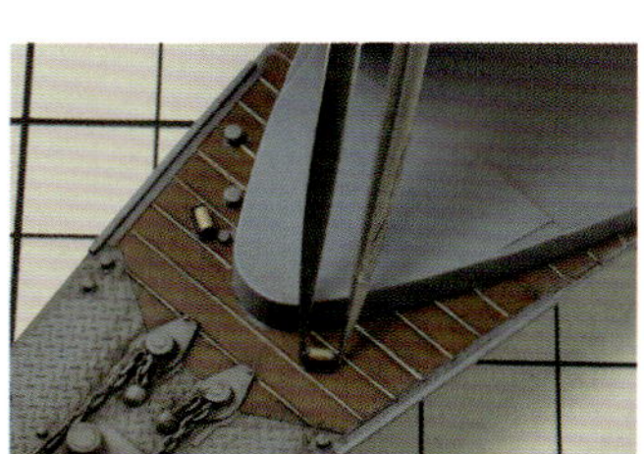

▲舰首侧的甲板上也要粘接。

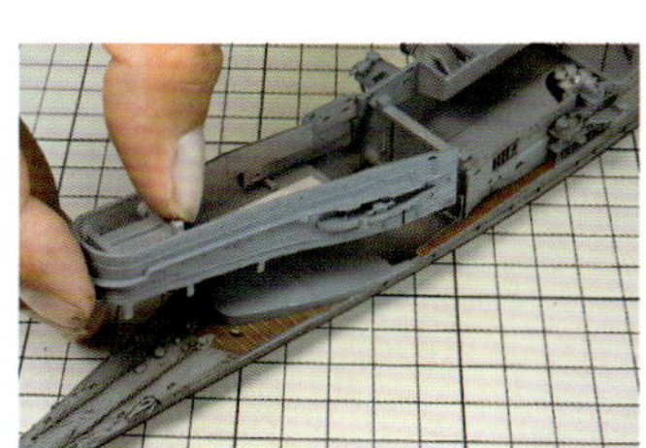

▲粘接前部格纳库。不要一下子就粘接上，需要先临时组装过之后再进行粘接。

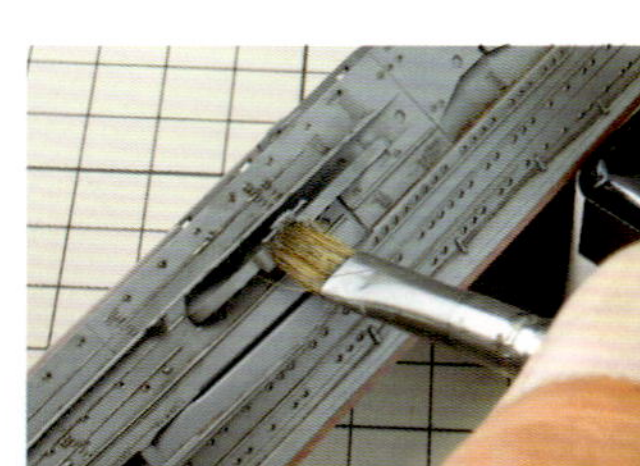

▲前部格纳库的部分也一样要实施进行洗涂兼入墨线的工序。

将蚀刻零件粘接到船体上。

◀在船体上安装扶手和扶梯等蚀刻零件。有关蚀刻零件的契合度问题，请参看自P.40开始的相关报道。首先，喷涂过金属底漆之后，涂装吴色。

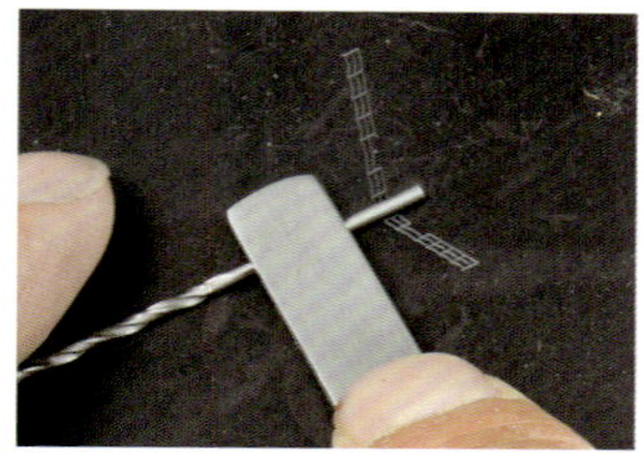

▲对于舰尾等形成曲线的部分，可以用钻头柄等部位轻轻按压，形成曲面。制作曲面时，可以将零件放置到橡胶垫等较为柔软的零件上按压。

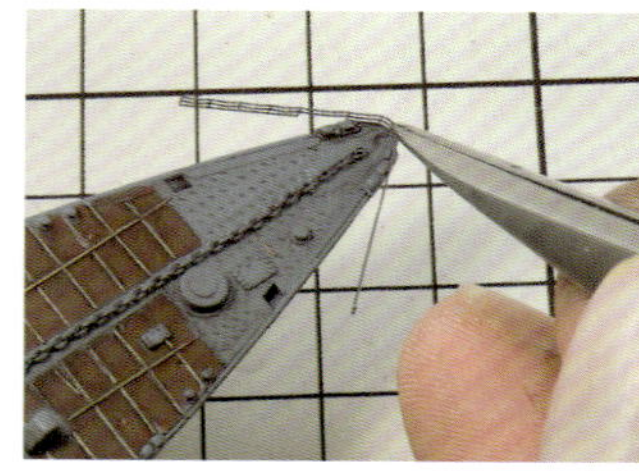

▲在按压出曲面的部位上蘸上黏稠状瞬间黏合剂，粘接到船体上。

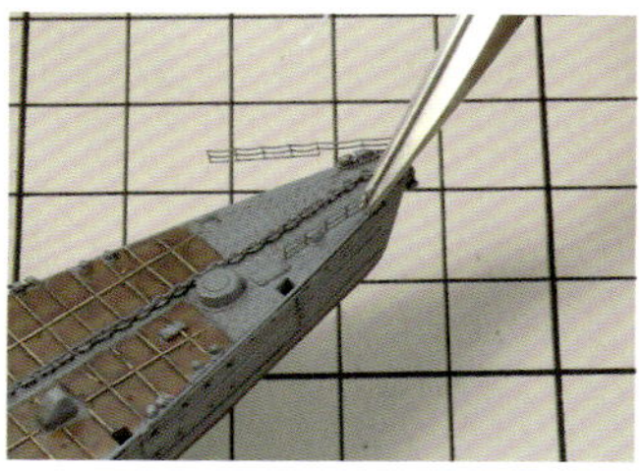

▲配合船体的形状，用镊子弯折扶手，进行细微调整。

▲用手指让扶手契合船体，用拉伸板材框架注入黏稠状瞬间黏合剂和流缝式瞬间黏合剂，紧密粘接。

◀安装前部格纳库的扶梯。参考FUJIMI模型的蚀刻零件的说明书，用美工刀来对零件进行切割。

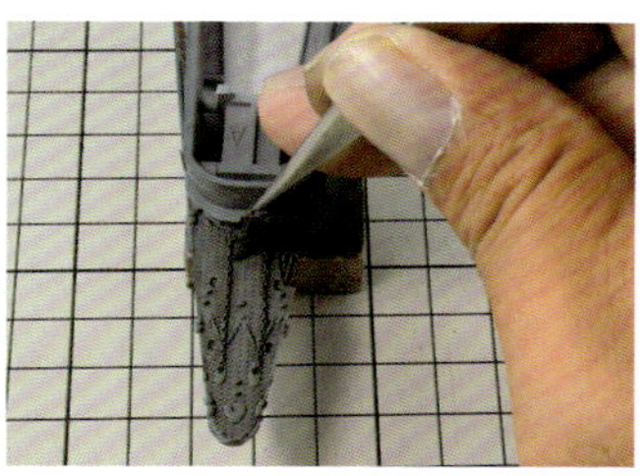

▲尝试将组装好的扶梯配合到切割过的部分上。如果没有问题的话，就动手用黏稠状瞬间黏合剂来粘接。

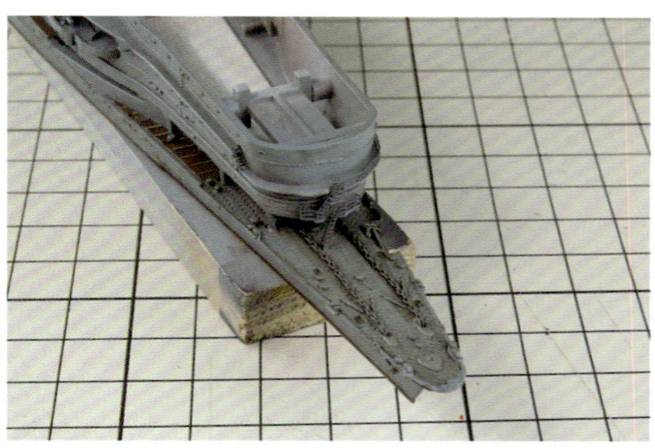

◀用拉伸板材框架注入黏稠状瞬间黏合剂和流缝式瞬间黏合剂，紧密粘接好之后就完成了。

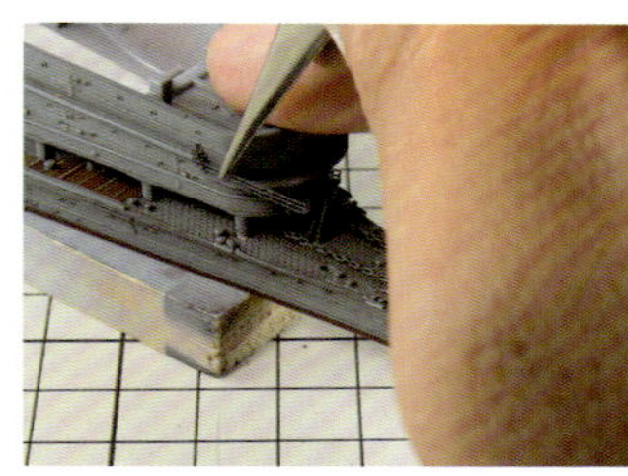

▲粘接扶手。此处需要一边粘接一边弯折。首先用黏稠状瞬间黏合剂粘接起点部分。

▲然后再用拉伸板材框架注入黏稠状瞬间黏合剂和流缝式瞬间黏合剂，让粘接变得更为稳固。

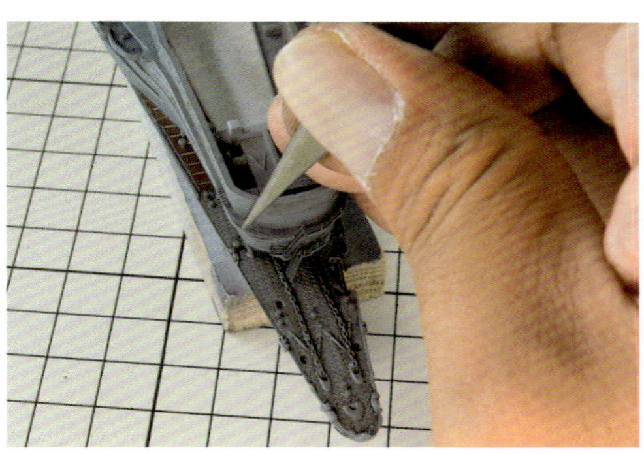

◀稳固粘接好之后，配合套件的形状，用镊子来进行弯折。如果起点的粘接不够稳固的话，蚀刻零件就会很容易脱落开来。

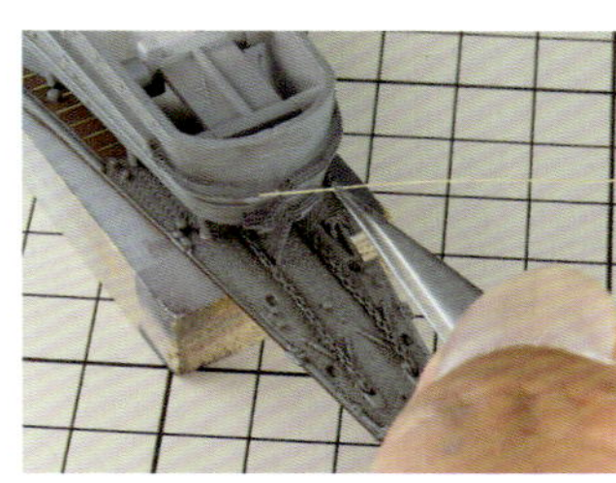

▲弯折完成后，用拉伸板材框架注入黏稠状瞬间黏合剂和流缝式瞬间黏合剂。

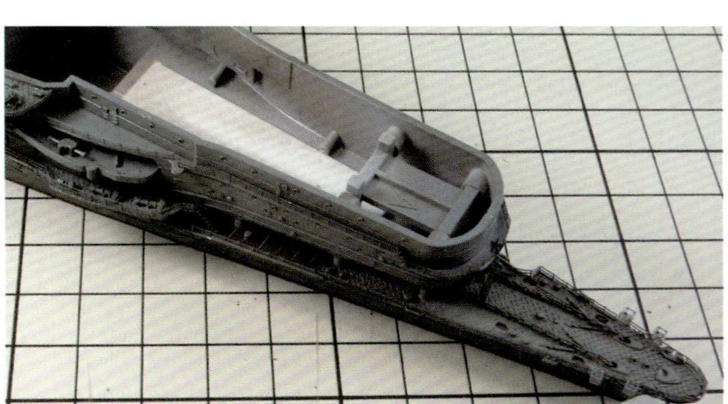

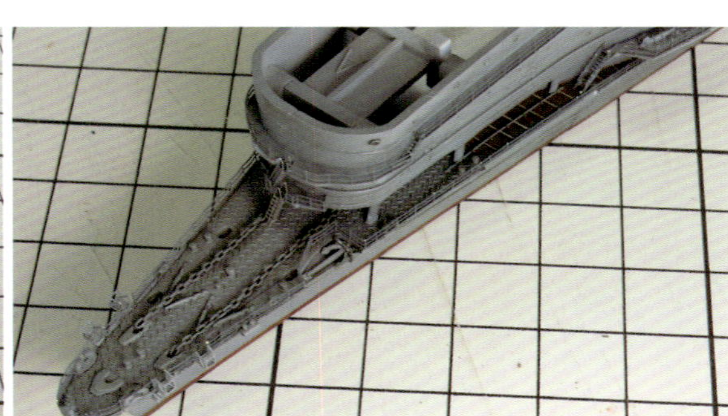

◀在舰首侧和舰尾侧粘接好扶手和扶梯后的状态。粘接过蚀刻零件之后，作业时就要更为谨慎小心了，所以作业时需随时确认零件的正确安装部位。

▲舰首、舰尾的细节提升。进一步追求桁架构造美感十足的赤城。

舰尾、舰首、飞行甲板支柱的细节提升

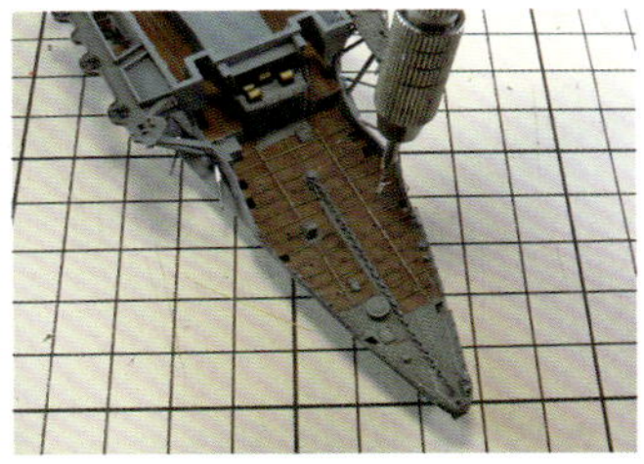

▲安装舰载艇。此处需用0.5mm的钻头来稍稍对安装部位进行加深，如此一来，零件的粘接也会变得更加容易一些。

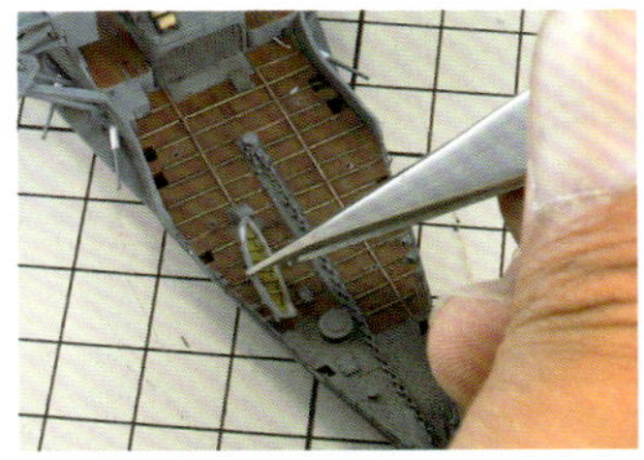

▲粘接F27零件。在F27的背面涂抹上黏度较高的塑胶用黏合剂，粘接到甲板上。

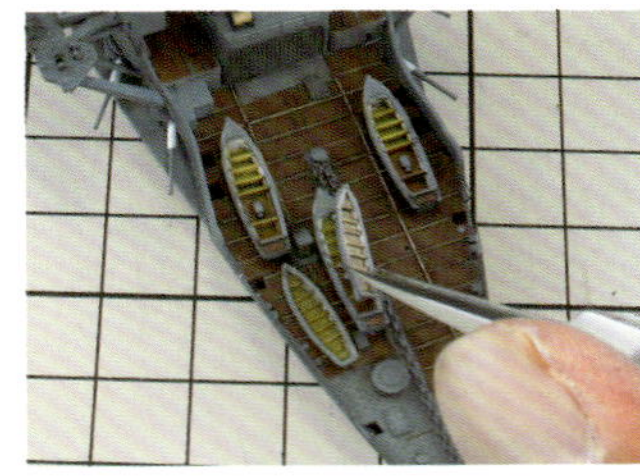

▲粘接其他的舰载艇零件。堆叠舰载艇时的粘接方法也基本相同。

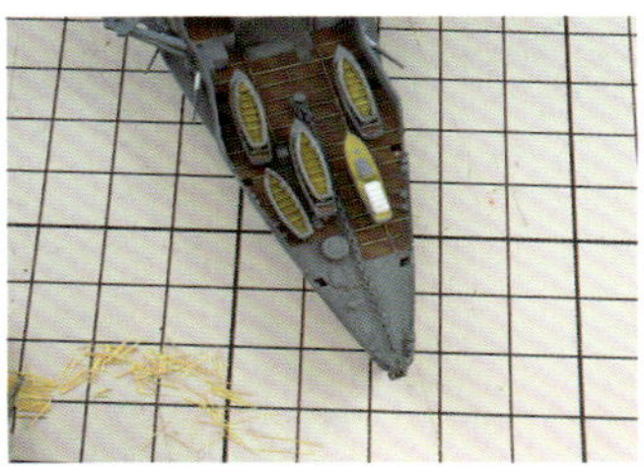

▲接下来再现拴住舰载艇用的缆绳。此时登场的也是暗黄色的拉伸板材框架。

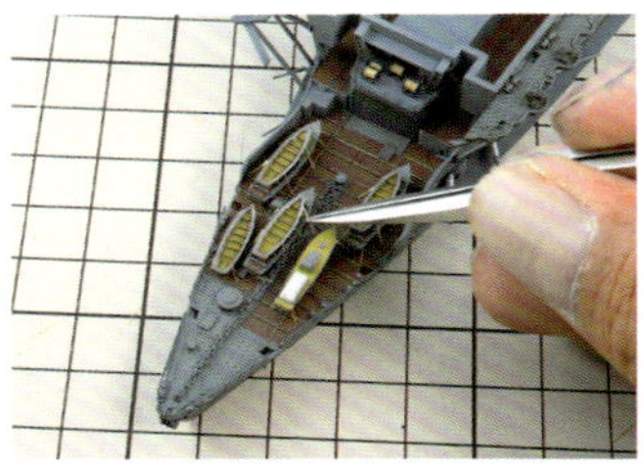

▲用黏度较高的塑胶用黏合剂在舰载艇周围上粘接上适当长度的拉伸板材框架。

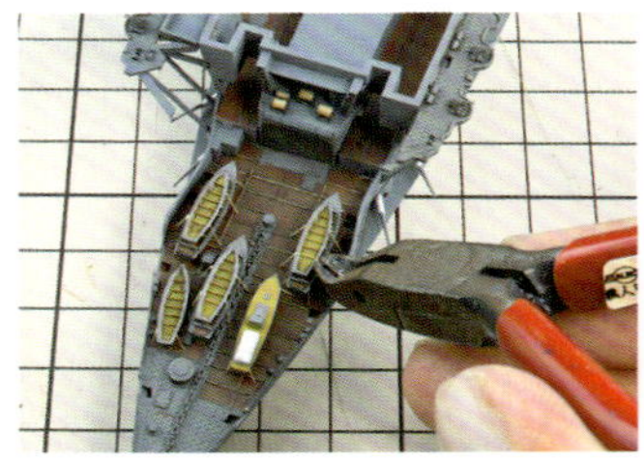

▲等黏合剂干燥到一定程度之后，用水口钳剪切掉多余的长度。

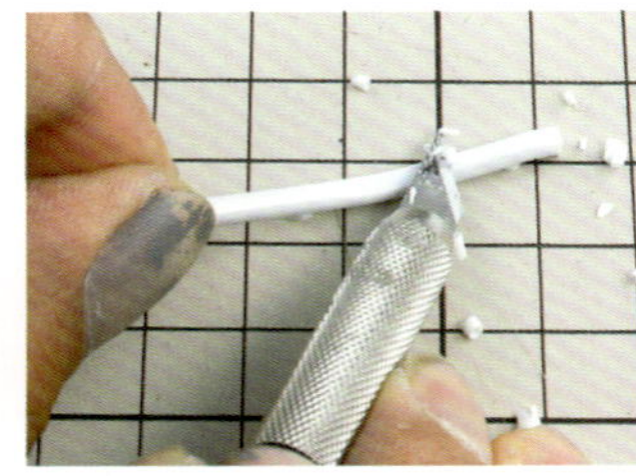

▲紧接着，制作拴住上面的绳索。此处也使用拉伸板材框架来再现。因为希望制作出扁平绳索状的零件来，所以要用美工刀将板材框架上的圆弧形部分削除掉。

▲将圆弧形部分削除到一定程度之后，再对板材框架进行拉伸的话，就可以制作出扁平绳索状的零件来了。

▲将刚才制作出的扁平拉伸板材框架剪切到适当的长度，用塑胶用黏合剂粘接。

▲完成！增加了色泽和细节之后，信息量也一口气大为增加。使用了拉伸板材框架之后，就能够提升如此程度的细节。

▲接着，再粘接上舰首侧的飞行甲板支柱。因为每个零件的形状都有所不同，所以粘接时需要一一对零件进行确认。

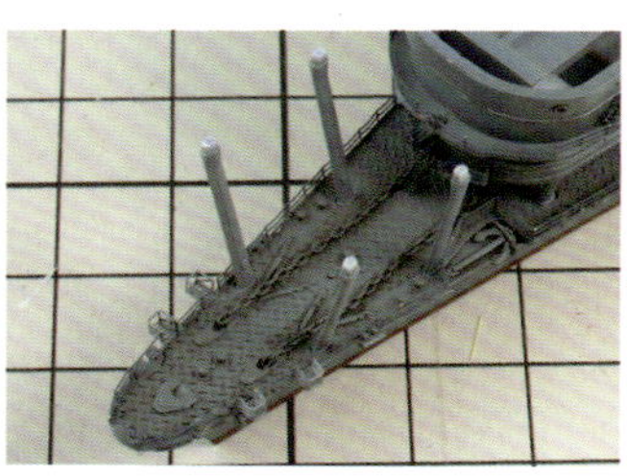

▲粘接好全部零件之后，趁着黏合剂还没有完全干燥，与飞行甲板进行临时组装，对支柱的位置进行细微的调整。

▲后部飞行甲板与左舷、右舷侧的支柱方面，使用的是HASEGAWA的“航空母舰 赤城 三段甲板 细节提升零件A、B”。

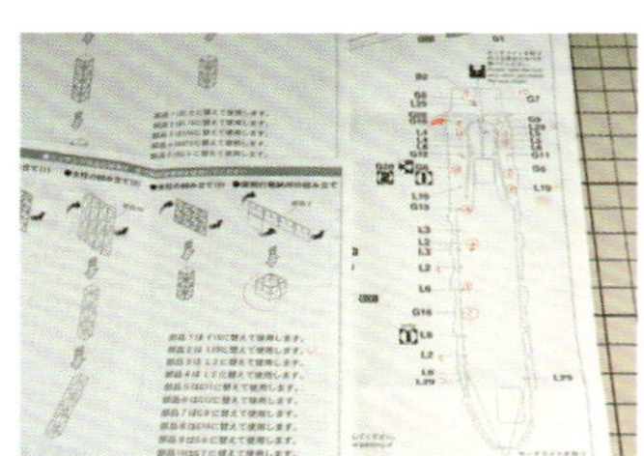

▲确认过装在蚀刻零件内的说明书之后，将哪个零件对应哪个部位的信息记录到说明书上。此项作业务必要动手做好。

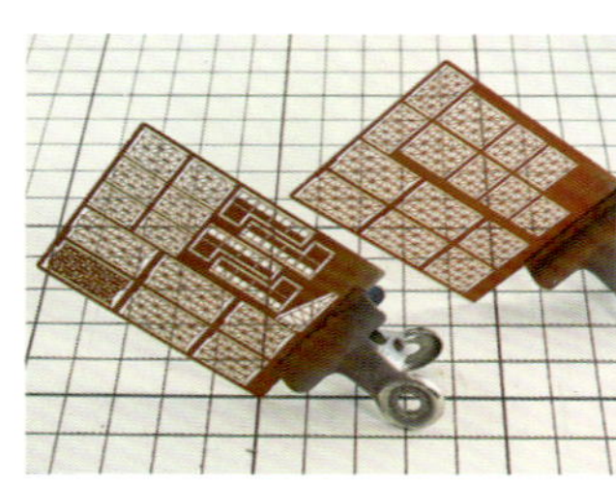

▲喷涂掺有底漆的Oxide Red Surfacer，制作下底。

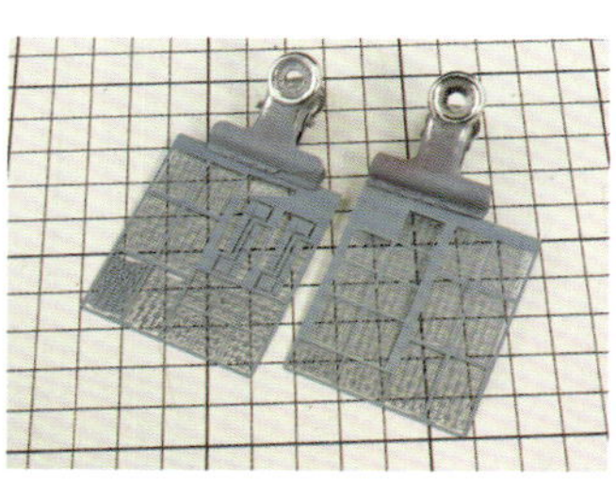

▲其后，保持连接在板材上的状态，对零件涂装吴色。

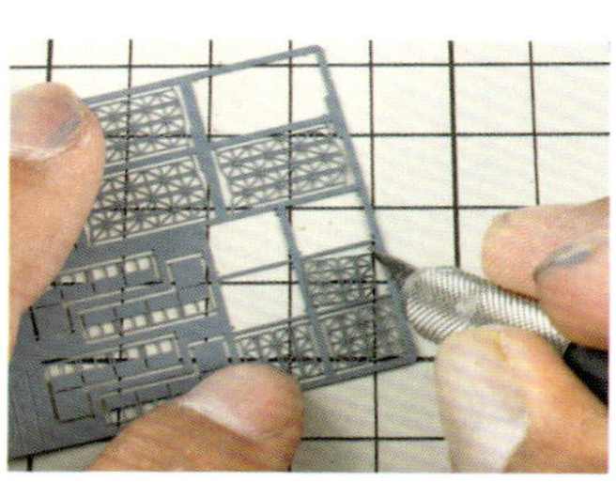

▲涂料完全干燥之后，用美工刀切割零件。

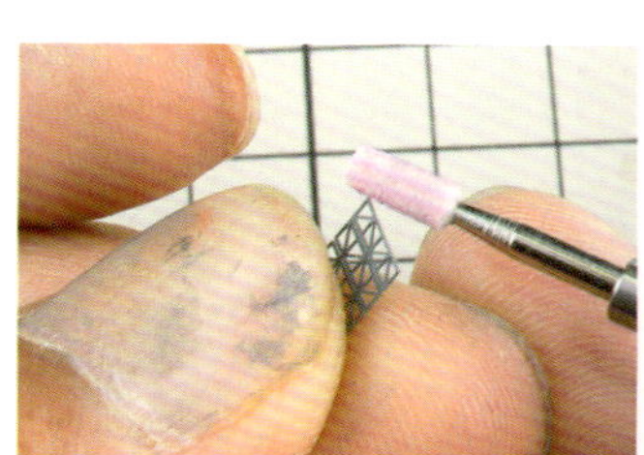

▲水口痕迹用电钻轻轻打磨，轻松简单地对零件的水口进行处理。

▲使用蚀刻弯曲夹，顺着弯折线仔细地对零件进行弯折。

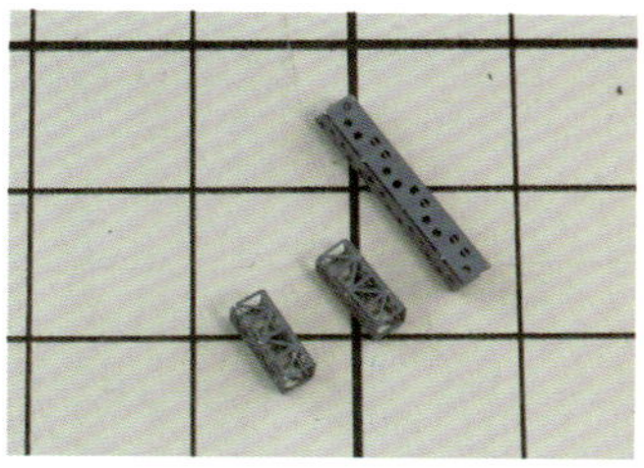
▲弯折过后，零件就会形成图中所示一样的柱状物。接下来，就要动手将零件粘接到船体上去了。

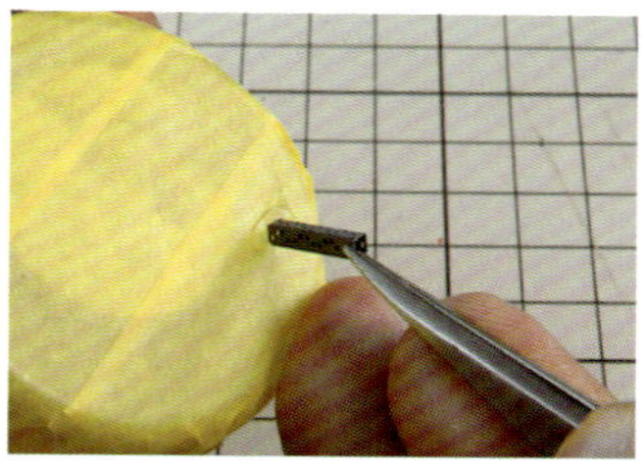
▲在支柱的一段上蘸上黏稠状瞬间黏合剂。

▲粘接到安装甲板支柱的位置上去。

▲安装好各支柱。之后就将进入到本项作业的重点步骤了。

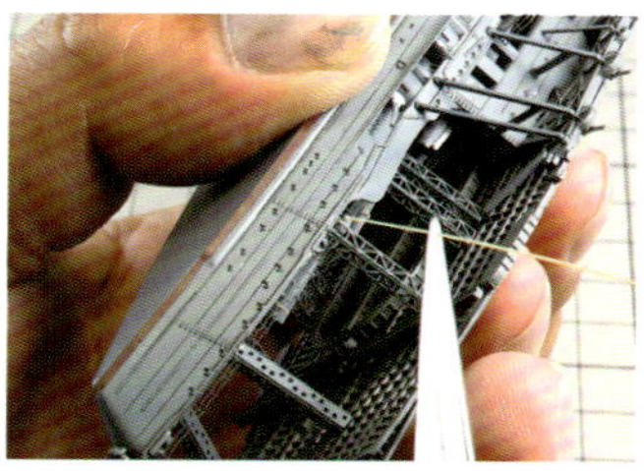
▲将支柱稳固地临时组装到飞行甲板的嵌合部位上，用黏稠状瞬间黏合剂和流缝式瞬间黏合剂粘接船体甲板侧。如果不先进行临时组装的话，那么飞行甲板和支柱就会相互错开。

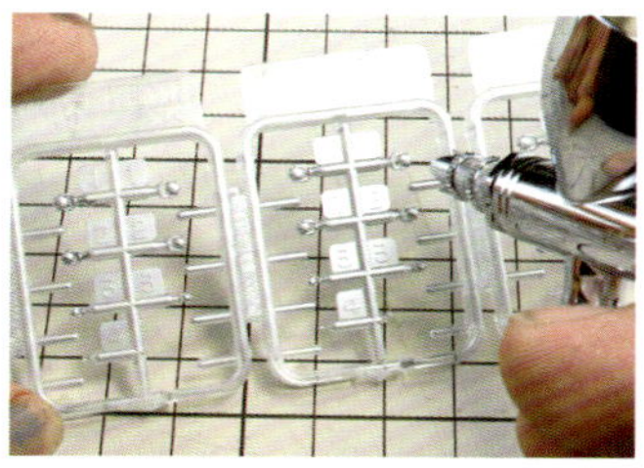
▲在细节提升零件B套装中，附带有探照灯收纳区域的零件。首先用银色涂装NANO DREAD的通用探照灯套装的背面。

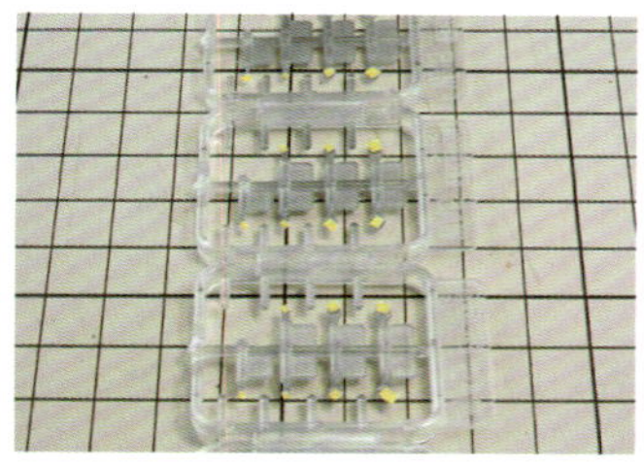
▲将剪切成较小的四角形的遮盖胶带粘贴到探照灯表面的透明部分上。如照片中所示，将胶带贴成菱形的话，就可以干净清晰地进行遮盖了。

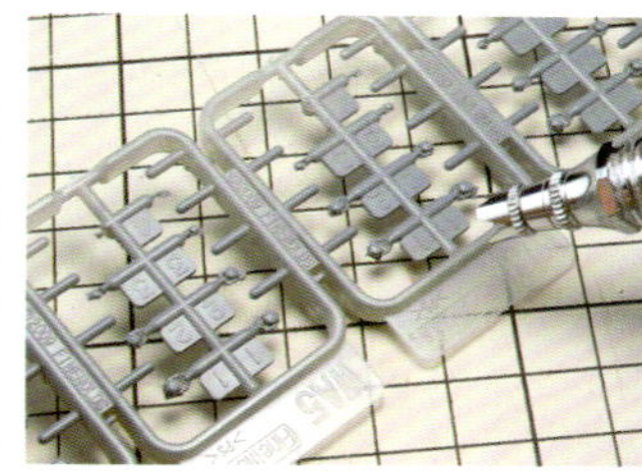
▲将探照灯涂装成吴色。

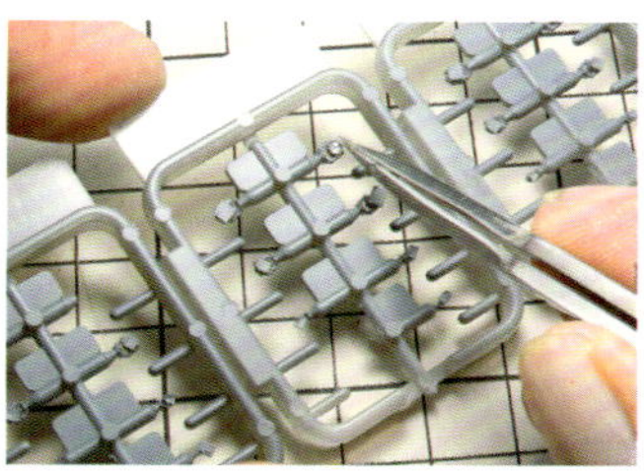
▲等吴色干燥之后，揭去遮盖胶带，然后就会形成如图所示的清晰地分别涂装好的状态了。此项工作的重点，就是将胶带粘贴成菱形。

▲飞行甲板的探照灯为隐藏式110cm探照灯。在弯折过组装好的区域内，粘接上从板材框架上剪切下的110cm探照灯。

▲组装好探照灯之后，在飞行甲板背面指定的位置上用瞬间黏合剂进行粘接。

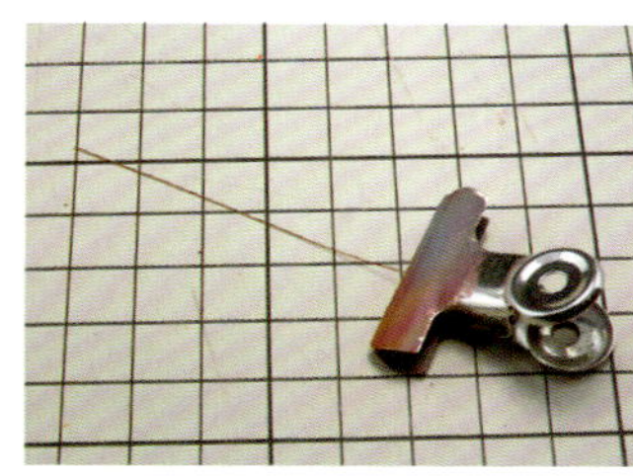
▲接下来，用1mm的黄铜丝来再现支柱与支柱之间的桁架。首先，先用吴色对黄铜丝进行涂装。

▲用圆规测量一下支柱与支柱之间的长度。

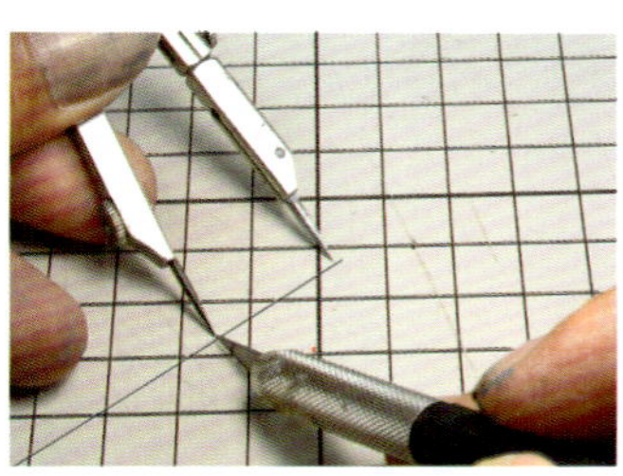
▲切割下先前用圆规测量出的长度的黄铜丝来。

▲将黄铜丝粘接到支柱的顶端上，让黄铜丝之间彼此相互交叉。

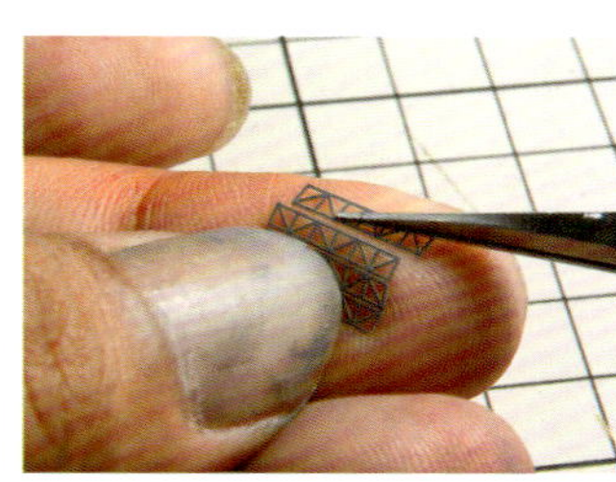
▲利用不会用到的支柱零件来进行细节提升。首先，先取出一根来。

▲尝试粘贴到后部格纳库的墙面部分上去。如此一来，后部甲板的信息量也就会相应地增加了。

▲粘贴好左右的桁架，完成后部甲板的细节提升之后，动手在舰尾侧尖头上的支柱部分上粘贴黄铜丝。

▲将装在B套装中的照片中的零件粘接到支柱上。

▲最后用笔涂的方式再现支柱的白线。

吊艇柱的制作

▲将吊艇柱替换成蚀刻零件。首先从F6零件的吊艇柱开始观察。将套件的吊艇柱基部切割掉。

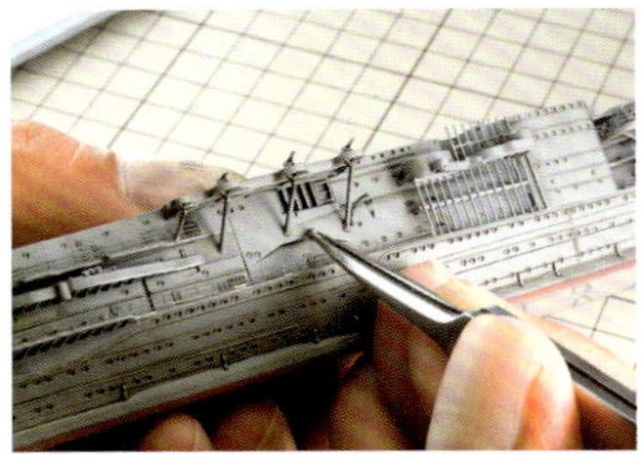
▲将切割下的基部粘接到船体上的粘接吊艇柱的孔洞里。

▲吊艇柱前方的钩子因为与套件的武装艇的安装孔的形状有所不同，所以需要彻底动手进行切割。

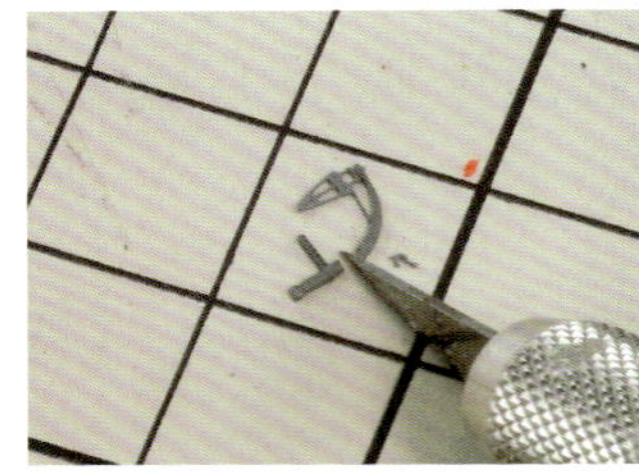
▲吊艇柱的安装基部也需要进行切割。

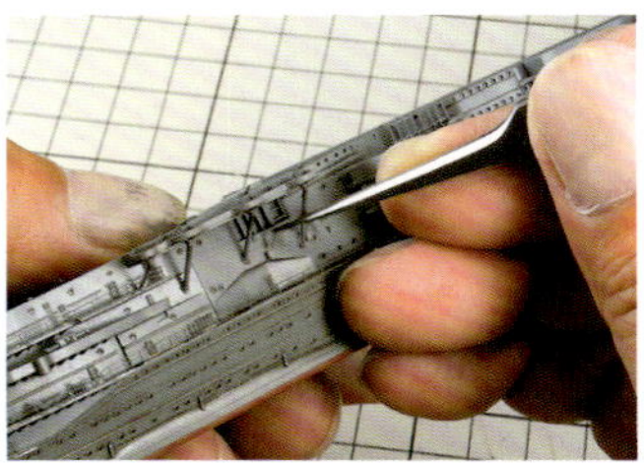
▲用黏稠状瞬间黏合剂粘接到在刚才安装上的套件的吊艇柱基部上。

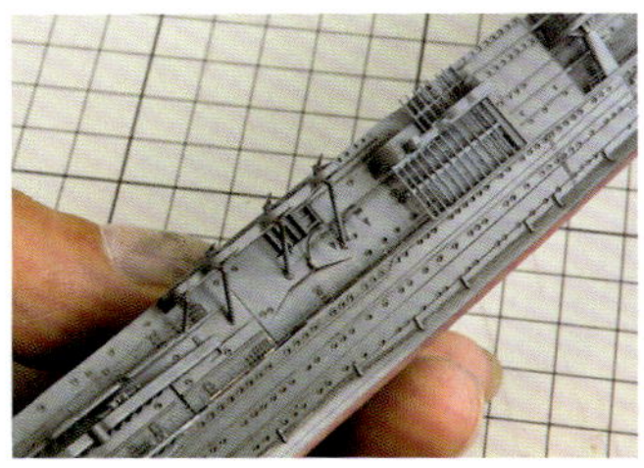
▲因为粘接面积较小的缘故，需要用黏稠状瞬间黏合剂和流缝式瞬间黏合剂稳固粘接。

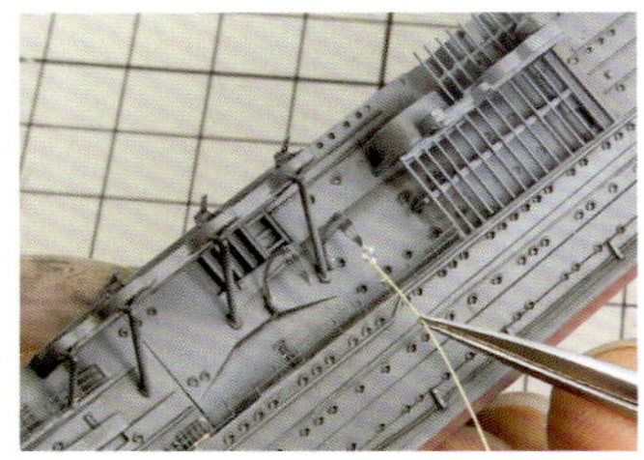
▲接下来，在吊艇柱上吊悬上武装艇。在吊艇柱的尖端上用拉伸板材框架蘸上黏稠状瞬间黏合剂。

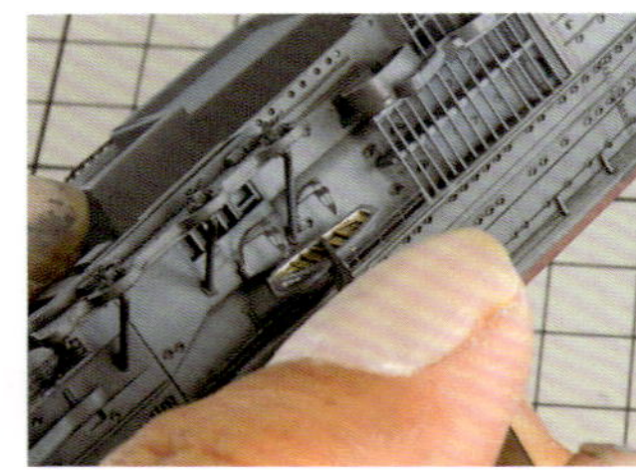
▲让武装艇内的孔洞和吊艇柱的尖端相互配合，将两者粘接到一起。

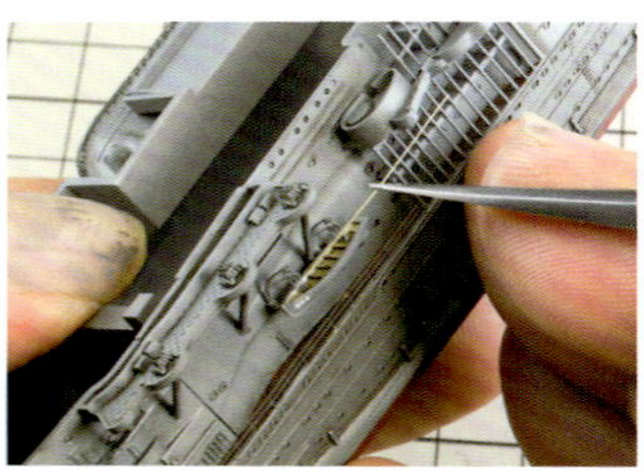
▲其后，用拉伸板材框架注入黏稠状瞬间黏合剂和流缝式瞬间黏合剂，稳固固定。

▲G15吊艇柱方面，也仅只沿用套件零件的基部。如照片中所示，动手将尖端部分切割下来。

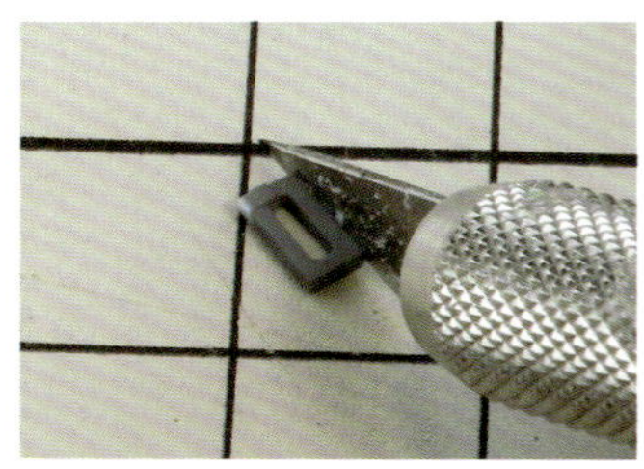
▲对刚才切割下的对侧的基部稍做切割，让零件变薄。

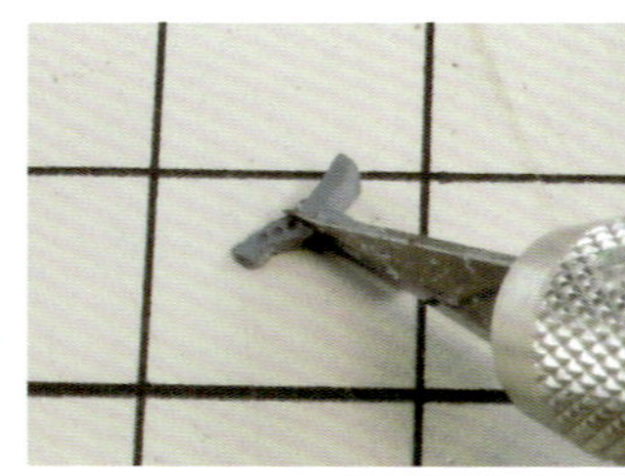
▲G17吊艇柱方面，也对尖端部分进行切割，制作出L字形状的基部。

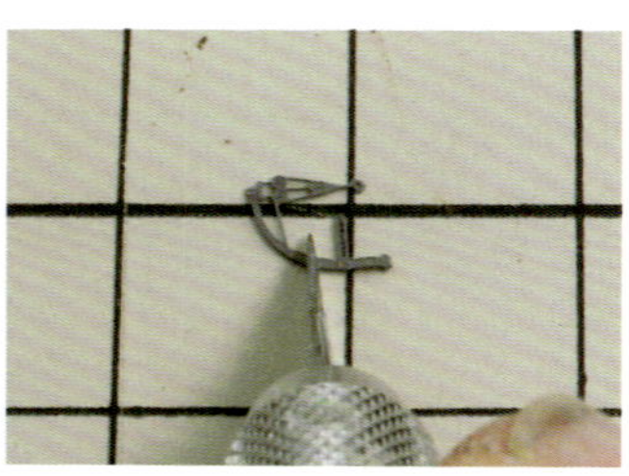
▲对蚀刻零件的吊艇柱的安装基部和钩子进行切割。

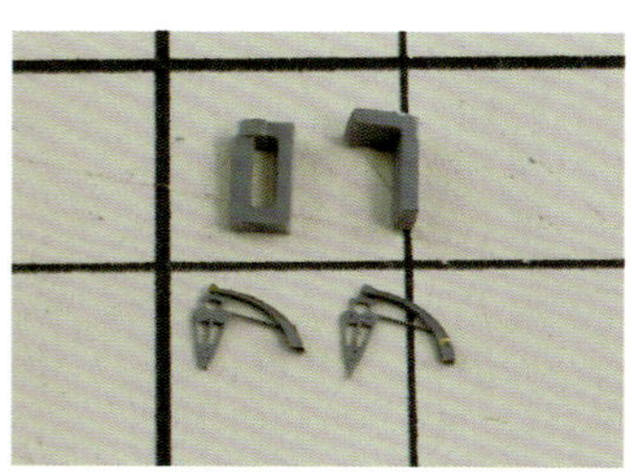
▲图为制作完成后的零件。将这些零件粘接上。

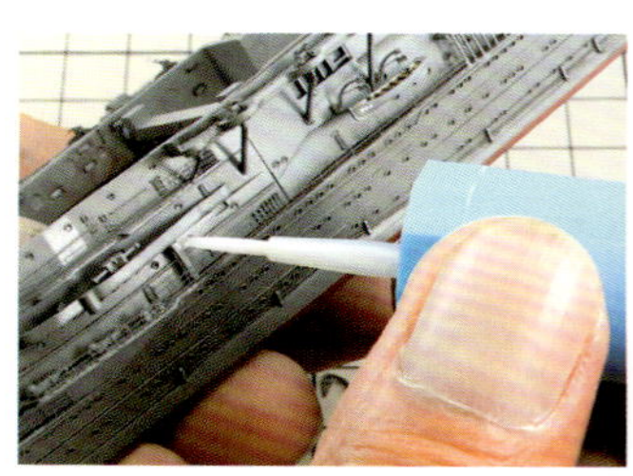
▲将对塑胶套件的吊艇柱进行切割后制成的基部零件粘接到船体上。

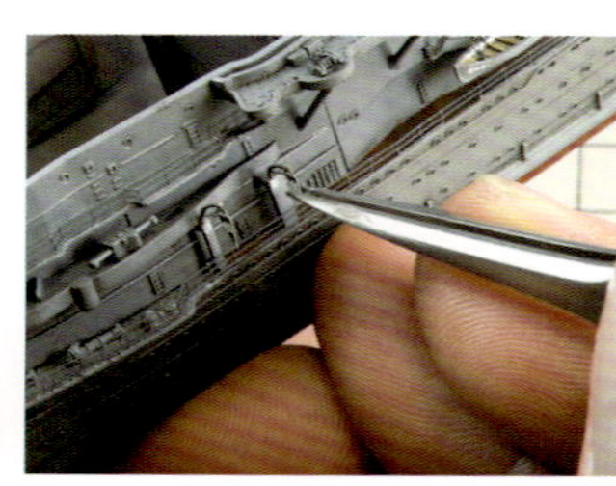
▲其后，动手展开用瞬间黏合剂将蚀刻零件粘接上的工序。

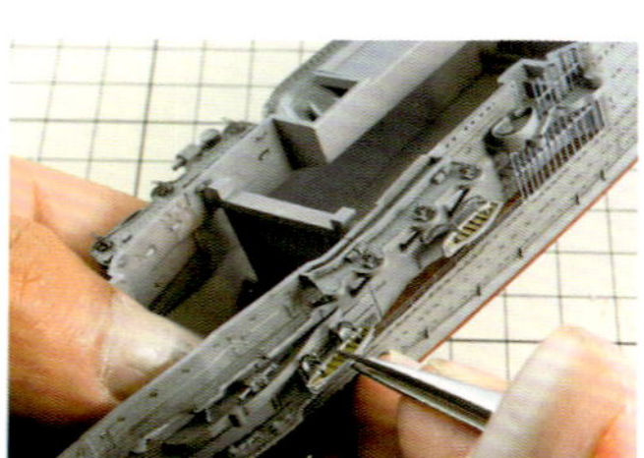
▲武装艇的安装方法与刚才一样。动手安装时需务必谨慎小心。

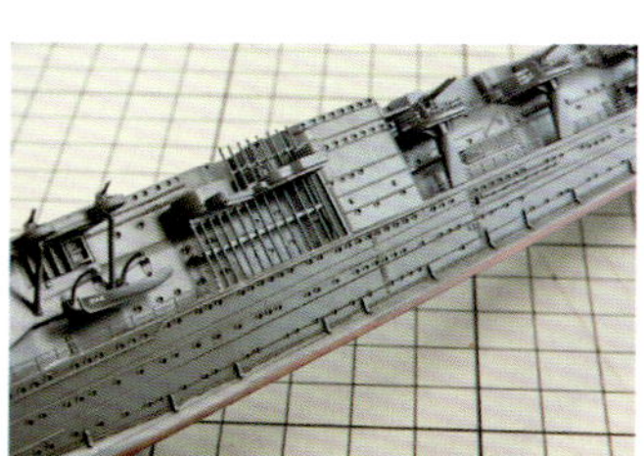
▲接下来再来看看修正金属零件颜色剥落时的点涂作业。动手进行制作时，发现作业放置场的柱子上存在有肉眼可见的涂料剥落，下底的金属质地已经露出。

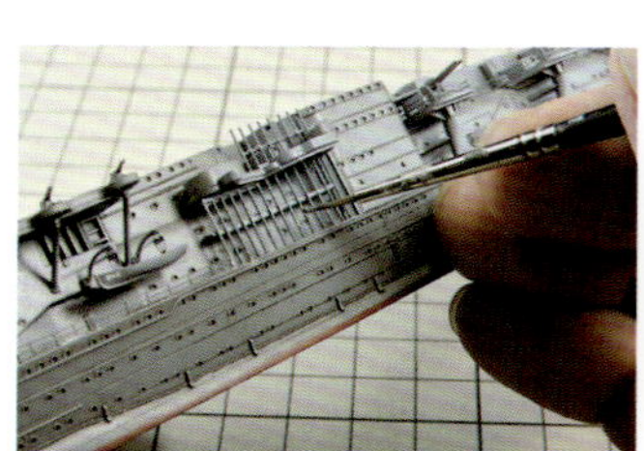
▲对于这样的部位，可以采用笔涂的方式涂装船体涂装中使用的吴色。因为扶手等部位的涂料也较容易剥落，所以需要采用相同的办法来进行点涂。

▲等涂料干燥之后，这些地方就会变得不再显眼。舰船模型制作中，点涂作业是非常重要的一步。所以制作时需要频繁地进行检查和修正。

飞行甲板、舰桥、桅杆的粘接

▲船体的涂装和工作结束后，终于就要进入到飞行甲板的粘接步骤了。首先将飞行甲板和船体临时组装到一起，检查两者间是否能完美契合，再无松动滑动现象。

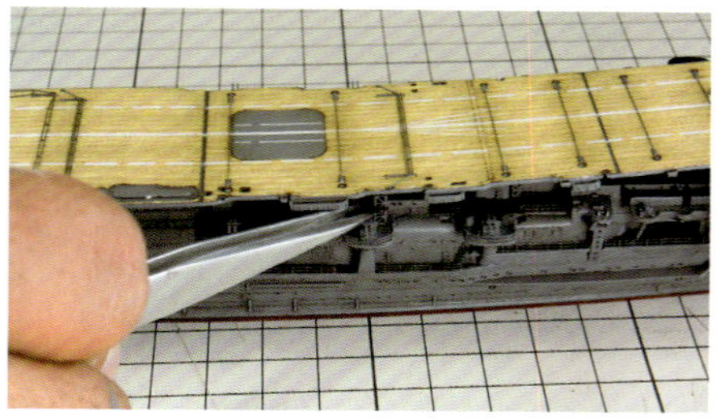

▲飞行甲板出现了滑动现象。这样的情况很常见，所以需要仔细检查，找出到底是哪里存在有歪斜与不吻合。

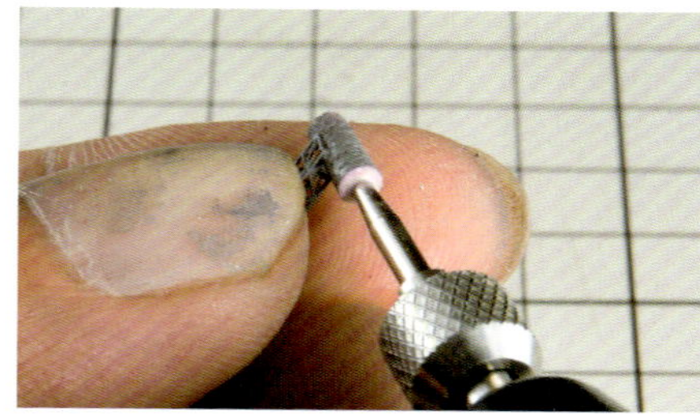

▲三段甲板用的蚀刻支柱上，安装到左舷与右舷侧上的零件稍稍存在有歪斜。用电钻对船体侧进行切削，配合船体的曲面改变形状。

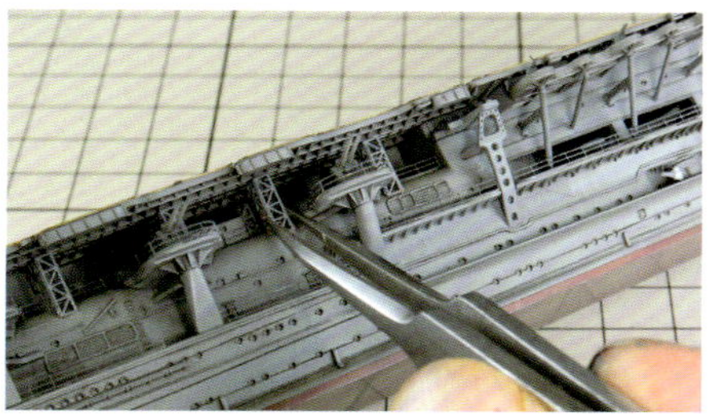

▲这样的调整最好是在临时组装上飞行甲板的状态下来进行。从下边滑动插入支柱，只要能够完美地嵌入进去，那就可以了。

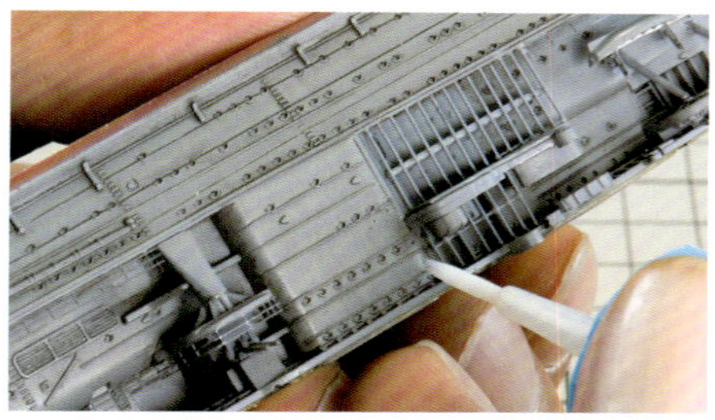

▲因为飞行甲板也稳固地嵌入到了船体上，所以就可以用流缝式黏合剂粘接到船体上去了。

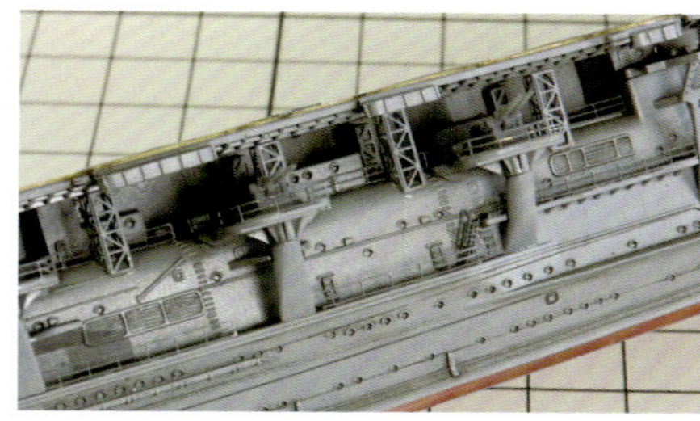

▲如图所示，飞行甲板已经完美地粘接好了。飞行甲板和船体的黏合剂完全干燥前，先暂时中断一下作业。

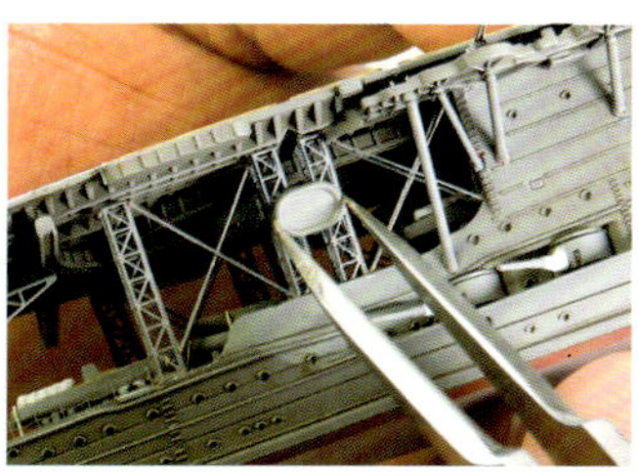

▲用黏稠状瞬间黏合剂将F9的橡胶艇粘接到舰尾侧的飞行甲板上。

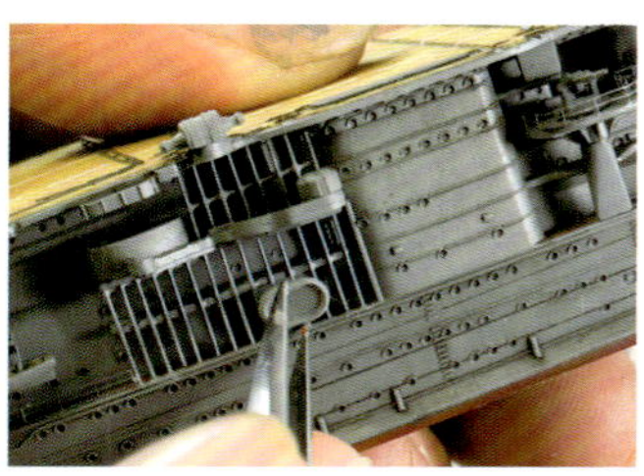

▲对物资堆置场的柱子进行细节提升时，粘接上剪切下的橡胶艇。

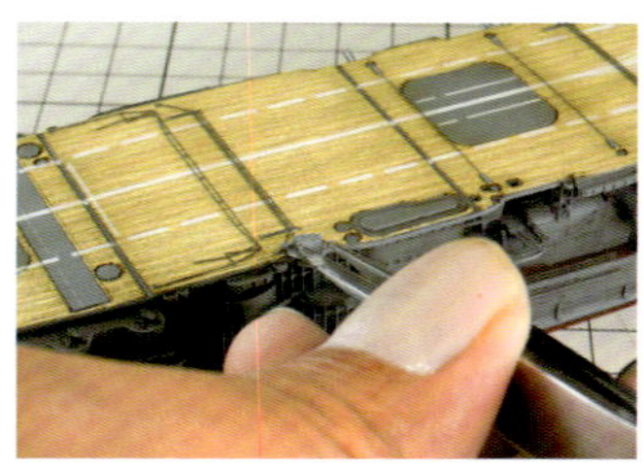

▲在飞行甲板上粘接上4.5m测距仪零件F7。

▲终于要动手将舰桥粘接到飞行甲板上了。因为该部位千万不能出现任何的歪斜，所以作业时务必要谨慎小心。

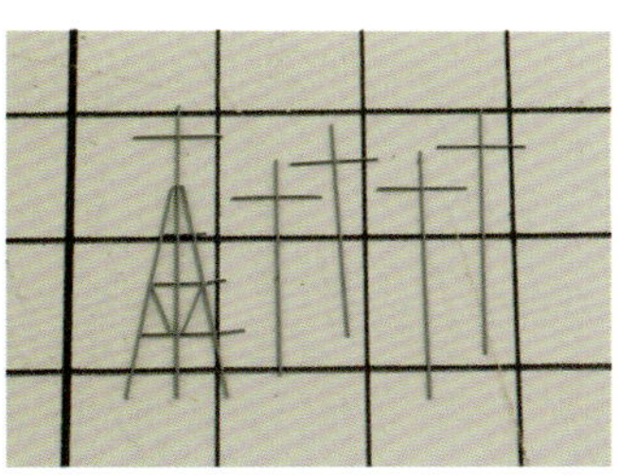

▲旧版赤城用的蚀刻零件中包含有桅杆的零件，所以可以使用该零件制作出较为细腻的桅杆来。

▲因为此处为立卧式桅杆的缘故，所以可以配合状况，选择竖立或者卧倒的不同状况。竖立桅杆时，需要用0.3mm的钻头来挖深孔洞（不要将面板彻底挖通）。

▲在桅杆的一端蘸上黏稠状瞬间黏合剂，将桅杆插入到加深过孔洞中之后，就可以让桅杆干净利落地竖立起来了。

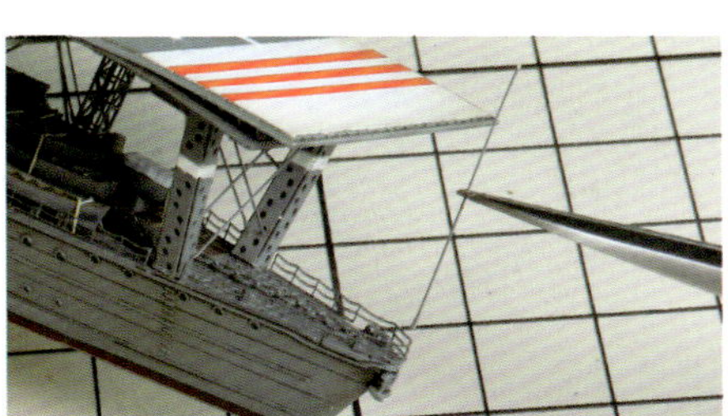

▲舰尾旗杆方面，需要先蘸上黏稠状瞬间黏合剂，只要能让孔洞保持垂直状态的话，那么就不会有任何问题了。

▲在再现战斗状态时，需要将桅杆放倒。这时候并不需要开启孔洞，直接在桅杆一端上蘸上黏稠状瞬间黏合剂，再将零件粘接上就可以了。

▲信号桅杆方面，慎重地动手弯折过，制作好零件之后，在安装部位上蘸上黏稠状瞬间黏合剂，动手粘接。

防止坠落网的安装和船体的旧化处理

◀作为飞行甲板的细节提升步骤，动手安装上防止坠落网之后，其细节提升效果就会非常明显。在此，我们就一起来看一看该零件的安装步骤和船体的旧化处理吧。

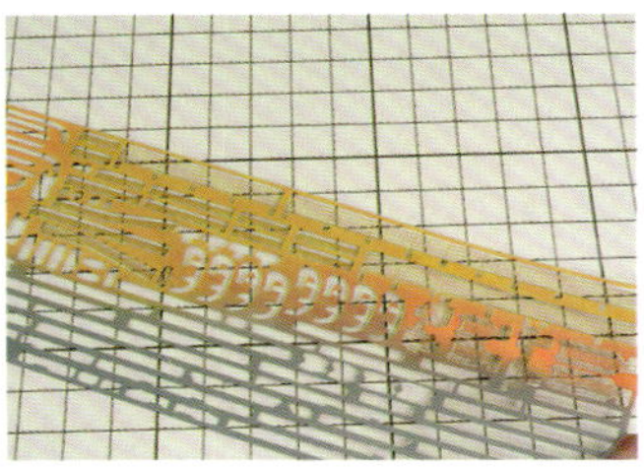

▲保持连接在板材框架的状态下动手进行涂装。使用的涂料为暗黄色。

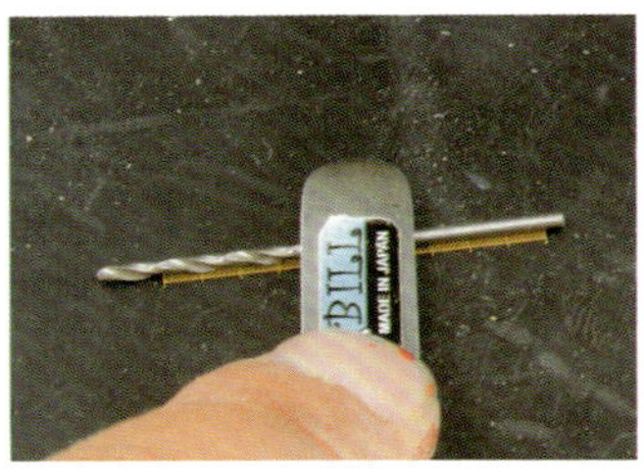

▲为了再现出网兜的下垂表现，可以将网格零件放置到橡胶垫上，用钻头柄在网格上进行碾压，形成圆弧形状。其后，再用镊子将网格的支柱部分掰直。

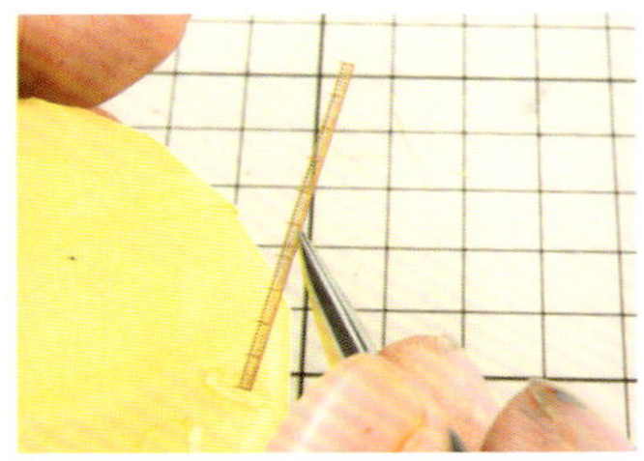

▲网格零件的粘接面积较小。首先在粘接部位上蘸上黏稠状瞬间黏合剂。

▲用镊子稳固固定，粘接到飞行甲板上。

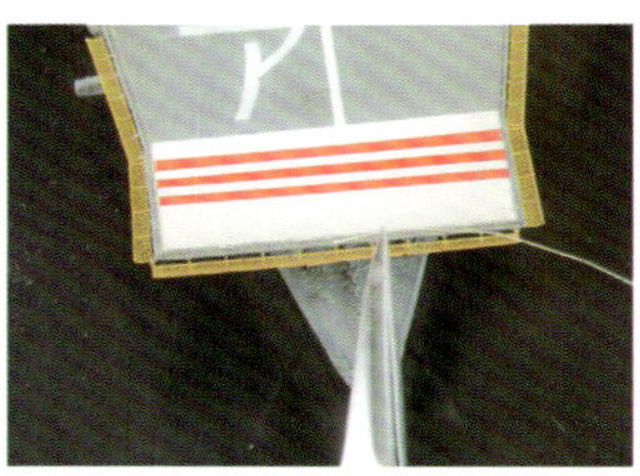

▲一边轻轻地用镊子进行按压，一边用拉伸板材框架注入黏稠状瞬间黏合剂和流缝式瞬间黏合剂。其后，喷涂上硬化喷雾，提升效率。

▲其他的部分也采用相同的办法来进行粘接。有关FUJIMI模型的蚀刻零件的契合问题，请参看P.46中的内容。

▲尝试对船体追加流锈质感的表现。使用的是油彩的生赭色和烧赭色。为了体现拉伸油彩的痕迹，需要使用到松节油。

▲将生赭色和烧赭色的油彩混合到一起，用松节油进行延展拉伸。

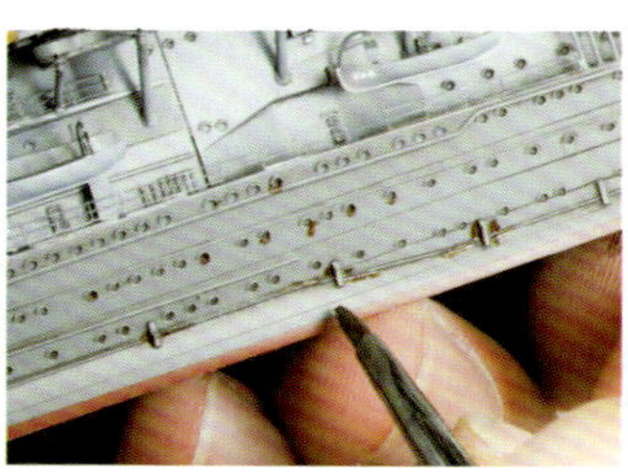

▲如此一来，油彩就能用于入墨线处理了，沿细节纹路缓缓注入。

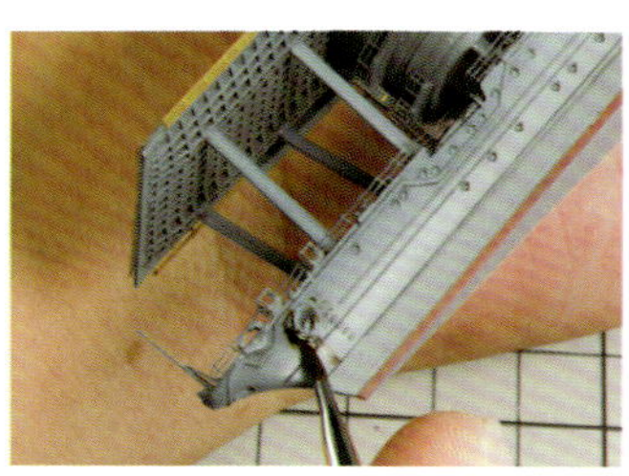

▲为了在主船锚等零件上展现出更多的铁锈痕迹来，可以尝试用铁锈下垂的痕迹来蘸上油彩。

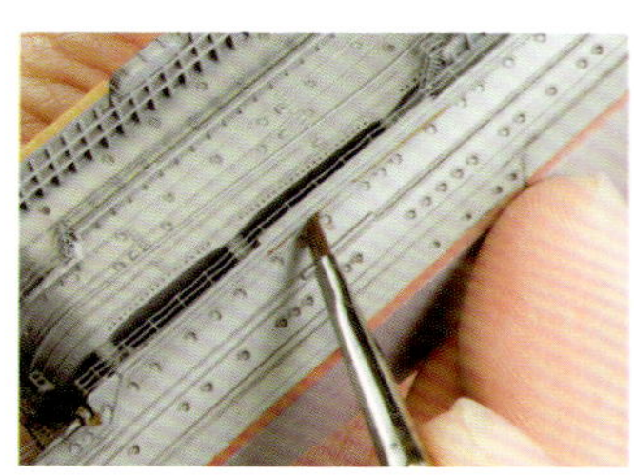

▲用干燥的扁平画笔笔尖上下刷动，如此一来，铁锈下垂的痕迹就能表现出来了。

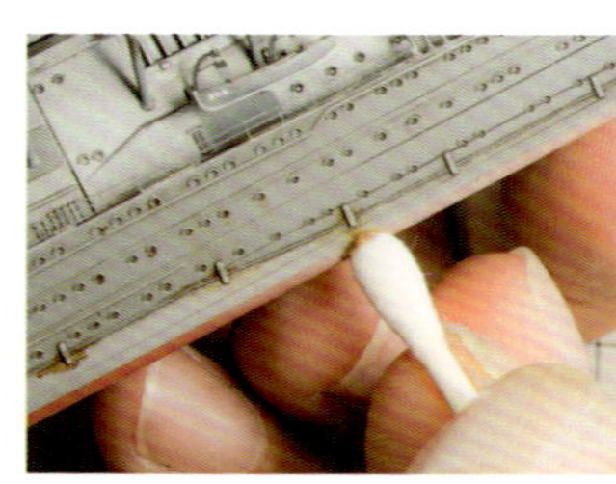

▲用棉棒进行擦拭的话，可以在周边展现出浮出表面的铁锈痕迹来。

▲在笔尖上蘸上松节油，对油彩进行擦拭，油彩便会向下流动，就能展现出更重的流锈质感的痕迹来了。

◀在先前的过程中进行过刻画的船体装甲板结合缝中追加过铁锈的效果之后，整个舰船就会像被注入了生命一样，让人感觉到更高的真实感。但动手制作时，要注意千万不要展现得太过分。

动手制作拉线

▲接下来，转入到再现桅杆和桅杆之间的空中线的拉线作业中。使用的是MODELKASTEN的Metal Rigging 0.3号。

▲先来看看立卧式桅杆的例子吧。首先用圆规测量出桅杆和桅杆之间的长度。

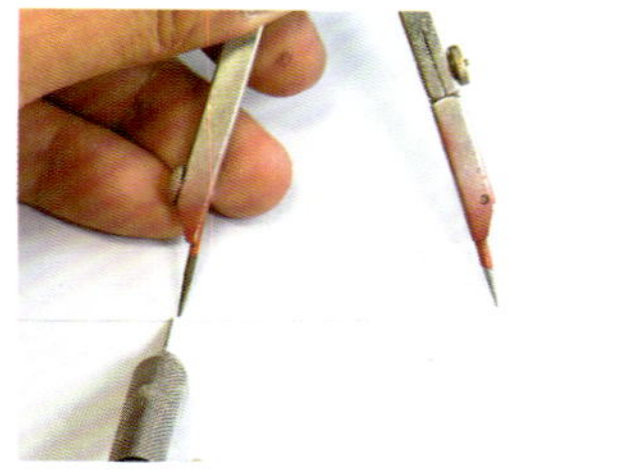

▲拉伸金属线，在比刚才用圆规测量到的长度稍长一点点的位置上进行切割。

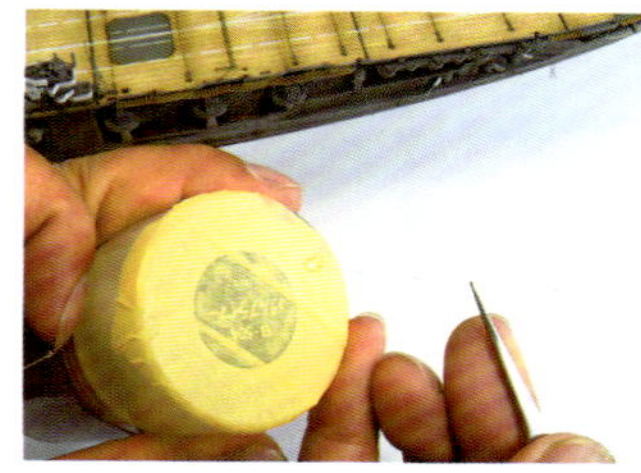

▲在切割下的金属丝线的一端蘸上黏稠状瞬间黏合剂。

▲将桅杆的两端稳固地粘接上。

▲在桅杆上粘接好金属四线之后，再用拉伸板材框架注入黏稠状瞬间黏合剂和流缝式瞬间黏合剂，之后喷涂硬化喷雾。

▲拉线绷紧粘贴好之后，用水口钳将多余的金属丝线切断。

▲接下来动手制作空中线的绝缘体。在拉伸板材框架上蘸上稍多一些的黏稠状瞬间黏合剂，涂抹到空中线上。

▲图为拉线上蘸上了黏稠状瞬间黏合剂的颗粒后的状态。在此状态下，轻轻喷涂一层硬化喷雾，让黏稠状瞬间黏合剂固化。

▲连接桅杆和船体的空中线的拉伸方式也基本相同。用圆规测量出由桅杆的上端和下端端头到作业员待机场所的距离。

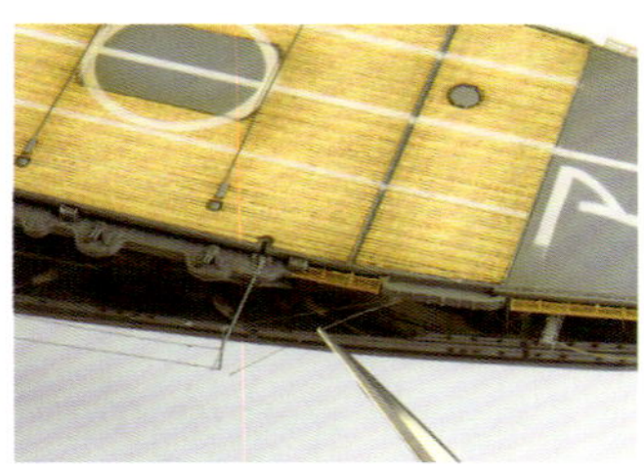

▲剪切下稍长的金属丝线，动手粘接，然后再将多余的金属丝线剪切掉。采用这种方式来进行粘接。

▲另一侧也同样。

▲最后粘接中央的空中线。首先在船体侧的尖端蘸上黏稠状瞬间黏合剂，粘接到船体上。

▲之后再用拉伸板材框架注入黏稠状瞬间黏合剂和流缝式瞬间黏合剂，将两根空中线粘接到一起。粘接前一定要将位置调整好。

▲等黏合剂硬化之后，用水口钳剪掉多余的金属丝线。

▲绝缘体的涂装。用笔在绝缘体上轻轻涂装上白色。

▲在天线交差的地方涂装上黑色。

▲在桅杆的顶上涂装吴色。

▲拉线制作完成。在另一侧也用同样的方法制作空中线。

▲完成状态。桅杆与桅杆之间的信息量骤然增加，极为引人注目。舰船模型中的拉线，是一项很吸引人、且值得动手挑战的技术。

信号桅杆的制作

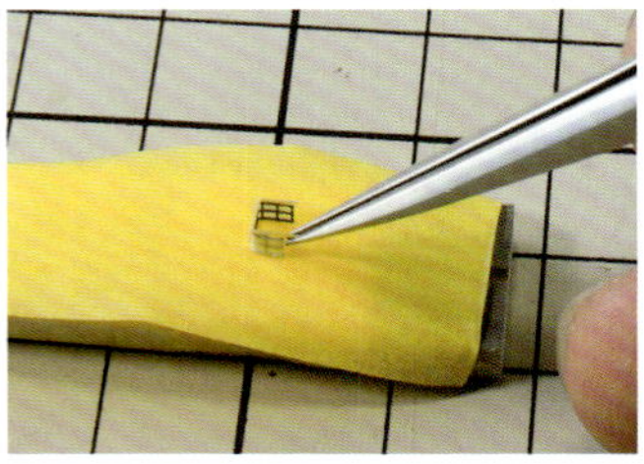
▲利用扶手的蚀刻零件的多余部分，制作信号桅杆下的扶手。像舰桥一样，用和纸制作幕布。

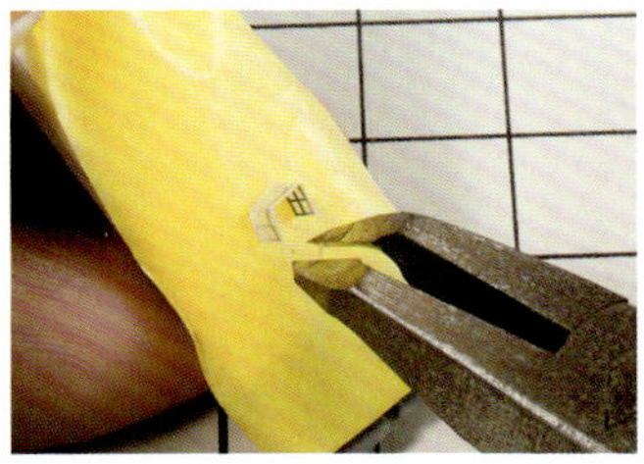
▲将多余的和纸剪切掉。

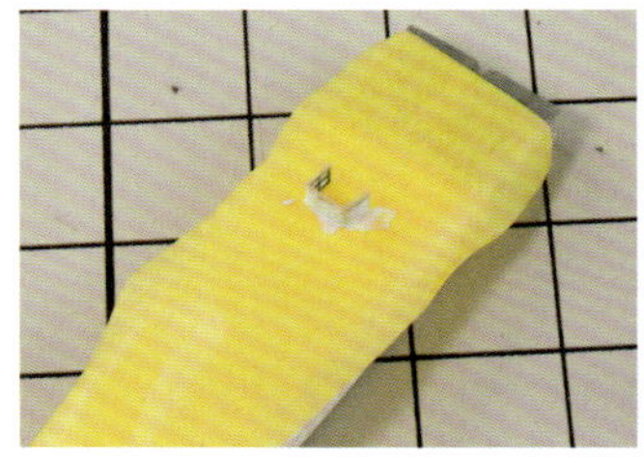
▲粘贴和纸时使用的木工用黏合剂干燥后，用笔涂的方式涂装白色。

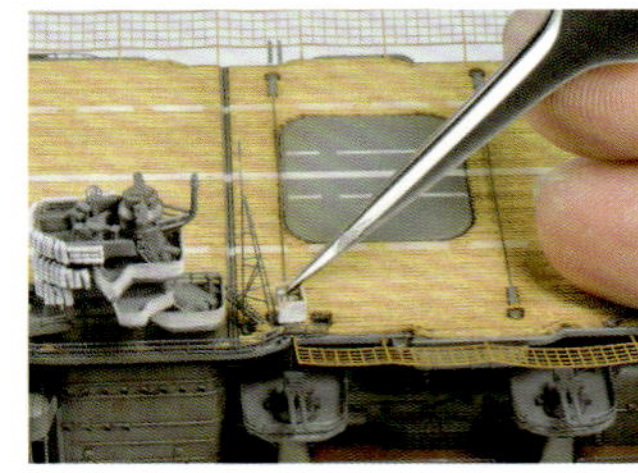
▲粘接到信号桅杆下，制作完成！

▲制作信号桅杆的拉线。桅杆的拉线可按照由两端到内侧的顺序来作业。首先用圆规测量长度。

▲剪切下比测量到的长度稍长一点的金属丝线。

▲用黏稠状瞬间黏合剂粘接到桅杆上，然后再用拉伸板材框架注入黏稠状瞬间黏合剂和流缝式瞬间黏合剂，加强粘接。

▲最后，剪切掉多余的长度。

▲接下来制作升旗用的拉线。因为希望能够将拉线和旗帜都制作成随风飘扬的状态，所以要动手将金属丝线制作成弧形。

▲剪切下适当长度的丝线，用与先前一样的办法进行粘接。

▲让日章旗和信号旗都形成弧线，制作成随风飘扬的模样。使用贴纸和“GSR MODELERS SUPPORT系列 MSS-04 CHROME MASTER”。

▲CHROME MASTER浓度较稀，延展性好，而且涂抹到贴纸上之后，就会让旗帜贴纸展现出绝妙的皱纹感来。首先淡淡地涂抹一层塑胶用黏合剂。

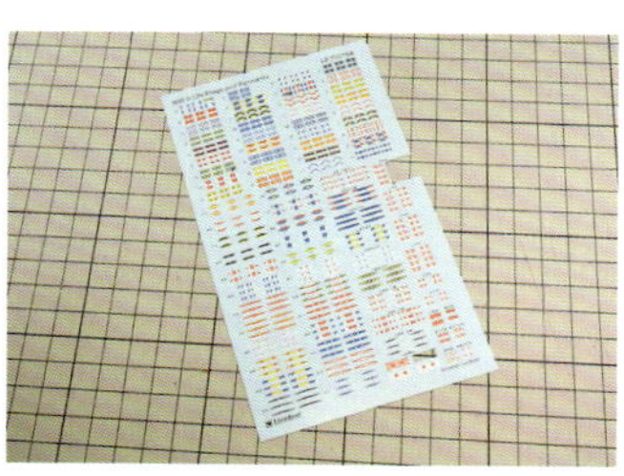
▲除了套件中的日章旗之外，还要用市售的贴纸再现国际信号旗。因为贴纸的种类较为繁多，所以请各位务必亲自到模型店中选取自己所需的物品。

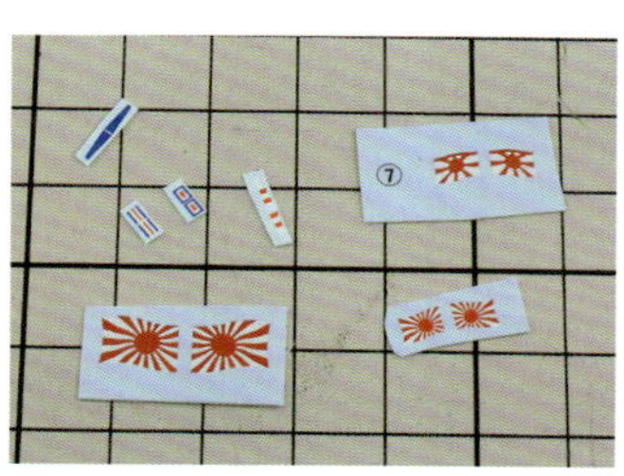
▲本次制作当中，我们尝试制作了偷袭珍珠港时升起的DG旗。如图所示，先将会使用到的贴纸分别剪切开。

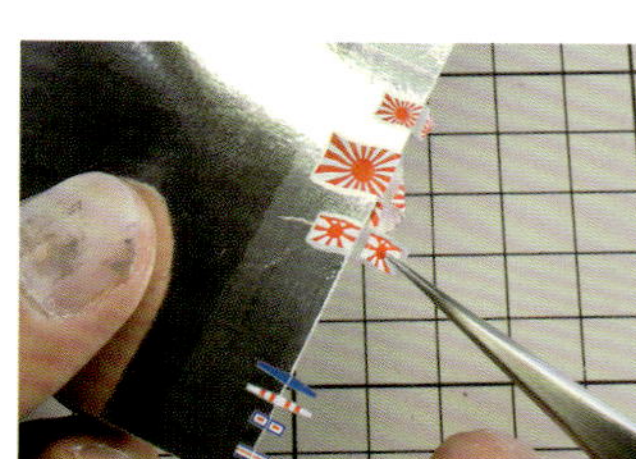
▲在贴纸上蘸上水，揭去底纸，如图中一样，粘贴到涂抹过黏合剂的CHROME MASTER上。

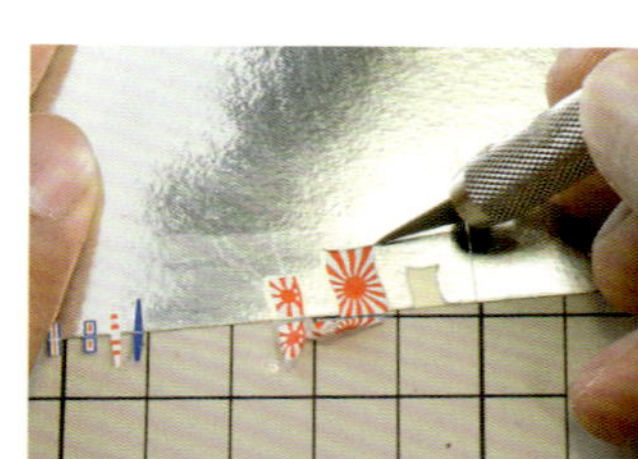
▲用锋刃较利的美工刀刀刃慎重地把旗帜周围都切掉。

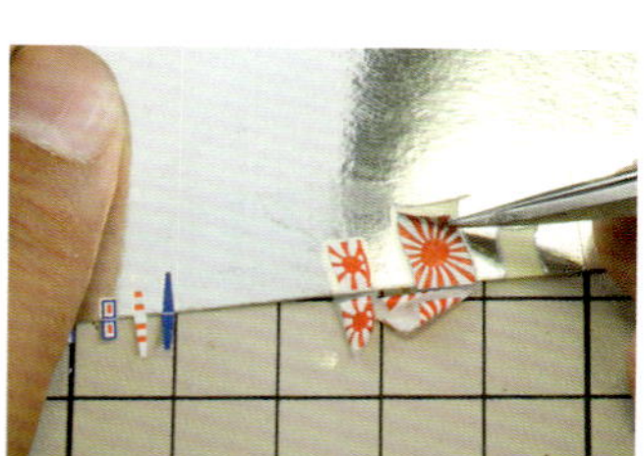
▲切割完成后，揭掉CHROME MASTER。

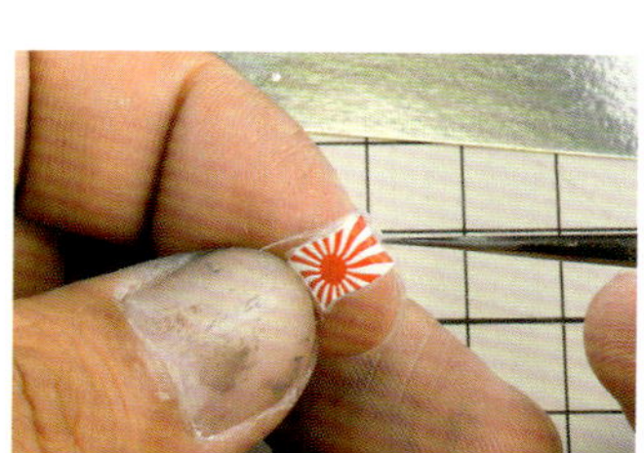
▲因为CHROME MASTER的背面上带有胶水，所以要将贴纸折叠起来粘接。

▲日章旗完成。因为CHROME MASTER卡到了两面贴纸之间，所以就能够随心所欲地制作褶皱和曲面来了。

▲将旗帜制作出希望看到的褶皱和曲面之后，蘸上黏稠状瞬间黏合剂。

▲粘接旗帜的时候，也采取由上方顺次粘贴的方式的话，粘接工作就会更顺利。之后，再用拉伸板材框架注入黏稠状瞬间黏合剂和流缝式瞬间黏合剂。

▲划出弧线的拉线，和随风飘扬的日章旗。光是凭借这一点，就能让舰船模型由静态变为动态，着实有趣。

▲在舰桥的下部和船体部分之间也拉上拉线。用圆规测量其长度。

▲之后，按照与先前一样的工序，粘接上拉线。

◀完成后的信号桅杆。与提升过细节的舰桥相互辉映，完全可将这一部分说成是舰船的颜面。

固定到底座上

▲使用舰底部的复印件（参阅P.27）。舰船自体越是往上，其面积也就越大，所以不要完全按照先前外沿来进行剪切，而是剪切出稍大一些的形状来。

▲放置到要用的底座上，测量舰首和底座顶端之间的长度，作为基准。

▲用尺子确认底座的边缘和复印纸之间是否平行。

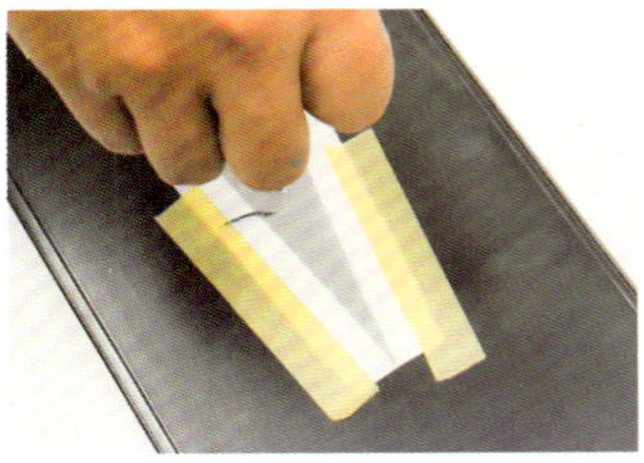

▲在一端上粘贴上遮盖胶带，稳固固定。固定好之后，用手钻在复印纸上做过标记的部分开孔。

▲中央的标记部位上也同样开孔。

▲开孔之后，用电钻对背面稍稍进行切削，让螺丝更容易从中转过。

▲所有工序全都完成之后，剥离复印纸。

▲将制作完成的模型放到底座上。用手压紧，拧上螺丝固定好，制作完成。

完成！旧日本海军航空母舰 赤城

运用了多种技巧，“HASEGAWA 日本航空母舰 赤城（完全更新版）”终于制作完成。因为套件本身的完成度极高，所以只需仔细小心地粘接上细节零件和拉线，最后就能形成这样的完成度了。拉伸板材框架在提升细节时非常有效（也很友好），所以可以尽量尝试使用。读过逐步图解单元之后，请务必再度参看P.12~P.21的完成照片。想必一定还会有更进一步的发现的。读过这篇报道之后，您的心里一定会萌生出“对舰船模型进行细节提升的想法”。而这些想法，也将会一口气彻底开花结果。

从P.65起，我们将对舰载机的彻底制作做一介绍。请各位务必留意参阅。

休憩一刻

使用木制甲板贴纸，动手进行直接组装制作♪

HASEGAWA 1:700 scale plastic kit
Imperial Japanese Navy
Aircraft Carrier AKAGI
modeled by Fumitoshi TAN

HASEGAWA 1：700比例塑胶套件

日本航空母舰 赤城

制作・文／丹文聪（《Hobby Japan》编辑部）

航母飞行甲板的展现，历来都是会让各位玩家们烦恼不已的步骤。而其中的制作选择之一，就是采用另行发售的木制甲板贴纸了。采用这种办法的话，只需动手粘贴一番，就能够得到木材的质感，展现出与涂装表现完全不同的感觉来。在此，我们在近乎直接组装的套件上尝试粘贴了木制甲板贴纸。与此项工程一道，作为木制甲板的制作选择之一，请各位务必参考一下。

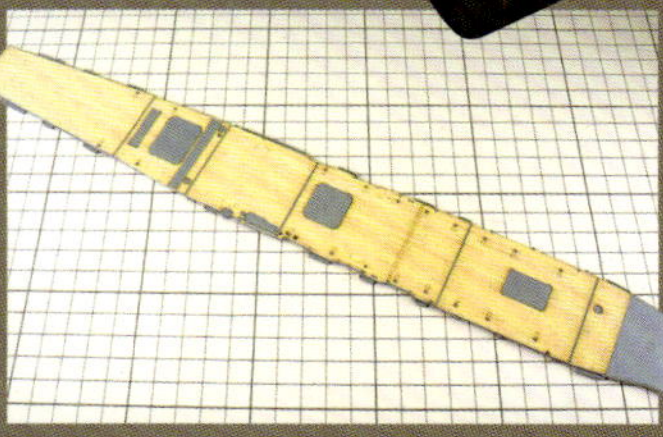

▲这是一种唯有木制才能展现的质感极佳的贴纸。该贴纸的背面涂布有胶水，所以可以像贴纸一样轻松地粘贴上。只要把该贴纸毫无偏斜地粘贴到涂装过军舰色的甲板上，就能立刻展现出相当浓厚的氛围来了。

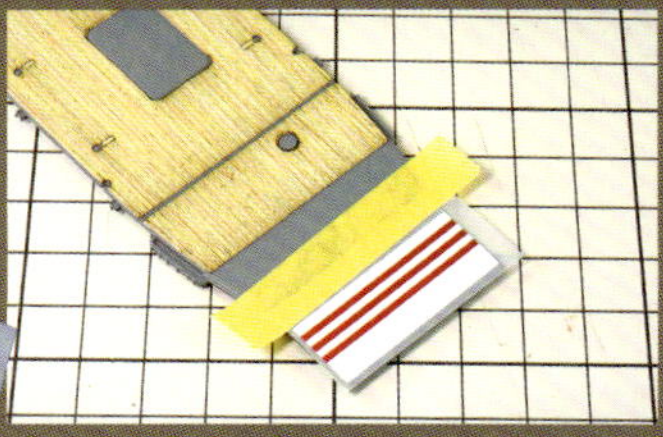

▲航母制作中，可谓最大鬼门的标志和线条。对此，贴纸中附带了可以再现转印贴纸（类似于敢达模型的干贴纸一样的贴纸）。首先从着陆标志开始。用遮盖胶带毫无偏斜地将贴纸粘贴到指定的位置上。

▲用笔杆尖端等物品按压摩擦贴纸。从角落开始按压，让贴纸紧密粘接上。会不会按压过度了？如果心中有这样的想法的话，那么按压的力度就刚好能让贴纸紧密粘接了。这也是这一步骤中的重点。

▲揭去贴膜。这是令人内心忐忑激动的瞬间。揭开之后，发现贴纸已经完美地转印上了！笔直又漂亮！与慎重涂装后形成的状态并没有什么太大差别，而这一点也正是它的魅力所在。

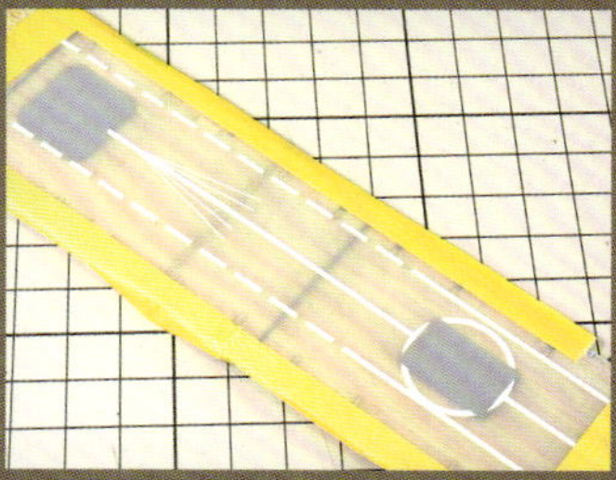

▲接下来是线条。此处的转印贴纸上，在与甲板边缘相互重叠的位置上印有指示线。配合指示线，先用遮盖胶带将贴纸临时粘贴到甲板上去。

▲用笔杆按压过之后，再用附带在甲板贴纸中的纸对整体再次按压。这么做的目的，是避免转印时候有所遗漏。

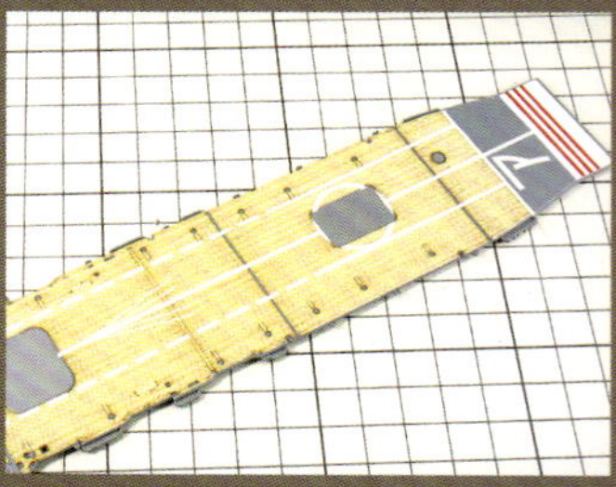

▲如果转印完成的较好，那么最后就会形成照片中所示的状态。用同样的办法将前方的线条也转印上去。转印时要仔细确认，保证线条形成笔直的状态。临时粘贴这一步非常重要。

▲最后将升降机的圆圈部分等部位转印上。接触到转印好的线条的话，手上的油脂就会将线条剥离下来。所以此时就要依靠贴纸中附带的纸来把转印贴纸压印到甲板上去了。

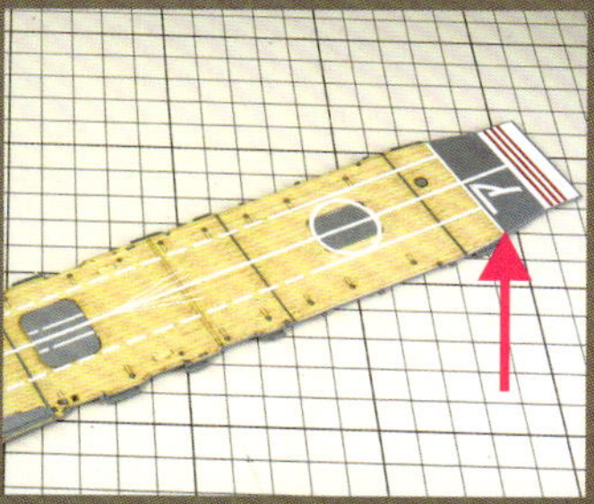

▲完成了！不但质感优良，线条也完美地转印到甲板上了。从开始动手到最终完成，用时1个小时！这可真是方便啊！

▲“ア”出现缺角了……冷静！来数数，深呼吸！然后，动手修正吧……

▲转印贴纸的色泽与Mr.Color的消光白极为相近。在笔尖上蘸上涂料，轻轻将笔尖搭到有缺角的地方上点涂。接下来再粘接上涂装好的蚀刻零件就可以了。

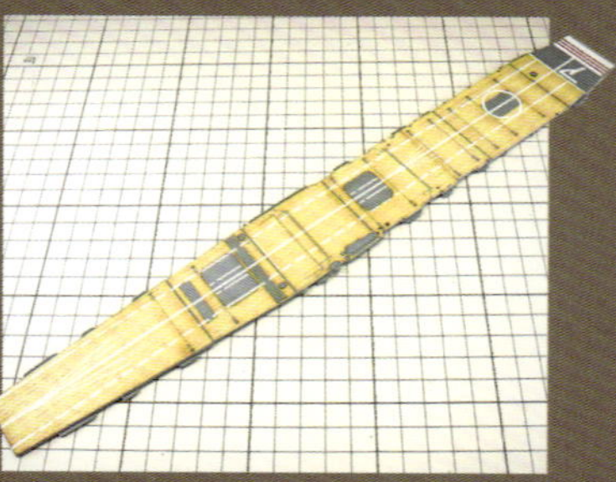

▲最后步骤中，在甲板边缘、挡风栅栏、着陆制动索、升降机周边喷涂上稀释到极淡的军绿色（2），制作完成！

►飞行甲板的制作完成之后，航母模型的制作也就即将大功告成了。使用木制甲板贴纸，可以精密轻松地完成飞行甲板的制作。只要使用上一次，说不定之后就再也离不开它了。请务必尝试使用以下木制甲板贴纸，制作出融入了HASEGAWA魂的赤城。

►兴致颇高的缘故，顺手又制作了舰载机。使用套件附带的零件和3组另行发售的“日本舰载机套装（前期型）”，再现出偷袭珍珠港时的第一波攻击队。

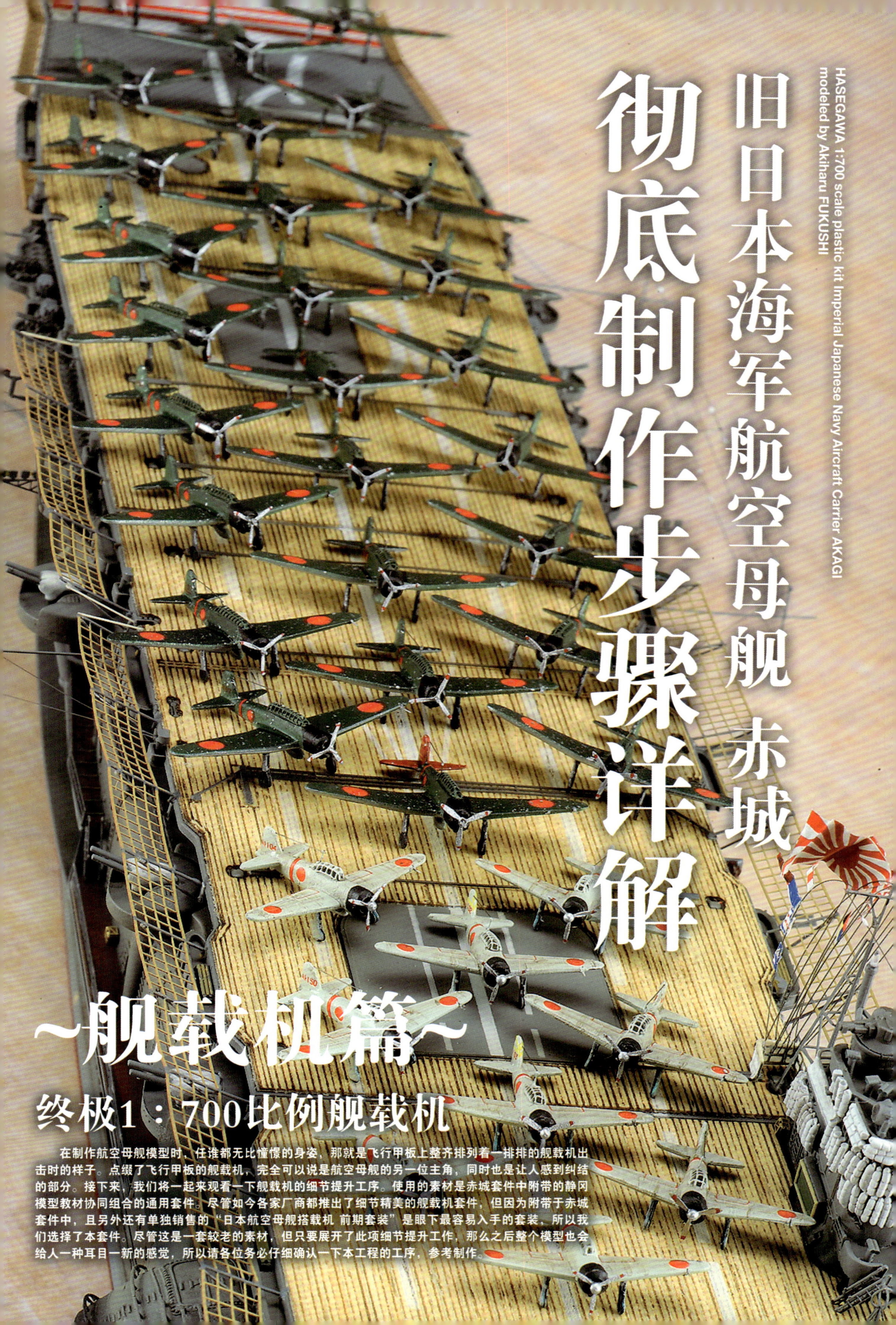

HASEGAWA 1:700 scale plastic kit Imperial Japanese Navy Aircraft Carrier AKAGI
modeled by Akiharu FUKUSHI

旧日本海军航空母舰 赤城

彻底制作步骤详解

~舰载机篇~

终极1：700比例舰载机

在制作航空母舰模型时，任谁都无比憧憬的身姿，那就是飞行甲板上整齐排列着一排排的舰载机出击时的样子。点缀了飞行甲板的舰载机，完全可以说是航空母舰的另一位主角，同时也是让人感到纠结的部分。接下来，我们将一起来观看一下舰载机的细节提升工序。使用的素材是赤城套件中附带的静冈模型教材协同组合的通用套件。尽管如今各家厂商都推出了细节精美的舰载机套件，但因为附带于赤城套件中，且另外还有单独销售的“日本航空母舰搭载机 前期套装”是眼下最容易入手的套装，所以我们选择了本套件。尽管这是一套较老的素材，但只要展开了此项细节提升工作，那么之后整个模型也会给人一种耳目一新的感觉，所以请各位务必仔细确认一下本工程的工序，参考制作。

细节提升前的整形与加工

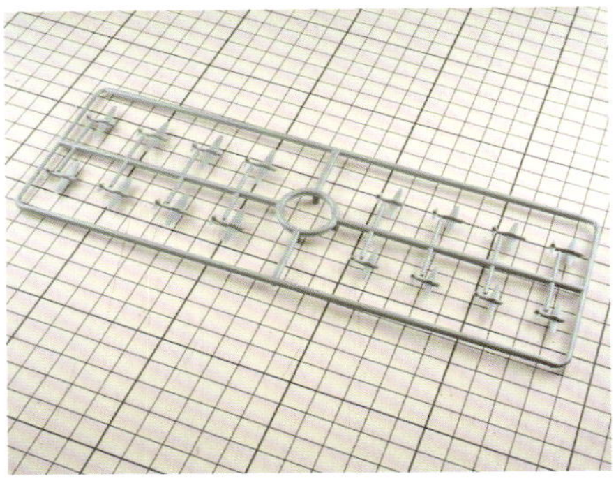

▲使用赤城套件中附带的静冈模型教材协同组合的通用套件。此套件作为“WATER LINE日本舰载机 前期型”也有另行发售的版本。

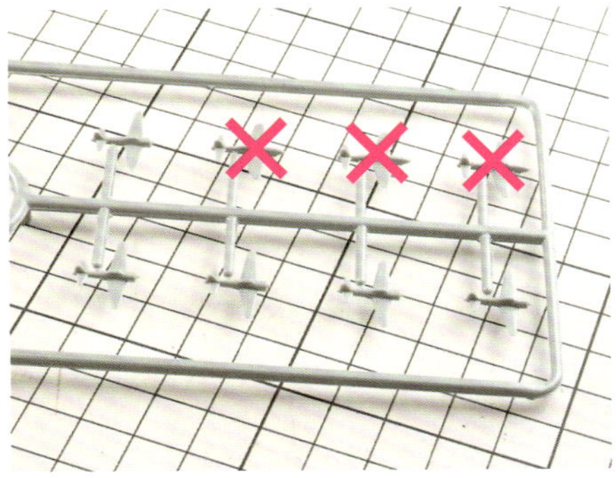

▲上侧前方的3架舰载机为彗星。这3架在制作时不需要使用。套件中内含了5架零战二一型。本次我们将动手制作再现偷袭珍珠港的一次、二次时的零战各9架，总共18架战机。

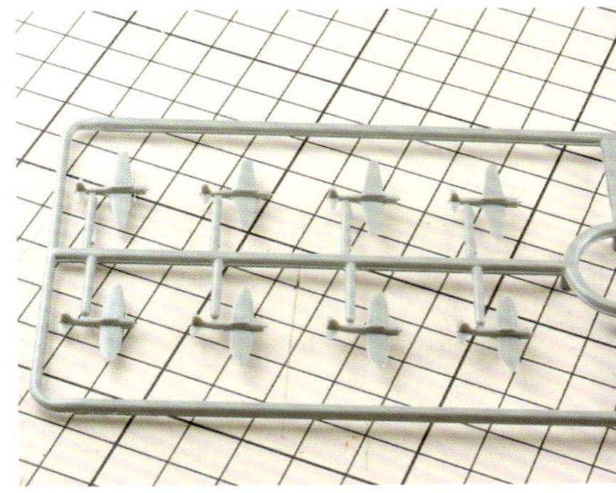

▲上方为九七舰攻，下方为九九舰爆。如果要再现偷袭珍珠港的话，那么总共需要制作九七舰攻×27架（轰炸机×15架、鱼雷机×12架）和九九舰爆×18架。

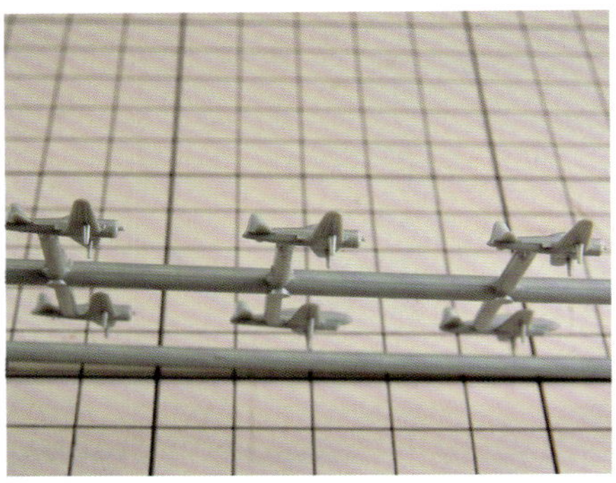

▲仔细观察套件，发现舰载机的侧面还残留有分模线。

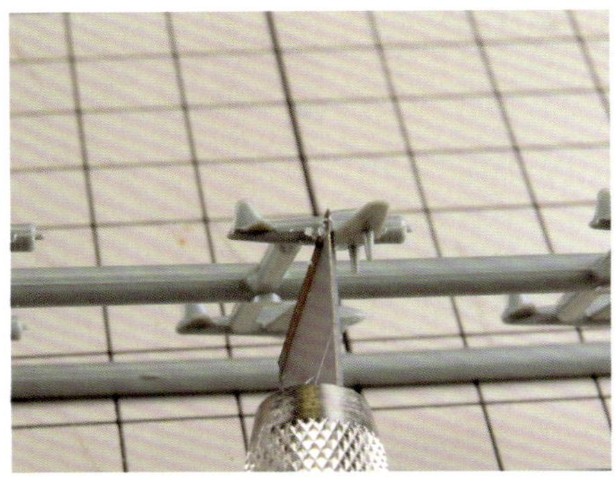

▲用美工刀对分模线进行刨削处理。让零件保留在板材框架上的状态下动手处理的话，作业也会轻松许多。

▲将零件从板材框架上剪切下。剪切时需要稍稍保留部分水口痕迹。

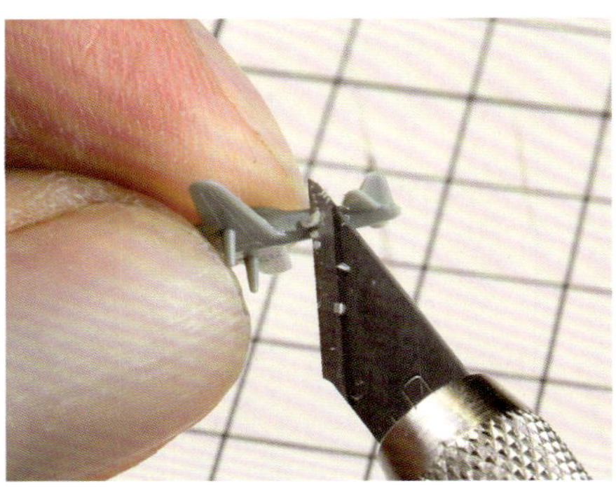

▲用美工刀对水口部分进行切割。因为零件较小，切割时要务必留心，当心不要划到手指。

▲因为需要对细节进行提升的缘故，所以要用美工刀将螺旋桨转轴部分切削掉。

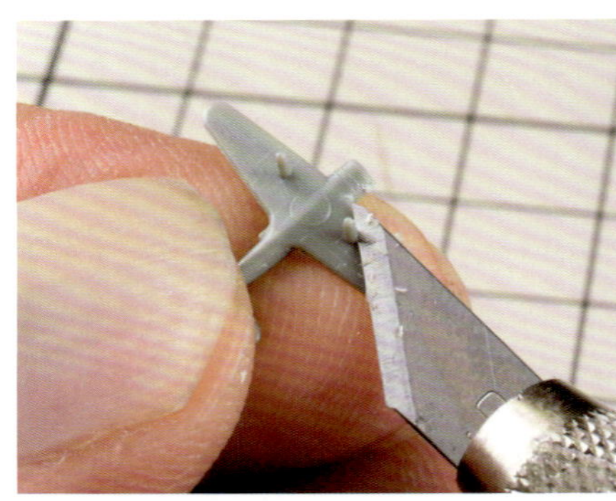

▲因为主起落架也要替换成蚀刻零件，所以还要把零件的主起落架也切削掉。

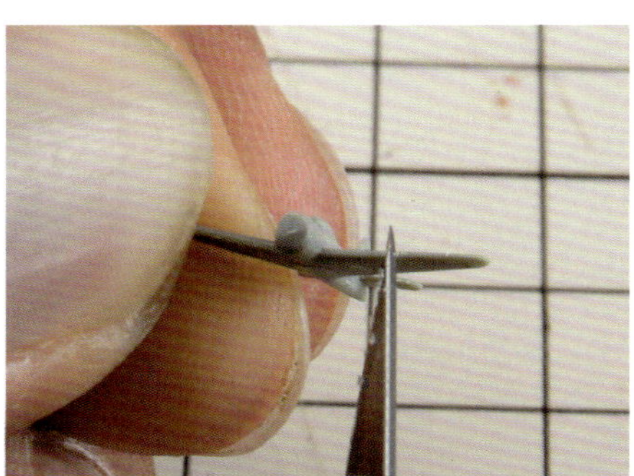

▲主机翼边缘上的分模线很容易疏漏掉。因为此部位的分模线在涂装上涂料之后就会较为显眼，所以需要用美工刀进行处理。

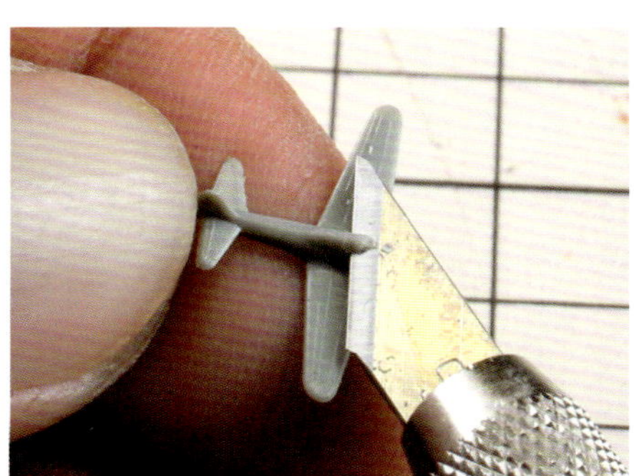

▲驾驶舱舱盖也要进行细节提升，所以需要进行切割。切割时要注意不要形成斜线，所以一定要与零件平行。

▲切削过螺旋桨转轴、主起落架和驾驶舱舱盖之后的状态。

驾驶舱舱盖的制作与涂装

▲由左至右，分别为九九舰爆、九七舰攻和零战。3种机型都为进行过先前所述加工之后的状态。首先动手制作驾驶舱舱盖。

▲驾驶舱舱盖制作中，需要使用到FINE MOLD的“AE-06通用装饰品 金属网格 正方形”。

▲仔细观察套件的座舱舱盖的宽度，不需特别精确，用剪刀将金属网格剪切开。

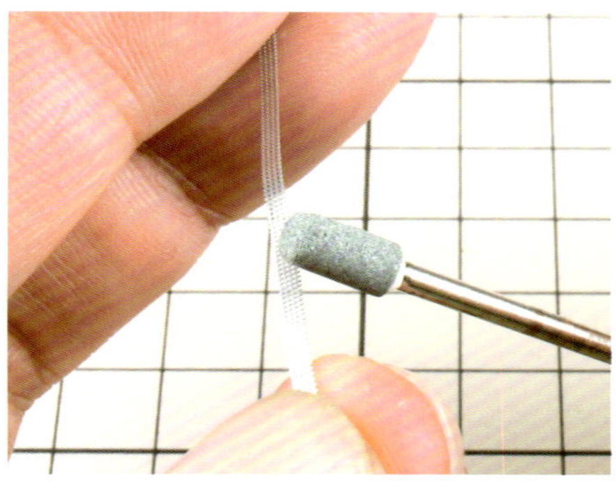

▲用电钻轻轻对用剪刀剪切下的剪切面进行打磨，使之变得平整。

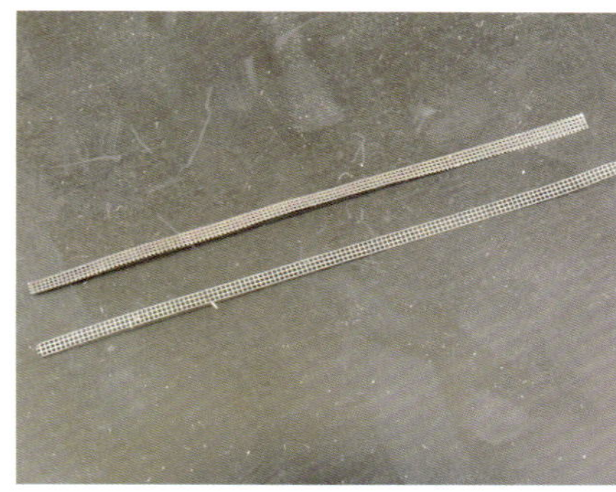

▲剪切下的网格。多做一些的话，那么即便出现制作失败的现象，也不会出现不足，所以还请多动手剪切制作一些。

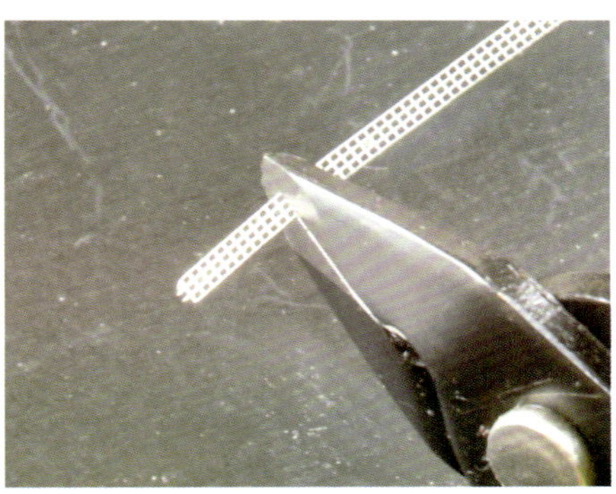

▲对照各机种的座舱舱盖部分的尺寸，动手对金属网格进行剪切。

▲紧接着，再动手对网格的边角进行剪切。

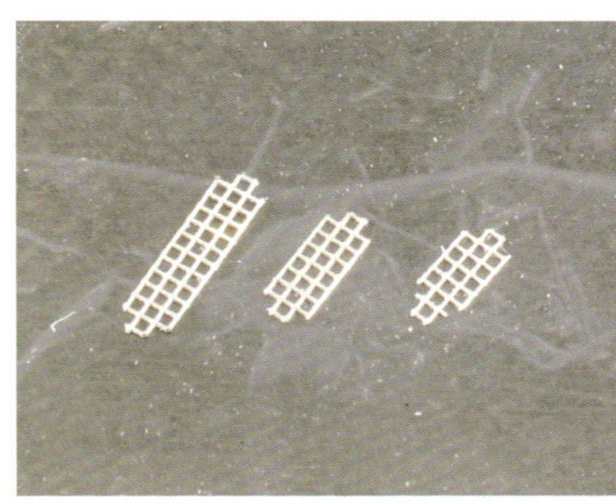

▲由左到右分别为九七舰攻、九九舰爆和零战。伸展出来的部分，在卷曲弯折网格时，会形成驾驶座舱舱盖的前后的框架。

▲使用福士明春动手用TAMIYA调色棒旋转打磨加工过后自制成的制作座舱舱盖的专用工具。图中由左至右分别为九七舰攻、九九舰爆和零战。

▲将剪切成型的网格放置到橡胶垫等较为柔软的地方上，用专用工具从上方进行按压。

▲之后就会形成图片中所示的模样，网格出现卷曲，变成了如同座舱舱盖一样的形状。可以多动手制作一些，然后从中选出形状较好的零件来。

▲之后再将零件放置到金属直尺等较硬的东西上，用镊子的握柄部分轻轻按压，让底面的线条保持水平一致。

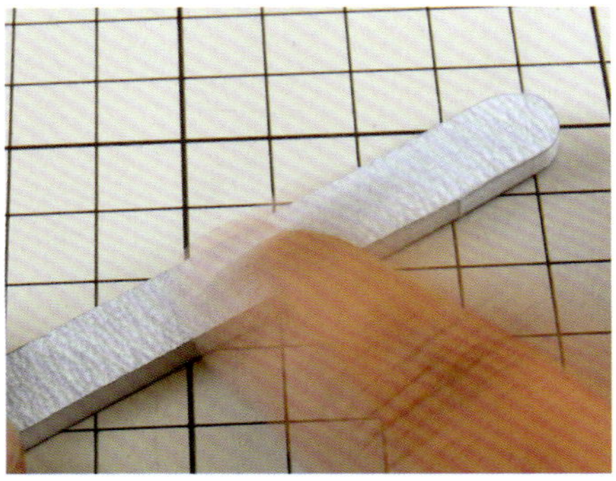

▲接下来，将座舱舱盖放置到打磨棒上，用手指按压住零件，左右摩擦，将座舱舱盖的底面打磨平整。

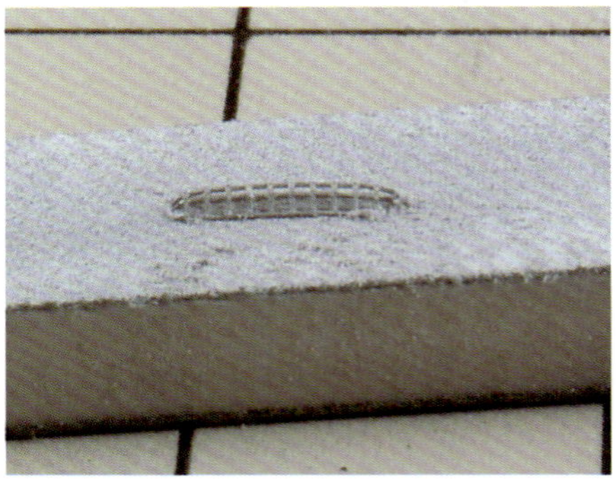

▲放大检查切削打磨过之后的状态，可以看出底面已经变得平整。

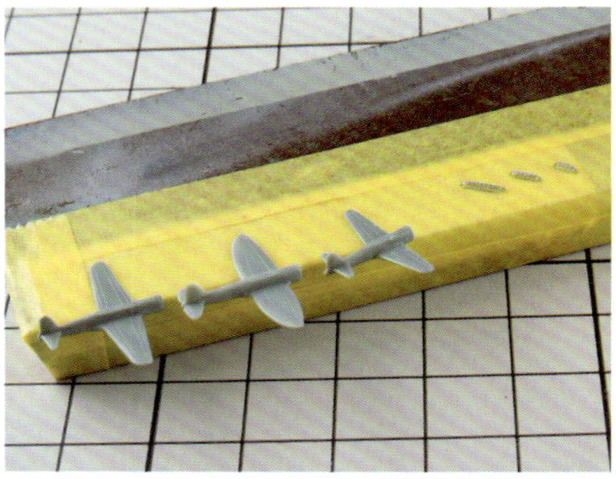

▲制作好座舱舱盖之后，和本体一道进行涂装。在一次性木筷或者平台之类的东西上缠卷上遮盖胶带，固定好零件。将此物当做握把。

▲首先喷涂Oxide Red Surfacer，制作基底。

▲涂装过正面之后，将握把翻过来，涂装本体的背面。

▲涂装用胶带固定好的部分。之后再把零件从遮盖胶带上取下，翻个面。

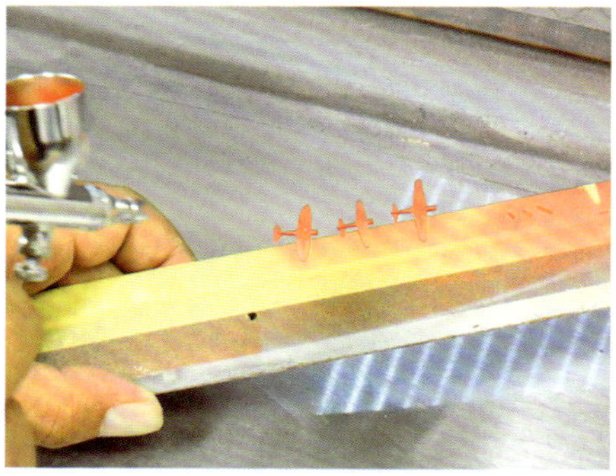

▲瞄准先前用于固定的部位，涂装上与周围的涂层厚度均等的涂膜。

▲下底涂装制作完毕后的状态。接下来，以飞机为单位，动手对各架飞机进行基本涂装。

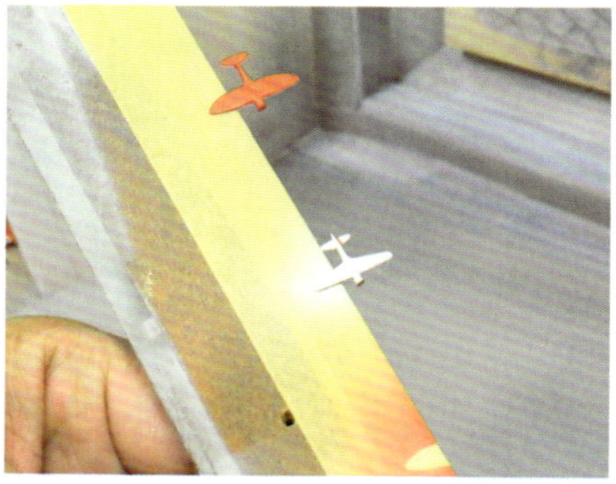

▲涂装零战的明灰白色。

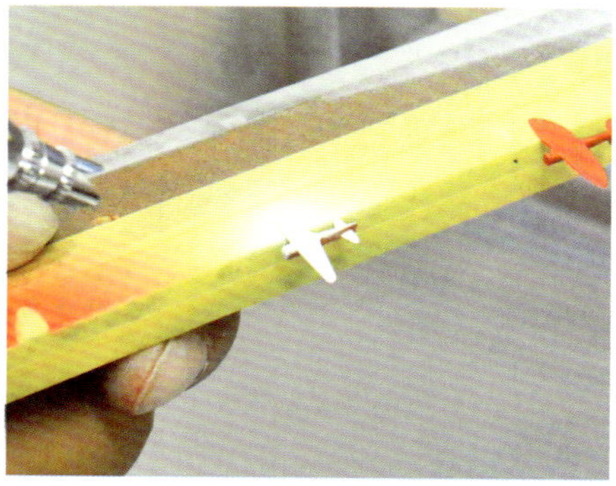

▲为了让涂料能够涂装到结构较为复杂的部分上去，需要从多个角度和方向进行喷涂。

▲涂料干燥之后，将零战从握把上剥离下来，翻个面，涂装剩下的尚未涂装的部分。

▲九九舰爆也同样涂装上明灰白色。

▲九七舰攻的背面用银色来涂装。九七舰攻最好是最后再进行涂装。因为这样一来的话，银色涂料中的细粒更容易在涂料杯中沉淀。

▲使用过银色之后，需要用工具清洁剂仔细地对容器进行清洗。如果忽略了这一步的话，那么之后的涂装中就会混杂有金属粒子的颗粒，酿成惨剧。

▲涂装九七舰攻的绿色。为了不在背面的银色上造成色彩溢出，一定要像照片中一样，让背面的大部分面积和遮盖胶带紧密粘接。

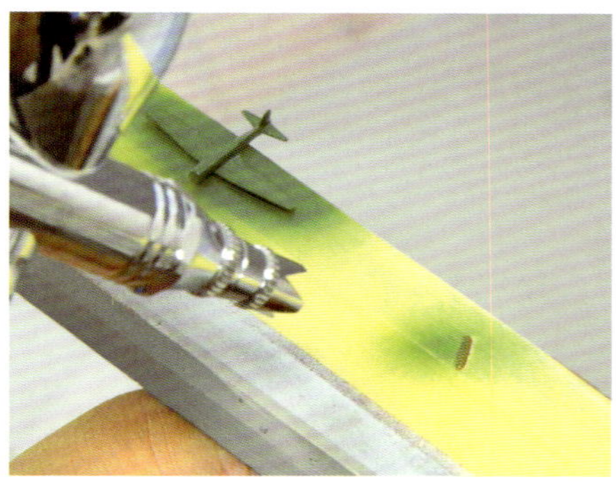
▲涂装过本体之后，同时也对座舱舱盖涂装绿色。

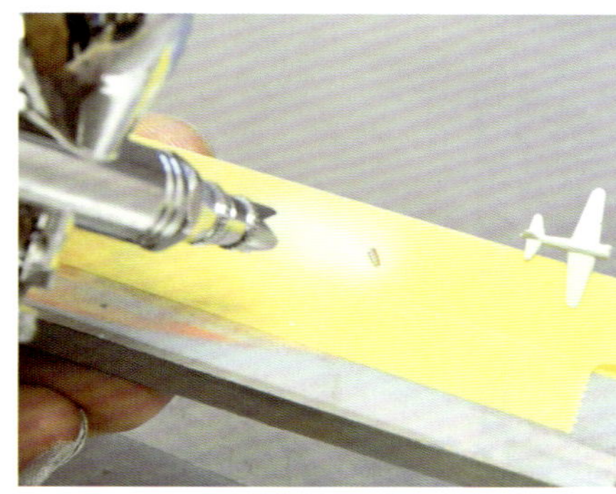
▲接下来，把颜色改换成明灰白色，涂装零战和九九舰爆的座舱舱盖。

▲安装座舱舱盖之前，先对驾驶座舱进行涂装。零战和九九舰爆需要使用黑色来进行涂装。

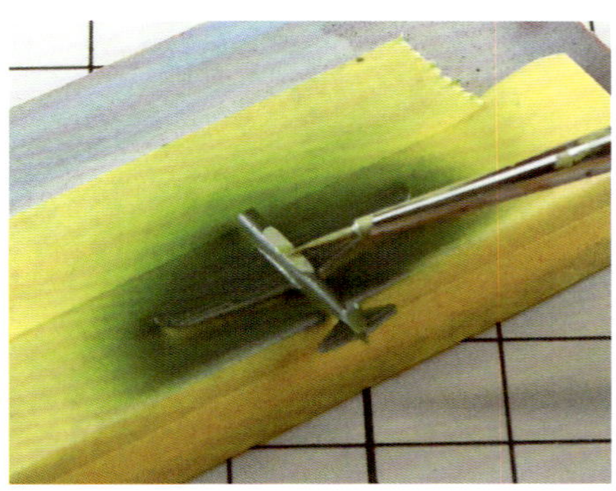
▲九七舰攻的驾驶座舱用座舱色（中岛系）来进行涂装。

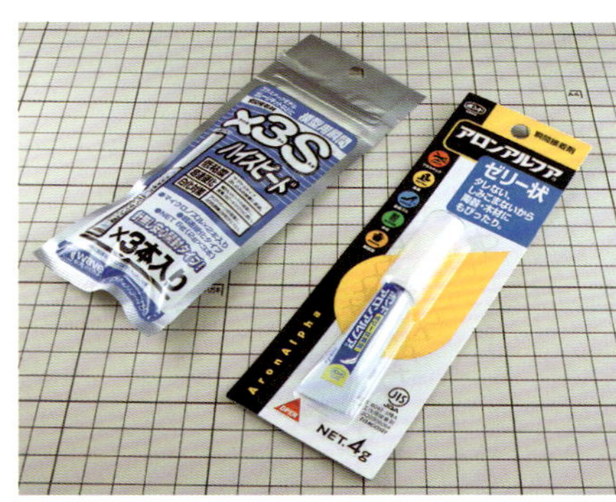

▲粘接座舱舱盖。此时大展身手的，就是在制作赤城本体时也曾大量使用到的黏稠状瞬间黏合剂和流缝式瞬间黏合剂了。

▲准备好俗称的舰船模型制作的“三大神器”：瞬间黏合剂、盛放瞬间黏合剂的喷涂罐的盖子，还有大量的拉伸板材框架。

▲在粘贴过遮盖胶带的部分上，盛放上适量的黏稠状瞬间黏合剂和流缝式瞬间黏合剂。

▲首先，先在座舱舱盖上蘸上少量黏稠状瞬间黏合剂。

▲用镊子稳稳夹住，将座舱舱盖粘接到驾驶座舱部分上去。

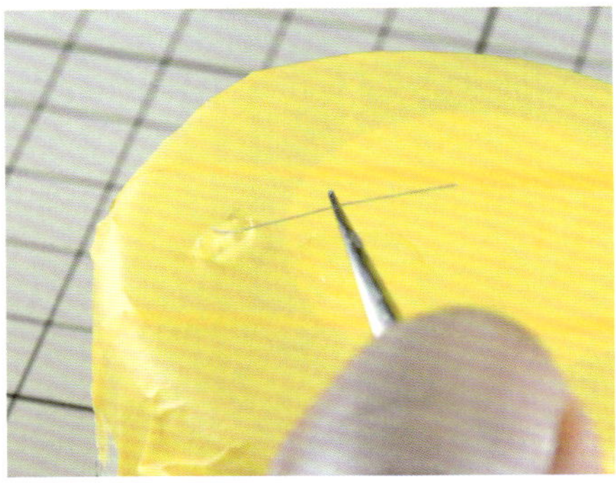
▲之后，再在拉伸板材框架的一端上蘸上黏稠状瞬间黏合剂。

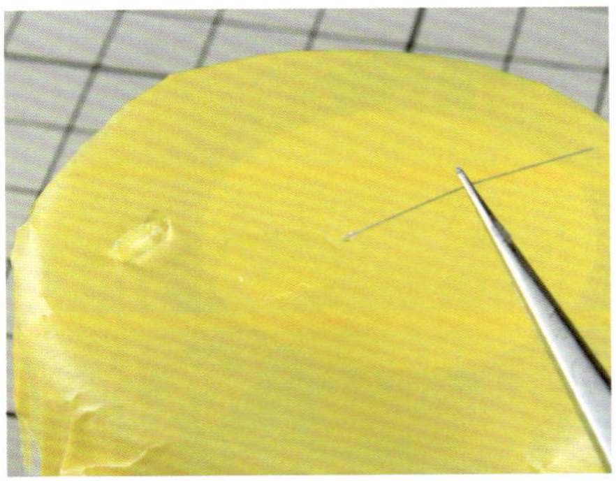
▲在蘸有黏稠状瞬间黏合剂的一端上再蘸上流缝式瞬间黏合剂。

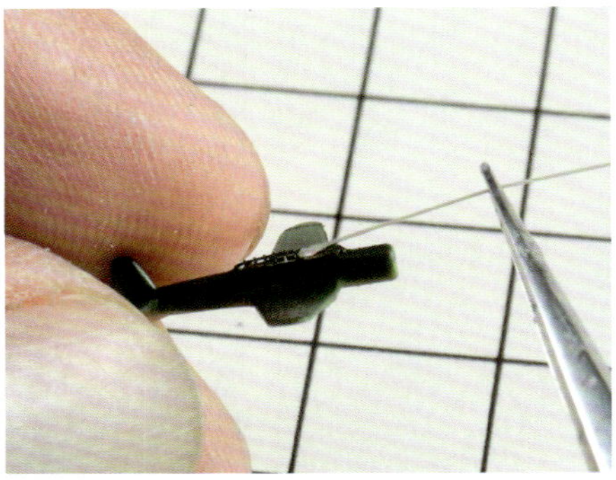
▲将黏合剂注入到座舱舱盖和本体之间，让两者稳固粘接。先前也曾说过很多次，如此一来，就能让零件之间的粘接变得干净整洁，所以还望各位务必要掌握这一技术。

▲用同样的办法粘接好3种机型相应数量的座舱舱盖。如此一来，模型整体的完成度就骤然提升了。

▲用笔涂的方式来对整流罩涂装Semi Gross Black。

▲对3种机型分别进行涂装。如果出现溢出，那么就使用本体色来进行点涂。

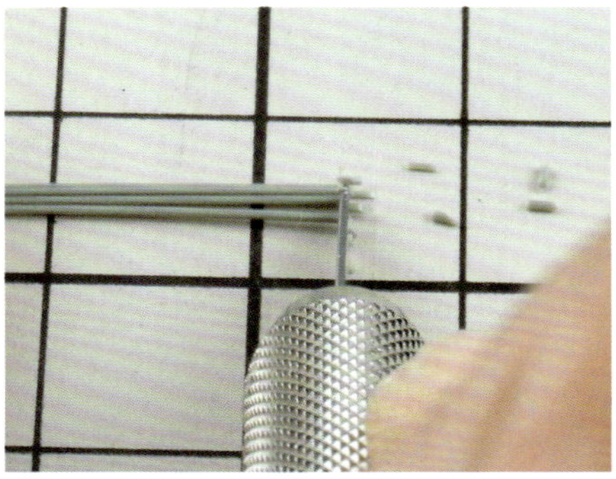
▲使用拉伸板材框架制作液冷装置。制作时并没有什么太难的部分，首先将拉伸板材框架切成小段。

▲在粘接液冷装置的部位上，用拉伸板材框架蘸上黏度较高的塑胶用黏合剂。

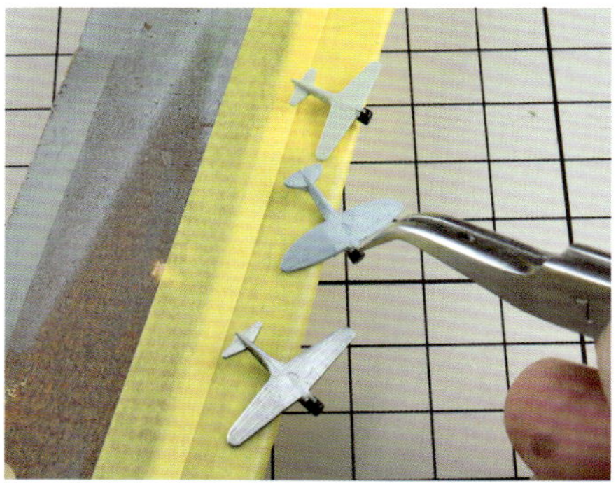
▲从剪切下的零件中选取状态较好的零件，粘接到整流罩的下方。

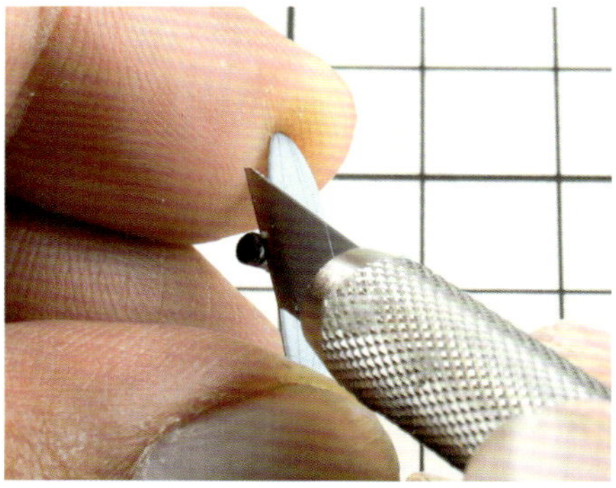
▲如果色彩从整流罩上溢出了的话，就用美工刀对尖端进行切削。

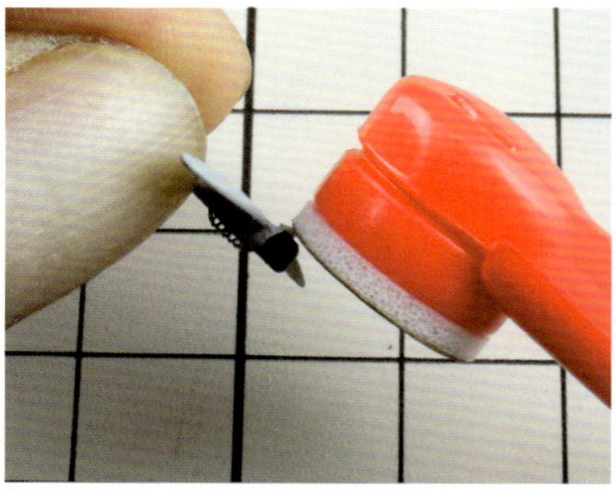
▲为了更加完美地再现出液冷装置的形状来，使用GSI Creos的“Mr.Polisher PRO”来进行切削。稍稍切削，让尖角呈现出圆弧形状就可以。

空速管和天线支柱的制作

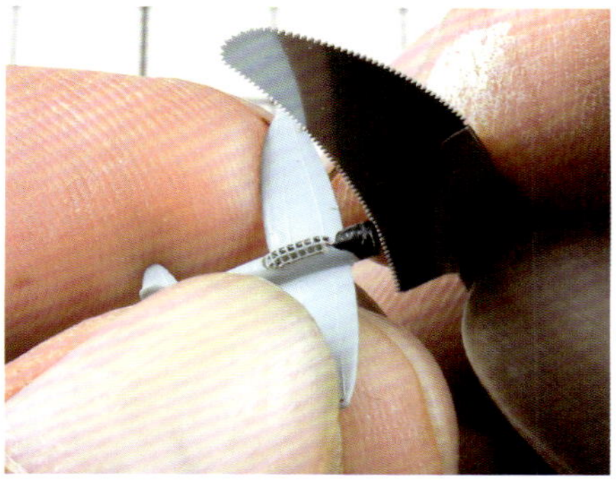
▲动手在模型上制作追加空速管，提升细节。首先用蚀刻锯子在主机翼部分稍稍锯开切口。

▲使用先前曾在制作拉线时用到过的金属丝线。

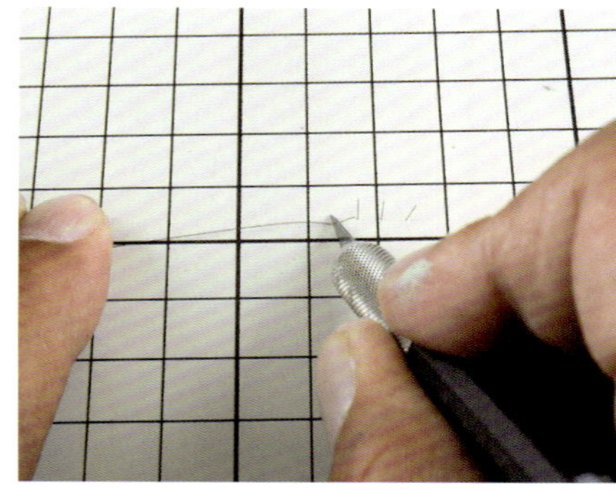
▲拉出金属丝线，剪切出适当的长度来。

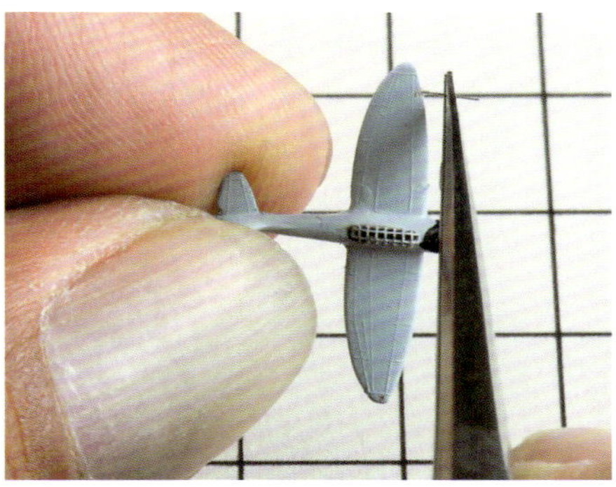
▲在剪切下的金属丝线的一端上蘸上黏稠状瞬间黏合剂，粘接到主机翼的切口部位上。

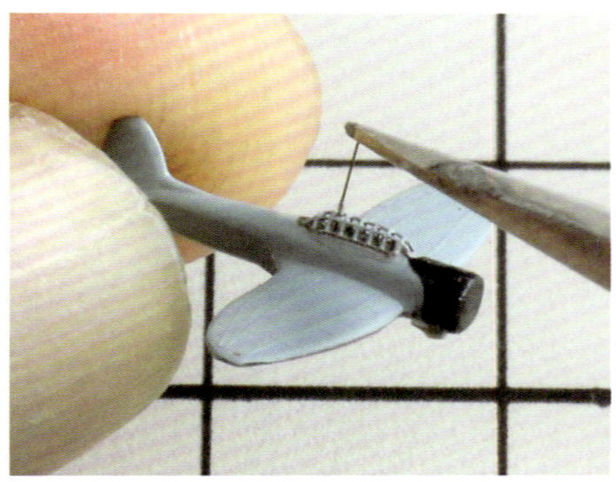
▲以同样的要领粘接上天线支柱。此处也要使用到金属丝线。

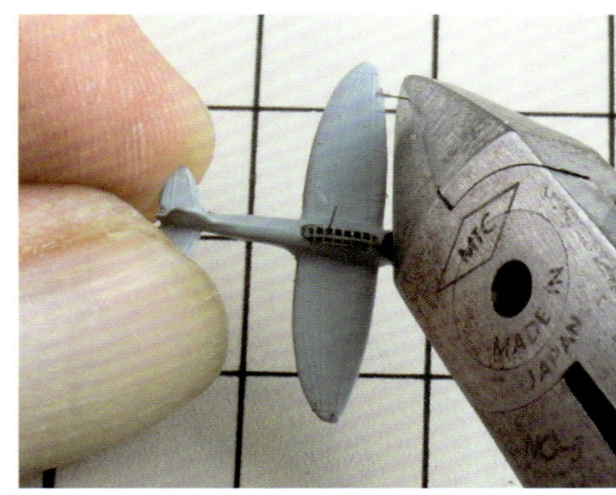
▲剪切下与空速管长度相当的金属丝线来。

▲天线支柱也同样剪切成适当的长度。

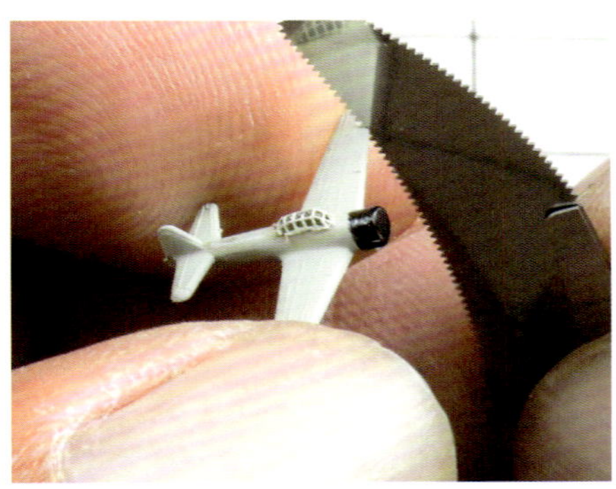
▲因为零战的尺寸较小，所以作业时务必要谨慎小心。

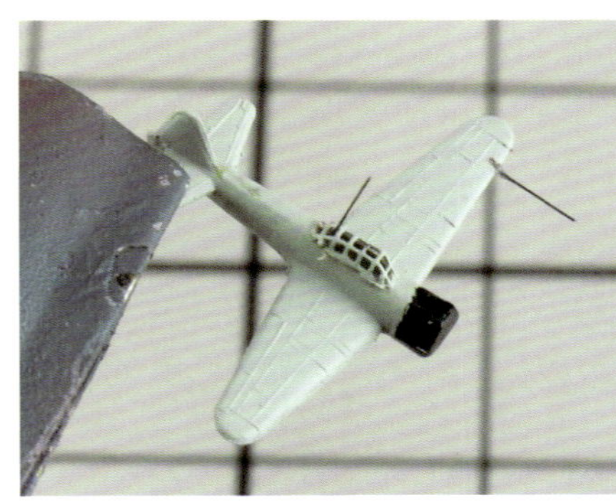
▲与其用手指来握持，倒不如用大头夹夹住零件，这样一来在翻转零件时也会更灵活轻松一些。

▲将空速管和天线支柱剪切成适当的长度。

▲分别将空速管和天线支柱涂装成明灰白色。九九舰爆也需要进行同样的作业。

▲液冷装置方面，本体侧也是明灰白色，而整流罩下方的部位则要另行涂装上Semi Gross Black。

粘贴日之丸贴纸

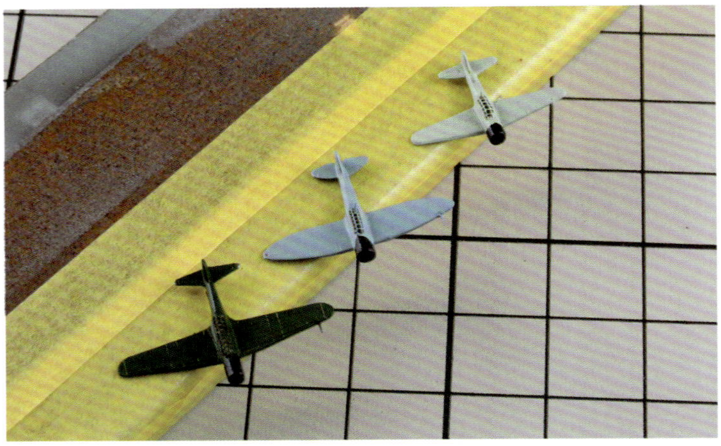

◀安装上空速管和天线支柱、各部位涂装完成后的状态。至此，下一步就要开始动手粘贴日之丸贴纸了。

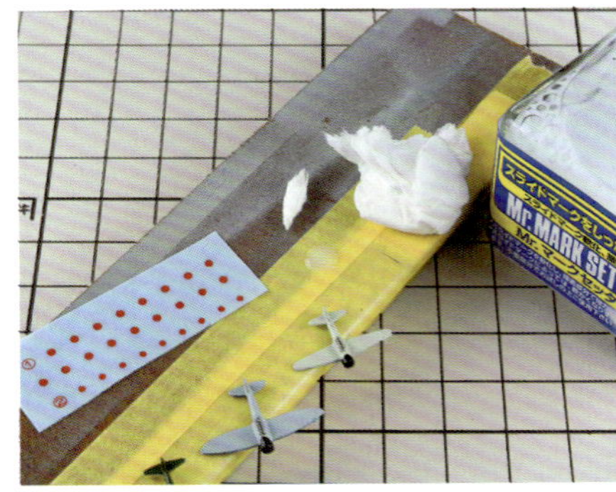

▲在遮盖胶带上盛上少量的Mark Setter。因为零件较小，所以在擦拭多余水分时，需要使用撕碎的手帕纸。

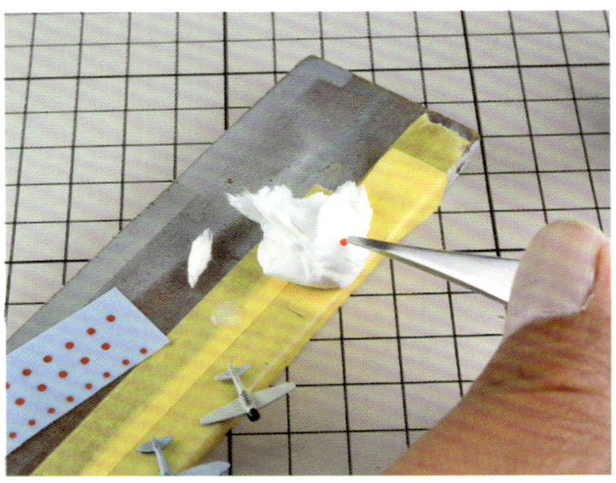

▲用水蘸湿需要使用到的相应数量的日之丸贴纸。等贴纸出现浮动之后，用手帕纸轻轻擦去水分。

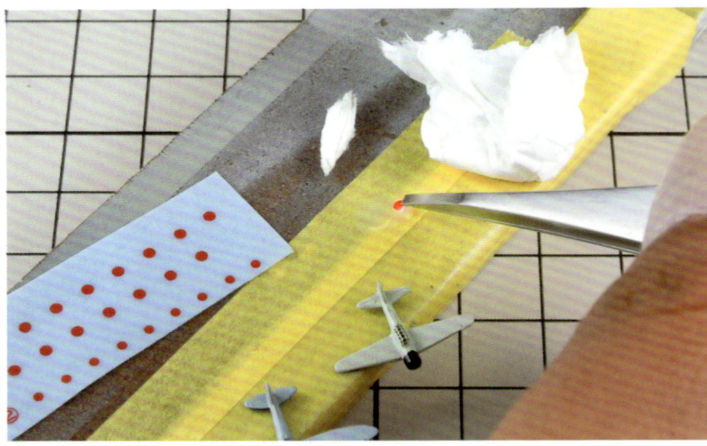

◀用贴纸蘸取先前少量挤出的Mark Setter。

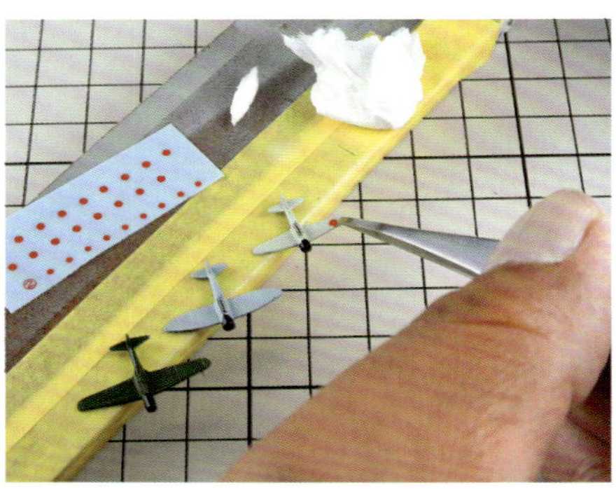

▲将蘸取过Mark Setter的贴纸粘贴到舰载机的指定位置上。

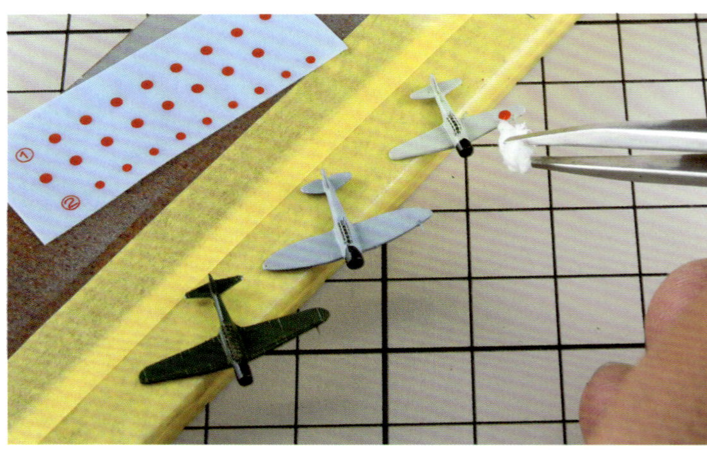

◀此时就是整个工序的重点所在了。用撕碎的手帕纸吸掉粘贴贴纸时留下的多余的水分和Mark Setter。只需用手帕纸的尖端轻轻在贴纸边缘蘸一下，就能将绝大部分的多余水分给吸掉了。

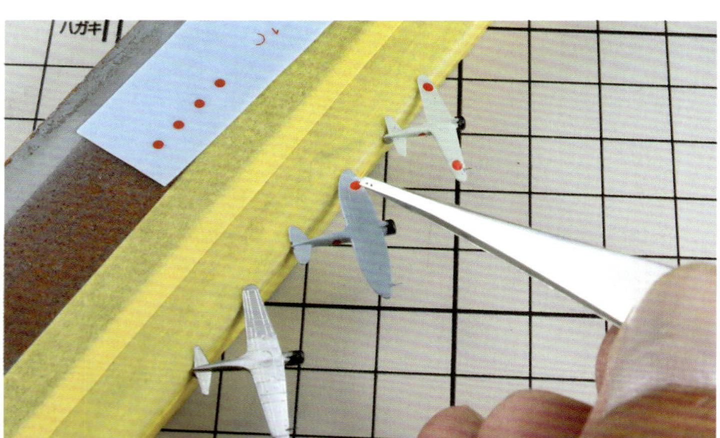

◀粘贴上正面的日之丸之后，再动手粘贴背面的日之丸。此时，需要尽可能留意不要碰到表面。这是为了避免日之丸贴纸剥离开来。

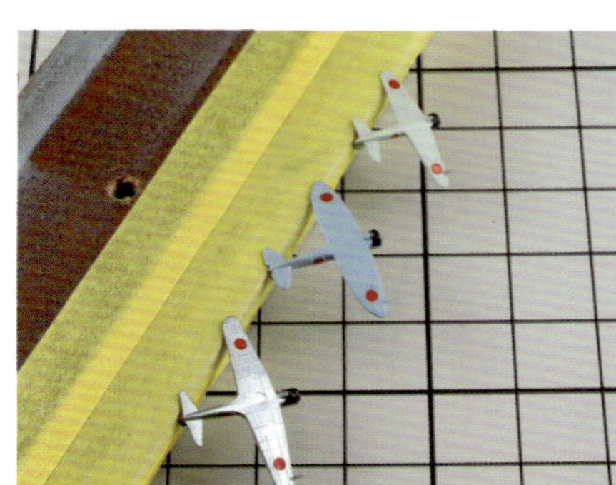

▲日之丸粘贴完毕。让贴纸彻底干燥，稳固地固定到机体上之后，再转入到之后的制作步骤中。

使用蚀刻零件，尝试再现主起落架

▲目前，市场上的主起落架零件方面，HASEGAWA推出有2种，分别为前期（A）和后期（B）。赤城使用的是前期。其中包含了零战二一型和九九舰爆、九七舰攻用的零件。

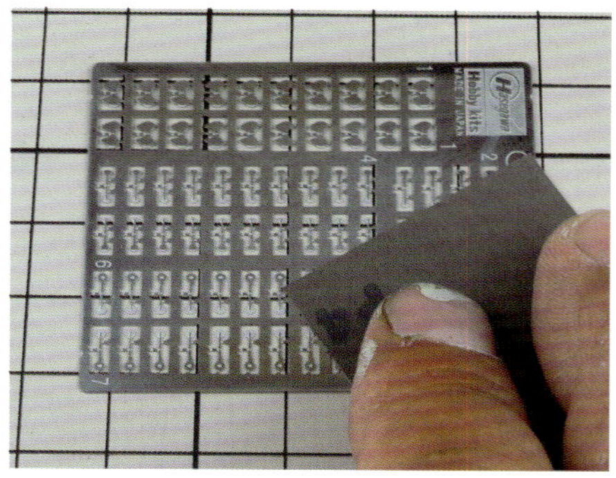

▲为了让涂料与零件之间的黏合性更好，可以使用800号砂纸进行打磨。如此一来，涂料的剥落现象就会更少一些了。

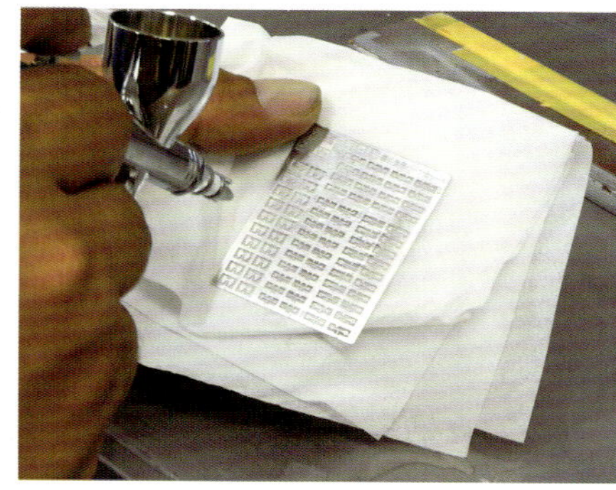

▲接着，为了去除粘到零件上去的手上的油脂，对零件整体轻轻喷涂上一层GSI Creos的Mr.Tool Cleaner。

▲还想进一步加强涂料的附着力的话，Surfacer的效果也很不错。至此，涂料的粘附性已经变得较好，可以开始动手进行涂装了。

▲首先对轮胎部分和主起落架的转轴部分涂装Mr.Color的Semi Gross Black。

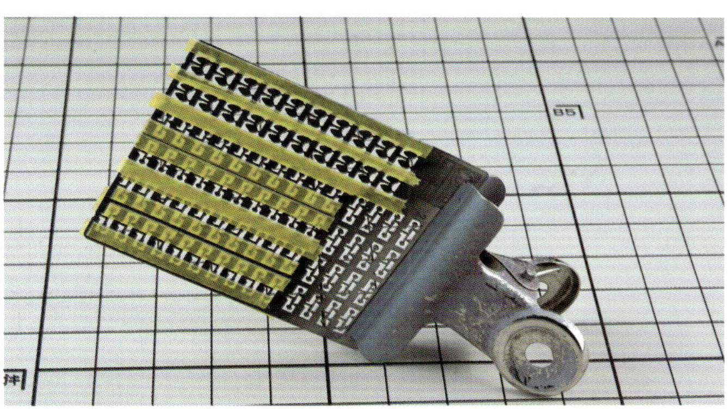

▲因为希望尽可能地减少涂料的剥离现象，可以先将遮盖胶带等粘贴到手臂上后揭下，降低过胶带的黏度之后，再动手进行遮盖。

▲背面也需要好好地进行遮盖。多次检查，保证没有任何地方存在有遮盖的疏略。

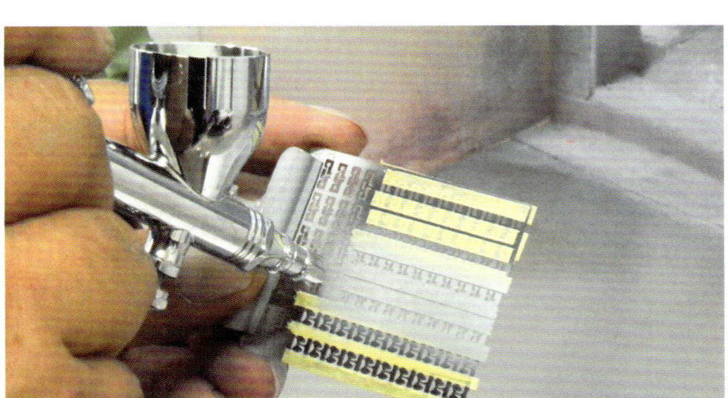

▲首先用明灰白色涂装零战的主起落架罩的部分。

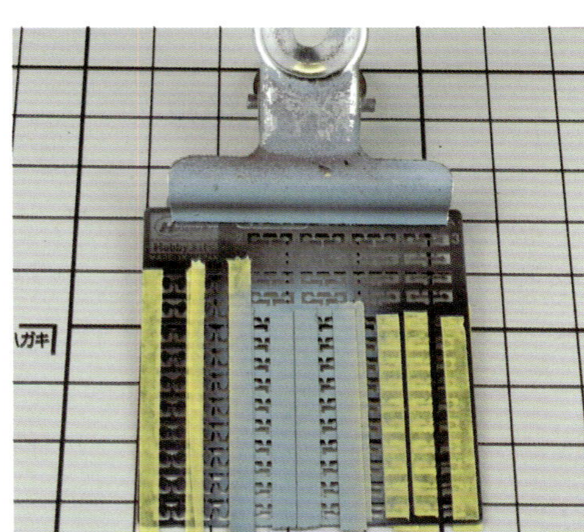

◀涂装蚀刻零件时，干燥时间还要长于塑胶零件，让零件上的涂料充分干燥。检查过零件整体之后，接着再转移到下一步的涂装步骤中去。

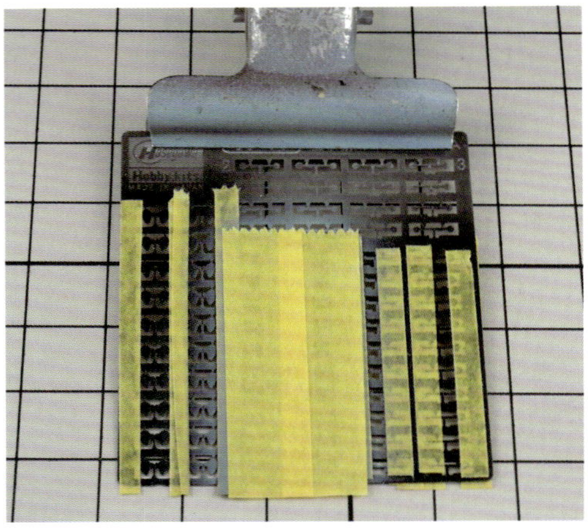

◀用降低过黏度的遮盖胶带对零战主起落架罩上已经做过涂装的部分进行遮盖。

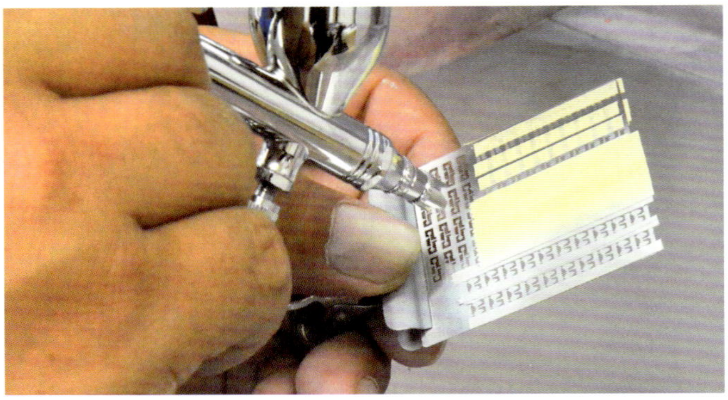

▲涂装九九舰爆的机体色。仅只涂装表面。因为这些零件之后会进行弯折，所以弯折后会被遮盖住的部分并不需要涂装。

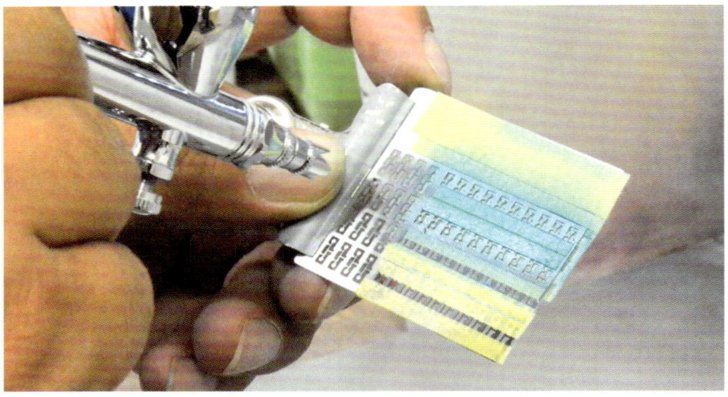

▲在做过涂装的部分上粘贴降低过黏度的遮盖胶带，接下来，再用Mr.Color的青竹色涂装零战的罩子内侧。

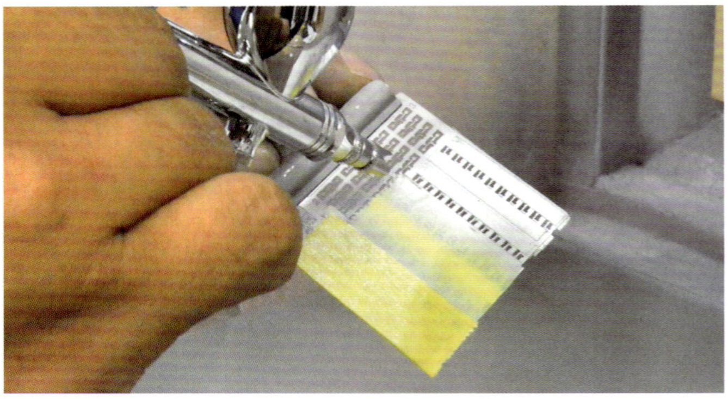

▲将降低过黏度的遮盖胶带粘贴到刚才做过涂装的部分上，接着再用Mr.Color的银色涂装九七舰攻主起落架。

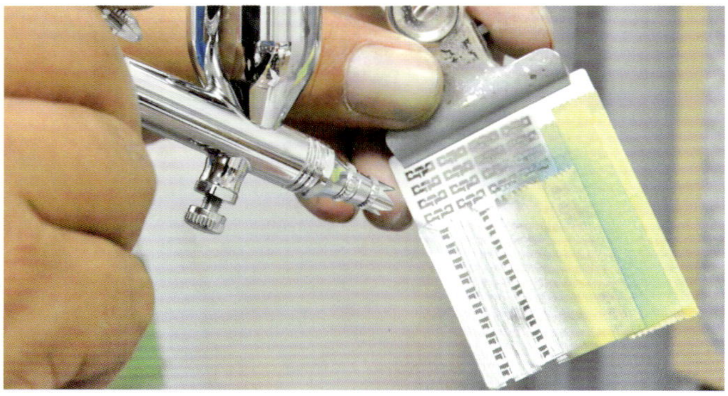

▲此处不光只是表面，对蚀刻较厚部分的小口也要仔细进行涂装。

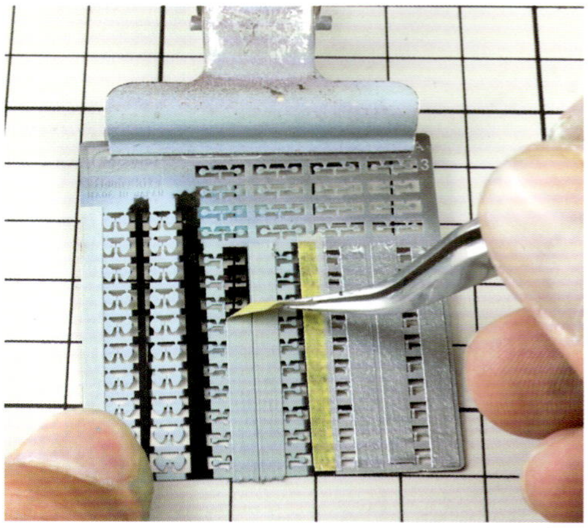

◀涂装完成后，缓缓揭去遮盖。揭除胶带时，请使用镊子。

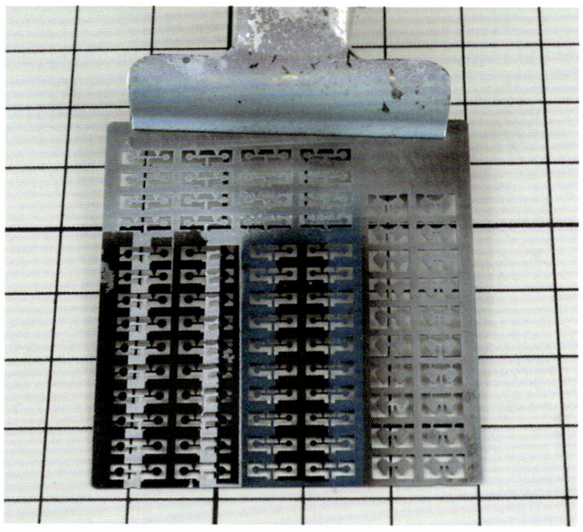

◀涂装完成后的状态。确认是否存在因遮盖失误造成的涂装错误和漏涂现象。

▲用美工刀对涂装过的蚀刻零件进行切割。因为零件较小，所以要务必留心不要弄丢。

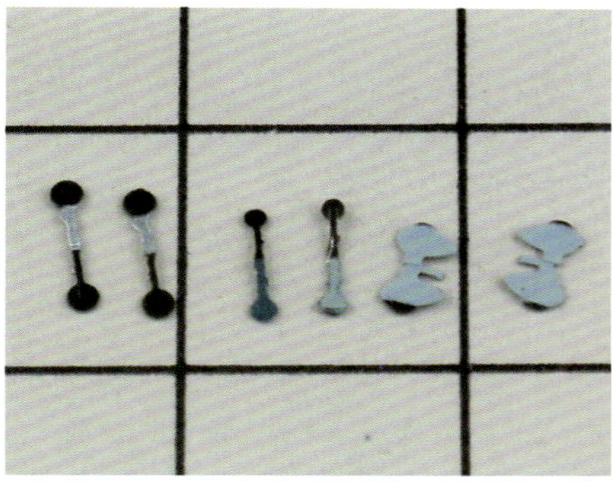

▲完成后的飞机的主起落架蚀刻零件。自右至左分别为九九舰爆、零战和九七舰攻。

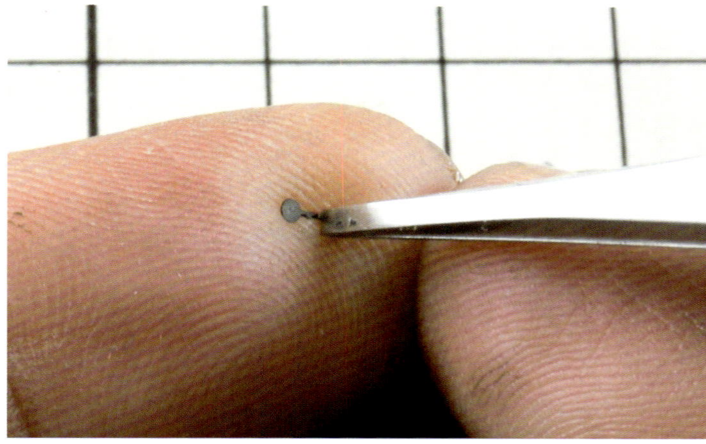

◀使用尖端为平口的镊子，由弯折线部位对主起落架进行弯折。

▲用镊子进行弯折的蚀刻就只能弯折到图中所示的状态了。这是因为蚀刻是用钢材制成，硬度较高的缘故造成的。

▲为了让零件的两端的接合更为紧密，需要使用蚀刻老虎钳用力折叠。

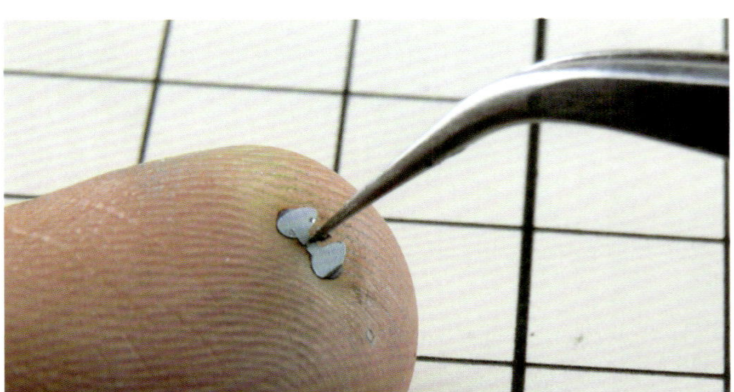

▲用同样的办法对九九舰爆的主起落架进行弯折。最后再用老虎钳让零件两端紧密接合。

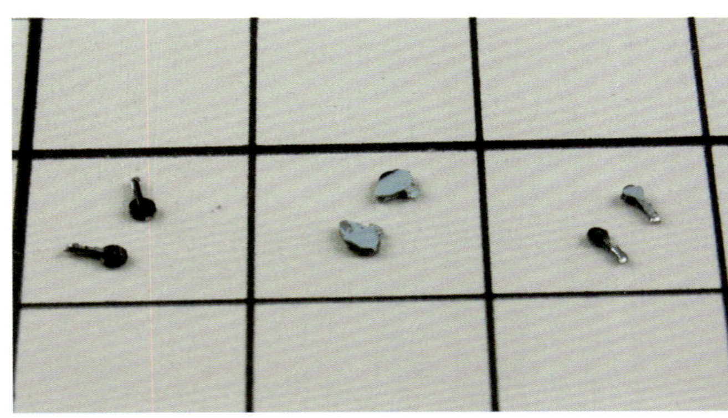

▲完成后的主起落架。让面与面之间相互紧密接合，弯折到底，

▲为了展现主起落架收纳库，使用0.8mm的手钻对表面进行切削。切削时注意不要造成贯通。

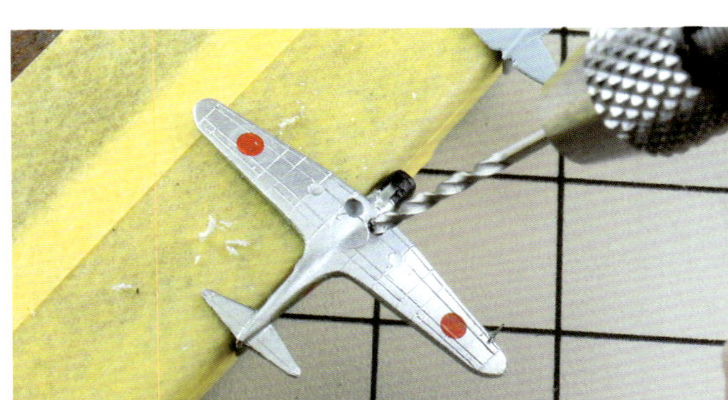

▲九七舰攻也同样要用1mm的手钻进行雕刻，雕刻时也注意不要造成贯通。

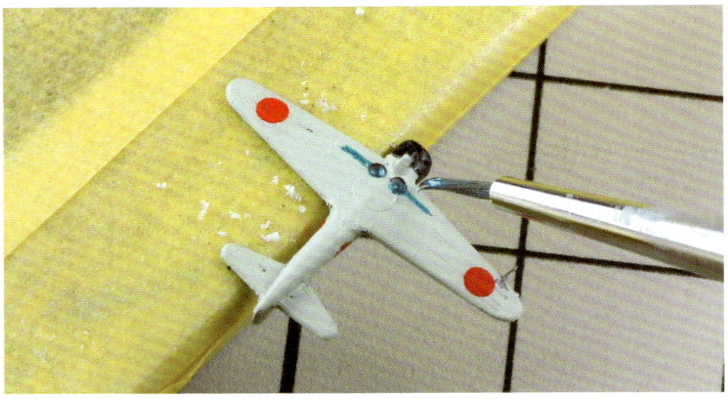
▲将机体翻转过来，再次粘贴到遮盖胶带上，用细描笔对主起落架收纳库涂装Mr.Color的青竹色。

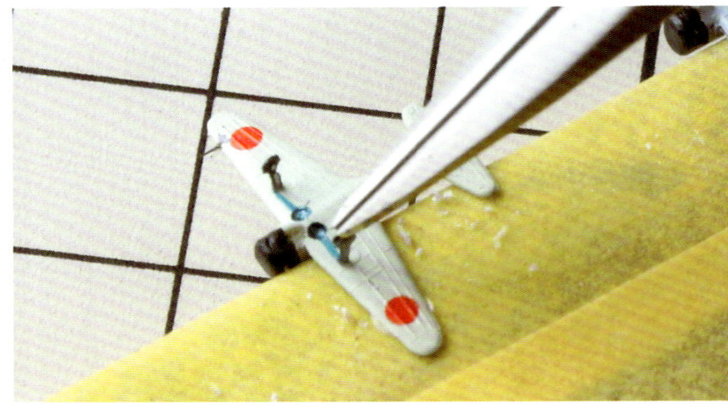
▲在主起落架的蚀刻零件的粘接面尖端上涂抹黏稠状瞬间黏合剂，动手粘接。

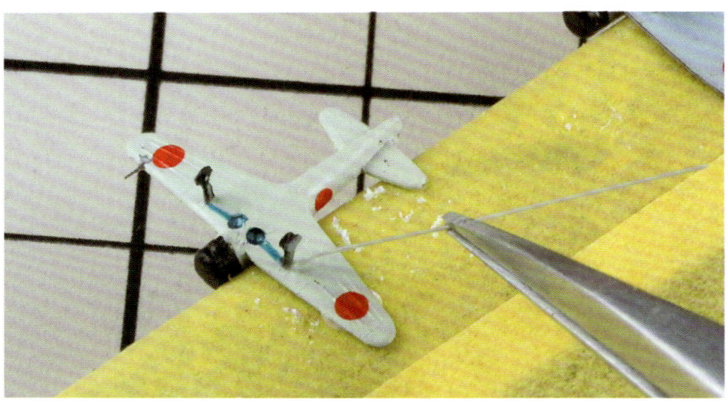
▲趁黏合剂还没有硬化之前，用镊子将起落架的位置调整到准确的倾斜程度。“水平垂直”就是这一步的铁则。

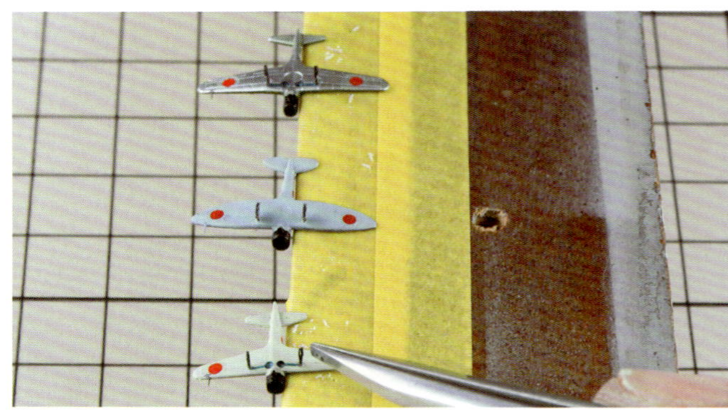
▲在拉伸板材框架的尖端上蘸上黏稠状瞬间黏合剂和流缝式瞬间黏合剂，将黏合剂注入到粘接面较小的主起落架蚀刻零件上。

▲从各种角度多方位观察，检查全体，看主起落架是否已和机体之间形成了水平垂直关系。

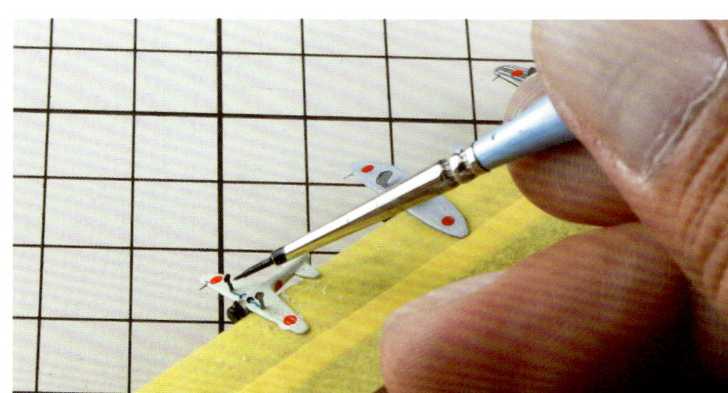
▲用笔点涂先前镊子在涂层上造成过划伤的部位。

▲机体全都完美制作成功，同时还制作出了具有一定粘接强度的蚀刻主起落架。

▲天线方面，使用MODEL KASTEN的金属丝线0.1号。切割出长约1.3mm的长度来。

识别带与天线

▲为了展现赤城飞行队的识别带，在机体上缠卷上红色的贴纸。虽然也可以采用笔涂的方式来展现，但如果使用了红色贴纸的话，那么识别带就会展现出笔直的带子来了。

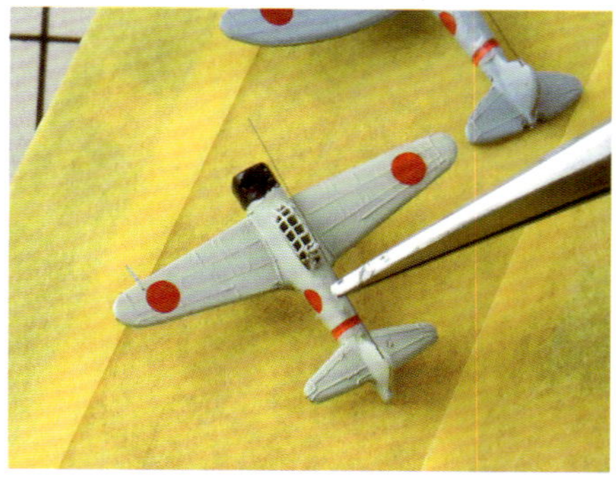

▲天线方面，等贴好识别带之后，再在天线的一端涂抹上黏稠状瞬间黏合剂，依照由天线支柱到垂直尾翼的顺序来进行粘接。

▲为了让粘接更加稳固，可以用拉伸板材框架在粘接面较小的部位注入黏稠状瞬间黏合剂和流缝式瞬间黏合剂。

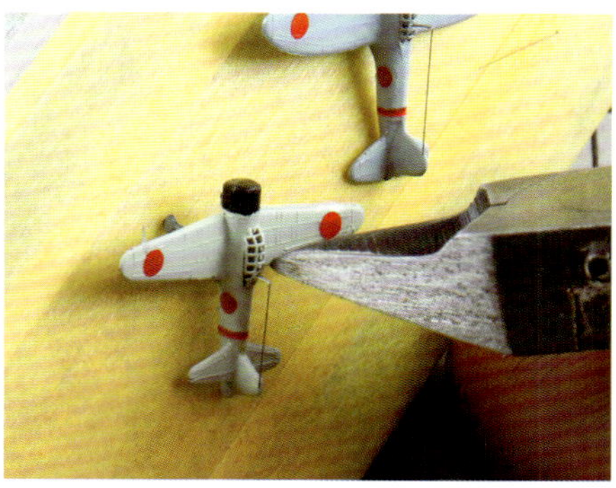

▲用刀刃较为锋利的镊子将多出来的天线剪掉。

▲识别带和天线的制作就完成了。解析度大为提升。

粘贴机体编号等贴纸

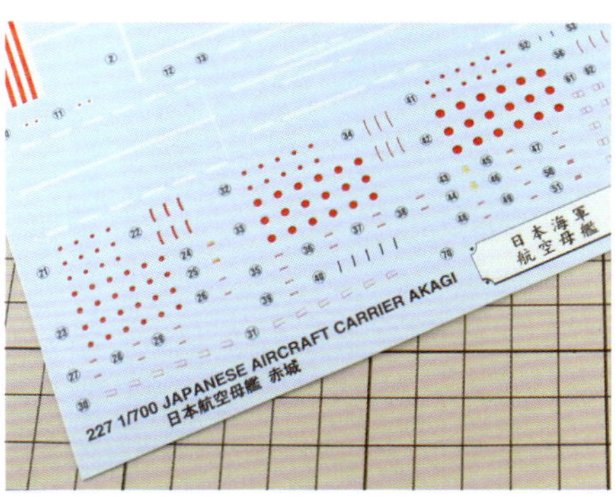

▲接下来，粘贴附带贴纸里的机体编号和其他的贴纸。

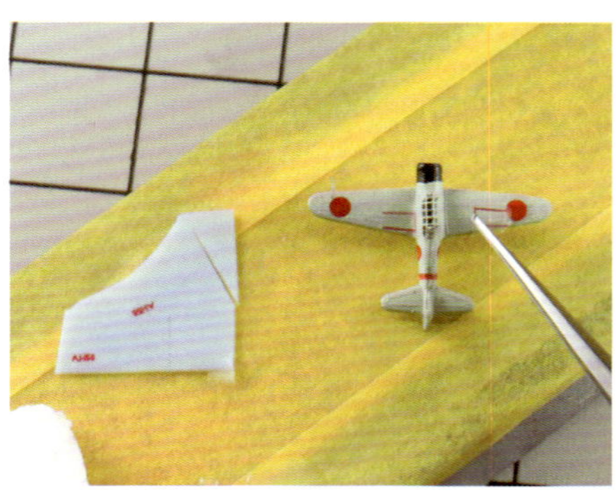

▲粘贴好贴纸，用镊子把贴纸挪到正确的位置上去。

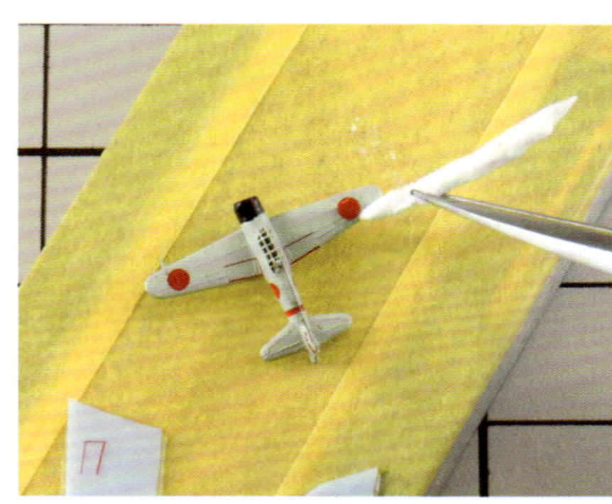

▲用镊子夹住撕碎后的手帕纸卷成的条状物，吸收掉多余的水分。

▲九七舰攻的作业也一样。完成到这一步时，请留意用圆圈圈出的部分。仔细观察后会发现，贴纸的余白露出在外了。

▲动手修正机体编号贴纸上的余白。为了方便作业，先将机体固定到遮盖胶带上。

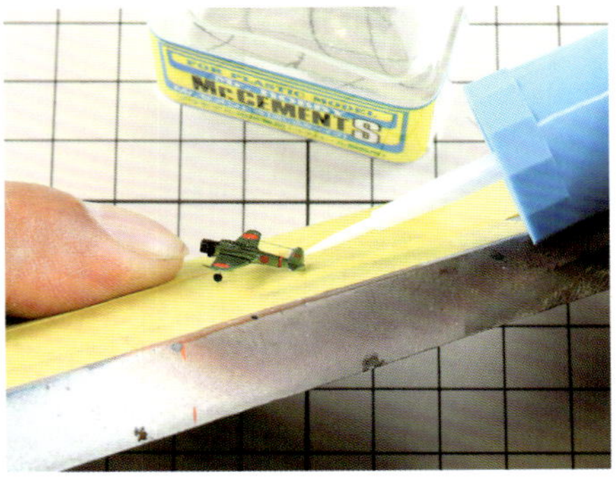

▲对于这种碍事的余白，虽然也可以用Mark Setter把它给搞定，但要简单地让贴纸紧密贴合，就需要涂抹少量的CEMENT S了。

▲涂抹过CEMENT S后，余白消融，贴纸也紧密粘接上了。余白也就彻底消除掉了。这一步的重点就在于“不要涂抹过量”。要是涂抹过多的话，那么就会连同贴纸一起消融掉了。一口气解决问题。

▲在整个机体上粘贴过贴纸后，信息量也大为增加。接下来就要动手制作螺旋桨的蚀刻零件了。

安装蚀刻零件的螺旋桨

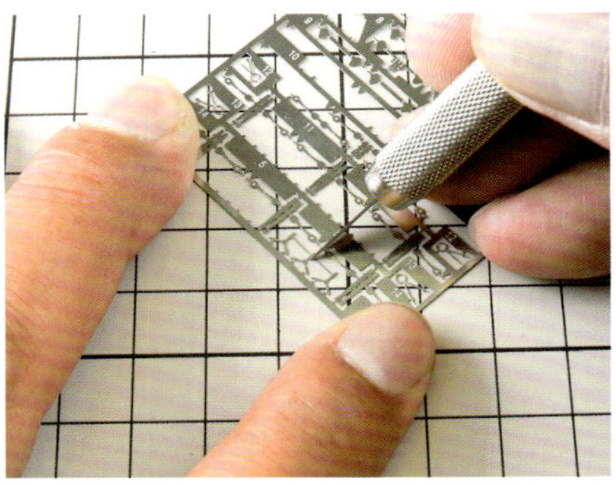

▲螺旋桨方面，我们使用了FINE MOLD的“旧日本海军舰载机用 零件套装（前期）”。

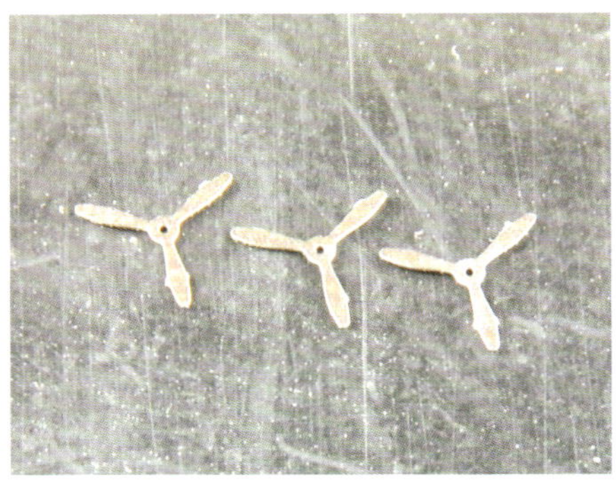

▲剪切下零件之后的状态。从照片中来看，也能清晰地看到螺旋桨上附带的水口痕迹。

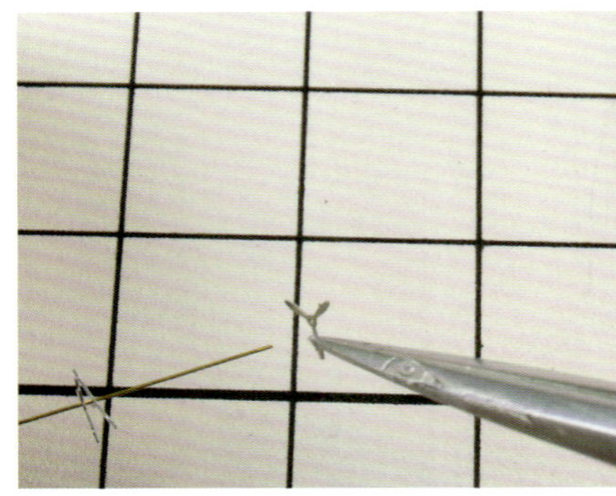

▲因此，可以将所有的螺旋桨零件都串连到1根0.2mm的黄铜丝上。

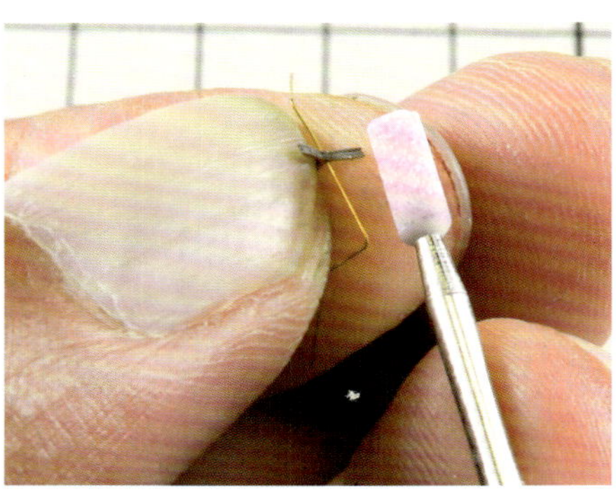

▲将所有机体的螺旋桨都串连上之后，用手指固定住，然后再用电钻把水口痕迹处理干净。

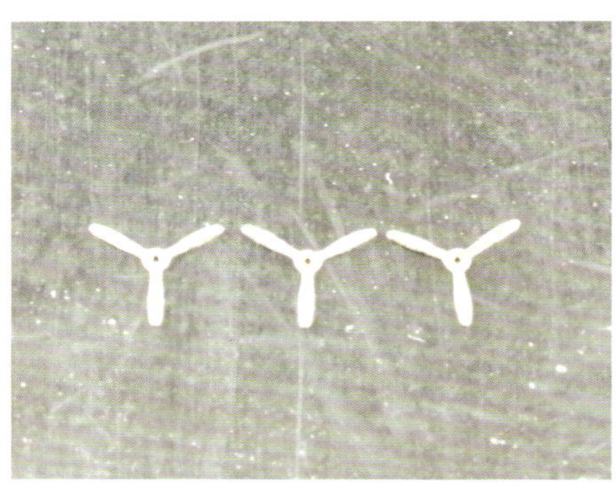

▲处理过水口痕迹之后，螺旋桨的外观也会变得干净整洁许多。

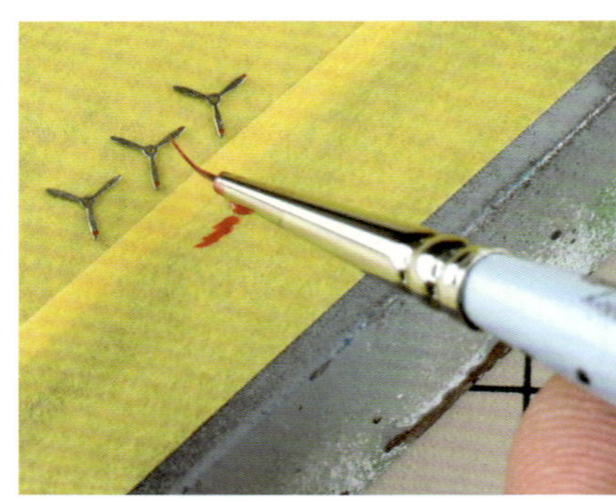

▲银色的螺旋桨是前期型的一大特征。可以活用素材的色彩，用Mr.Color的SHINE RED来涂装螺旋桨的警示带。

▲把螺旋桨翻个面，用Mr.Color的消光黑涂装背面。

▲此时，动手涂装上九九舰爆主起落架罩子上的红色带子。

▲如果立刻就动手用手钻开启轴孔的话，那么轴孔很可能会发生偏斜，所以需要先用打格针在模型上先预打孔，让手钻钻头能够顺着预先打好的孔洞顺利钻入。

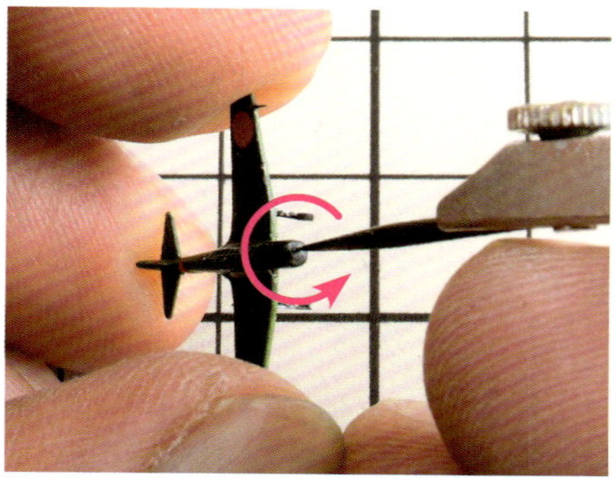

▲对锥子稍稍施加压力，左右旋转，打出预打孔洞来。

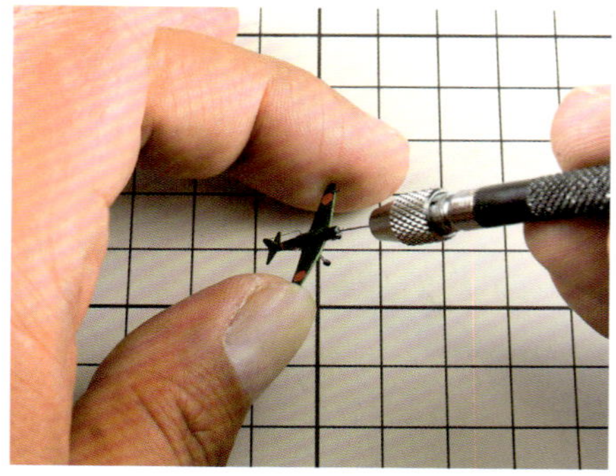

▲使用0.3mm的钻头开孔。因为先前已经打好了预打孔洞，所以孔洞位置就能准确确认，顺利开启了。

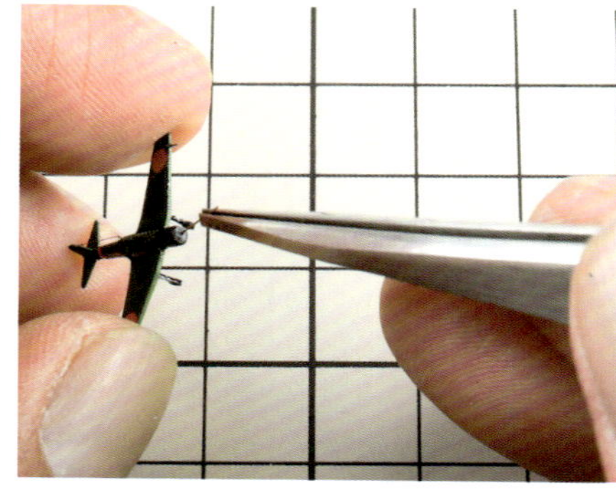

▲剪切下大约2cm左右长度的0.2mm黄铜丝，在黄铜丝的一端上蘸上瞬间黏合剂，粘接到孔洞中。

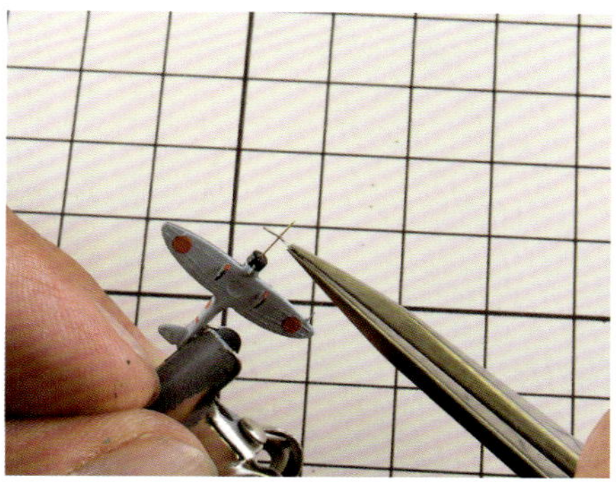

▲在黄铜丝上串上螺旋桨。

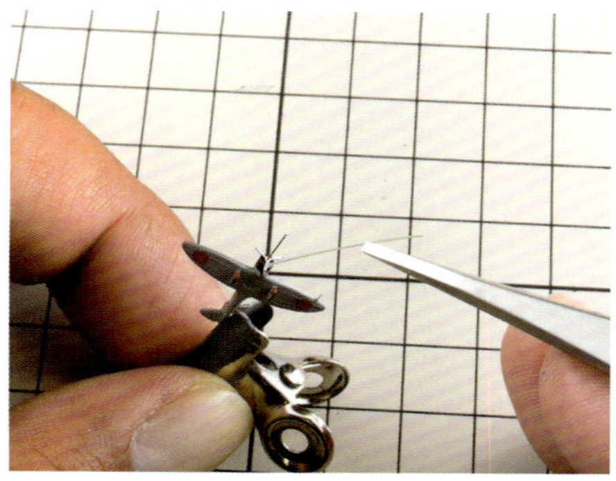

▲用拉伸板材框架注入黏稠状瞬间黏合剂和流缝式瞬间黏合剂，粘接螺旋桨。

▲剪切时，不要从螺旋桨旋转轴的根部进行剪切，而要留下0.5mm的程度。黄铜丝的尖端将会成为螺旋桨的基部。

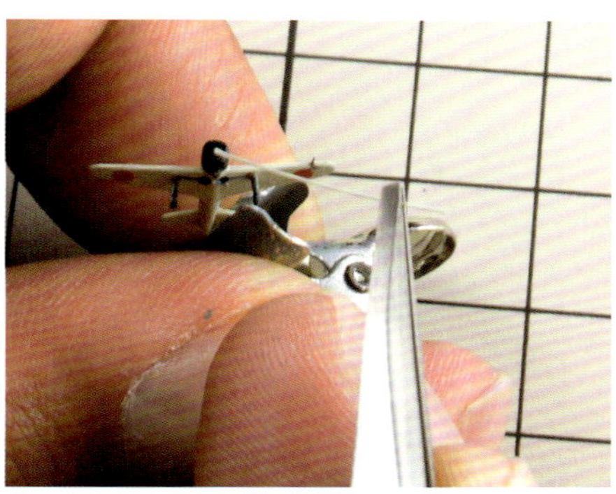

▲因为零战带有转轴罩，所以并不需要转轴。因此，需使用拉伸板材框架在重点部位上涂抹黏稠状瞬间黏合剂。

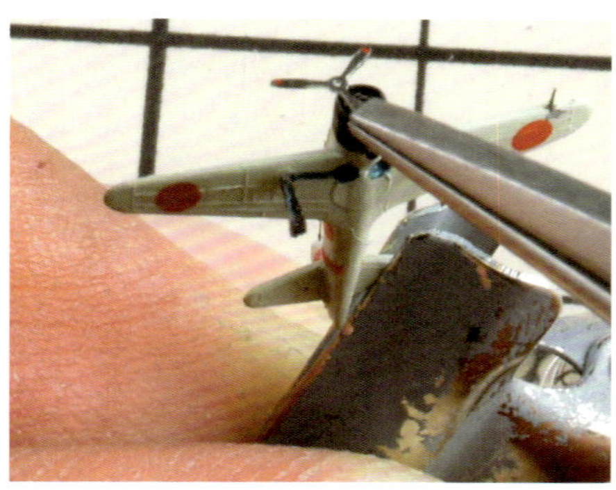

▲直接粘接上螺旋桨。粘贴时需务必留意，让螺旋桨的位置保持于正中。

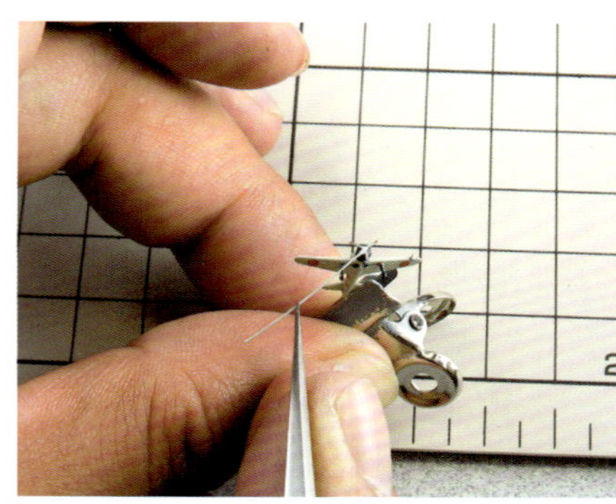

▲为了让粘接更加稳固，用拉伸板材框架注入黏稠状瞬间黏合剂和流缝式瞬间黏合剂。

使用钩刀制作副油箱、炸弹、鱼雷

▲尝试动手制作副油箱、炸弹和鱼雷。此步骤极为简单，使用钩刀切割拉伸板材框架，只要一边切割一边滚动。之后就能形成略带弧线形状的切口了。

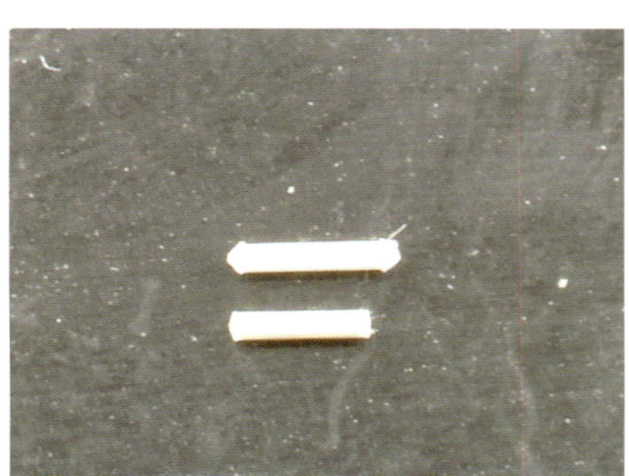

▲上方为使用钩刀切割下的零件。下方为普通切割器切割下的零件。只要使用钩刀来一边滚动板材框架一边剪切，就能形成前端略带弧线的形状来了。

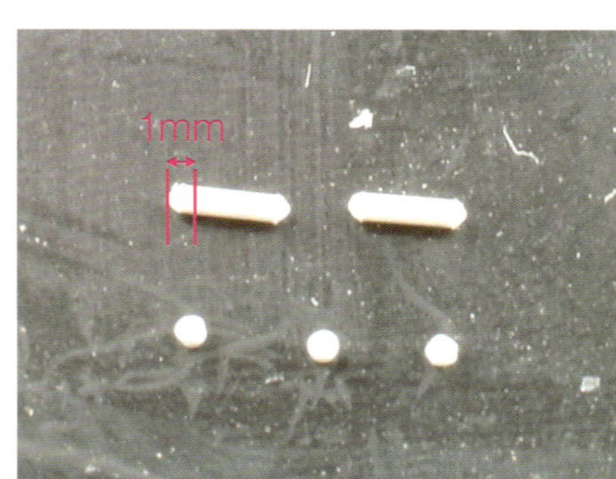

▲零战的转轴罩。再将先前用钩刀切割出来的零件切割下1mm左右来，动手制作。

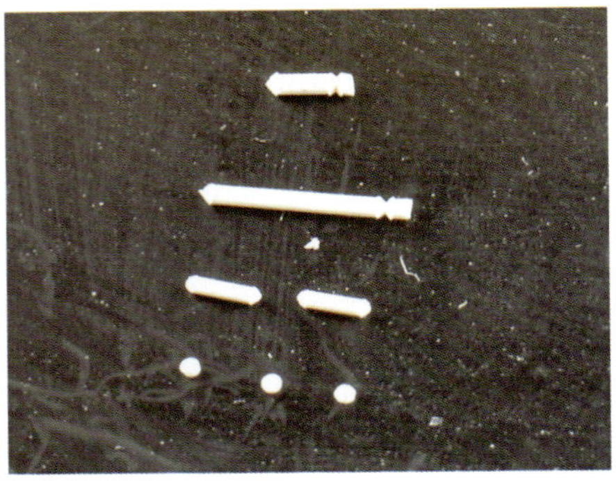

▲应用钩刀，便可轻松制作出炸弹、鱼雷、副油箱和螺旋桨转轴罩来了。

▲因为飞机零件很小，所以用大头夹夹住尾翼来作业的话，那么操作作业也会更为准确一些。

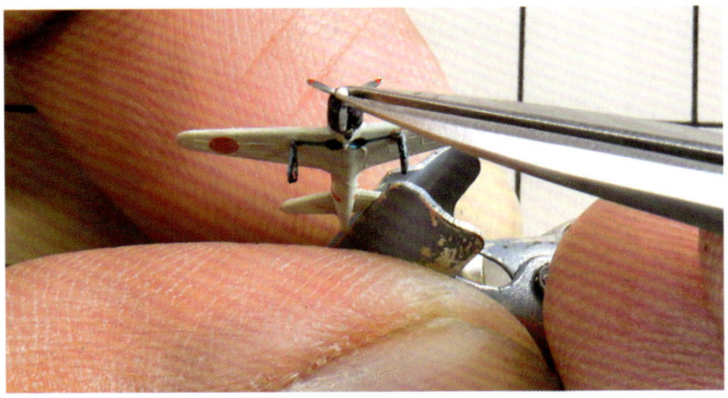

▲粘接零战的螺旋桨整流罩。在螺旋桨中央涂抹黏稠状瞬间黏合剂，粘接转轴罩。

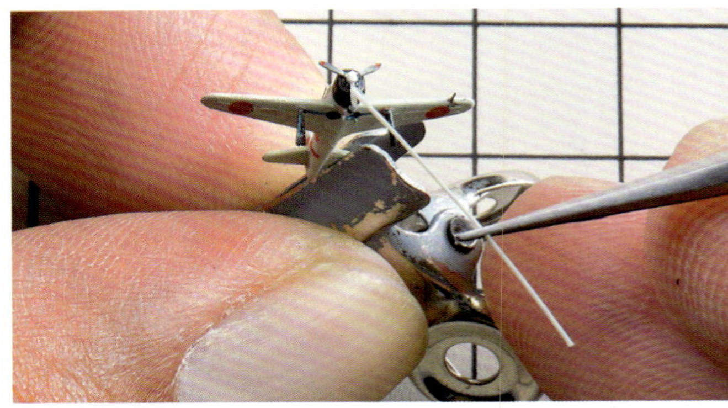

▲为了让粘接更为稳固，用拉伸板材框架注入黏稠状瞬间黏合剂和流缝式瞬间黏合剂。

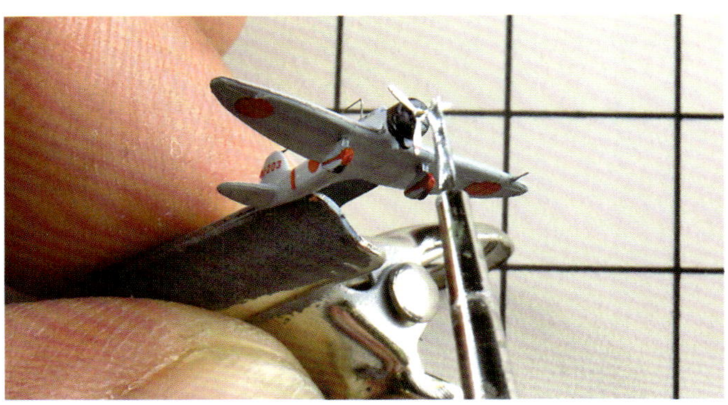

▲涂装九九舰爆、九七舰攻的螺旋桨基部。使用Mr.Color的银色。

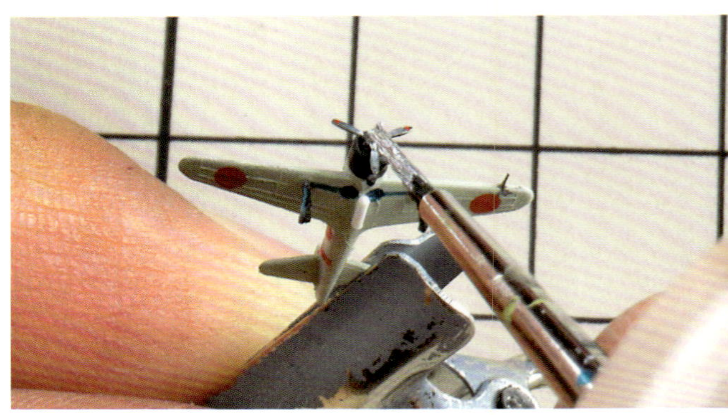

▲涂色方式方面，其铁则为：让笔稍稍蘸上一点点色彩就可以了。注意涂装时不要让笔尖涂抹到整流罩上。

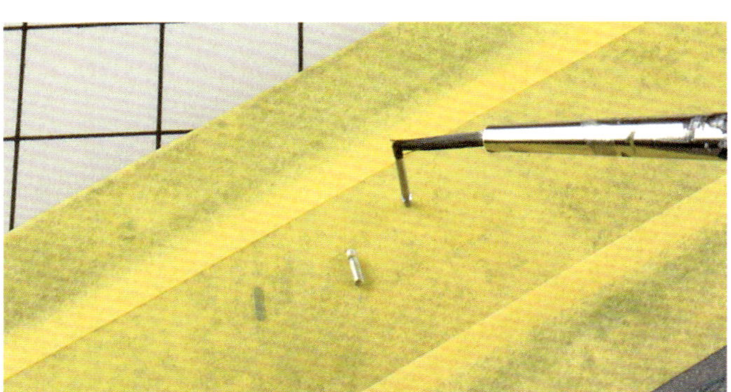

▲使用Mr.Color的黑色来笔涂鱼雷的尖端。涂装到自尖端开始算起的2mm左右的部位，后方则需要使用Mr.Color的银色涂装。

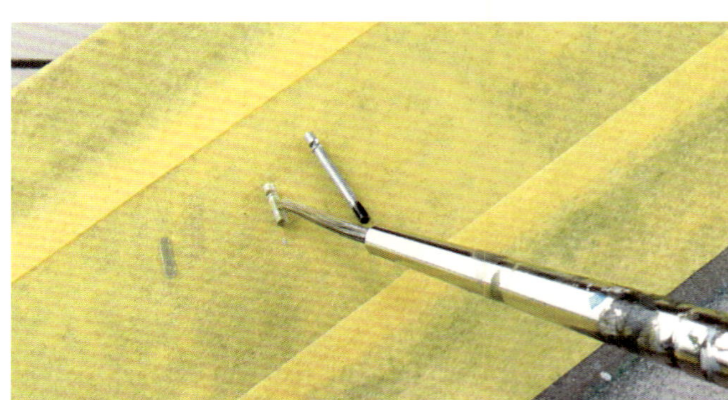

▲用Mr.Color的明灰绿色来笔涂炸弹。

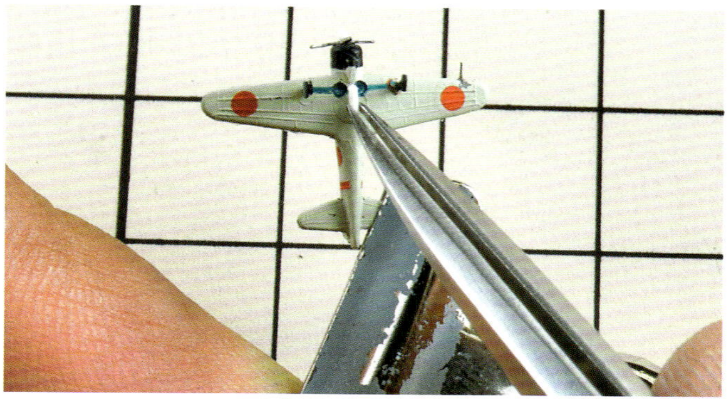

▲在机体侧上点涂上塑胶用黏合剂，粘接副油箱。

▲粘接完毕后，用笔在副油箱上涂装上与机体色相同的颜色。

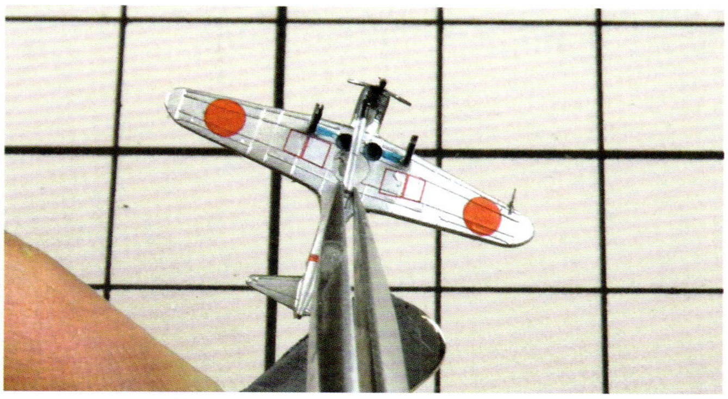

▲鱼雷方面，也同样在机体侧上点涂上塑胶用黏合剂。因为点涂的方式能够避免涂抹上过量的黏合剂，所以这种方式在处理较小的零件时非常有效。

▲因为是涂抹在银色涂装的上边的，所以黏合剂很容易脱落开来。因此，需要用拉伸板材框架注入黏稠状瞬间黏合剂和流缝式瞬间黏合剂。

▲使用拉伸板材框架的话，即便是在面对飞机上的小型零件时，也能在保证不出现黏合剂溢出的情况下牢固地粘接好，同时也保证了外观的整洁干净。

▲用Mr.Color的Super Clear半光泽对全体进行薄薄的覆膜涂装。

◀贴纸和笔涂的色彩淤积等都变得不再显眼，让整个模型变得更加美观。如此一来，舰载机的细节提升就完成了！

以压倒性的精密度制作的舰载机完成！

本制作范例为附属于赤城套件的舰载机提升过细节后的制品。通过倾注各种的制作技巧，形成了众位所见的完成度。请各位都来感受一下这种感觉已经超越了 1 ：700 比例的完成度吧。

零式舰上战斗机二一型（A6M2b）

▲再现了螺旋桨转轴罩、副油箱、进气口。标志和贴纸也进行了再现。

▼自左至右分别为提升过细节的九七舰攻、九九舰爆和零战。其精细的解析度让人感觉根本就不像是1 ：700比例的制品。

九九式舰上轰炸机（D3A1）

▲250kg炸弹和俯冲气流板（空气刹车）也得到了再现。尾翼的线条用贴纸进行了再现。

九七式舰上攻击机（B5N2）

▲用塑胶棒制作了800kg钢铁炸弹和九一式鱼雷，再现了第一次攻击队的编成。

斑驳涂装的秘技！

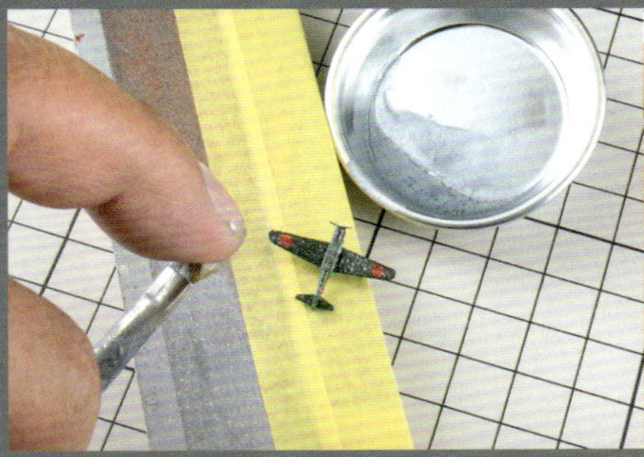

▲九七舰攻的斑驳痕迹，可以用手指对蘸有珐琅系涂料的画笔进行反弹，让涂料飞溅出来再现。首先可以先在纸张等地方上进行反弹飞溅，调整好涂料的浓度，等掌握了其中的诀窍之后再实际动手涂装。效果绝佳。

赤城搭载机

零式舰上战斗机二一型（A6M2b）

◄▲代表着旧日本海军的主力战斗机。总生产架数多达10430架。支撑起了大战初期的机动部队的二一型，曾经在由夏威夷岛印度洋的战场上贡献了无数次的胜利。

九七式舰上攻击机（B5N2）

◄▲可执行鱼雷攻击、水平轰炸等任务的主力舰上攻击机。其性能远远超越了当时的世界水准，尽管在速度和防弹性能上有所欠缺，但它超长的续航距离，也担任起了日本的射程外战法的重要一角。

九九式舰上轰炸机（D3A1）

◄▲旧日本海军的一种单翼全金属制舰上轰炸机。尽管起落架为固定式，但实用性却极高，在太平洋战争开战的初期也曾大为活跃。

偷袭珍珠港时的航空母舰 赤城搭载机的涂装与标识

本篇当中，我们将为各位解说与参加偷袭珍珠港行动时的航母“赤城”的搭载机相关的涂装和标识。

如果各位想要尝试再现将赤城的搭载机放置于飞行甲板上，偷袭珍珠港时的状态的话，那么第一次与第二次攻击队中，甲板上排列的机种、搭载武器都有所不同，还请多多留意。

图·解说／**斋藤久夫**（P·CRAFT）

零式舰上战斗机二一型（A6M2b）

零战的机身需要全部涂成灰绿色，整流罩为黑色。螺旋桨与其他机种同样，表面为无涂装银色，背面为焦茶色（后期全面涂装的螺旋桨色）。标识赤城属机的红带并未绕机体一周，在机体下端断开。

第一次攻击队

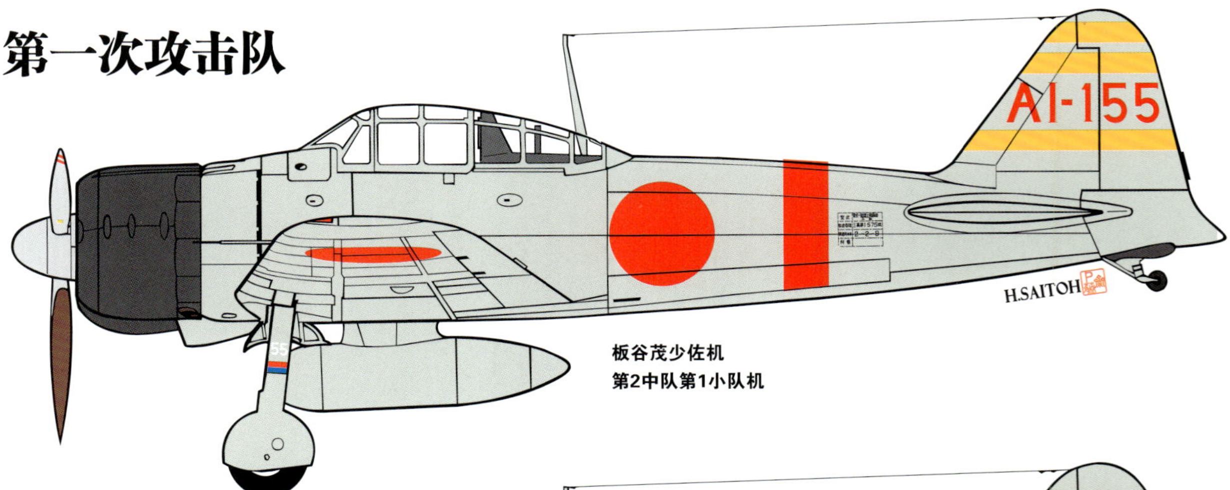

板谷茂少佐机
第2中队第1小队机

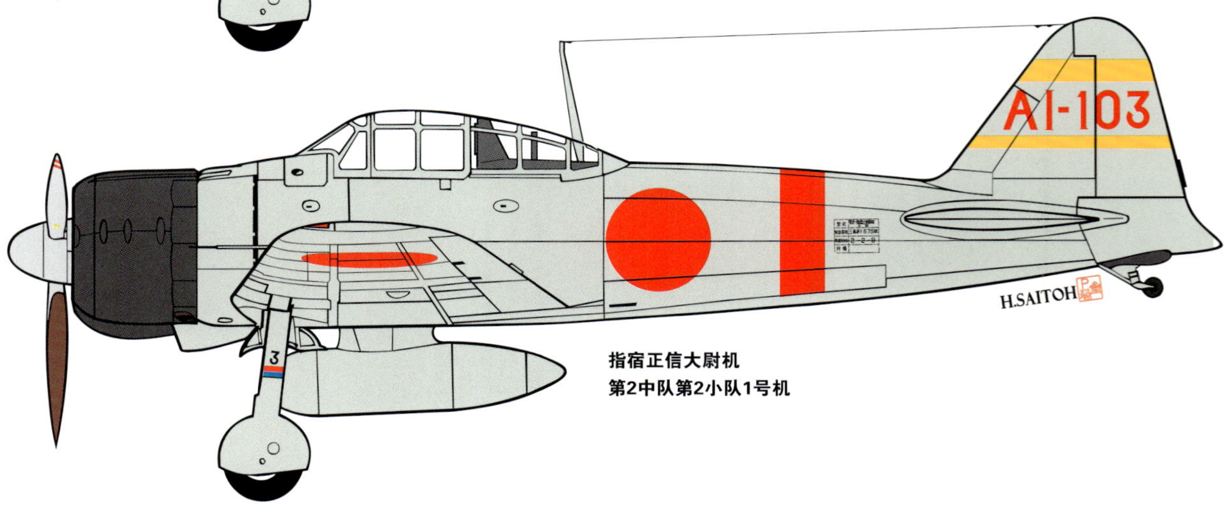

指宿正信大尉机
第2中队第2小队1号机

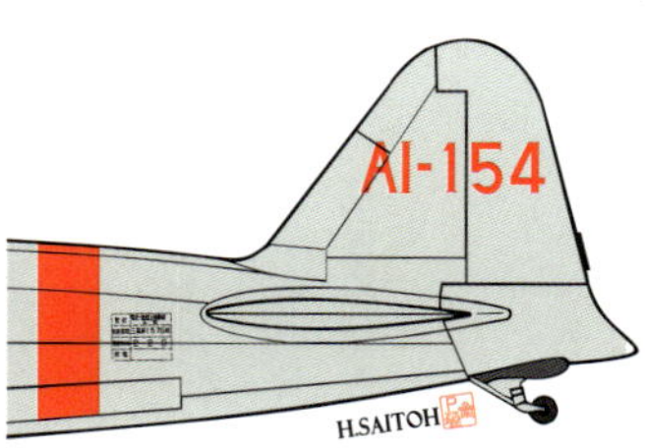

平野崟一飞曹机
第2中队第1小队2号机

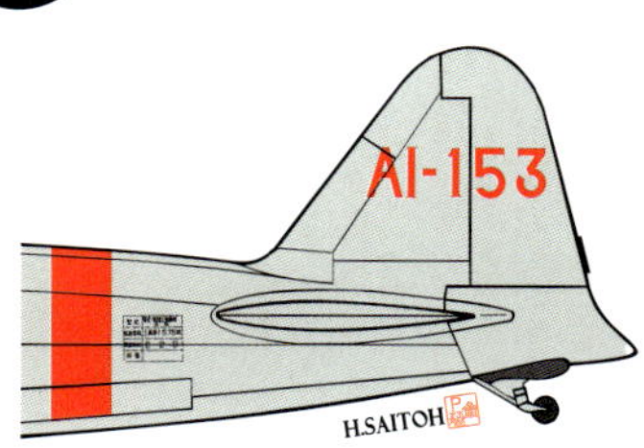

岩间品次一飞曹机
第2中队第2小队3号机

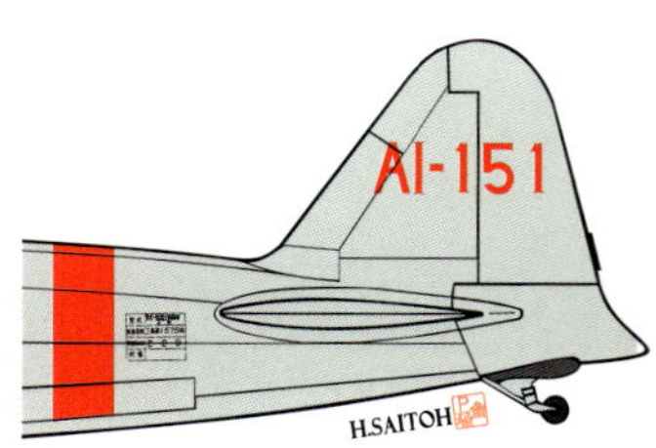

岩城芳雄一飞曹机
第2中队第2小队2号机

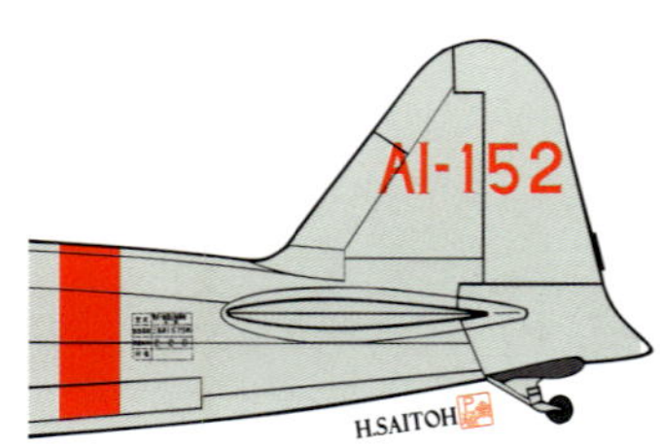

羽生十一郎一飞兵机
第2中队第2小队3号机

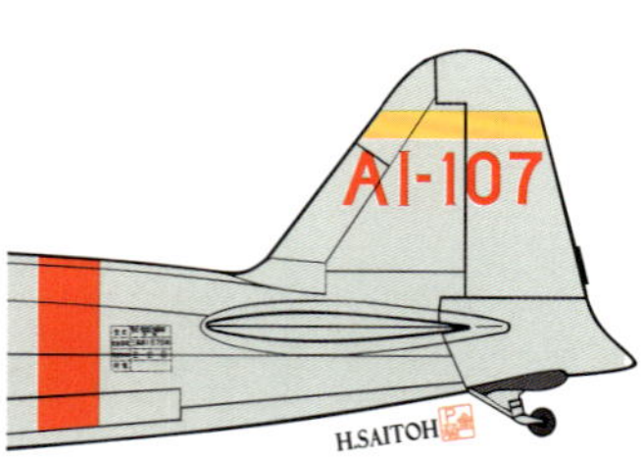

小山内末吉飞曹长机
第2中队第3小队1号机

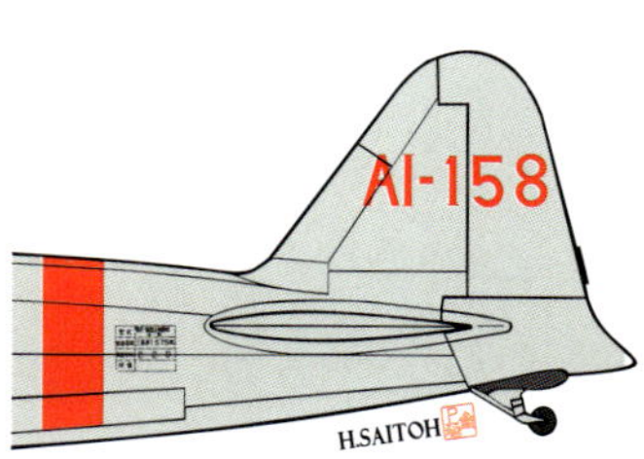

谷口正夫二飞曹机
第2中队第3小队2号机

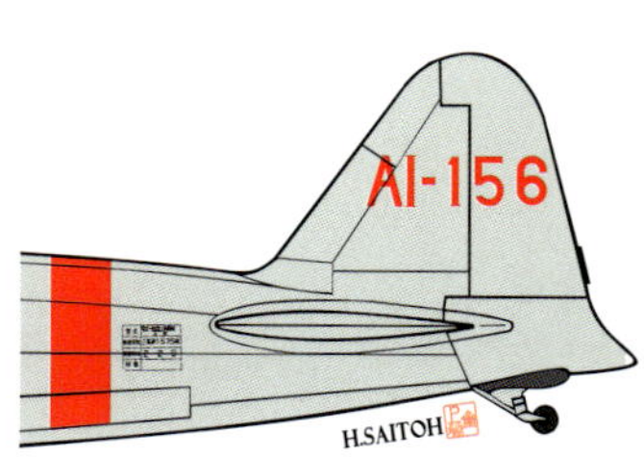

高须贺满美二飞曹机
第2中队第3小队3号机

长机标识与中队编成

标志着指挥官的长机标识方面，如图所示，3种机种均为在垂直尾翼的机体编号上下描绘的带子，其中飞行队长3根、中队长2根、小队长1根。带子的颜色方面，零战和九七舰攻为黄色，九九舰爆为红色，偶尔也存在有以其他颜色进行涂装的例子。九七舰攻的图（P.86）中，布留川大尉座机的红带就是其中的一例。

零战的长机标识与中队编成

赤城的第一次攻击队中，零战的数量为9架，每个小队由3架组成，三个小队编成一个中队。赤城的零战两个中队中，参加了第一次攻击的是第2中队的9架。第1中队的9架参加的是第二次攻击队，这一点还请各位注意。图中，描画了作为制空队参加第一次、第二次攻击的所有的零战。各小队机方面，3架飞机中的1架描绘有表示中、小队长的尾翼带。

第一次攻击的零战队指挥官方面，赤城飞行队长板谷少佐座机为3根带子；第二次攻击队则是绘有2根带子的中队长进藤大尉的座机。

第二次攻击队

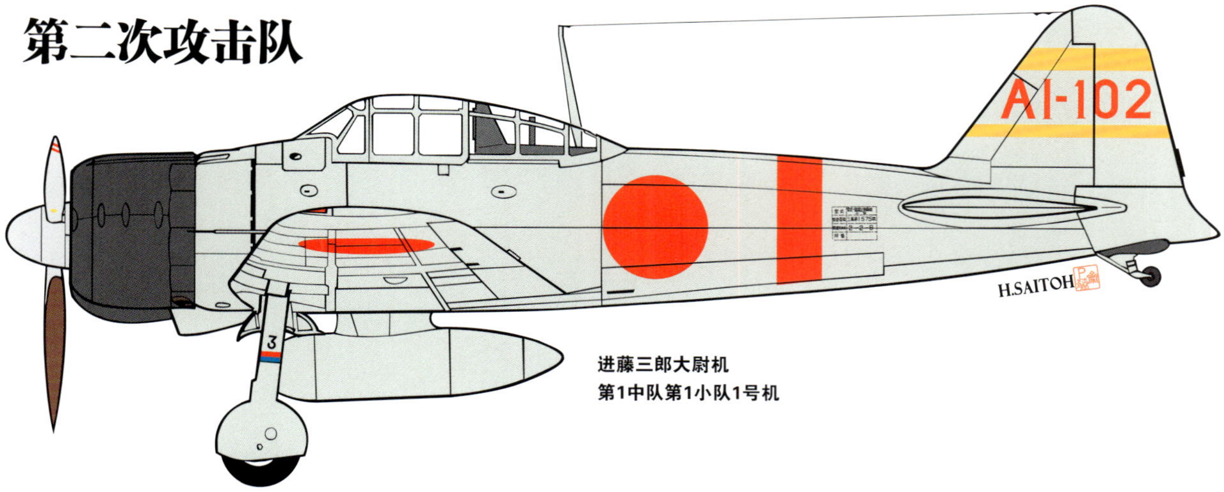

进藤三郎大尉机
第1中队第1小队1号机

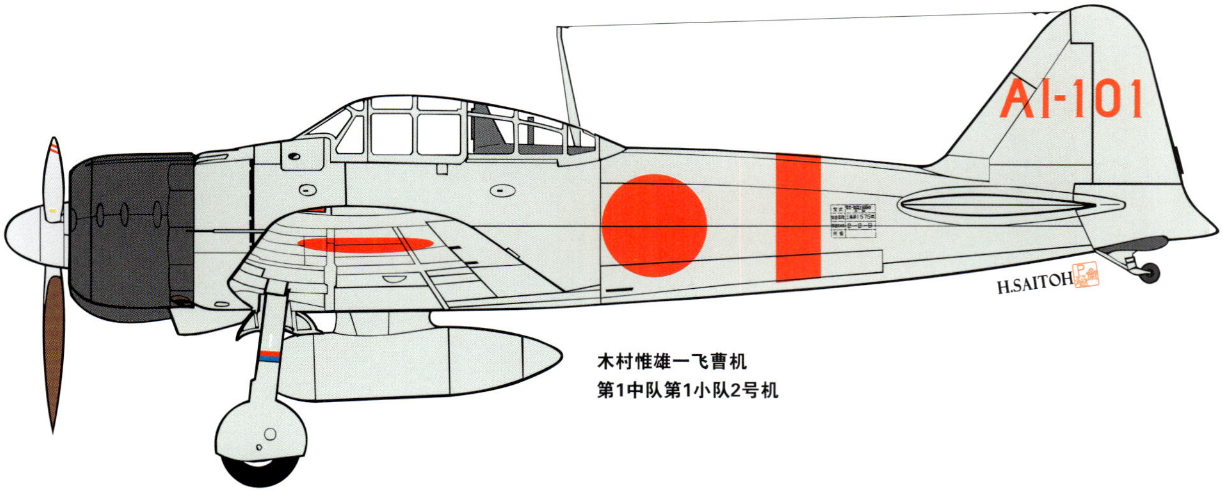

木村惟雄一飞曹机
第1中队第1小队2号机

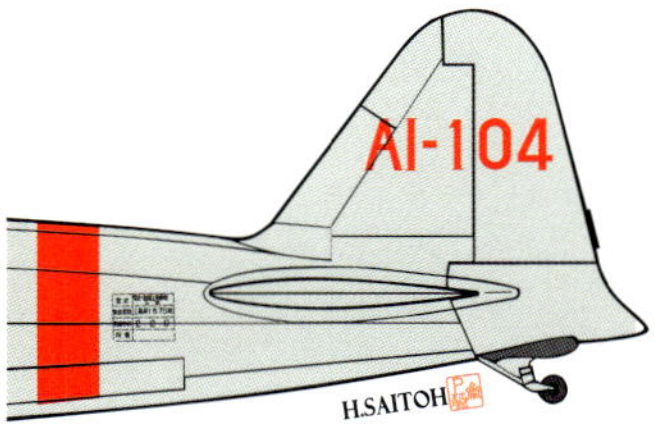

井石清次三飞曹机
第1中队第1小队3号机

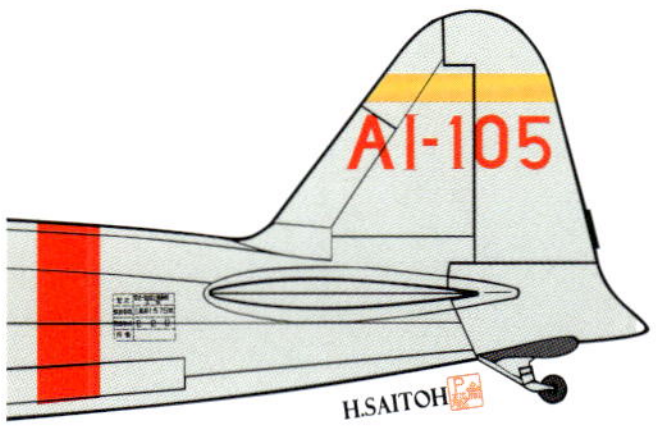

乙训菊江一飞曹机
第1中队第2小队1号机

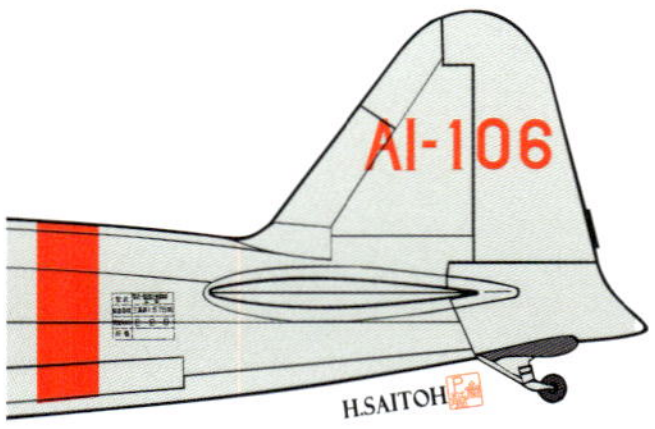

高原重信二飞曹机
第1中队第2小队2号机

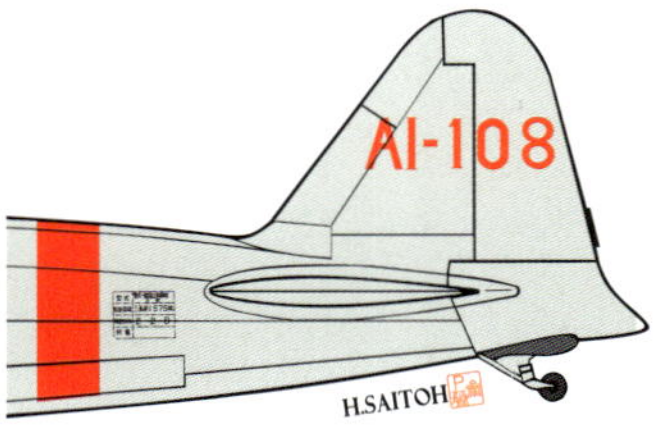

森荣一飞兵机
第1中队第2小队3号机

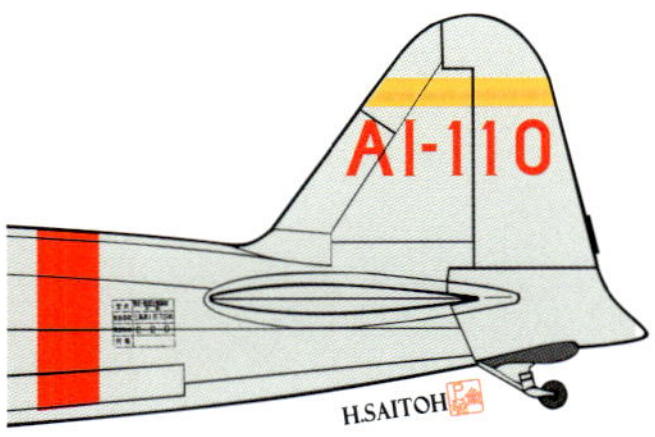

田中克视一飞曹机
第1中队第3小队1号机

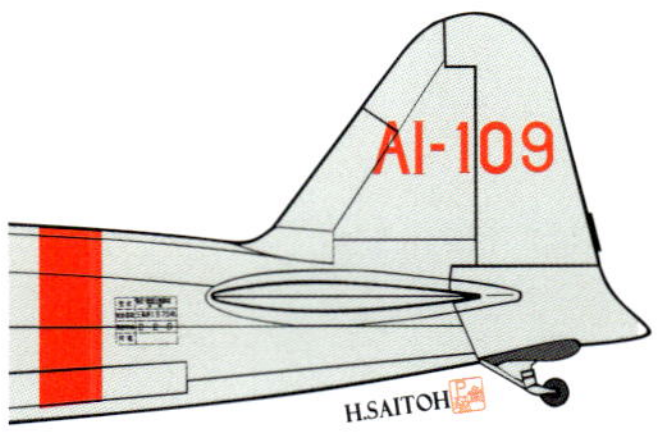

丸田富吉二飞曹机
第1中队第3小队2号机

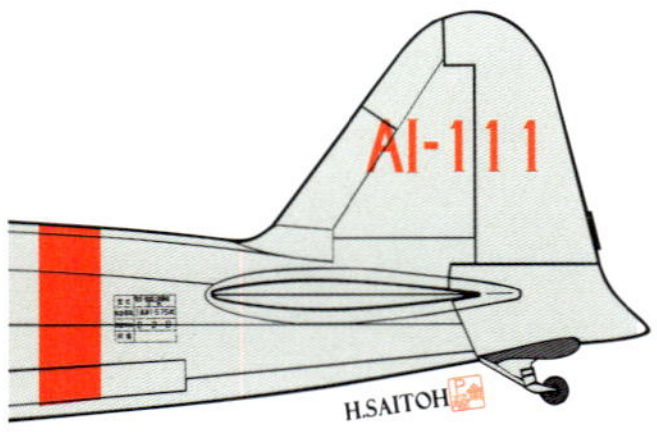

佐野信平一飞兵
第1中队第3小队3号机

九七式三号舰上攻击机（B5N2）

九七舰攻是在偷袭珍珠港行动临执行前的1941年11月，在鹿儿岛基地紧急在上面涂装的浓绿色，所以机身上随处可见散布的色彩淤积。下面为灰绿色。机身红带较零战稍细，添加上白色边缘，让红带变得更为显眼。

值得特别一提的是，指挥官渊田中佐座机方面，将垂直、水平尾翼都涂成了红色，标明了第一次攻击队6艘航母的总指挥官机的身份。

第一次水平轰炸队

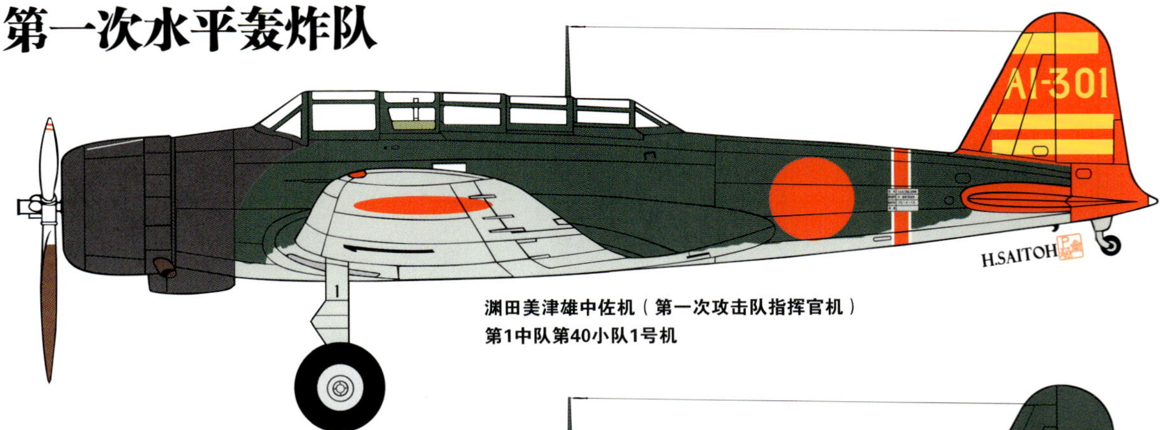

渊田美津雄中佐机（第一次攻击队指挥官机）
第1中队第40小队1号机

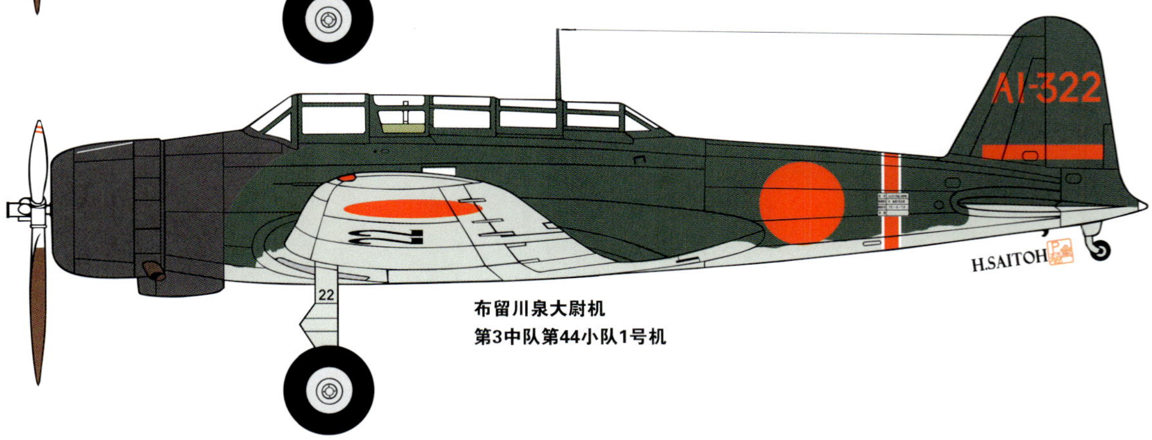

布留川泉大尉机
第3中队第44小队1号机

第一次鱼雷攻击队

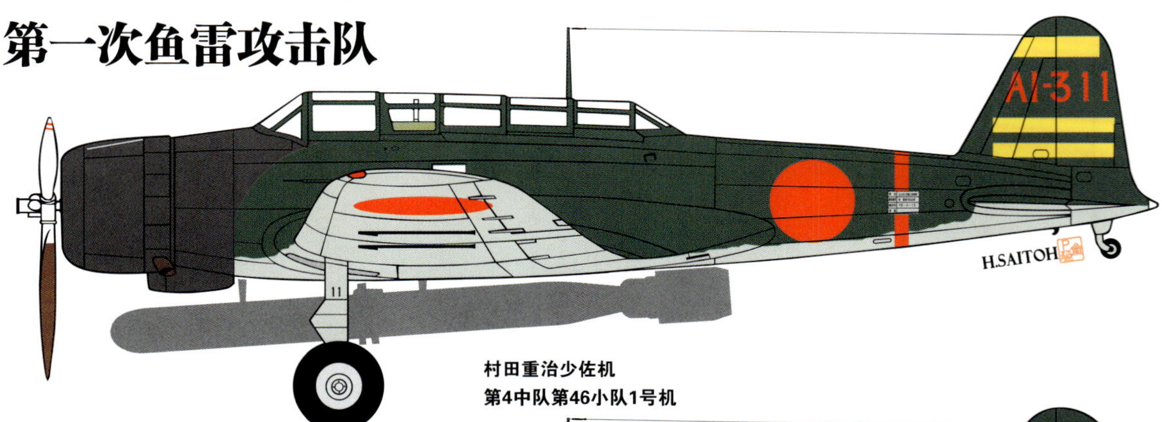

村田重治少佐机
第4中队第46小队1号机

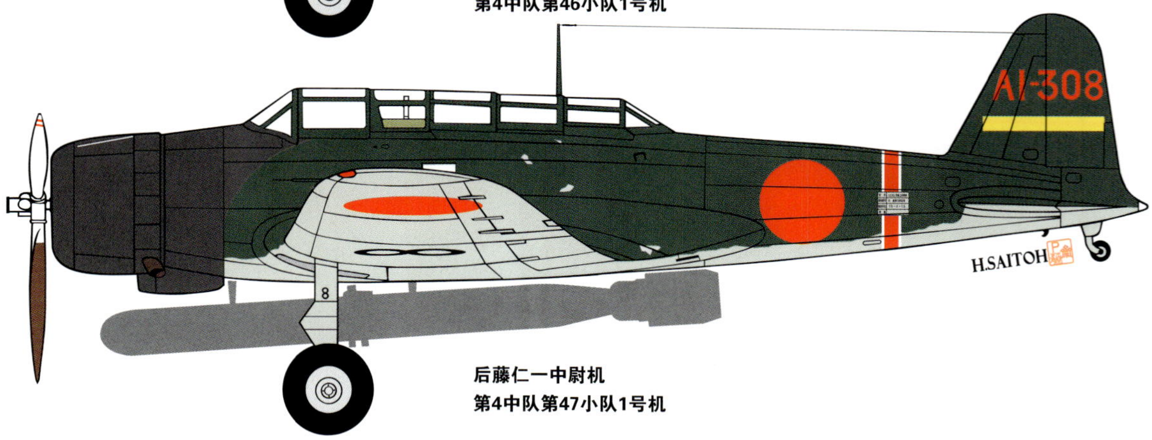

后藤仁一中尉机
第4中队第47小队1号机

九七舰攻的长机标识与中队编成

第一次攻击队的九七舰攻为搭载了一发800kg穿甲炸弹的水平轰炸机，分别有由两个小队（3架与2架交叉编成）的三个中队的共计15架。同为第一次攻击队的九七舰攻鱼雷攻击机为搭载了九一式鱼雷的3架编成一个小队，两个小队编成一个中队，共计两个中队12架编成。因为绘有3根带子的渊田中佐机为统率所有航母的第一次攻击队的总指挥官机，为了与同样绘有3根带子的鱼雷攻击队指挥官村田少佐机相互区分，所以其尾翼涂装成了红色。

九九式舰上轰炸机（D3A1）

九九舰爆与零战一样，全面涂装灰绿色，由引擎整流罩到操纵席前方为防炫目涂装。主起落架罩的红色楔形涂装方面，赤城机中也存在有涂装与未涂装的2种类型存在，也可以认定为配备时期的不同造成的差别。

第二次俯冲轰炸队

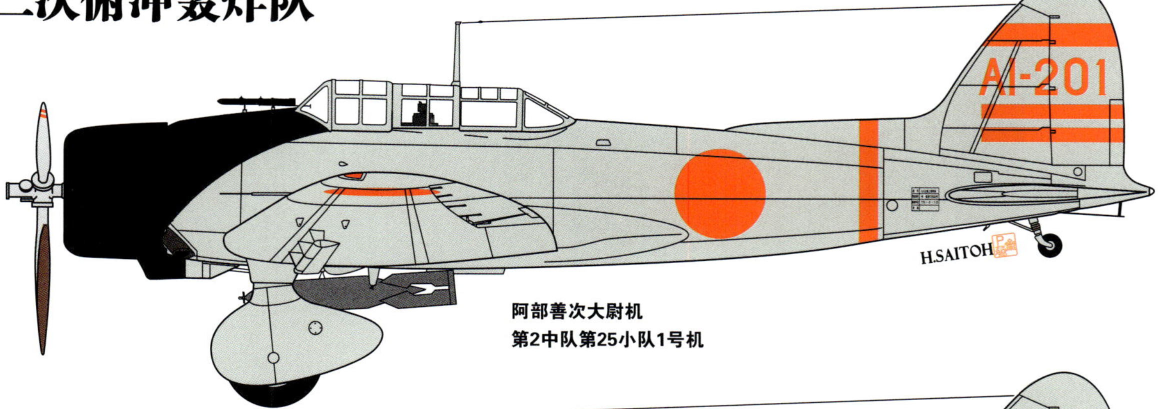

阿部善次大尉机
第2中队第25小队1号机

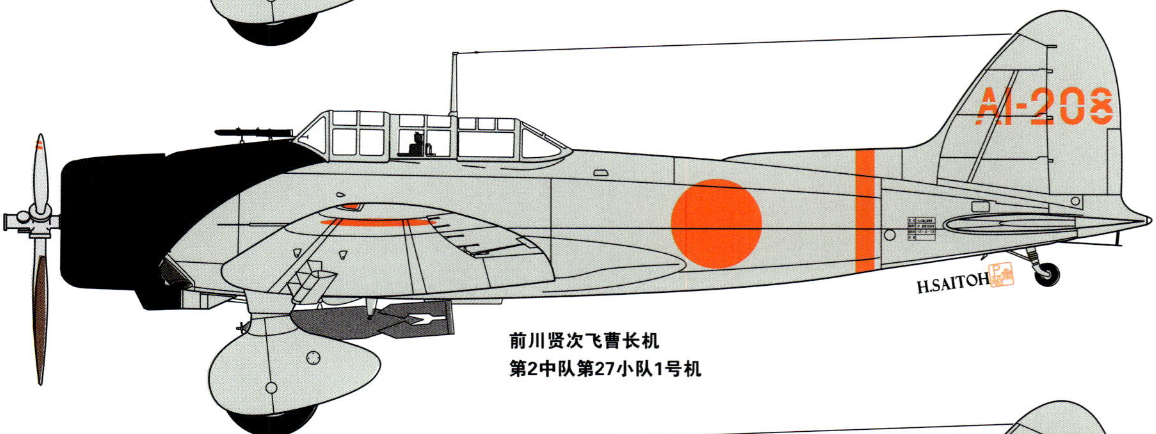

前川贤次飞曹长机
第2中队第27小队1号机

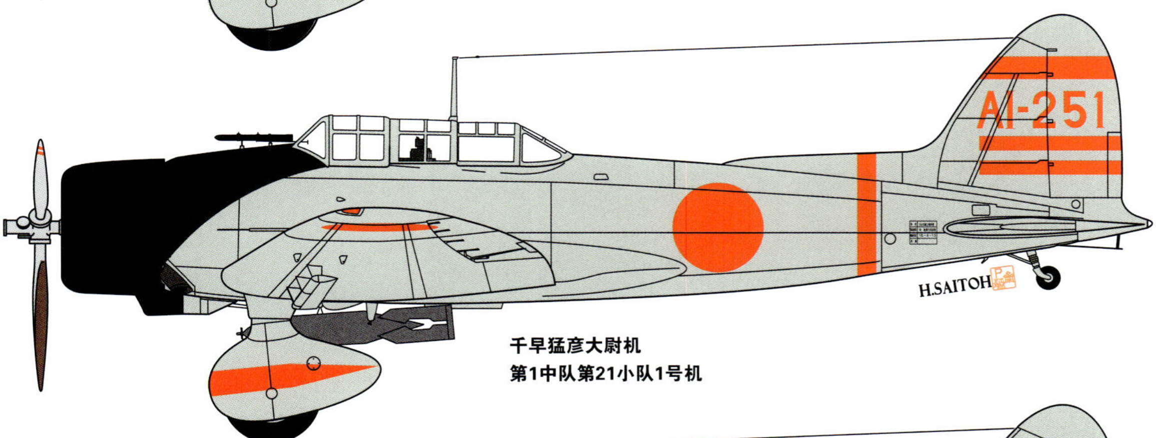

千早猛彦大尉机
第1中队第21小队1号机

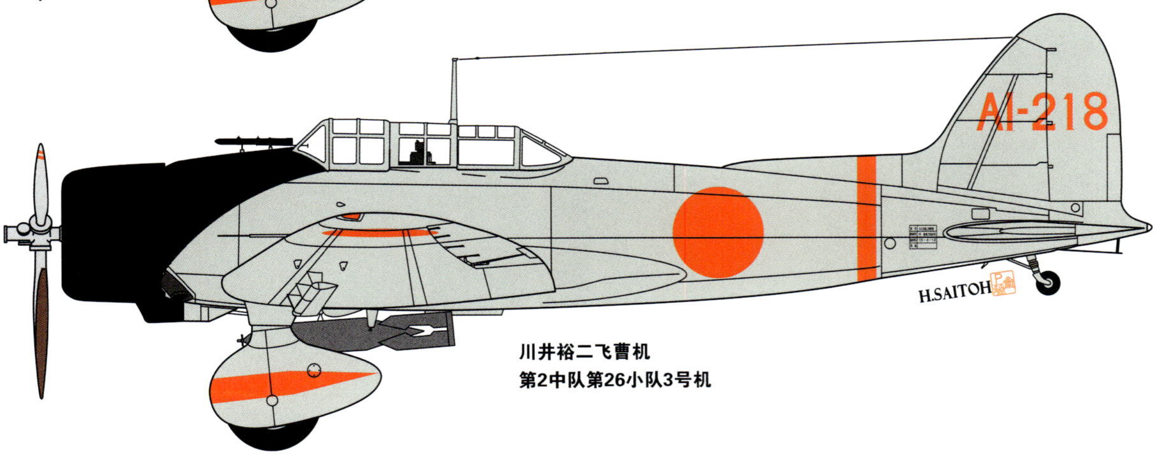

川井裕二飞曹机
第2中队第26小队3号机

九九舰爆的长机标识与中队编成

第二次攻击队的俯冲轰炸队九九舰爆为一个小队3架，三个小队为一个中队，共计9架编成。这样的中队为两个，共计18架编成。如图所示，舰爆各自的中队长机为3根带子，飞行队长级别的标识为非规则标识。

动手制作只属于你一个人的赤城……

此前，我们为各位呈上了HASEGAWA的完全全新版赤城的逐步图解单元。毫无疑问，这套赤城套件将会成为对今后的世代而言的标准套件。套件中并未对零件进行细分化，尽最大可能一体成型的零件上，布满了各种纤细精密的细节，还同时实现了组装的简易性和完成后的高解析度两方面的要求。为我们对套件展开了彻底改修的福士曾坦言，因为套件的各个方面都令人愉快地进行了整合，所以对于那些希望能够尝试动手挑战舰船模型细节提升的模型玩家来说，此套件完全就是最适合的食材。在2014年中，HASEGAWA为我们奉上这样一套只需动手制作就能得到相应效果的套件，对于HASEGAWA，我们甚至有种想要献上赞美之词的想法。那么，在面对这样一套可谓最佳套件的时候，你又将会怎样动手呢？首先，还是先以直接组装的方式来玩味一番吗？还是说，你将会让从众多资料中查知的知识和想象力大爆炸一番，再让自己的想法从指尖灌注到赤城里？选择是自由的，而你脑海中描绘的赤城，却是世界上独一无二的。读罢本书，如果能帮助到你，让你的“动手制作仅属于自己的赤城”的想法得到具体实现的话，那么我们也将感到幸甚。

赤城的制作流程回顾

①船体：舰载机的制作和涂装→救生艇的制作和涂装→船体组装→Oxide Red Surfacer→舰底色和压漆布色的分别涂装→遮盖处理→各构造物组装和新规零件工作→船体色涂装→蚀刻涂装后粘贴→蚀刻的涂装剥落部分的补涂→入墨线

②舰桥：组装→蚀刻零件的粘贴→涂装→双筒望远镜→入墨线→垂幕→幔布

③甲板：安装除探照灯零件之外的甲板零件→船体涂装→入墨线→粘贴木甲板贴纸→蚀刻零件涂装完成后粘贴→白线涂装→污渍涂装（渐变涂装）→粘接后部甲板下探照灯部分

④上述工程结束，粘接过船体和甲板后的工序：后部两侧桅杆粘接→污渍涂装→舰桥粘接→舰桥桅杆类的粘接→拉线→消光覆膜→粘接探照灯

而你……将如何动手制作这套HASEGAWA精心奉上的新标准套件呢？

以直接组装方式品味杰作套件“HASEGAWA 航空母舰赤城（完全更新版）”

HASEGAWA 1:700 scale plastic kit
Imperial Japanese Navy Aircraft Carrier AKAGI
modeled by Yoshitaka CHOUTOKU

旧日本海军航空母舰 赤城

先前，我们为各位呈上了福士明春带来的彻底制作的制作范例，本篇中，我们还将为众位呈上直接组装套件形成的制作范例。套件的细节和模纹都极为纤细细腻。因此，即便只是直接组装，其存在感也可谓出类拔萃。对于刚开始动手制作舰船模型的读者，我们推荐首先以本制作范例为参考，以直接组装的方式来完成制作。请各位务必完成套件，亲眼认证一下极具魄力的赤城身姿。

▼尝试在飞行甲板上配置零战二一型和九九舰爆。使用了FUJIMI模型的“1/700第一航空战队 舰载机套装”。

▶因为即便保持套件原先的状态，桅杆部位的细节也极为细腻，所以从舰尾侧看去的身姿也极为精悍。

▲飞行甲板方面，使用了另行出售的“航空母舰 赤城用 木制甲板”中的干贴纸，以及与该商品封入同一包装的着陆制动索等蚀刻零件。木制甲板以涂装方式再现。舰桥方面细节精美，所以只需仔细慎重地动手组装入墨线，之后就能形成颇具张弛感的身姿了。

▲右侧的本制作范例的木制甲板为采用涂装方式来展现的。左侧的范例为粘贴木制甲板贴纸制成的（登载于P.64）。完成后的氛围完全可以根据您的个人爱好进行选择。因为并不存在唯一的正确制作方式，所以您完全可以根据自己心目中的想法来展现甲板表现。

▼考虑到装甲的褪色问题，入墨与洗涂使用了较淡的灰色系色彩。

HASEGAWA 1：700比例塑胶套件

日本航空母舰 赤城
（完全更新版）

制作·文/**长德佳崇**

■牢固且容易组装的船体构造

船体方面，尽力以在船体零件上追加模纹的方式来展现突起物等部位，成功减少了零件的数量。赤城这样较为长大的船体，在左右贴合的时候虽然很容易出现偏斜，组装时与组装后都很难保证其强度，但本套件却采用了夹入厚实而牢固的框架的设计，所以组装时完全不必在意位置偏斜之类的问题。框架上也用模纹的方式印上了零件编号，所以也不会出现将零件剪切下之后就再也搞不清零件之间相互对应关系的现象。只需花费几分钟的时间，船体就会形成该有的形状。

■飞行甲板与船体组合也下了功夫！

船体成型后，为了确认零件相互结合的状况，所以就动手尝试将飞行甲板组装到船体上。“嗯？好奇怪……先前从来没有这样的契合感……”心生此念，动手将吃水板临时拆下，往船体内部窥探过后，与发现船体框架的上部设置的方形凹槽形状完全契合，飞行甲板背面设置的台状突起彻底嵌合到了其中。凭借着这样的一种设计，先前总是让人感觉颇为费神的船体和飞行甲板之间的契合也变得令人吃惊地轻松了。

■制作的流程

临时组装时，最让人感到吃惊和激动的，首先就是各部位结合缝的处理了。其中最为引人注目的，恐怕还当数吃水板和船体的结合线了。此处也要使用补土，仔细对结合缝进行处理。首先，先用压漆布色进行涂装。涂装完成后，动手进行遮盖作业。压漆布完成后，将前部格纳库的零件粘接到船体上，形成一体。之后就可以动手将舷侧的机枪座等的地板与其支柱相互黏合，推进船体的建造了。通道的支柱方面，因为采取了保留下较大的与船体粘接的面积的设

◀▲使用FUJIMI模型的“1/700第一航空战队 舰载机套装”，制作零战二一型和九九舰爆

▲FUJIMI模型的“1/700第一航空战队 舰载机套装”的零件全部为透明成型。首先对透明零件进行灵活运用，将座舱舱盖以外的部分全部涂黑。

▲涂装过黑色后，组装套件。

▲涂装过黑色后，涂装明灰白色。

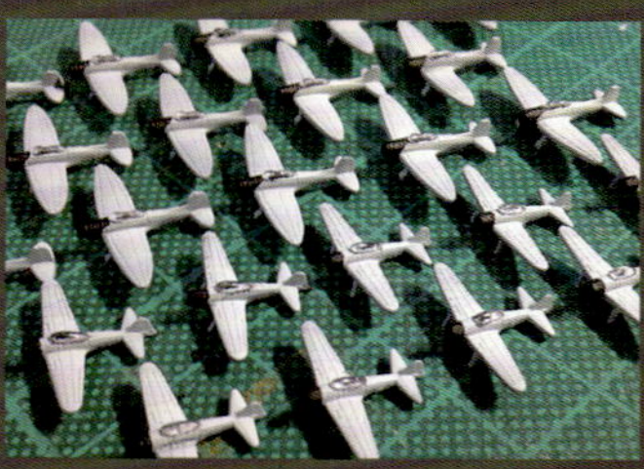

▲用笔涂的方式涂装整流罩等细节部位，粘接透明的座舱舱盖。最后粘贴上贴纸后，制作便完成了。

►对舰载机进行涂装的时候，可以像图中一样，在一次性筷子等物品上缠卷上橡胶胶带或双面胶带，然后再上边粘贴上舰载机进行固定，动手涂装。

▲木制甲板用涂装的方式来进行再现。涂装过棕黄色和黄色混合形成的颜色之后，再用彩色铅笔在甲板上淡淡地涂装上灰色、橙色和绿色等颜色。

▲之后再在甲板上覆盖上一层淡淡的棕黄色。覆膜涂装下方的彩色铅笔描画出的线条就会淡淡地残留下来。

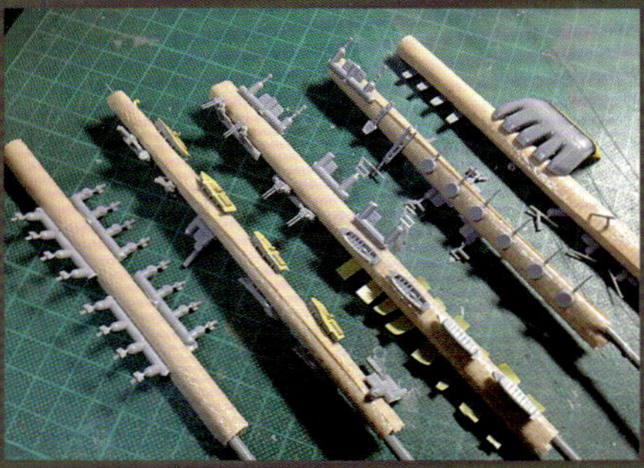

▲船体的细小零件也可以像图中一样，固定到一次性筷子或多余的板材框架上，进行过个别涂装后，再动手开始粘接。

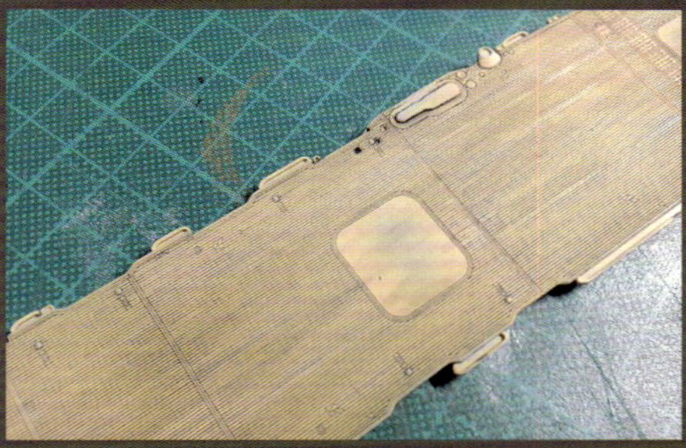

▲其后，再使用油彩的灯油黑，用笔将甲板整体上涂抹上黑色。完全干燥前，用蘸有挥发油的无尘纸进行擦拭。

▲粘贴上除着陆制动索、制动拦阻索以外的蚀刻零件后，用干贴纸再现线条。

计，所以并不会形成因位置而感到困扰或因粘接面太小而出现零件脱落的现象。将烟囱顶端涂装成黑色，进行过遮盖之后，再在多余的板材框架上缠卷上粘接面裸露在外的橡胶胶带，之后再将细小零件粘到上面。只要做好了这项基础作业，那么就可以在不用手握持的状况下进行作业了，而最后的军舰色涂装的步骤也就会变得非常轻松。对船体的吃水部涂装舰底色，进行过遮盖后动手涂装军舰色。下底使用往常经常使用的军舰色II。因为此色彩为阴影色，所以要对全体进行涂装，留意不要出现色彩淤积。然后，再在上边覆盖上吴海军工厂标准色。覆盖涂装时，不要覆盖得太严密，遮盖住下底，只需轻轻涂装上，就能让阴影色变得鲜活起来了。最后是舰载机。本次制作中，我们选用了FUJIMI模型的“1/700 第一航空战队 舰载机套装”。因为套件的舰载机零件全部采用了透明成型的方式，所以首先对零件喷涂消光黑，之后再在上边涂装明灰白色。飞行甲板的涂装方面，请参照照片中的截图。

■隐秘的质量优良的甲板用干贴纸

本次飞行甲板的白线和标志全都使用了干贴纸（赤城用 木甲板附带零件）。与水转印不同，虽然干贴纸必须一次性定好位置，但赤城用的特化上印着配合位置用的白线（飞行甲板的剪影），可以以此为标记决定位置，用遮盖胶带固定好底纸之后转印，所以作业过程也会变得相应简单。理想状况下，如果甲板能够形成一次性整个地粘贴好的贴纸的话，那就再好不过了。话虽如此，该贴纸发色良好，也不存在有反光的现象，最终完成后的状态也会极为美观。

赤城 三段甲板

旧日本海军航空母舰

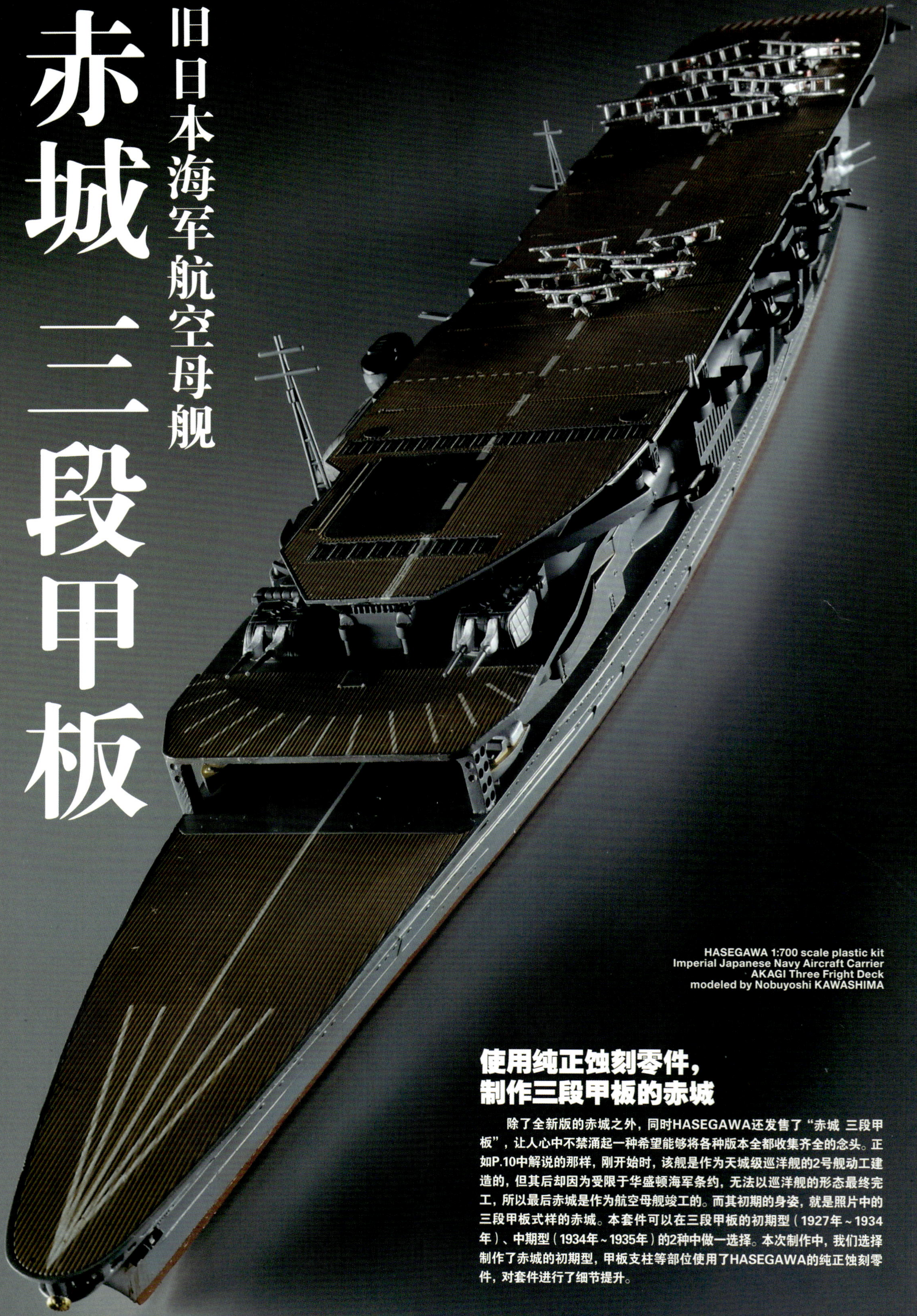

HASEGAWA 1:700 scale plastic kit
Imperial Japanese Navy Aircraft Carrier
AKAGI Three Fright Deck
modeled by Nobuyoshi KAWASHIMA

使用纯正蚀刻零件，制作三段甲板的赤城

除了全新版的赤城之外，同时HASEGAWA还发售了“赤城 三段甲板”，让人心中不禁涌起一种希望能够将各种版本全都收集齐全的念头。正如P.10中解说的那样，刚开始时，该舰是作为天城级巡洋舰的2号舰动工建造的，但其后却因为受限于华盛顿海军条约，无法以巡洋舰的形态最终完工，所以最后赤城是作为航空母舰竣工的。而其初期的身姿，就是照片中的三段甲板式样的赤城。本套件可以在三段甲板的初期型（1927年～1934年）、中期型（1934年～1935年）的2种中做一选择。本次制作中，我们选择制作了赤城的初期型，甲板支柱等部位使用了HASEGAWA的纯正蚀刻零件，对套件进行了细节提升。

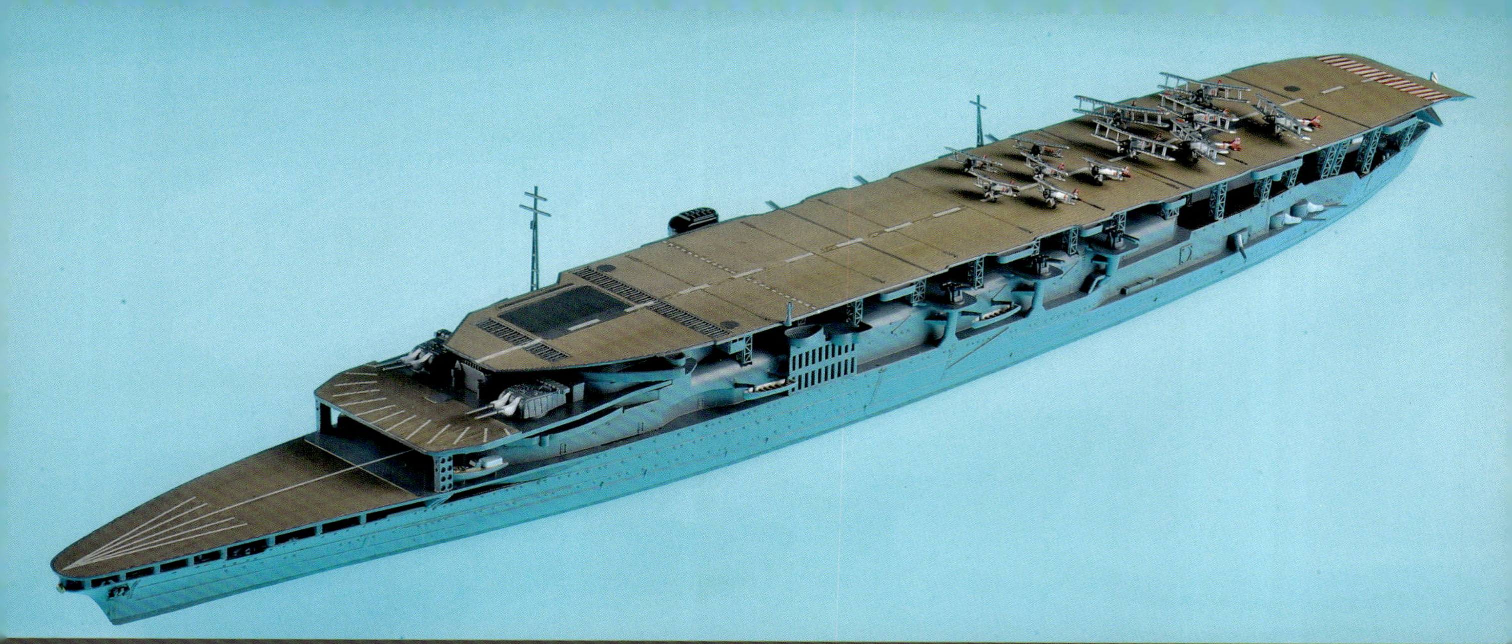

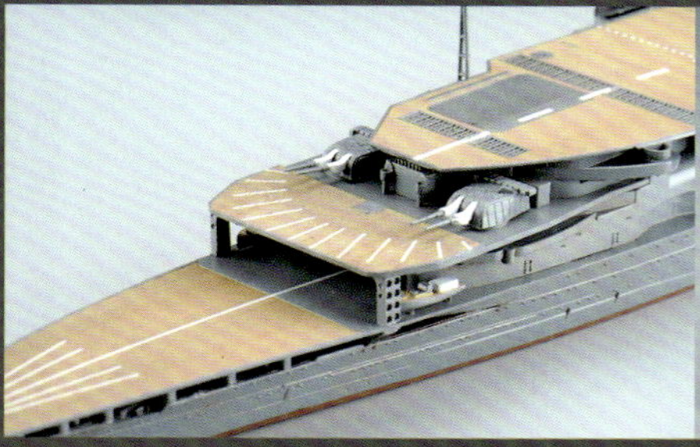

▲甲板上的线条用套件附带的贴纸进行了再现。甲板支柱方面，用HASEGAWA的蚀刻零件进行了细节提升。

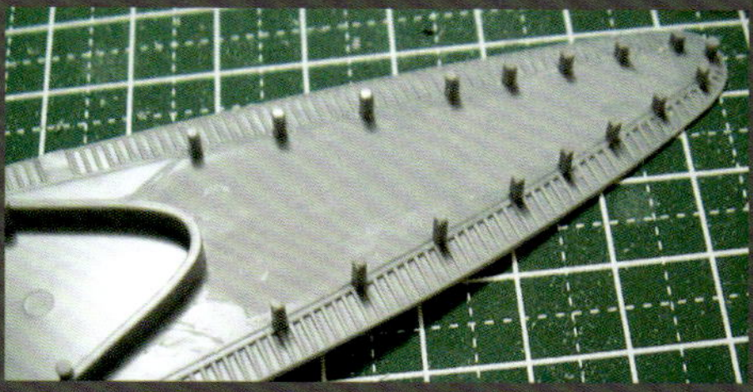

▲飞行甲板背面的冲压痕迹需要仔细处理干净。

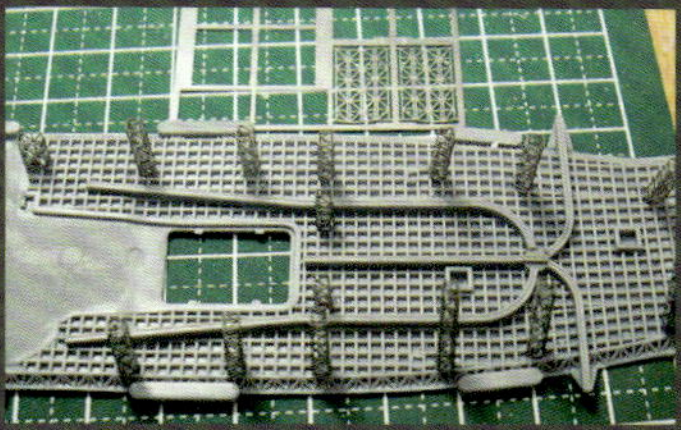

▶飞行甲板支柱方面，使用了HASEGAWA的纯正蚀刻零件『航空母舰赤城 三段甲板细节提升零件A、B』。

◀▲套件中分别附带了6架一三式二号舰攻和6架九〇式舰战。制作范例中，作为翼间支柱追加了Ever Green的直径0.5mm塑胶棒，提升了模型整体的解析度。

▲用美工刀切削掉嵌入桁架支柱的船体侧的凹陷，让蚀刻桁架紧密粘接上。

▲用挥发油稀释过的油画颜料来对船体进行污化处理。

HASEGAWA 1：700比例塑胶套件

日本航空母舰“赤城”三段甲板

制作・文／**川岛信庆**

■船体制作

套件可从1927年～1934年的“初期型”，和加强过对空装备、装备了从加贺移植来的岛形舰桥的1934年～1935年的“中期型”中进行选择，而本次我们选择制作了“初期型”。用遮盖胶带将船体与船底临时组装到一起，由内侧注入流缝式黏合剂进行粘接。舰尾格纳库侧面上，因内部模纹的影响，存在有毛刺，幸好此处是一处没有模纹的平面，所以此处也需要用锉子进行打磨，让它变得不再显眼。同样，因为舰桥侧面的分模线也很显眼的缘故，所以要用刨削的方式进行切削。下部飞行甲板和上部飞行甲板的背面虽然几乎看不到，但即便如此，也因为存在有显眼的冲压痕迹的的缘故，所以也需要用补土来进行填埋，之后再用刨削和打磨的方式来整形。

飞行甲板的水口痕迹方面，虽然宽度较大，却附着于零件上较为单薄的部位上，所以最好在切割分离时稍作保留，然后再用打磨的方式慎重地进行削除。

飞行甲板下的桁架方面，使用了HASEGAWA的纯正蚀刻零件的A、B两方面。

■涂装

船体组合完成后，在动手将船体和上部飞行甲板粘接起来之前，先动手进行涂装。首先对全体涂装Gaianotes“EVO Surfacer Oxide Red”作为下底，确认是否存在划痕。在对这些部分进行过修正之后，对吃水线部分涂装Mr.Color的舰底色，进行遮盖。紧密地做好遮盖工作之后，再用Gaianotes的“吴海军军舰色”涂装船体、舣装品等零件。内火艇等零件的细节方面，用笔涂水性丙烯颜料Vallejo Color的方式分别涂装。压漆布甲板方面，笔涂TAMIYA丙烯涂料“压漆布甲板色”。飞行甲板的涂装方面，先在蚀刻部分上喷涂金属底漆，其后涂装Oxide Red Surfacer。因为木甲板指定色“棕黄色”太过明亮，所以以Mr.Color的“木棕色”为基底，掺入“棕黄色”进行调色后再动手涂装。遮盖过木制部分之后，涂装军舰色。

贴纸方面，用软粘剂、软化剂让贴纸柔顺地贴合到模纹上，干燥后再覆膜涂装上半光泽透明色。

■舰载机

套件中分别附带了6架一三式二号舰攻和6架九〇式舰战。因为保持套件的原状态让人感觉有些太过单调，所以使用Ever Green的“直径0.5mm塑胶棒”来再现了翼间支柱。对全体涂装过银色之后，再用笔涂分别涂装尾翼的红色，粘贴贴纸，覆膜涂装透明色。

Modeling 模型制作

福士明春　Akiharu FUKUSHI

长德佳崇　Yoshitaka CHOUTOKU

川岛信庆　Nobuyoshi KAWASHIMA

丹文聪　Fumitoshi TAN

Tetx 文

福士明春　Akiharu FUKUSHI

斋藤久夫　Hisao SAITO（P-CRAFT）

Photographers 摄影

河桥将贵　Masataka KAWAHASHI（STUDIO R）

葛贵纪　Takanori KATSURA（INOUE PHOTO STUDIO）

Entanya

Illustration 插画

TOKIHAMAJIRO

斋藤久夫　Hisao SAITO（P-CRAFT）

Editor 编辑

丹文聪　Fumitoshi TAN

Design 设计

小林步　Ayumu KOBAYASHI（ADARTS）

Special Thanks 特别鸣谢

海人社 世界的舰船编辑部　KAIJINSYA Ships of the World

图字01-2016-4866
图书在版编目（CIP）数据

舰船模型制作指南：旧日本海军航空母舰赤城篇 / 日本株式会社HOBBY JAPAN著；袁斌译. — 北京：台海出版社, 2016.8
ISBN 978-7-5168-1164-1

Ⅰ. ①舰… Ⅱ. ①日… ②袁… Ⅲ. ①舰船模型 - 制作 - 指南 Ⅳ. ①G874.4-62

中国版本图书馆CIP数据核字(2016)第208535号

二战铁证系列模型制作图书

舰船模型制作指南
旧日本海军航空母舰赤城篇

原作品名：艦船模型製作の教科書 大日本帝国海軍航空母艦 赤城編
著　　者：日本株式会社HOBBY JAPAN　　译　　者：袁斌
责任编辑：王萍　曹文静　　装帧设计：吉美文化
版式设计：刘淼　　责任印制：蔡旭
出　　版：台海出版社
地　　址：北京市朝阳区劲松南路1号，　邮政编码：100021
电　　话：010－64041652（发行，邮购）
传　　真：010－84045799（总编室）
网　　址：www.taimeng.org.cn/thcbs/default.htm
E　-mail：thcbs@126.com
发　　行：长春吉美文化传播有限公司
印　　刷：吉广控股有限公司
本书如有破损、缺页、装订错误，请与本社联系调换
开　　本：890×1240mm　1/16
字　　数：130千字　　印　　张：6
版　　次：2016年9月第1版　　印　　次：2016年9月第1次印刷
印　　数：1-5,000册
书　　号：ISBN 978-7-5168-1164-1
定　　价：45.00元